Die Ausübung von funktionalem Schutz durch Internationale Organisationen zugunsten ihrer Bediensteten

Melissa Rosina Rudigier

Die Ausübung von funktionalem Schutz durch Internationale Organisationen zugunsten ihrer Bediensteten

Springer

Melissa Rosina Rudigier
Rechtswissenschaftliche Fakultät
Paris Lodron Universität Salzburg
Salzburg, Österreich

ISBN 978-3-658-49482-7 ISBN 978-3-658-49483-4 (eBook)
https://doi.org/10.1007/978-3-658-49483-4

Die Deutsche Nationalbibliothek verzeichnet diese Publikation in der Deutschen Nationalbibliografie; detaillierte bibliografische Daten sind im Internet über https://portal.dnb.de abrufbar.

Planung/Lektorat: Karina Kowatsch
Springer ist ein Imprint der eingetragenen Gesellschaft Springer Fachmedien Wiesbaden GmbH und ist ein Teil von Springer Nature.
Die Anschrift der Gesellschaft ist: Abraham-Lincoln-Str. 46, 65189 Wiesbaden, Germany

FÜR MEINE FAMILIE.

Familie ist Zuhause.

Familie ist Unterstützung & Zuspruch.

Familie ist Rückhalt & Ansporn.

Familie ist Liebe, Freude, Glück & Zusammenhalt.

Ihr seid all das & noch so viel mehr für mich!

ABSTRACT (DEUTSCH)

Funktionaler Schutz hat seinen Ursprung in dem *Reparation for Injuries* Gutachten des Internationalen Gerichtshofs (IGH) von 1949, worin der IGH ein Grundprinzip des funktionalen Schutzes entwickelte. Für die Zwecke dieser Arbeit wird funktionaler Schutz definiert als der *Schutz, den eine IO im Rahmen ihrer Möglichkeiten zugunsten ihrer Bediensteten ausübt, um eine Gefährdungslage der Bediensteten abzuwenden oder sie aus einer Gefahrenlage zu befreien.*

Für Internationale Organisationen (IOs) besteht die Pflicht, ein gewisses Maß an funktionalem Schutz zugunsten ihrer Bediensteten auszuüben. Sobald eine Person für die IO tätig wird, ist diese als Bedienstete der IO zu betrachten. Die Pflicht ergibt sich in erster Linie aus den Dienstverträgen der IO-Bediensteten, sofern entsprechende Regelungen getroffen wurden. Subsidiär zu den Einzelvereinbarungen kann die Verpflichtung einer IO zur Ausübung von funktionalem Schutz auch auf expliziten Bestimmungen in den Personalstatuten der Organisation basieren. Dies ist – soweit ersichtlich – lediglich bei der Organisation für Sicherheit und Zusammenarbeit in Europa (OSZE) der Fall. Für alle weiteren IOs kann sich eine solche Pflicht aber aus ihrer Fürsorgepflicht ergeben, sofern diese in den Personalstatuten verankert ist. Alternativ, sowie insbesondere für Nicht-IO-Bedienstete, besteht die Pflicht auf Basis eines allgemeinen Rechtsgrundsatzes des öffentlichen Dienstrechts über die verpflichtende Ausübung von funktionalem Schutz.

Auf Basis der „*implied-powers-theory*“ kann das Recht von IOs auf Ausübung von funktionalem Schutz gegenüber ihren Mitgliedstaaten als notwendigerweise beabsichtigt der Satzung einer IO entnommen werden. Dies ist insbesondere dann zulässig, wenn die Zuerkennung impliziter Rechte notwendig für die Sicherstellung des effizienten Funktionierens der IO ist. Das *Reparation for Injuries* Gutachten des IGH schafft die notwendige Grundlage für diese Argumentation. Im Falle der OSZE musste mangels Satzung eine alternative Rechtsgrundlage gefunden werden. Hier besteht das Recht auf Basis eines Durchgriffs der organisationsinternen Selbstverpflichtung. Gegenüber Drittstaaten besteht ein solches Recht nur im Falle einer vertraglichen Vereinbarung, etwa im Rahmen eines Memorandum of Understanding (MOU), eines Status of Forces Agreement (SOFA), eines Status of Mission Agreement (SOMA) oder eines Gaststaatabkommens zwischen der IO und dem Drittstaat. Ein Recht auf Ausübung von funktionalem Schutz kann sich dabei aus einer expliziten Festlegung oder – unter bestimmten Voraussetzungen – implizit als notwendigerweise beabsichtigt, aus der konkreten Vereinbarung ergeben.

ABSTRACT (ENGLISCH)

Functional protection originates from the International Court of Justice's (ICJ) 1949 *Reparation for Injuries* Advisory Opinion, in which the ICJ established a fundamental principle of functional protection. For the purposes of this thesis, functional protection is defined as *the protection an international organization (IO) exercises on behalf of its staff, within its capabilities in order to avert a dangerous situation for the staff or to free them from a dangerous situation*.

IOs are obligated to provide a certain degree of functional protection for their officials. Once an individual acts on behalf of an IO, they are considered officials of that organization. This obligation generally derives from the service contracts of IO staff members, provided that relevant provisions are stipulated. In the absence of such agreements, an IO may still be obliged to extend functional protection based on explicit provisions within its staff regulations. Notably, this appears to apply explicitly only to the Organization for Security and Co-operation in Europe (OSCE). For other IOs, such an obligation may arise from their duty of care, as specified in their respective staff regulations. Alternatively, as well as for non-IO staff members, the obligation of IOs arises on the basis of a general principle concerning the rights of international civil service on the duty to provide functional protection.

On the basis of the '*implied-powers theory*', an IO's right to exercise functional protection can be inferred as necessarily intended from the constituting instrument of an IO. This inference is permissible when recognizing such implied rights is essential to ensuring the effective functioning of the organization. The ICJ's *Reparation for Injuries* Advisory Opinion provides the foundational basis for this line of reasoning. In the case of the OSCE, however, the absence of a formal constitutive instrument required the identification of an alternative legal basis. Here, the right to functional protection is grounded in the enforcement of the organization's internal self-commitment. Concerning third states, this right exists only when established through a contractual agreement — such as a Memorandum of Understanding (MOU), Status of Forces Agreement (SOFA), Status of Mission Agreement (SOMA), or a host state agreement — between the IO and the respective third state. The right to exercise functional protection may arise from an explicit provision or – under certain conditions – implicitly as necessarily intended, from the specific agreement.

INHALTSVERZEICHNIS

Abkürzungsverzeichnis

Alle Abkürzungen verstehen sich in Form der Einzahl, sowie in Form der Mehrzahl, in allen Fällen und denkbar möglichen gramatikalischen Formen.

Abs	Absatz
AEUV	Vertrag über die Arbeitsweise der Europäischen Union
AIIB	Asian Infrastructure Investment Bank, Asiatische Infrastruktur-Investitionsbank
Anm.	Anmerkung
Art	Artikel, Article
ASEAN	Association of South East Asian Nations, Verband der südostasiatischen Nationen
ASR	Articles on State Responsibility for Internationally Wrongful Acts
AU	African Union, Afrikanische Union
BDIMR	Büro für demokratische Institutionen und Menschenrechte
BGBl	Bundesgesetzblatt
BIMSTEC	Bay of Bengal Initiative for Multi-Sectoral Technical and Economic Cooperation, Initiative der Bucht von Bengalen für sektorübergreifende technische und wirtschaftliche Zusammenarbeit
BIPM	Bureau International des Poids et Mesures, International Bureau of Weights and Measures, Internationales Büro für Maß und Gewicht
BIS	Bank for International Settlements
BIZ	Bank für Internationalen Zahlungsausgleich

bspw.	beispielsweise
bzw.	beziehungsweise
CEC	Commission for Environmental Cooperation, Kommission für Umweltzusammenarbeit
CERN	European Organization for Nuclear Research, Europäische Organisation für Kernforschung
Chp	Chapter
CIA	Central Intelligence Agency
CIAT	Inter-American Center of Tax Administration, Inter-Amerikanisches Zentrum für Steuerverwaltung
COE	Council of Europe, Europarat
CSDP	Common Security and Defence Policy
CTBTO	Comprehensive Nuclear-Test-Ban Treaty Organization, Organisation des Vertrags über das umfassende Verbot von Nuklearversuchen
DARIO	Draft Articles on the Responsibility of International Organizations
EAD	Europäischer Auswertiger Dienst
Ebd.	Ebenda
ECC	Energy Charter Conference, Energiecharta-Konferenz
eds.	Editor, Editors
EG	Europäische Gemeinschaft
EGMR	Europäischer Gerichtshof für Menschenrechte
EMRK	Europäische Menschenrechtskonvention

EPÜ	Europäisches Patentübereinkommen
ESA	European Space Agency
EU	European Union, Europäische Union
EUAM	European Union Advisory Mission
EUCAP	European Union Civilian Crisis Management Mission in Mali
EuG	Europäisches Gericht
EuGH	Europäischer Gerichtshof
EUMA	European Union Mission in Armenia
EUMAM	European Union Military Assistance Mission in Support of Ukraine
EUMM	European Union Monitoring Mission
EUR	Euro
EURATOM	Europäische Atomgemeinschaft
EUTM	European Union Training Mission in Mali
EUV	Vertrag über die Europäische Union
EWG	Europäische Wirtschaftsgemeinschaft
EZMW	Europäisches Zentrum für mittelfristige Wettervorhersage
f.	folgende
FAO	Food and Agriculture Organization, Welternährungsorganisation
ff.	fortfolgende
Fn	Fußnote
GA	General Assembly
ggf.	gegebenenfalls

GLFC	Great Lakes Fishery Commission, Kommission für die Fischerei der Großen Seen
GSVP	Gemeinsame Sicherheits- und Verteidigungspolitik
HCNM	High Commissioner on National Minorities
Hrsg.	Herausgeber
i.d.R.	in der Regel
IAEA	International Atomic Energy Agency, Internationale Atomenergie-Behörde
IAI	Inter-American Institute for Global Change Research, Inter-Amerikanisches Institut für die Erforschung des globalen Wandels
IATTC	Inter-American Tropical Tuna Commission, Inter-Amerikanische Kommission für tropischen Thunfisch
ICAC	International Cotton Advisory Committee, Internationaler Beratungsausschuss für Baumwolle
ICAO	International Civil Aviation Organization, Internationale Zivilluftfahrtorganisation
ICARDA	International Center for Agricultural Research in the Dry Areas, Internationales Zentrum für Agrarforschung in den Trockengebieten
ICC	International Criminal Court
ICCROM	International Centre for the Study of the Preservation and Restoration of Cultural Property, Internationale Studienzentrale für die Erhaltung und Restaurierung von Kulturgut
ICES	International Council for the Exploration of the Sea, Internationaler Rat für Meeresforschung
ICJ	International Court of Justice

ICO	International Coffee Organization, Internationale Kaffeeorganisation
ICRISAT	International Crops Research Institute for the Semi-Arid Tropics, Internationales Institut für Nutzpflanzenforschung der Semi-Ariden Tropen
ICSC	International Civil Service Commission, Kommission für den internationalen öffentlichen Dienst
IDB	Inter-American Development Bank, Interamerikanische Entwicklungsbank
idF	in der Fassung
IDLO	International Development Law Organization, Internationale Organisation für Entwicklungsrecht
IEFS	International Energy Forum Secretariat, Sekretariat des Internationalen Energieforums
IFAD	International Fund for Agricultural Development, Internationaler Fonds für landwirtschaftliche Entwicklung
IGH	Internationaler Gerichtshof
IGO	Intergovernmental Organization
IHO	International Hydrographic Organization, Internationale Hydrographische Organisation
IICA	Inter-American Institute for Cooperation on Agriculture, Inter-Amerikanisches Institut für Zusammenarbeit in der Landwirtschaft
ILA	International Law Association
ILC	International Law Commission, Völkerrechtskommission
ILO	International Labour Organization, Internationale Arbeitsorganisation

ILOAT	Administrative Tribunal of the International Labour Organization, Verwaltungsgericht der Internationalen Arbeitsorganisation
IMO	International Maritime Organization, Internationale Seeschifffahrtsorganisation
IMSO	International Mobile Satellite Organization, Internationale Mobilfunksatelliten-Organisation
insb.	insbesondere
INTERPOL	International Criminal Police Organization, Internationale Kriminalpolizeiliche Organisation
IO	Internationale Organisation
IOM	International Organization for Migration, Internationale Organisation für Migration
IPBPR	Internationaler Pakt über bürgerliche und politische Rechte
IPU	Inter-Parliamentary Union, Inter-Parlamentarische Union
IStGH	Internationaler Strafgerichtshof
ITER	International Fusion Energy Organization, Internationale Organisation für Fusionsenergie
ITSO	International Telecommunications Satellite Organization, Internationale Fernmeldesatelliten Organisation
ITTO	International Tropical Timber Organization, Internationale Tropenholzorganisation
ITU	International Telecommunication Union, Internationale Fernmeldeunion
IWC	International Whaling Commission, Internationale Walfangkommission

IWF	Internationaler Währungsfonds
KEDO	Korean Peninsula Energy Development Organization, Organisation für die Entwicklung der Energiewirtschaft auf der koreanischen Halbinsel
korr	korrigiert
KSZE	Konferenz über Sicherheit und Zusammenarbeit in Europa
lit	littera
MACCIH	Misión de Apoyo Contra la Corrupción y la Impunidad de Honduras
MAPP	Mission to Support the Peace Process in Colombia
MEDRC	Middle East Desalination Research Center, Forschungszentrum für Entsalzung im Nahen Osten
MENA	Middle East and Northern Africa
MERCOSUR	Mercado Común del Sur, Gemeinsamer Südamerikanischer Markt
MFO	Multinational Force and Observers, Multinationale Truppe und Beobachter
MIO	Million, Millionen
MOU	Memorandum of Understanding
NATO	North Atlantic Treaty Organization, Organisation des Nordatlantikvertrags, Nordatlantikpakt-Organisation
No.	Numero, Number
NPAFC	North Pacific Anadromous Fish Commission, Kommission für Anadrome Fische im Nordpazifik
Nr.	Nummer

OAS	Organization of American States, Organisation Amerikanischer Staaten
OAU	Organization of African Unity
OECD	Organisation for Economic Co-operation and Development, Organisation für wirtschaftliche Zusammenarbeit und Entwicklung
OIML	Organisation Internationale de Métrologie Légale, International Organization for Legal Metrology, Internationale Organisation für gesetzliches Messwesen
OPCW	Organisation for the Prohibition of Chemical Weapons, Organisation für das Verbot von Chemiewaffen
OPEC	Organization of the Petroleum Exporting Countries, Organisation erdölexportierender Länder
OSCE	Organization for Security and Cooperation in Europe
OSZE	Organisation für Sicherheit und Zusammenarbeit in Europa
p.	page
PAHO	Pan American Health Organization, Panamerikanische Gesundheitsorganisation
PAIGH	Pan American Institute of Geography and History, Panamerikanisches Institut für Geographie und Geschichte
PASO	Pacific Aviation Safety Office, Büro für Flugsicherheit im Pazifik
pp.	pages
Res.	Resolution
Rn	Randnummer
Rz	Randziffer

SAARC	South Asian Association of Regional Cooperation, Südasiatische Vereinigung für regionale Zusammenarbeit
Sec.	Section
SMM	Special Monitoring Mission, Sonderbeobachtungsmission
SOFA	Status of Forces Agreement
SOMA	Status of Mission Agreement
STCU	Science and Technology Center in Ukraine, Wissenschafts- und Technologiezentrum in der Ukraine
StF	Ständige Fassung
StIGH	Ständiger Internationaler Gerichtshof
StR	Ständiger Rat
UN	United Nations
UNAT	United Nations Appeals Tribunal
UNDEVPRO	United Nations Programme for Developing Countries
UNDOF	United Nations Disengagement Observer Force
UNDP	United Nations Development Programme
UNDT	United Nations Dispute Tribunal
UNESCO	United Nations Educational, Scientific and Cultural Organization
UNICEF	United Nations Children's Fund
UNIDIR	United Nations Institute for Disarmament Research
UNIDROIT	International Institute for the Unification of Private Law, Internationales Institut für die Vereinheitlichung des Privatrechts
UPU	Universal Postal Union, Weltpostverein

US	United States
USA	United States of America
v.	versus
VAE	Vereinigte Arabische Emirate
VN	Vereinte Nationen
Vol.	Volume
WB	World Bank, Weltbank
WBAT	World Bank Administrative Tribunal
WEU	Westeuropäische Union
WFP	World Food Programme, Welternährungsprogramm
WHO	World Health Organization, Weltgesundheitsorganisation
WIPO	World Intellectual Property Organization, Weltorganisation für geistiges Eigentum
WMO	World Meteorological Organization, Weltorganisation für Meterologie
WTO	World Trade Organization, Welthandelsorganisation
WÜD	Wiener Übereinkommen über diplomatische Beziehungen
WÜK	Wiener Übereinkommen über konsularische Beziehungen
WVK	Wiener Vertragsrechtskonvention
WVK-IO	Wiener Übereinkommen über das Recht der Verträge zwischen Staaten und Internationalen Organisationen oder zwischen Internationalen Organisationen
Z	Ziffer
z.B.	zum Beispiel

A. Einleitung

I. Problemaufriss

"*Excellency, I am prevented by Romanian authorities to travel to Geneva to exercise my functions as UNIDIR-Director and held in Romania against my will.*"[1] Mit diesen Worten richtete sich Liviu Bota, Bediensteter der Vereinten Nationen (VN), in einem Brief an den Generalsekretär, um Unterstützung von der Internationalen Organisation (IO) zu suchen. Bota wurde 1985 von Behörden seines Heimatstaates Rumänien festgehalten und zur Beendigung seiner Tätigkeit für die VN gedrängt.[2] Erst nach diplomatischen Schritten der VN wurde Bota schlussendlich freigelassen und konnte seine Tätigkeit bei der Organisation wieder aufnehmen.[3] *Bota*,[4] *Wesolowska*,[5] *Inbeh*[6] oder *Maraxanye*[7] sind nur einige namhafte Fälle, in denen die VN ihren Bediensteten funktionalen Schutz[8] gewährten, worin sich die Bedeutung eines möglichen Rechts von IOs sowie gleichlautender Pflicht gegenüber ihren Bediensteten zeigt. Die Wichtigkeit der Unterstützung für Bedienstete von IOs in Gefahrensituationen verdeutlicht sich weiters durch das Schreiben der VN-Bedienstetenvereinigung an den Generalsekretär nach erfolgreicher Befreiung Botas: "*We also wish to convey to you the genuine gratification we felt in meeting Mr. Liviu Bota yesterday during his visit to New York. The staff are aware of the tremendous efforts you have made to secure Mr. Bota's release, the importance of your never swerving commitment to him and to all staff members in similar situations. We admire the energy and dedication you have shown to freeing those unjustly detained and to restoring their rights.*"[9]

Die vorliegende Arbeit behandelt das Recht von IOs auf Ausübung von funktionalem Schutz zugunsten ihrer Bediensteten, verbunden mit gleichlautender organisationsinterner Pflicht und zielt mit diesem Forschungsanliegen auf die Verbesserung der rechtlichen und faktischen

---

[1] Schreiben von Liviu Bota, Director UNIDIR an die UN, 23 September 1986, Bucharest.

[2] Prvoslav Davinic: Note to Mr. V. Daydal, Re: Liviu Bota, 12 June 1986: "*I was invited two days ago to the Foreign Ministry where I was requested to write a letter to the United Nations Secretary-General telling him that I did not want to go back to New York or Geneva and that I insisted that all the demarches to that effect should be stopped.*"

[3] Schreiben von Liviu Bota, Director UNIDIR an die UN, 23 September 1986, Bucharest.

[4] Virendra Dayal: Note for the File, 8 May 1986, SG files VD Chron/Bota file.

[5] N.Y. Times, Oct. 30, 1979, p. 12, col.2.; UN Document, Alicja Wesolowska, chronology of events, actions taken.

[6] Schreiben von James C. Connolly, Chief Administrative Officer an Mr. Ola Husa, Director Office for Field Operational and External Support Activities, 2 May 1984, LS Mahmoud Inbeh - Imprisonment, DOF.84/257.

[7] UN document Commissioner for Namibia, New York, File No. OCN 3-5, 7 May 1984.

[8] Für die Definition von funktionalem Schutz siehe Kapitel A.II.1.

[9] Schreiben von Anna Frangipani Campino an den Generalsekretär, 4 March 1988, United Nations Staff Union.

* In der Arbeit wurde grundsätzlich eine geschlechter-neutrale Mehrzahl verwendet. War dies nicht möglich, so gilt die verwendete Form für jegliche Geschlechteridentitäten.

Ergänzende Information Die elektronische Version dieses Kapitels enthält Zusatzmaterial, auf das über folgenden Link zugegriffen werden kann https://doi.org/10.1007/978-3-658-49483-4_1.

M. R. Rudigier, *Die Ausübung von funktionalem Schutz durch Internationale Organisationen zugunsten ihrer Bediensteten*,
https://doi.org/10.1007/978-3-658-49483-4_1

Stellung der Bediensteten von IOs ab. Einerseits wird die Relevanz einer klaren Darlegung des Rechts und der Pflicht von IOs auf Ausübung von funktionalem Schutz für ihre Bediensteten durch die bemerkenswerte Anzahl dieser Bediensteten unterstrichen. Andererseits zeigen die enormen Risiken, die mit dieser Tätigkeit verbunden sind, die Bedeutung dieses Schutzes. Allein die Organisationen innerhalb der VN-Familie beschäftigten im Jahr 2022 bereits 125.436[10] Personen.[11] *Moloney* bezieht sich in ihrer Arbeit auf das *Yearbook of International Associations* aus dem Jahr 2013, wonach die 411 darin gelisteten IOs über 264.298 Bedienstete verfügten.[12] Bei Mitberücksichtigung von kurzfristig Beschäftigten wäre die genannte Zahl noch signifikant höher.[13] Die Vergangenheit der Friedensmissionen der VN ist geprägt von Situationen, in welchen die Immunität der Missionsmitglieder verletzt und diese dadurch Gefahrensituationen ausgeliefert waren.[14] Die VN reagierten auf diese Situationen durch unmittelbare Unterstützung der Bediensteten, sowie weiters durch das Erlassen rechtlicher Rahmenwerke. Die Generalversammlung verabschiedete 1994, als Reaktion auf die steigende Zahl an Friedensmissionen und der damit zunehmenden Gefährdungsmöglichkeit ihrer Bediensteten, die *Convention on the Safety of United Nations and Associated Personnel*[15].[16] Zweck dieses Übereinkommens ist es „*to ensure the safety and security of Untied Nations and associated personnel by requiring Parties to take all necessary measures to protect United Nations and associated personnel [...].*"[17] Damit sind alle Parteien zum Ergreifen geeigneter Maßnahmen verpflichtet, um die Sicherheit des Personals der VN zu gewährleisten.[18] Besondere Relevanz für diese Arbeit kommt dem Art 8 dieses Übereinkommens zu. Vorbehaltlich anderer Vereinbarungen durch die VN und den Empfangsstaat einer Mission, ist

[10] In dieser Wertung fanden jene Personen Berücksichtigung, welche über einen Dienstvertrag mit den VN für zumindest ein Jahr verfügen. Siehe dazu UN System Chief Executives Board for Coordination: Personnel by Organization, Stand 2022, abrufbar unter https://unsceb.org/hr-organization (zuletzt aufgerufen am 13.06.2024).

[11] Folgende Organisationen wurden als Teil des VN-Systems berücksichtigt: CEB, CTBTO, FAO, IAEA, ICAO, ICJ, ICSC, IFAD, ILO, IMO, IOM, ISA, ITC, ITCILO, ITLOS, ITU, JIU, PAHO, UN, UN WOMEN, UNAIDS, UNDP, UNESCO, UNFCCC, UNFPA, UNHCR, UNICC, UNICEF, UNIDO, UNITAR, UNJSPF, UNOPS, UNRWA, UNSSC, UNU, UNWTO, UPU, WFP, WHO, WIPO, WMO; siehe UN System Chief Executives Board for Coordination: Personnel by Organization, Stand 2022, abrufbar unter https://unsceb.org/hr-organization (zuletzt aufgerufen am 13.06.2024).

[12] K. Moloney: International Civil Servant Management: A Personnel-Influenced Research Agenda in D. Stone, K. Moloney (eds.) (2019): The Oxford Handbook of Global Policy and Transnational Administration 671-690, 672.

[13] So auch K. Moloney: International Civil Servant Management: A Personnel-Influenced Research Agenda in D. Stone, K. Moloney (eds.) (2019): The Oxford Handbook of Global Policy and Transnational Administration 671-690, 672.

[14] H.G. Schermers, N.M. Blokker (2018): International Institutional Law, §538.

[15] Convention on the Safety of United Nations and Associated Personnel (New York, 9 December 1994; Inkraft getreten am 15. Jänner 1999).

[16] H.G. Schermers, N.M. Blokker (2018): International Institutional Law, §538.

[17] Convention on the Safety of United Nations and Associated Personnel (New York, 9 December 1994), Objectives.

[18] Art 7 Convention on the Safety of United Nations and Associated Personnel (New York, 9 December 1994).

das Personal der VN im Falle ihrer Festnahme oder ihres Festhaltens bei Wahrnehmung ihrer Aufgaben unverzüglich freizulassen und den VN zu übergeben.[19]

Zahlreiche Privatpersonen setzen ihr Leben, ihre Freiheit und ihre körperliche Unversehrtheit täglich im Rahmen ihrer Tätigkeit als Missionsmitglieder von IOs aufs Spiel, um durch die Teilnahme an Friedensmissionen einen positiven Beitrag zum Weltgeschehen zu leisten. Für die Sicherheit dieser Personen, sowie für den Erfolg der Missionen ist das Vorhandensein von effektiven Schutzmechanismen bedeutend. Die Ausübung von funktionalem Schutz durch IOs, zugunsten ihrer Bediensteten, bildet einen wesentlichen Bestandteil dieser Schutzmechanismen. Die Frage nach dem Recht von IOs, funktionalen Schutz gegenüber Staaten auszuüben, welche Zugriff auf die betroffenen Bediensteten haben, und die Frage nach der Pflicht von IOs, funktionalen Schutz zugunsten ihrer betroffenen Bediensteten auszuüben, sind essenziell für die Funktionserfüllung durch IOs.

Im *Reparation for Injuries* Gutachten des Internationalen Gerichtshofs (IGH) von 1949, das sich auf die VN konzentrierte, wurde das Grundprinzip des funktionalen Schutzes entwickelt.[20] Dieses Grundprinzip kann ohne weiteres auf alle anderen IOs angewandt werden, wenn diese über eine unbestrittene internationale Rechtspersönlichkeit verfügen. Der IGH führt dieses Recht einer IO auf Bestimmungen in ihrer Satzung zurück.[21]

Im Zusammenhang mit funktionalem Schutz können sich drei konkrete Problemstellungen mit hoher praktischer Relevanz ergeben, welche im Rahmen dieser Arbeit behandelt werden. Die erste Problemstellung betrifft die fragliche bzw. fehlende Rechtspersönlichkeit einer IO, die zweite die Involvierung von Drittstaaten und die dritte die Diskrepanz zwischen einer im Innenverhältnis bestehenden Pflicht der IOs und den faktischen Ausübungsproblemen im Außenverhältnis. Auch Bedienstete der Organisation für Sicherheit und Zusammenarbeit in Europa (OSZE) sind aufgrund ihrer Tätigkeit auf die Unterstützung ihrer Organisation

[19] Art 8 Convention on the Safety of United Nations and Associated Personnel (New York, 9 December 1994): "*Except as otherwise provided in an applicable status-of-forces agreement, if United Nations or associated personnel are captured or detained in the course of the performance of their duties and their identification has been established, they shall not be subjected to interrogation and they shall be promptly released and returned to United Nations or other appropriate authorities. Pending their release such personnel shall be treated in accordance with universally recognized standards of human rights and the principles and spirit of the Geneva Conventions of 1949.*"

[20] Reparation for injuries suffered in the service of the United Nations, Advisory Opinion, I.C.J. Reports 1949, p. 174, (kurz "Reparation for injuries Advisory Opinion") 184.

[21] Ebd. 184.

angewiesen, wie zuletzt ein Entführungs-Fall in der Ukraine verdeutlichte.[22] Die OSZE ist jedoch ein Sonderfall, da ihr völkerrechtlicher Status aufgrund des Fehlens eines konstituierenden Instruments in Form eines Gründungsvertrages, welcher die rechtlichen Rahmenbedingungen der OSZE festlegt, unklar ist.[23] Weitere Herausforderungen entstehen bei der Involvierung von Drittstaaten. Dies könnte der Fall sein, wenn Drittstaaten auf Bedienstete einer „fremden" IO zugreifen und die Bediensteten dadurch (z.B. in Form einer unbegründeten Festnahme) in eine Gefahrensituation geraten. Die EU richtet bspw. oftmals Missionen in Drittstaaten aus, wo es zu solchen Situationen kommen kann. Gegenüber solchen Drittstaaten entfaltet die Satzung einer IO keine bindende Rechtswirkung, weshalb sich ein Recht der IO auf Ausübung von funktionalem Schutz gegenüber Drittstaaten auch nicht implizit aus der Satzung ergeben kann.[24] Weiters ist funktionaler Schutz für die Bediensteten von IOs nur in Form einer der IO obliegenden Pflicht im Innenverhältnis bedeutend. Problematisch ist eine Situation, wenn diese Pflicht zwischen der IO und ihren Bediensteten zwar besteht, die IO im Außenverhältnis allerdings nicht über das nötige Recht oder die faktische Möglichkeit verfügt, um ihrer Erfüllung nachzukommen.

Vor Behandlung eben skizzierter Problemstellungen im Zusammenhang mit dem Recht und der Pflicht von IOs auf Ausübung von funktionalem Schutz, wird dessen Ursprung[25] und das hierfür relevante Prinzip der Funktionalität[26] beleuchtet. Dabei wird das *Reparation for Injuries* Gutachten des IGH von 1949 dargestellt und die daraus ableitbaren rechtlichen Schlussfolgerungen erläutert, um das die VN mit der Resolution 3 XXII 48 der Generalversammlung ersuchten. Konkret erbaten die VN eine beratende Stellungnahme zu diversen Fragen[27] im Zusammenhang mit der rechtlichen Möglichkeit der VN zur Schutzausübung zugunsten ihrer Bediensteten.[28] Dem IGH zufolge kennzeichnet das Recht auf Ausübung von funktionalem Schutz die Intention der Sicherstellung der Funktionsfähigkeit von IOs. In diesem Zusammenhang dürfen die Interessen der Bediensteten einer IO nicht vernachlässigt werden, worauf der IGH in *Reparation for Injuries* hinweist.[29] Gutachten des

---

[22] K. Manchester, F. Schmid: Gestohlene Fahrzeuge, entführte Mitarbeiter: Die OSZE hadert mit Russland, Der Standard, 13.2.2023 abrufbar unter: https://www.derstandard.at/story/2000143461680/gestohlene-fahrzeuge-entfuehrte-mitarbeiter-die-osze-hadert-mit-russland.

[23] F. Tanner: OSZE Friedensmissionen: Bilanz und Zukunftsperspektiven, OSCE Insights 4 (2021), 62f.

[24] M. Breuer: Die Völkerrechtspersönlichkeit Internationaler Organisationen, Archiv des Völkerrechts 49, No. 1 (2011) 4-33, 6ff.

[25] Siehe dazu Kapitel C.I.

[26] Siehe dazu Kapitel C.II.

[27] Siehe dazu Kapitel C.I.

[28] Resolution 3 XII 48 adopted by the General Assembly of the United Nations on 3 December 1948, A/RES/258(III), Reparation for injuries incurred in the service of the United Nations.

[29] Reparation for injuries Advisory Opinion, 184.

IGH sind für die Auslegung des Rechts von IOs bedeutend und werden regelmäßig durch die VN zur Beantwortung rechtlicher Fragen angesucht.[30] Zur rechtlichen Natur eines Gutachtens des IGH bleibt – wie vom Gerichtshof selbst ausgeführt – festzuhalten, dass einem solchen lediglich eine empfehlende Wirkung und eben keine bindende Kraft zukommt.[31] Trotz dieses doch wesentlichen Unterschiedes in der rechtlichen Charakterisierung eines Gutachtens, verglichen mit einem Urteil des Gerichtshofes in streitigen Verfahren, findet praktisch keine bemerkenswerte Trennung zwischen Gutachten und Urteil statt. Der Gerichtshof selbst zieht Gutachten teilweise als Präzedenzfälle heran und stützt sich in Entscheidungen darauf.[32]

Diese Arbeit unterscheidet den funktionalen Schutz in die zwei Sphären, dem *Innenverhältnis* der IO gegenüber ihren Bediensteten, sowie dem *Außenverhältnis* der IO primär gegenüber Staaten. In den jeweiligen Sphären betrachtet die Arbeit sowohl die sich ergebenden *Pflichten* als auch die *Rechte*.

Zunächst befasst sich die Arbeit mit der Sphäre des *Innenverhältnisses*. Hierbei wird die organisationsinterne Pflicht zur Ausübung von funktionalem Schutz[33] gegenüber den Bediensteten einer IO beleuchtet und deren Reichweite[34] untersucht. Nach Klarstellung der Pflicht von IOs auf Ausübung von funktionalem Schutz wird auf das gleichlautende Recht,[35] sowie dessen Reichweite im *Außenverhältnis* eingegangen.[36] Die Arbeit zeigt, dass die organisationsinterne *Pflicht* einer IO auf Ausübung von funktionalem Schutz gegenüber ihren Bediensteten nicht immer über dieselbe Reichweite wie das gleichlautende *Recht* der IO verfügt.[37] Exemplarisch für ein weitreichenderes Recht der IO kann die Verhaftung von Bediensteten im Ausland aus rein privaten Gründen, ohne Zusammenhang mit der Tätigkeit für die IO, genannt werden. Hier obliegt der IO, mangels Konnex zur Tätigkeit für die IO, über die Feststellung dieses Umstandes hinaus keine Pflicht zum Tätigwerden.[38] Dennoch kann ihr aber, im Interesse der Aufrechterhaltung des Funktionierens der Organisation, das Recht zum Setzen

[30] H.G. Schermers, N.M. Blokker (2018): International Institutional Law, §1366.
[31] Interpretation of Peace Treaties, Advisory Opinion, I.C.J. Reports 1950, p. 65, 71: "*The Court's reply is only of an advisory character: as such, it has no binding force.*"
[32] H.G. Schermers, N.M. Blokker (2018): International Institutional Law, §1369.
[33] Siehe dazu Kapitel C.VII.
[34] Für die Reichweite siehe Kapitel C.VII.6.
[35] Siehe dazu Kapitel C.VIII.
[36] Siehe dazu Kapitel C.VIII.3 und C.VIII.5.
[37] Siehe dazu Kapitel C.VIII.3.c, in welchem dieses Spannungsverhältnis aufgegriffen wird.
[38] Dies ergibt sich daraus, dass von IOs lediglich eine Erfüllung ihrer Sorgfaltspflicht erwartet werden kann. Dazu etwa E. Campbell, et al: Due Diligence Obligations of International Organizations under International Law, International Law and Politics 50 (2017) 541-604, 584. Für weitere Ausführungen dazu siehe Kapitel C.VII.6.h.

bestimmter Handlungen zukommen, worauf diese Arbeit genauer eingehen wird.[39] Trotz Bestehen dieses Rechts kann es möglich sein, dass die IO auf eine Ausübung über die erste Sachverhaltsfeststellung hinaus verzichtet und dennoch ihre organisationsinterne Pflicht erfüllt. Schwieriger gestalten sich jene Fälle, in denen das Recht oder die faktische Möglichkeit nicht ausreicht, um der organisationsinternen Pflicht gegenüber den Bediensteten nachzukommen.[40] Diese Situationen rufen ein Spannungsverhältnis zwischen organisationsinterner Pflicht und organisationsexternem Recht auf Ausübung von funktionalem Schutz hervor, welches im Rahmen dieser Arbeit gelöst wird.

Das Innenrecht von IOs sowie ihre rechtliche Stellung im internationalen Recht prägen den Inhalt dieser Arbeit. Exemplarisch werden dafür in weiten Teilen der Arbeit die VN[41], die EU[42] und die OSZE[43] herangezogen. Die Wahl dieser IOs gründet auf dem Vorhandensein von relevanter Praxis zum funktionalen Schutz, auf Gemeinsamkeiten in ihrer Tätigkeit und auf relevanten rechtlichen Unterschieden im Zusammenhang mit ihrer Rechtspersönlichkeit. Alle drei IOs führen Missionen friedensschaffender oder friedenssichernder Natur durch, wobei ihre Bediensteten in Gefahrenlagen geraten können und dies in der Vergangenheit auch sind. Friedensmissionen stellen einen Eckpfeiler der Tätigkeit der VN dar. Die VN konnten seit ihrer Gründung 1945 bereits 55 Friedenmissionen erfolgreich abschließen. Aktuell sind die Bediensteten der VN in 11 unterschiedlichen Missionen im Einsatz, um Frieden zu schaffen oder diesen zu sichern.[44] Die EU verfügt ebenfalls über die Kompetenz, Friedensmissionen in Krisengebiete zu senden oder an solchen teilzunehmen. Daneben verfügt der Europäische Auswärtige Dienst (EAD) über rund 140 Delegationen und Büros weltweit, welche zur Stärkung der internationalen Sicherheit und Zusammenarbeit eingerichtet werden.[45] Auch die Präsenz der OSZE umfasst zahlreiche Feldmissionen sowie Programmbüros vom europäischen bis hin zum zentralasiatischen Raum.[46] Das rechtliche Spektrum, in welchem sich die ausgewählten IOs in Bezug auf ihre Völkerrechtspersönlichkeit befinden, ist für diese Untersuchung ebenfalls von Relevanz. Der IGH erkannte den VN in *Reparation for Injuries*

[39] Siehe dazu Kapitel C.VIII.2.
[40] Siehe dazu etwa die ausführliche Darstellung der Selbstverpflichtung der OSZE in ihren Personalstatuten in Kapitel C.VII.3.
[41] Für Informationen zur VN siehe deren Website unter https://www.un.org/en/about-us.
[42] Für Informationen zur EU siehe deren Website unter https://european-union.europa.eu/index_de.
[43] Für Informationen zur OSZE siehe deren Website unter https://www.osce.org/de.
[44] Für nähere Informationen siehe https://peacekeeping.un.org/en.
[45] Für nähere Informationen siehe https://european-union.europa.eu/priorities-and-actions/actions-topic/foreign-and-security-policy_de.
[46] Für nähere Informationen siehe https://www.osce.org/de/where-we-are.

objektive Völkerrechtspersönlichkeit – über ihre Mitgliedstaaten hinweg – zu.[47] Über die VN hinaus setzte sich diese Ansicht allerdings nicht durch, weshalb allen übrigen IOs, wie etwa der EU, subjektive Völkerrechtspersönlichkeit – auf ihre Mitgliedstaaten beschränkt – zukommt.[48] Die Völkerrechtspersönlichkeit der OSZE ist aufgrund ihres besonderen rechtlichen Charakters nach wie vor umstritten, weshalb die Organisation hier eine Sonderstellung einnimmt.[49]

Punktuell werden weitere IOs herangezogen, um ihre konstituierenden Dokumente, ihr Innenrecht, sowie ihre Praxis einer Analyse zu unterziehen. So werden etwa, wie in Annex ./2 ersichtlich, zahlreiche Satzungen von IOs auf das Vorhandensein einer Bestimmung untersucht, welche den IOs ein Recht auf Ausübung von funktionalem Schutz gegenüber ihren Mitgliedstaaten einräumt oder auf welche ein solches Recht implizit zurückgeführt werden kann. Für die Pflicht zur Ausübung von funktionalem Schutz im Innenverhältnis von IOs wird auf die Personalstatuten von IOs zurückgegriffen und somit ebenfalls zahlreiche IOs für die, in Annex ./3 einsehbare, Untersuchung herangezogen.

II. Terminologie

1. Funktionaler Schutz

Diese Arbeit versteht unter *funktionalem Schutz*[50] jenen *Schutz, den eine IO im Rahmen ihrer Möglichkeiten zugunsten ihrer Bediensteten ausübt, um eine Gefährdungslage der Bediensteten abzuwenden oder sie aus einer Gefahrenlage zu befreien.*[51] Der Schutz wird von einer IO ausgeübt, um ihre eigene Funktionsfähigkeit sicherzustellen. Die beiden Komponenten, die Schutzgewährung zugunsten der Bediensteten und die Aufrechterhaltung der Funktionsfähigkeit der Organisation, stellen die Grundlage für den funktionalen Schutz dar. Diese Grundlegung basiert auf den Ausführungen des IGH in *Reparation for Injuries*, woran sich auch die verwendete Definition des funktionalen Schutzes orientiert.[52] Der IGH setzte sich in seinem Gutachten zwar großteils mit der Möglichkeit der VN auseinander, Schadenersatzforderungen an einen Staat zu richten, der einem VN-Bediensteten und damit

[47] Reparation for injuries Advisory Opinion, 185; M. Breuer (2011): Die Völkerrechtspersönlichkeit Internationaler Organisationen, Archiv des Völkerrechts 49, No. 1 (2011) 4-33,10. Für weitere Ausführungen dazu siehe Kapitel C.III.2.

[48] M. Breuer: Die Völkerrechtspersönlichkeit Internationaler Organisationen, Archiv des Völkerrechts 49, No. 1 (2011) 4-33, 10. Für weitere Ausführungen dazu siehe Kapitel C.III.3.

[49] F. Tanner: OSZE Friedensmissionen: Bilanz und Zukunftsperspektiven, OSCE Insights 4 (2021), 6. Für weitere Ausführungen dazu siehe Kapitel C.III.4.

[50] Dabei handelt es sich um eine Arbeitsdefinition, welche in weiterer Folge erarbeitet und weiter ausgefüllt wird.

[51] Für weitere Ausführungen zur Herleitung dieser Definition siehe Kapitel C.I.

[52] Reparation for injuries Advisory Opinion, 183.

auch den VN einen Schaden zugefügt hatte.[53] Am Rande wurde vom Gericht aber auch angemerkt, dass es einer IO möglich sein muss, ihre Bediensteten vor Schädigungen zu schützen, womit die Ausübung von funktionalem Schutz nach der hier verwendeten Definition beschrieben wird.[54]

Mit der Einschränkung „*im Rahmen ihrer Möglichkeiten*" soll klargestellt werden, dass die Handlungen von IOs auf jene beschränkt sind, welche diesen auch zumutbar und möglich sind. Definitionsgemäß kann einer IO damit ggf. lediglich eine Bemühungs- und keine Erfolgspflicht obliegen.[55]

Wie eingangs dargestellt, sind Bedienstete von IOs besonders dann Gefahren ausgesetzt, wenn sie als Missionsmitglieder für die IO in politisch instabilen Gaststaaten tätig werden. Die Gefahrenlagen, welche Bedienstete einer IO ausgesetzt sein können, beschränken sich aber nicht auf ihre Tätigkeit im Ausland. In einer Gefahrenlage befinden sich auch Bedienstete einer IO im Hauptquartier der Organisation, welche Drohanrufe erhalten, Bedienstete, welche von ihrem Heimatstaat zur Beendigung ihrer Tätigkeit bei der IO gezwungen werden, oder eben jenen, welche als Missionsmitglieder in einem Empfangsstaat der Mission entführt und festgehalten werden. Diese Spannbreite an denkbar unterschiedlichen Situationen, welche für die Bediensteten von IOs eine Gefahrenlage darstellen können, erfordern eine weite Definition dieser. Unter „*Gefahrenlage*" wird daher jede Situation verstanden, aus welcher sich die betroffenen Personen nicht problemlos eigenständig befreien können und welche negative Folgen für Leib und Leben dieser hervorrufen kann. Während die Abwendung von Gefährdungslagen präventive Maßnahmen im Rahmen des funktionalen Schutzes darstellt, beschreibt die Befreiung von Bediensteten aus Gefahrenlagen reaktive Maßnahmen. Die Definition von funktionalem Schutz umfasst somit aufgrund der Formulierung „*eine Gefährdungslage der Bediensteten abzuwenden oder sie aus einer Gefahrenlage zu befreien*" sowohl präventive, auf die Gefahrenabwendung gerichtete, als auch reaktive, die Befreiung der Bediensteten aus eingetretener Gefahren beinhaltende, Maßnahmen.[56] Funktionaler Schutz ist nach der hier verwendeten Definition allerdings auf die Prävention konkreter Gefährdungslagen beschränkt und umfasst generalpräventive Elemente nicht mehr. Somit ist z.B. eine Schadenersatzklage von IOs aufgrund der Verletzung ihrer Bediensteten gegen den

[53] Ebd., 175.
[54] Ebd., 183.
[55] In Kapitel C.VII.6.h. wird darauf näher eingegangen.
[56] Für weitere Ausführungen zum Inhalt des funktionalen Schutzes siehe Kapitel C.I.

schädigenden Staat aus dem Rahmen der Definition ausgeschlossen. Zumindest für künftige Fälle könnte eine solche aber abschreckende und damit generalpräventive Wirkung entfalten.

2. Internationale Organisationen

IOs bilden einen profunden Bestandteil der internationalen Gemeinschaft.[57] Bereits die Definition des Begriffs der IO bringt weitreichende rechtliche Folgen mit sich. Art 2 lit a Draft Articles on the Responsibility of International Organizations (DARIO) definiert eine IO als „*an organization established by a treaty or other instrument governed by international law and possessing its own international legal personality. International Organizations may include as members, in addition to states, other entities.*".[58] Die OSZE, deren rechtlicher Status ungeklärt und ihre internationale Rechtspersönlichkeit damit umstritten ist, wäre dieser Definition zufolge nicht als IO anzusehen.[59] *Schermers & Blokker* hingegen definieren eine IO anhand dreier Elemente als „*form of cooperation (1) founded on an international agreement; (2) having at least one organ with a will of its own; and (3) established under international law*".[60] *Knur* definiert IOs in ihrer Arbeit ähnlich weit als „*auf eine gewisse Dauer angelegte institutionelle Strukturen, die auf der Grundlage einer völkerrechtlichen Willensübereinkunft von zwei oder mehreren Staaten auf dem Gebiet des Völkerrechts zur Erreichung gemeinsamer Ziele errichtet und dafür mit Kompetenzen sowie mit mindestens einem Organ ausgestattet sind*".[61] Demnach wäre auch die OSZE als IO von der Definition umfasst, da sie trotz Fehlens eines konstituierenden Instruments, d.h. eines internationalen Abkommens zwischen Teilnehmerstaaten, entstanden ist.[62] Für diese Arbeit werden IOs in Anlehnung an *Schermers & Blokker* sowie *Knur* definiert als „*eine auf Dauer angelegte Form der Kooperation, welche auf einem internationalen Abkommen zwischen zwei oder mehreren Staaten beruht und nach internationalem Recht gegründet wurde, über zumindest ein Organ mit eigenem Willen verfügt und diesem Organ Kompetenzen übertragen wurden, welche der Erreichung der gemeinsamen Ziele dieser Kooperation dienlich sind*". Diese Definition wurde gewählt, da von dem Wortlaut dieser Defintion einer IO auch die OSZE, welche bedeutend für diese Arbeit ist und mittlerweile auch als IO anerkannt wird[63], mitumfasst ist. Wesentlich für die weiteren Ausführungen ist der

[57] F. Knur (2020): Individuelle Rechtspositionen gegenüber internationalen Organisationen, Schriften zum Völkerrecht 240, 24.

[58] Art 2 lit a DARIO. Siehe auch H.G. Schermers, N.M. Blokker (2018): International Institutional Law, §29A.

[59] Siehe dazu die Ausführungen in Kapitel C.III.4 sowie H.G. Schermers, N.M. Blokker (2018): International Institutional Law, §29A.

[60] Ebd. §33.

[61] F. Knur (2020): Individuelle Rechtspositionen gegenüber internationalen Organisationen, Schriften zum Völkerrecht 240, 24.

[62] Für die Geschichte der OSZE siehe Kapitel C.III.4.

[63] L. Simonet, H. G. Lüber: Der Rechtsstatus der OSZE: Der Mythos des Sisyphus lebt, OSZE Jahrbuch 22 (2016) 313-355, 314.

letzte Teil dieser Definition: *„über zumindest ein Organ mit eigenem Willen verfügt und diesem Organ Kompetenzen übertragen wurden, welche der Erreichung der gemeinsamen Ziele dieser Kooperation dienlich sind“.* Als bedeutendes Organ bei der Ausübung von funktionalem Schutz wird das Sekretariat unter der Leitung des Generalsekretärs und seiner Stellvertreter hervorgehoben. Im Rahmen der ihm übertragenen Kompetenzen entscheidet der Generalsekretär eigenständig und setzt Handlungen, welche der Erreichung der gemeinsamen Ziele der IO dienlich sind, bspw. entscheidet der Generalsekretär über die Ausübung von funktionalem Schutz im Interesse der Aufrechterhaltung des Funktionierens der IO.

3. Bedienstete einer Internationalen Organisation

Diese Arbeit befasst sich mit „den Bediensteten einer IO“ und der Frage, ob IOs zu deren Gunsten funktionalen Schutz ausüben dürfen sowie müssen. Der Begriff „Bedienstete einer IO“ beschreibt jene Personen, zugunsten derer, im Rahmen dieser Untersuchung identifizierte, Handlungen gesetzt werden. Für den Anwendungsbereich *ratione personae* ist zentral, ob als „Bedienstete einer IO“ lediglich jene Personen zu sehen sind, welche mit der IO in einem Dienstverhältnis stehen oder der Begriff „Bedienstete einer IO“ darüber hinausgeht.

Der IGH führte in *Reparation for Injuries* zur Bedingung *ratione personae* wie folgt aus: *„the Court understands the word ‚agent‘ in the most liberal sense, that is to say any person who, whether a paid official or not, and whether permanently employed or not, has been charged by an organ of the Organization with carrying out, or helping to carry out, one of its functions – in short, any person through whom it acts.*“[64] Der IGH spricht von ‚agent‘ und definiert diesen weit als *“any person through whom it [the IO] acts”.* Damit wird auf das Tätigwerden für die IO abgestellt und jeder Repräsentant einer IO umfasst.

Der Schutzbereich der *Convention on the Safety of United Nations and Associated Personnel* ist auf Missionsteilnehmende ausgerichtet, womit die Definition enger als jene des IGH gefasst ist. Auch hier wird allerdings auf das Tätigwerden abgestellt und keine Einschränkung auf Personen mit dienstvertraglicher Beziehung zur Organisation vorgenommen. Art 1 (a) der Konvention definiert “*United Nations personnel*” als “*Persons engaged or deployed by the Secretary-General of the United Nations as members of the military, police or civilian components of a United Nations operation; OR Other officials and experts on mission of the*

[64] Siehe dazu Reparation for injuries Advisory Opinion, 177.

United Nations [...] who are present in an official capacity in the area where a United Nations operation is being conducted".[65]

Grundsätzlich wird in dieser Arbeit ebenfalls auf das Tätigwerden der Personen abgestellt und somit „*jede Person, durch die die Organisation handelt*"[66] vom Anwendungsbereich umfasst. Innerhalb dieses weiten Anwendungsbereiches werden im Laufe der Untersuchung aber Differenzierungen herausgearbeitet. Näher auf den persönlichen Anwendungsbereich wird in Kapitel C.V sowie punktuell in Kapitel C.VII.8 eingegangen. In der Arbeit wird weitestgehend von „Bediensteten" gesprochen, ohne damit bereits eine rechtliche Einordnung vorzunehmen.[67]

III. Stand der Forschung

Das Schrifttum zum funktionalen Schutz ist nicht sonderlich ausgeprägt. Weder zum Recht auf Ausübung von funktionalem Schutz noch zur gleichlautenden Pflicht steht umfassende Literatur zur Verfügung. Einige Werke sprechen den funktionalen Schutz zwar an, beschäftigen sich allerdings nur am Rande oder in einem Kapitel inhaltlich damit. Nennenswert sind hier etwa ein Kapitel zum funktionalen Schutz bei *Carabot* und *Ubèda-Saillard*[68], sowie eine kurze Auseinandersetzung mit dem Recht auf Ausübung von funktionalem Schutz bei *Crawford*[69]. Abgesehen von kurzen, überblicksartigen Darstellungen, fand die Frage nach einem Recht auf Ausübung von funktionalem Schutz durch IOs in der wissenschaftlichen Literatur noch wenig Beachtung. Die Werke, die sich mit dem *Reparation for Injuries* Gutachten beschäftigen, konzentrieren sich vor allem auf die Frage, ob IOs internationale Ansprüche gegenüber Mitgliedstaaten und Nicht-Mitgliedstaaten geltend machen können und dürfen.[70] Auch die Pflicht einer IO auf Ausübung von funktionalem Schutz wird in dem Werk *The Duty of Care of International Organizations Towards Their Civilian Personnel*[71] von *de Guttry et al.* nur ansatzweise behandelt. Dabei wird die Umsetzung der Fürsorgepflicht beispielhaft an einer Vielzahl von IOs dargestellt. Die Fürsorgepflicht stellt das breitere Rechtsinstrument gegenüber dem funktionalen Schutz dar. Von der Fürsorgepflicht sind diverse Schutzpflichten von IOs

[65] Art 1 Convention on the Safety of United Nations and Associated Personnel (New York, 9 December 1994).
[66] Siehe dazu Reparation for injuries Advisory Opinion, 177.
[67] Von der Verwendung des Terms „Bedienstete" wird lediglich in jenen Fällen abgegangen, in welchen eine rechtliche Einordnung unterschiedlicher dienst- oder vertragsrechtlicher Beziehungen zur IO vorgenommen wird.
[68] M. B. Carabot, M. Ubèda-Saillard: Functional Protection in J. Crawford, A. Pellet, S. Olleson (eds.) (2010): The Law of International Responsibility 1074-1083.
[69] J. Crawford: Claims on behalf of others: diplomatic and functional protection in J. Crawford (2013): State Responsibility: The General Part, 566-597.
[70] Ebd., 594f.
[71] A. de Guttry et al. (eds.) (2018): The Duty of Care of International Organizations Towards Their Civilian Personnel.

gegenüber ihren Bediensteten mitumfasst. Der funktionale Schutz stellt einen Teilaspekt davon dar. Die Autoren gehen in dem Werk auf die Frage ein, ob die Organisation funktionalen Schutz für ihre Bediensteten ausüben muss, um der Fürsorgepflicht zu entsprechen.[72] Abhängig von den internen Regelungen der einzelnen Organisationen wird dies unterschiedlich beantwortet.[73] Die Autoren in *de Guttry et al.* schneiden den funktionalen Schutz allerdings jeweils nur kurz an und setzen sich nicht intensiver mit einer verpflichtenden Ausübung auseinander. Das einleitend angesprochene Spannungsverhältnis zwischen organisationsinterner Pflicht zur Ausübung von funktionalem Schutz und dem gleichlautenden Recht im Außenverhältnis einer IO wird im Schrifttum nicht thematisiert. Ebenso lassen sich, abgesehen von einer ansatzweisen Betrachtung in *Carabot* und *Ubèda-Saillard*[74], zur Frage der Reichweite des Rechts und der Pflicht zur Ausübung von funktionalem Schutz keine Werke hierzu finden.

Aus dem Stand der Wissenschaft ergibt sich erheblicher Forschungsbedarf. Weder das Recht noch die Pflicht einer IO, zugunsten ihrer Bediensteten funktionalen Schutz auszuüben, sind abschließend analysiert. Dem einleitend dargestellten Problemaufriss lassen sich für diese Arbeit eine Reihe von Forschungsfragen ableiten. Im Interesse der Schaffung von Transparenz für die Bediensteten von IOs stellt sich insbesondere die Frage:

I. Obliegt einer IO die Pflicht, im Innenverhältnis funktionalen Schutz zugunsten ihrer Bediensteten auszuüben?

Im Falle des Bestehens einer solchen Pflicht von IOs sollen zur Konkretisierung dieser weiters folgende Fragen beantwortet werden:

---

[72] Meist werden die Bestimmungen zur Fürsorgepflicht der IO in den Personalstatuten dahingehend ausgelegt, dass ein Vorgehen der Organisation gegen die Schädiger der Bediensteten erwartet werden kann. An den Ausführungen im Kapitel über die Weltbank lässt sich aber erkennen, dass eine ablehnende Haltung zur verpflichtenden Ausübung von funktionalem Schutz durchaus noch präsent ist. Siehe dazu A. Viterbo: Implementation of the Duty of Care by the World Bank, in A. de Guttry et al. (eds.) (2018): The Duty of Care of International Organizations Towards Their Civilian Personnel 357-379, 372f.

[73] Im Buch von A. de Guttry et al. wird von unterschiedlichen Autoren auf die Stellung von funktionalem Schutz innerhalb der Fürsorgepflicht von IOs gegenüber ihren Bediensteten eingegangen: S. Saluzzo zum funktionalen Schutz bei der EU (S. Saluzzo: Implementation of the Duty of Care by the European Union, 2018, 209-241, 233f.), L. Vierucci und P. Korotkikh zum funktionalen Schutz bei der NATO (L. Vierucci und P. Korotkikh: Implementation of the Duty of Care by NATO, 2018, 243-264, 259f.), D. Russo zum funktionalen Schutz bei der OSZE (D. Russo: Implementation of the Duty of Care by the OSCE, 2018, 265-292, 285ff.), L. Magi zum funktionalen Schutz beim Europarat (L. Magi: Implementation of the Duty of Care by the Council of Europe, 2018, 293-309, 303f.), L. S. Nader und S. I. Dutra zum funktionalen Schutz bei der Organisation Amerikanischer Staaten (L. S. Nader und S. I. Dutra: Implementation of the Duty of Care by the Organization of American States, 2018, 311-335, 330ff.), A. Viterbo zum funktionalen Schutz bei der Weltbank (A. Viterbo: Implementation of the Duty of Care by the World Bank, 2018, 357-379, 372f.).

[74] M. B. Carabot, M. Ubèda-Saillard: Functional Protection in J. Crawford, A. Pellet, S. Olleson (eds.) (2010): The Law of International Responsibility 1074-1083, 1075f.

1. Wie weitreichend ist diese Pflicht und welche Handlungen sind konkret davon umfasst?
2. Bestehen Mindeststandards zur Erfüllung dieser Pflicht?
3. Welche Rechtsfolgen kann ein Unterlassen der Ausübung von funktionalem Schutz durch die IO haben?

Um als IO einer möglicherweise bestehenden organisationsinternen Pflicht zur Ausübung von funktionalem Schutz zugunsten der Bediensteten nachkommen zu können, muss dieser IO im Außenverhältnis gegenüber ihren Mitgliedstaaten sowie ggf. gegenüber Drittstaaten ein gleichlautendes Recht zukommen. Daher stellt sich weiters die Frage:

II. Verfügt eine IO über das Recht, funktionalen Schutz zugunsten ihrer Bediensteten auszuüben?

Im Falle des Bestehens eines solchen Rechts von IOs sollen zur Konkretisierung dieses weiters folgende Fragen beantwortet werden:

1. Besteht das Recht von IOs ausschließlich gegenüber den Mitgliedstaaten dieser Organisation oder auch gegenüber Drittstaaten?
2. Welche Rolle spielen Gaststaaten einer IO oder Empfangsstaaten einer Mission in diesem Kontext?
3. Wie weitreichend ist dieses Recht und welche Handlungen sind konkret von diesem Recht umfasst?

Insbesondere die Beantwortung der Fragen I.1. und II.3. können ein Spannungsverhältnis zwischen organisationsinterner Pflicht und organisationsexternem Recht hervorrufen, sollte für die Frage der Reichweite hier ein abweichendes Ergebnis vorliegen. In diesem Fall ergibt sich weiters die Frage:

III. Rufen die organisationsintere Pflicht gegenüber den Bediensteten einer IO und das gleichlautende Recht ein Spannungsverhältnis hervor und bejahendenfalls, wie kann dieses gelöst werden?

Ziel der Arbeit ist eine klare Darlegung des Rechts und der Pflicht einer IO zur Ausübung von funktionalem Schutz zugunsten ihrer Bediensteten. Dabei wird herausgearbeitet, auf welcher rechtlichen Grundlage das Recht und die Pflicht basieren. Um ein umfassendes Verständnis für das Konzept Schutz im völkerrechtlichen Kontext zu entwickeln, beginnt diese Arbeit damit, die verschiedenen Schutzebenen – international und national – zu analysieren. Dazu werden neben dem funktionalen Schutz ähnliche Schutzkonzepte betrachtet, um eine theoretische Fundierung zum Schutzkonzept des funktionalen Schutzes zu erarbeiten und konkrete Schutzmaßnahmen aufzuzeigen.[75] Nach der Analyse über das Bestehen eines Rechtes und einer Pflicht der IO auf Ausübung von funktionalem Schutz wird die Reichweite von Recht und Pflicht determiniert. Dabei werden jene Handlungen dargestellt, zu denen die IO gegenüber Mitglied- und Drittstaaten berechtigt ist und gegenüber ihren Bediensteten verpflichtet ist. Kommt es zu einem Verstoß gegen eine bestehende Pflicht, kann dieser zu einer Schädigung der Bediensteten beitragen. Daraus ergeben sich Rechtsfolgen für die IO,[76] worauf aufgrund des sachlichen Zusammenhangs weiters eingegangen wird. Dabei spielt insbesondere die Schadenersatzforderung gegen die IO durch die geschädigten Bediensteten, verbunden mit der Immunität der IO als Verfahrenshindernis und die Pflicht zur Bereitstellung alternativer Rechtsschutzmöglichkeiten, eine Rolle. Im Zusammenhang mit Personalstreitigkeiten werden internationale Verwaltungsgerichte als alternative Rechtsschutzmöglichkeiten relevant.[77]

Die Beantwortung dieser Rechtsfragen soll für Transparenz sorgen. Aufgrund der i.d.R. fehlenden Verschriftlichung[78] einer Regelung zum funktionalen Schutz, besteht für die betroffenen Personen eine große Rechtsunsicherheit. Eine Arbeit, die sich nicht nur mit dem Recht auf Ausübung von funktionalem Schutz, sondern auch mit einer möglichen Pflicht dazu befasst, schafft Klarheit für das Personal von IOs. Dies trägt zur Stärkung der Rechtssicherheit in sehr risikoreichen Berufsfeldern bei. Arbeitskräfte, die beruflich an Missionen von IOs teilnehmen, bringen mit ihrer Tätigkeit oft nicht nur sich selbst, sondern auch ihre Angehörigen in Gefahr. Besonders diese Berufsfelder bedürfen einer transparenten Darlegung aller Schutz- und Fürsorgekonzepte.[79] Dadurch kann sichergestellt werden, dass sich das Personal auf die

---

[75] Siehe dazu Kapitel A, bzw. für die einzelnen Schutzkonzepte: Kapitel B.II.1 zu diplomatischen Schutz, Kapitel B.II.2 zum Schutz nach dem WÜD, Kapitel B.II.3 zum Schutz nach dem WÜK, Kapitel B.III zum Schutz im Rahmen der nationalen Fürsorgepflicht der Arbeitgebenden und Kapitel B.IV zum Schutz im Rahmen der organisationsinternen Fürsorgepflicht.

[76] Siehe dazu Kapitel D.

[77] G. Ullrich: Die Immunität internationaler Organisationen von der einzelstaatlichen Gerichtsbarkeit, Zeitschrift für ausländisches öffentliches Recht und Völkerrecht 71 (2011) 157-167, 164f; G. Ullrich (2018): The Law of the International Civil Service, 430f.

[78] In Fifth report on diplomatic protection by Mr. John Dugard, Special Rapporteur, International Law Commission, Fifty-Sixth session, Geneva 3 May-4 June and 5 July-6 August 2004, A/CN.4/538, 43-61, 48 wurde mit Art 23 ein Vorschlag für die Verschriftlichung einer Bestimmung zum funktionalen Schutz gemacht. Dieser Vorschlag wurde schlussendlich aber nicht umgesetzt. In den Draft Articles on Diplomatic Protection with commentaries (2006) text adopted by the International Law Commission at its fifty-eighth session and submitted to the General Assembly (A/61/10), in Yearbook of the International Law Commission, 2006, Vol. II, Part Two, 23 wurde dazu ausgeführt, dass der funktionale Schutz vom diplomatischen Schutz zu stark abweicht, um diese beiden Rechtsinstrumente in denselben Draft Articles aufzunehmen.

[79] G. Ullrich (2018): The Law of the International Civil Service, 430f.

Unterstützung der Organisation verlassen und sich bei Bedarf auch unverzüglich über die eigenen Rechte informieren kann.[80]

IV. Methodik

Charakteristisch für die wissenschaftliche Methode ist, dass mit ihrer Hilfe der Weg zur Erlangung einer wissenschaftlichen Erkenntnis beschrieben wird. Die Beschreitung dieses Weges über Völkervertragsrecht, Völkergewohnheitsrecht oder allgemeine Rechtsgrundsätze stellt eine methodologische Frage dar. Die Wahl der Methode zeigt den Weg zur Erlangung einer Antwort auf die aufgeworfenen Forschungsfragen auf.[81]

An dieser Stelle wird der Weg zur Erlangung völkerrechtlicher Erkenntnis erläutert und damit die methodische Vorgehensweise bei der Beantwortung unter Kapitel A.III genannter Forschungsfragen dargelegt. Die Darstellung des angedachten Weges und der gewählten methodologischen Vorgehensweise dient der Veranschaulichung angewandter wissenschaftlicher Arbeitsweisen und Skizzierung der einzelnen Schritte im Forschungsprozess.[82] Die völkerrechtliche Methodenlehre kennt die analytische Methode, die historische Methode, die soziologische sowie die normative Betrachtungsweise.[83] Weiters können die völkerrechtlichen Methoden kategorisch in induktive und deduktive unterteilt werden.[84] Art 38 Abs 1 des Statuts des Internationalen Gerichtshofs[85] (IGH-Statut) nennt als die Quellen des Völkerrechts a) internationale Abkommen, b) internationales Gewohnheitsrecht und c) allgemeine Rechtsgrundsätze. Diese Rechtsquellen stehen primär für die Identifizierung von Rechten und Pflichten im Völkerrecht zur Verfügung. In der Arbeit herangezogene Methoden werden somit im Hinblick auf die unterschiedlichen Rechtsquellen erläutert.

Der IGH bezieht sich in *Reparation for Injuries* auf eine Bestimmung, die implizit der Satzung der VN entnommen werden kann.[86] Unter Heranziehung der Auslegungsbestimmungen für

---

[80] Dieses Ziel lässt sich auch den Worten des IGH in Reparation for injuries Advisory Opinion, 184 entnehmen.
[81] E. Sauer: Zur Grundlegung der völkerrechtlichen Methodologie, Nordic Journal of International Law 33 (1963) 121-131, 125.
[82] Ebd.
[83] A. Schüle: Methoden der Völkerrechtswissenschaft, Archiv des Völkerrechts 8, No. 2 (1959) 129-150, 141ff.
[84] Ebd., 146.
[85] Statut des Internationalen Gerichtshofes (kurz: IGH-Statut), StF: BGBl. Nr. 120/1956 (idF BGBl. Nr. 70/1960) abrufbar unter: https://www.ris.bka.gv.at/GeltendeFassung.wxe?Abfrage=Bundesnormen&Gesetzesnummer=10000273 (zuletzt aufgerufen am 26.04.2024).
[86] Reparation for injuries Advisory Opinion, 178f.

geschriebenes Vertragsrecht nach Art 31 Wiener Vertragsrechtskonvention (WVK)[87] werden in Kapitel C.VIII.2.a die Satzungen einer Vielzahl von IOs zur Frage nach dem Recht dieser IOs methodisch ausgelegt. Art 31 Abs 1 WVK zufolge ist ein *Vertrag nach Treu und Glauben in Übereinstimmung mit der gewöhnlichen, seinen Bestimmungen in ihrem Zusammenhang zukommenden Bedeutung und im Lichte seines Zieles und Zweckes auszulegen*. Der Wortlaut „*seines Zieles und Zweckes*" führt ein funktionales Element in die Vertragsauslegung ein.[88] Insbesondere bei Verträgen, welche IOs erschaffen und diesen IOs Funktionen und Befugnisse übertragen, wird Effektivitätsaspekten große Bedeutung in der Auslegung zugeschrieben. Eine Auslegung nach „*Ziel und Zweck*" der Gründungsverträge von IOs kann dazu führen, dass den Satzungen implizite, weil ungeschriebene, Befugnisse bzw. Rechte entnommen werden, um den Organen der IOs die Sicherstellung ihrer Aufgaben zu ermöglichen.[89] Auf Basis dieser Theorie zu „*implied-power*" führt die Interpretation des IGH dazu, dass die Satzung der IOs als Grundlage für die Ausübung von funktionalem Schutz herangezogen wird.[90] Weiters werden in Kapitel C.VIII.4.a vertragliche Vereinbarungen zwischen Drittstaaten und IOs nach Art 31 Wiener Übereinkommen über das Recht der Verträge zwischen Staaten und Internationalen Organisationen oder zwischen Internationalen Organisationen (WVK-IO)[91] bzw. dem völkergewohnheitsrechtlichem Äquivalent dazu interpretiert. Für die Reichweite des Rechts sind die Satzungen von IOs sowie die vertraglichen Vereinbarungen mit Drittstaaten von IOs nicht besonders aufschlussreich. Praxis einer IO wird gemäß Art 31 Abs 3 lit b WVK als sogenannte „*subsequent practice*" herangezogen, um die Satzung einer Organisation auszulegen.[92] Die Praxis der Vertragsparteien, als Herren ihrer Verträge, verdeutlicht deren Verständnis von den festgelegten Bestimmungen und ist damit für die Vertragsauslegung bedeutsam.[93] „*Subsequent practice*" nach Art 31 Abs 3 lit b WVK ist allerdings nicht auf die Praxis der Vertragsparteien beschränkt, sondern kann auch durch Praxis der Organisation

---

[87] Wiener Übereinkommen über das Recht der Verträge (kurz „WVK") StF: BGBl. Nr. 40/1980, ausgegeben am 25. Jänner 1980.

[88] O. Dörr: Art 31 in O. Dörr, K. Schmalenbach (Hrsg.) (2018): Vienna Convention on the Law of Treaties: A Commentary, Second Edition, 559-616, Rz 52.

[89] Ebd., Rz 56.

[90] Siehe zu „*implied-powers*" Reparation for injuries Advisory Opinion, 184: „*necessary intendment*"; M. B. Carabot, M. Ubèda-Saillard: Functional Protection in J. Crawford, A. Pellet, S. Olleson (eds.) (2010): The Law of International Responsibility 1074-1083, 1074f.

[91] Wiener Übereinkommen über das Recht der Verträge zwischen Staaten und internationalen Organisationen oder zwischen internationalen Organisationen (kurz „WVKIO") v. 21.3.1986 (BGBl 1990 II, 1415) [*nicht in Kraft*].

[92] United Nations International Law Commission: Subsequent Agreements and Subsequent Practice in Relation to the Interpretation of Treaties, United Nations Yearbook of the International Law Commission 2, part 2 (2018) 23-88, draft conclusion 3.

[93] O. Dörr: Art 31 in O. Dörr, K. Schmalenbach (Hrsg.) (2018): Vienna Convention on the Law of Treaties: A Commentary, Second Edition, 559-616, Rz 77.

entstehen.[94] Der IGH etwa verweist regelmäßig auf Praxis der VN-Organe, in der Interpretation ihrer konstituierenden Dokumente.[95] In Kapitel C.VIII.3.a wird daher das Vorhandensein relevanter Praxis untersucht und zur Interpretation der Satzung herangezogen, um konkrete, der IO in Ausübung von funktionalem Schutz erlaubte, Handlungen gegenüber den Mitgliedstaaten dieser IO zu identifizieren. Konkret wird die Praxis der IO herangezogen, um die Satzung im Sinne eines Funktionsgedankens auszulegen.

Die Pflicht zur Gewährung von funktionalem Schutz zwischen der Organisation und ihren Bediensteten besteht im Innenrecht dieser Organisation.[96] Hier kommen vertragliche Vereinbarungen zwischen der IO und ihren Bediensteten sowie die Personalstatuten der IO als Rechtsgrundlage für eine verpflichtende Ausübung von funktionalem Schutz durch die IO zugunsten ihrer Bediensteten in Frage. Dabei handelt es sich um sekundäres Organisationsrecht, wofür Art 31 WVK über die Auslegung völkerrechtlicher Verträge nicht heranzuziehen ist.[97] Organisationsinternes Recht wird im Rahmen dieser Arbeit im Lichte ihres Wortlautes, dem Sinn und Zweck der Bestimmung sowie unter Berücksichtigung der Auslegung durch die internationalen Verwaltungsgerichte interpretiert.[98] Die Ausgestaltung von organisationsinternen Regeln stellt grundsätzlich auf das Sicherstellen des effizienten Funktionierens des Sekretariats ab und wird im Rahmen dieser Arbeit auch dahingehend ausgelegt.[99]

Können Normen nicht durch Interpretation von internationalen Abkommen erschlossen werden, sind diese alternativ durch Identifikation aus ungeschriebenen Völkerrechtsquellen zu ermitteln. Aufgrund des Verbotes der Drittwirkung von Verträgen,[100] wie auch den in Kapitel C.VIII.2.a untersuchten Satzungen von IOs, wird Völkergewohnheitsrecht in Kapitel C.VIII.4.b in Hinblick auf ein Recht von IOs auf Ausübung von funktionalem Schutz gegenüber Drittstaaten relevant.[101] Für die Praxis und die *opinio iuris* ist das Verhalten der Staaten, die

---

[94] Ebd., Rz 85f. sowie United Nations International Law Commission: Subsequent Agreements and Subsequent Practice in Relation to the Interpretation of Treaties, United Nations Yearbook of the International Law Commission 2, part 2 (2018) 23-88, draft conclusion 12 para 3: "*may arise from, or be expressed in the practice of an international organization in the application of its constituent instrument*".

[95] O. Dörr: Art 31 in O. Dörr, K. Schmalenbach (Hrsg.) (2018): Vienna Convention on the Law of Treaties: A Commentary, Second Edition, 559-616, Rz 86.

[96] Siehe dazu etwa V. Brino: International Organizations as Employers Examining the Duty of Care in the Light of the Different Forms of Employment Relationships in A. de Guttry et al. (eds.) (2018): The Duty of Care of International Organizations Towards Their Civilian Personnel 151-164, 155ff.

[97] Siehe dazu Art 1 WVK: "*Dieses Übereinkommen findet auf Verträge zwischen Staaten Anwendung*."

[98] H.G. Schermers, N.M. Blokker (2018): International Institutional Law, §1202.

[99] C. F. Amerasinghe (1994): The Law of the International Civil Service (as Applied by International Administrative Tribunals), Second Revised Edition, Vol. 1, 9.

[100] G. Ullrich (2018): The Law of the International Civil Service, 57.

[101] M. Sellers: The Sources of International Law, International Legal Theory 2, No. 2 (1996) 53-57, 54.

Zugriff auf die Bediensteten hatten, zu untersuchen.[102] *Schwarzenberger* empfiehlt die Durchführung einer systematischen Analyse: *„systematic analysis, country by country, of the attitudes of the subjects of international law to the rules of international customary law*".[103] Dabei werden, in Anwendung der induktiven Methode,[104] jene Rechtsnormen identifiziert, welche sich aus der tatsächlichen Praxis des Völkerrechts ergeben.[105]

Völkergewohnheitsrecht nach Art 38 IGH-Statut ist für die Frage nach der Verpflichtung der IO gegenüber ihren Bediensteten in Kapitel C.VII nicht heranzuziehen, da hierbei keine Staatenpraxis identifizierbar ist.[106] Das Verhältnis zwischen IOs und ihren Bediensteten ist besonderer Natur, da hierfür ausschließlich die organisationsinterne Rechtsordnung (vertragliche Vereinbarungen zwischen der IO und ihren Bediensteten sowie die Personalstatuten der IO) zu beachten ist.[107] Weiters nennt Art 2 Abs 1 lit j WVK-IO[108] als Teil der Begriffsbestimmung der *„Regeln der Organisation*" die *„established practice of the organization*".[109] Der organisationsinternen Praxis kommt damit als *„etablierte Praxis"* eine bedeutende Rolle zu, da daraus nach Art 5 WVK sogenannte *„Regeln der Organisation*"

[102] General Assembly, Draft conclusions on identification of customary international law, with commentaries, International Law Commission, Seventieth session, 2018, A/73/10, in Yearbook of the International Law Commission, 2018, Vol. II, Part Two, Conclusion 8 und Conclusion 9.

[103] G. Schwarzenberger: The Inductive Approach to International Law, Harward Law Review 60, No. 4 (1947) 539-570, 564; Siehe auch General Assembly, First report on formation and evidence of customary international law by Michael Wood, Special Rapporteur, International Law Commission, Sixty-fifth session, Geneva, 6 May-7 June and 8 July-9 August 2013, A/CN.4/663, 20ff: "*state practice and opinion juris as evidence of customary international law*".

[104] Der IGH geht hierbei methodisch oftmals deduktiv vor. Zu den Grenzen der Deduktion in der Identifikation von Völkergewohnheitsrecht siehe M. F. Lando: The Limits of Deduction in the Identification of Customary International Law, Asian Journal of International Law (2023) 1-25, 16 und 24. Diese Arbeit befasst sich intensiv mit der Praxis von IOs und der Reaktion von Staaten auf diese Handlungen. Es wird daher bei der Identifikation von Staatenpraxis und der Untersuchung von *opinio iuris* primär induktiv vorgegangen. Das Ableiten konkreter Regelungen aus einer völkergewohnheitsrechtlichen Bestimmung würde im Falle derer Idenfitizierung mittels deduktiver Methode passieren. Gegebenenfalls werden die Methoden daher in Kombination angewandt. Siehe zur Möglichkeit der Kombination unterschiedlicher Methoden M. F. Lando: The Limits of Deduction in the Identification of Customary International Law, Asian Journal of International Law (2023) 1-25, 6.

[105] R. Deplano, N. Tsagourias: Introduction in R. Deplano, N. Tsagourias (eds.) (2021): Research Methods in International Law: A Handbook, 1-9, 4.

[106] General Assembly, Draft conclusions on identification of customary international law, with commentaries, International Law Commission, Seventieth session, 2018, A/73/10, in Yearbook of the International Law Commission, 2018, Vol. II, Part Two, 138f. Darin wird für Völkergewohnheitsrecht nach Art 38 IGH Statut nur auf die Praxis von Staaten Bezug genommen.

[107] G. Ullrich (2009): Das Dienstrecht der Internationalen Organisationen, 38.

[108] Art 2 Abs 1 lit j Wiener Übereinkommen über das Recht der Verträge zwischen Staaten und internationalen Organisationen oder zwischen internationalen Organisationen (WVK-IO).

[109] Siehe dazu T. Winkler (2018): Die Vereinten Nationen im Gefüge der internationalen Organisationen, 231; und P. Gautier: Art 2 (1969) in O. Coeten, P. Klein (eds.) (2011): Vienna Conventions on the Law of Treaties – A Commentary, Anm 24.

erwachsen können.[110] Im Kapitel C.VII.6.f wird die organisationsinterne Praxis daher auf das Entstehen von „*etablierter Praxis*“ hin untersucht, um für die IO verpflichtende Regelungen gegenüber ihren Bediensteten aus bestehender Praxis zu identifizieren.

Um gegebenenfalls Lücken im Innenrecht einer IO schließen zu können, werden allgemeine Rechtsgrundsätze als Rechtsgrundlage herangezogen.[111]

Die Untersuchung unterscheidet zwei Arten von allgemeinen Rechtsgrundsätzen[112]: In *foro domestico* gebildete allgemeine Rechtsgrundsätze werden durch einen Rechtsvergleich nationaler Regelungen identifiziert, worauf in Kapitel C.VII.6.b. näher eingegangen wird.[113] Dazu werden eingangs, in Kapitel B.III, präventive Elemente der nationalen Fürsorgepflicht von Arbeitgebenden gegenüber ihren Arbeitnehmenden herangezogen und auf ihr Vorhandensein sowie ihre rechtliche Ausgestaltung in unterschiedlichen Rechtssystemen untersucht. Diese Untersuchung bildet die Grundlage, für einen im weiteren Gang der Arbeit zu identifizierenden, in *foro domestico* gebildeten allgemeinen Rechtsgrundsatz. Methodisch wird dabei nach der Zwei-Schritt-Analyse der Völkerrechtskommission vorgegangen. Als ersten Schritt wird mittels Induktion untersucht, ob ein rechtliches Prinzip von der Staatengemeinschaft allgemein anerkannt wird,[114] um in einem zweiten Schritt eine mögliche Transformation dieses Prinzips in das internationale Rechtssystem zu untersuchen.[115] Konkret soll dabei, mithilfe der induktiven Methode, den arbeitsrechtlichen Bestimmungen im nationalen Recht ein allgemeines Prinzip des funktionalen Schutzes entnommen und auf die internationale Ebene übertragen werden. Bei Determinierung der Kompatibilität dieser Prinzipien mit dem internationalen Rechtssystem wird methodisch deduktiv vorgegangen.[116] Allgemeine Rechtsgrundsätze, konkret „Allgemeine Rechtsgrundsätze des öffentlichen

---

[110] Siehe dazu Art 2 Abs 1 lit j WVK-IO: *„"rules of the organization" means, in particular, the constituent instruments, decisions and resolutions adopted in accordance with them, and established practice of the organization".*

[111] M. Andenas (2019): General Principles and the Coherence of International Law, 9f.

[112] Diese Unterscheidung basiert auf jener der ILC in General Assembly, Report of the International Law Commission, Seventy-fourth Session, 24 April–2 June and 3 July–4 August 2023, A/78/10, draft conclusion 3.

[113] General Assembly, Second report on general principles of law by Marcelo Vázquez-Bermúdez, Special Rapporteur, International Law Commission, Seventy-second session, Geneva, 27 April–5 June and 6 July–7 August 2020, A/CN.4/741, para 50; sowie General Assembly, Report of the International Law Commission, Seventy-fourth Session, 24 April–2 June and 3 July–4 August 2023, A/78/10, draft conclusion 5 para 1.

[114] General Assembly, Report of the International Law Commission, Seventy-fourth Session, 24 April–2 June and 3 July–4 August 2023, A/78/10, draft conclusion 4 commentary para 3.

[115] General Assembly, Report of the International Law Commission, Seventy-fourth Session, 24 April–2 June and 3 July–4 August 2023, A/78/10, draft conclusion 4 commentary para 4-7.

[116] Ebd., para 4; siehe auch A. Schüle: Methoden der Völkerrechtswissenschaft, Archiv des Völkerrechts 8, No. 2 (1959) 129-150, 147; R. Deplano, N. Tsagourias: Introduction in R. Deplano, N. Tsagourias (eds.) (2021): Research Methods in International Law: A Handbook, 1-9, 4.

Dienstrechts“ wie sie z.B. in *Jurado* vom Verwaltungsgericht der Internationalen Arbeitsorganisation (ILOAT) als „general principle concerning the rights of international civil service“ herangezogen wurden,[117] basieren nicht, wie zuvor genannte Rechtsgrundsätze, auf nationalem Recht, sondern ergeben sich vielmehr aus dem Ursprung bzw. der Funktionalität von IOs.[118] In den Kapiteln C.VII.6.c bis C.VII.6.f befasst sich ein zentraler Teil der Arbeit mit der Identifikation und Darstellung von internationalen Verwaltungsgerichtsentscheidungen, organisationsinternen arbeitsrechtlichen Bestimmungen sowie der ungeschriebenen Praxis der Organisationen zum funktionalen Schutz ihrer Bediensteten. Daraus sollen mittels Induktion allgemeine Prinzipien des funktionalen Schutzes entnommen werden.[119] Diese Prinzipien werden mithilfe der deduktiven Methode dahingehend untersucht, ob sie als dem internationalen Recht „intrinsisch“ angesehen werden können und daraus Grundsätze abgeleitet sowie konkretisiert werden können.[120]

In Kapitel C.VIII.3.b wird die Anwendbarkeit von Analogien untersucht, um die zulässigen Handlungen im Rahmen der Ausübung von funktionalem Schutz zu konkretisieren.[121] Allerdings wird der Analogie im Völkerrecht mit Skepsis sowie Zurückhaltung entgegnet[122] und ihre Anwendung aufgrund der rechtsfortbildenden Wirkung dieser Methode nur sehr eingeschränkt als zulässig angesehen.[123] Um die rechtlichen Folgen eines geregelten Sachverhaltes auf den ungeregelten übertragen zu können, ist jedenfalls eine entsprechende Form der Gleichartigkeit des geregelten und des ungeregelten Sachverhaltes erforderlich.[124] *Lando* betont die hohe Anforderung, um auf Basis von Analogien eine Schlussfolgerung ziehen zu können.[125] Methodisch wird in Kapitel C.VIII.3.b daher vielmehr analog deduktiv vorgegangen. Dazu werden in den Kapiteln B.II.1 (diplomatischer Schutz), B.II.2 (Schutz nach

---

117 International Labour Organization Administrative Tribunal (ILOAT), In re JURADO Judgment No. 70, 7 July 2000, 5.

118 G. Ullrich (2018): The Law of the International Civil Service, 82; K. Schmalenbach: The Great Unknown: General Principles Governing the Law of International Organizations, Liber Amicorum (2024) ♦, 4f. [*noch nicht publizierte Version im Privatbesitz der Autorin*]

119 General Assembly, Report of the International Law Commission, Seventy-fourth Session, 24 April–2 June and 3 July–4 August 2023, A/78/10, draft conclusion 7 commentary para 3.

120 Ebd., 4; siehe auch A. Schüle: Methoden der Völkerrechtswissenschaft, Archiv des Völkerrechts 8, No. 2 (1959) 129-150, 146f; R. Deplano, N. Tsagourias: Introduction in R. Deplano, N. Tsagourias (eds.) (2021): Research Methods in International Law: A Handbook, 1-9, 4.

121 E. Sauer: Zur Grundlegung der völkerrechtlichen Methodologie, Nordic Journal of International Law. 33 (1963) 121-131, 129; siehe auch A. Schüle: Methoden der Völkerrechtswissenschaft, Archiv des Völkerrechts 8, No. 2 (1959) 129-150, 136.

122 A. Bleckmann (1982): Grundprobleme und Methoden des Völkerrechts, 229.

123 Siehe dazu M. F. Lando: The Limits of Deduction in the Identification of Customary International Law, Asian Journal of International Law (2023) 1-25, 15.

124 A. Bleckmann (1982): Grundprobleme und Methoden des Völkerrechts, 239; siehe auch F. L. Bordin (2019): The Analogy between States and International Organizations, 49: „*relevant similarity*“.

125 M. F. Lando: The Limits of Deduction in the Identification of Customary International Law, Asian Journal of International Law (2023) 1-25, 15.

dem Wiener Übereinkommen über diplomatische Beziehungen) und B.II.3 (Schutz nach dem Wiener Übereinkommen über konsularische Beziehungen) dem funktionalen Schutz ähnliche Schutzkonzepte vorgestellt und in Kapitel C.VIII.3.b auf das Vorhandensein relevanter Inhalte für die Determinierung der Reichweite des Rechts von IOs auf Ausübung von funktionalem Schutz untersucht. Es wird dabei mittels analoger Argumentation vorgegangen, um dadurch mögliche Indikationen zu geben, wie das zuvor identifizierte Recht von IOs auf Ausübung von funktionalem Schutz inhaltlich aussehen kann.[126]

[126] Ebd.

B. Schutzkonzepte

I. Vorbemerkungen

Schutz wird in dieser Arbeit als Gesamtheit von Maßnahmen verstanden, um Rechtssubjekte vor (drohender) Schädigung zu bewahren. Während in diesem Kapitel Schutzkonzepte im Allgemeinen vorgestellt werden, nehmen die weiteren Kapitel eine Kategorisierung in internationale und nationale Schutzkonzepte vor. Abgeschlossen wird das Kapitel der Schutzkonzepte mit einer Darstellung der organisationsinternen Fürsorgepflicht als für den funktionalen Schutz besonders beachtliches Konzept. In weiterer Folge wird diese Arbeit auf den Ausführungen zum Schutzkonzept der organisationsinternen Fürsorgepflicht aufbauen und den funktionalen Schutz als Teilaspekt dieses Konzeptes einordnen, womit eine entsprechende organisationsinterne Verpflichtung zur Ausübung einhergeht.

Schutzkonzepte finden in diversen Kontexten ihre Anwendung. Innerhalb einer Organisation, etwa in einem Unternehmen, kann der Bedarf an Schutzmaßnahmen für die Bediensteten zur Erlassung interner Sicherheitsrichtlinien oder konkreter Dienstanweisungen führen. Innerhalb eines Staates obliegt es dem nationalen Gesetzgeber für alle Arbeitnehmenden, unabhängig von dem Unternehmen des Dienstgebenden und der dort möglicherweise bestehenden internen Sicherheitsrichtlinien, ein einheitliches Mindestmaß an Schutz festzulegen. Der nationale Gesetzgeber kann daher Bedarf an Arbeitnehmerschutzvorschriften sehen und entsprechende Regelungen erlassen.[127] Auf internationaler Ebene kann das Ziel der Schaffung einheitlicher staatenübergreifender Schutzvorgaben bestehen. Dazu können IOs, zB die EU, die Internationale Arbeitsorganisation (ILO) oder die VN, für ihre Mitgliedstaaten bindende Standards vorgeben, um ein bestimmtes Mindestmaß an Schutz der Arbeitnehmenden in diesen Staaten vorzusehen. Durch internationale Standards kann staatenübergreifend ein Mindeststandard erreicht werden, sodass Bedienstete in Staaten ohne spezifische Arbeitnehmerschutzvorschriften davon profitieren.[128] Die eben geschilderten Szenarien verbindet der dienstliche Kontext, in welchem Schutzkonzepte entwickelt werden.

---

[127] Siehe hierzu bspw. Bundesgesetz über Sicherheit und Gesundheitsschutz bei der Arbeit (ArbeitnehmerInnenschutzgesetz, kurz „ASchG"), StF: BGBl. Nr. 450/1994 (idF BGBl. I Nr. 115/2022) abrufbar unter: https://www.ris.bka.gv.at/GeltendeFassung.wxe?Abfrage=Bundesnormen&Gesetzesnummer=10008910 (zuletzt aufgerufen am 26.04.2024).

[128] Siehe dazu etwa ILO Declaration on Fundamental Principles and Rights at Work and its Follow-up, adopted at the 86th Session of the International Labour Conference (1998) and amended at the 110th Session (2002) abrufbar unter: https://www.ilo.org/ilo-declaration-fundamental-principles-and-rights-work (zuletzt aufgerufen am 26.04.2024); Resolution on the inclusion of a safe and healthy working environment in the ILO's framework of fundamental principles and rights at work, ILC.110/Resolution I, International Labour

---

Ergänzende Information Die elektronische Version dieses Kapitels enthält Zusatzmaterial, auf das über folgenden Link zugegriffen werden kann https://doi.org/10.1007/978-3-658-49483-4_2.

M. R. Rudigier, *Die Ausübung von funktionalem Schutz durch Internationale Organisationen zugunsten ihrer Bediensteten*,
https://doi.org/10.1007/978-3-658-49483-4_2

Jenseits der nationalen Schutzkonzepte im Dienstgebenden-Dienstnehmenden-Verhältnis befasst sich das Kapitel auch mit Schutzkonzepten im Völkerrecht. Bei dem Schutzkonzept des funktionalen Schutzes setzt eine IO Schutzmaßnahmen zugunsten ihrer Bediensteten, weshalb sowohl der internationale Kontext als auch der dienstrechtliche Bezug relevant ist.

Je nach Kontext und Zielsetzung variieren Schutzkonzepte in ihrer Ausgestaltung stark. An dieser Stelle sind für diese Arbeit jene Schutzkonzepte des nationalen und internationalen Rechts von Bedeutung, welche Parallelen zum funktionalen Schutz aufweisen. Funktionaler Schutz wurde in Kapitel A.A.II.1 bereits beschrieben als der *Schutz, den eine IO im Rahmen ihrer Möglichkeiten zugunsten ihrer Bediensteten ausübt, um eine Gefährdungslage der Bediensteten abzuwenden oder sie aus einer Gefahrenlage zu befreien.*[129] Anknüpfend an die „Gefährdungslage" werden für die nachfolgende Untersuchung der diplomatische Schutz, der Schutz nach dem Wiener Übereinkommen über diplomatische Beziehungen (WÜD) und der Schutz nach dem Wiener Übereinkommen über konsularische Beziehungen (WÜK) als Schutzkonzepte des internationalen Rechts und die Fürsorgepflicht im nationalen Arbeitsrecht als Schutzkonzept des nationalen Rechts näher betrachtet. Durch die Untersuchung werden vorhandene Parallelen zum funktionalen Schutz aufgezeigt und einzelne Regelungen auf die Möglichkeit einer analogen Heranziehung untersucht. Gleichzeitig zielt die Darstellung unterschiedlicher rechtlicher Schutzkonzepte auf die Schaffung eines besseren Verständnisses für gemeinsame Prinzipien des Schutzes, insbesondere im internationalen Kontext, ab. Durch das Kapitel der Schutzkonzepte im internationalen Recht sollen Konzepte identifiziert werden, welche mit dem funktionalen Schutz vergleichbar sind. Diese Konzepte sollen in einem solchen Maß vergleichbar sein, dass ihr Inhalt auch Aufschluss über den Inhalt des funktionalen Schutzes geben kann. Durch die Betrachtung der Fürsorgepflicht im nationalen Arbeitsrecht als weiteres Schutzkonzept erfährt die Untersuchung eine Vertiefung. Die nationale Dimension des Schutzes verdeutlicht das Zusammenspiel zwischen nationalen und internationalen Rechtsgrundlagen und deren Auswirkungen aufeinander. Die Bildung eines allgemeinen Rechtsgrundsatzes in *foro domestico* nach Art 38 IGH-Statut, basierend auf Bestimmungen in nationalen Rechtsordnungen, veranschaulicht diese Auswirkung.

Das Schutzkonzept der organisationsinternen Fürsorgepflicht nimmt eine Sonderstellung unter den eben genannten Schutzkonzepten ein. Die organisationsinterne Fürsorgepflicht wird nicht

---

Organization, 16 June 2022, abrufbar unter: https://www.ilo.org/resource/ilc/110/resolution-inclusion-safe-and-healthy-working-environment-ilos-framework (zuletzt aufgerufen am 26.04.2024); C155 - Occupational Safety and Health Convention, 1981 (No. 155) International Labour Organization, abrufbar unter: https://webapps.ilo.org/dyn/normlex/en/f?p=NORMLEXPUB:12100:0::NO::p12100_instrument_id:312300 (zuletzt aufgerufen am 26.04.2024).

[129] Für weitere Ausführungen zur Herleitung dieser Definition siehe Kapitel C.I.

als ein dem funktionalen Schutz vergleichbares Konzept herangezogen, um rechtliche Erkenntnisse daraus abzuleiten. Die Untersuchung dieses Schutzkonzeptes zielt vielmehr darauf ab, die organisatiosinterne Fürsorgepflicht in ihren Facetten zu erfassen und festzustellen, ob hiervon auch die Pflicht zur Ausübung von funktionale Schutz umfasst wird.

Dieses Kapitel setzt sich zum Ziel, ausgewählte und *prima facie* ähnliche Schutzkonzepte zu beleuchten und ihre Relevanz für das Schutzkonzept des funktionalen Schutzes herauszuarbeiten.[130] Die Analyse unterschiedlicher Schutzkonzepte im nationalen und internationalen Recht soll dabei behilflich sein, im weiteren Verlauf der Arbeit auf ein umfassendes Verständnis des Konzeptes „Schutz" aufbauen zu können. Die Betrachtung von dem funktionalen Schutz ähnlichen Schutzkonzepten zielt darauf ab, eine theoretische Fundierung zu erlangen sowie darüber hinaus konkrete Schutzmaßnahmen zu identifizieren, um im Laufe der Arbeit darauf zurückgreifen zu können.

II. Schutzkonzepte im internationalen Recht

1. Der diplomatische Schutz

a. Begriffsbestimmung und rechtliche Voraussetzung

Diplomatischer Schutz, d.h. das Recht eines Staates, seine Staatsangehörigen bei Völkerrechtsverletzungen anderer Staaten zu schützen, etablierte sich ursprünglich völkergewohnheitsrechtlich.[131] Die Völkerrechtskommission setzte sich über einige Zeit hinweg mit der Verschriftlichung der Regelungen zum diplomatischen Schutz auseinander,[132] woraus die Entwurfsartikel zum diplomatischen Schutz hervorgingen.[133] Das Recht von Staaten, ihre Staatsangehörigen im Ausland zu schützen, ist eine allgemein anerkannte Regel des Völkergewohnheitsrechts. Gleichermaßen basieren die Voraussetzungen für die Ausübung von diplomatischem Schutz durch den Heimatstaat auf dem Völkergewohnheitsrecht.[134] Das

[130] Zur Definition von funktionalem Schutz siehe Kapitel A.II.1.

[131] C. Warbrick: Diplomatic Representations and Diplomatic Protection, International and Comparative Law Quarterly 51, No. 3 (2002) 723-733, 727.

[132] Siehe dazu etwa eine Darstellung über die Arbeit der ILC in J. Crawford: The ILC's Articles on Diplomatic Protection, The South African Yearbook of International Law 31 (2006) 19-51, 31; oder in M. Zieck: Codification of the Law on Diplomatic Protection: the First Eight Draft Articles, Leiden Journal of International Law 14, No. 1 (2001) 209-232, 241ff.

[133] Draft Articles on Diplomatic Protection with commentaries (2006) text adopted by the International Law Commission at its fifty-eighth session and submitted to the General Assembly (A/61/10), in Yearbook of the International Law Commission, 2006, Vol. II, Part Two (kurz "*Draft articles on Diplomatic Protection with commentaries*").

[134] T. Kleinlein, D. Rabenschlag: Auslandsschutz und Staatsangehörigkeit, Zeitschrift für ausländisches öffentliches Recht und Völkerrecht 67 (2007) 1277-1337, 1282f.

Recht von Staaten auf Schutz ihrer Staatsangehörigen im Ausland wurde vom Ständigen Internationalen Gerichtshof (StIGH) in *Mavrommatis* 1924 ausdrücklich bestätigt.[135] Die ursprüngliche Intention hinter diesem Recht von Staaten war die Schaffung eines Rechtsinstrumentes zur Vergeltung von Völkerrechtsverstößen. Mit dem Recht der Staaten, für ihre Staatsbürger diplomatischen Schutz auszuüben und diese somit vor Schädigungen des Aufenthaltsstaates zu schützen, wurde ein einheitliches Instrument auf internationaler Ebene geschaffen.[136] Dem traditionellen Konzept des diplomatischen Schutzes zufolge, führt die Verletzung einer primären Regel durch einen Staat zu dessen Verantwortung.[137] Als primäre Regel ist ein internationaler Mindeststandard zu verstehen, welcher einen objektiven Standard für die Behandlung von Ausländern im Hoheitsgebiet eines Staates darstellt.[138] Der objektive Standard wird i.d.R. unter Heranziehung des sog. *Neer-Tests* definiert.[139]

Dem Heimatstaat des Verletzten kommt das Recht auf Ausübung von diplomatischem Schutz zu. Es handelt sich dabei nicht um das Recht des verletzten Individuums, weshalb diesem zunächst keine Möglichkeit zukommt, dieses Recht auf internationaler Ebene gegenüber Drittstaaten auszuüben oder von dem Heimatstaat die Ausübung von diplomatischem Schutz zu fordern.[140] Die Entscheidung, diplomatischen Schutz gegenüber dem Schädigerstaat auszuüben oder nicht, trifft der Heimatstaat.[141] Die Entwurfsartikel gehen auf die Verletzung internationalen Rechts durch den Schädigerstaat nicht weiter ein, sondern behandeln ausschließlich den Schutz des Verletzten durch den Heimatstaat im Falle einer solchen Rechtsverletzung.[142] Der hier thematisierte diplomatische Schutz wird von der Völkerrechtskommission in den Entwurfsartikeln als diplomatischer Schutz im formalen Sinne bezeichnet. Der diplomatische Schutz im formalen Sinne ist nicht zu verwechseln mit dem – oftmals informell ebenfalls als diplomatischer Schutz bezeichneten – Schutz durch Diplomaten oder Konsularbeamte unter den entsprechenden Wiener Konventionen (WÜD und WÜK).[143]

[135] Permanent Court of International Justice: Collection of Judgments, The Mavrommatis Palestine Concessions, Series A, No. 2, 30 August 1924, p. 13 (kurz "*Mavrommatis case*").

[136] N. Brunner (1983): Die Frage nach dem Anspruch des Bürgers auf diplomatischen Schutz, 98f.

[137] C. Warbrick: Diplomatic Representations and Diplomatic Protection, International and Comparative Law Quarterly 51, No. 3 (2002) 723-733, 726.

[138] Ebd.

[139] L. F. H. Neer and Pauline Neer (U.S.A.) v. United Mexican States, October 15, 1926, Reports of International Arbitral Award, Vol. IV, pp. 60-66, 61f.: „*The treatment of an alien, in order to constitute an international delinquency, should amount to an outrage, to bad faith, to wilful neglect of duty or to an insufficiency of governmental action so far short of international standards that every reasonable and impartial man would readily recognise its insufficiency.*"

[140] *Mavrommatis case*, p. 13.

[141] C. F. Amerasinghe (2008): Diplomatic Protection, Oxford University Press, 63 und 79ff.

[142] Art 2 (1) Draft articles on Diplomatic Protection with commentaries.

[143] Wiener Übereinkommen über diplomatische Beziehungen vom 18.04.1961, BGBl. Nr. 66/1966; Wiener Übereinkommen über konsularische Beziehungen vom 24.04.1963, BGBl. 1969 II, 1585.

Der Schutz durch Diplomaten oder Konsularbeamte als weitere Schutzkonzepte werden nachfolgend besprochen.[144]

Diplomatischer Schutz wird in Art 1 der Entwurfsartikel der Völkerrechtskommission zum diplomatischen Schutz wie folgt legaldefiniert:

> *„For the purposes of the present draft articles, diplomatic protection consists of the invocation by a State, through diplomatic action or other means of peaceful settlement, of the responsibility of another State for an injury caused by an internationally wrongful act of that State to a natural or legal person that is a national of the former State with a view to the implementation of such responsibility"*.[145]

Damit beschreibt diplomatischer Schutz das Vorgehen eines Staates, durch diplomatisches Handeln oder andere Mittel der friedlichen Beilegung, gegen einen anderen Staat, aufgrund der Schädigung des Staatsangehörigen, infolge der Verletzung des Völkerrechts durch diesen Staat. Der IGH erkennt diplomatischen Schutz – etwa in dem *Diallo Fall*[146] – ebenfalls unter Bezugnahme auf die Legaldefinition in Art 1 der Entwurfsartikel der Völkerrechtskommission an.[147] Die Definition der Völkerrechtskommission basiert auf den, im Völkergewohnheitsrecht entwickelten, Begriffsbestimmungen des diplomatischen Schutzes. *Brunner* etwa beschreibt diplomatischen Schutz als *„Einwirkung eines Staates zugunsten seiner Angehörigen auf einen anderen Staat, wenn dieser sie durch völkerrechtswidriges Verhalten schädigt, mit dem Ziele, Wiedergutmachung zu erlangen."*.[148] Diplomatischer Schutz stellt somit das Recht eines Staates dar, gegen eine Schädigung seines Staatsbürgers, aufgrund der Verletzung von völkerrechtlichen Bestimmungen, vorzugehen und von dem schädigenden Staat, in dem sich der Bürger aufhält bzw. zum Zeitpunkt der Schädigung aufgehalten hat, Ausgleich für den erlittenen Schaden zu fordern. Mithilfe einer rechtlichen Fiktion[149] wird der Schaden des Individuums als Schaden des Heimatstaates angesehen, wodurch die Ausübung von

[144] E. Denza: Nationality and Diplomatic Protection, Netherlands International Law Review 65 (2018) 463-480, 466.

[145] Art 1 Draft articles on Diplomatic Protection with commentaries.

[146] Ahmadou Sadio Diallo (Republic of Guinea v. Democratic Republic of the Congo), Compensation, Judgment, I.C.J. Reports 2012, p. 324, 331.

[147] C. F. Amerasinghe (2008): Diplomatic Protection, Oxford University Press, 20.

[148] Siehe N. Brunner (1983): Die Frage nach dem Anspruch des Bürgers auf diplomatischen Schutz, 2; N. Brunner verweist für die ursprünglich entstandene Definition im schweizer Recht auf das BBl 1965 II, 365.

[149] Alternative Erklärungen neben einer rechtlichen Fiktion können zum einen die stillschweigende Abtretung des Anspruchs von dem Individuum auf den Staat sein, schließlich konnte im Völkerrecht traditionell ohnehin nur der Staat gegenüber einem anderen Staat Ansprüche geltend machen. Zum anderen kann der Schaden des Staatsbürgers durch einen anderen Staat als Folge des traditionellen Völkerrechtsverständnisses als Schaden des Heimatstaates angesehen werden. Eine rechtliche Fiktion ist nach diesem Verständnis nicht erforderlich. Siehe dazu etwa E. M. Borchard (1915): The Diplomatic Protection of Citizens abroad, §138f.

diplomatischem Schutz ermöglicht wird. Der Heimatstaat macht den Schaden gegenüber dem Schädigerstaat geltend und handelt dabei im eigenen Namen, da er als geschädigtes Völkerrechtssubjekt angesehen wird.[150]

Die Ausübung von diplomatischem Schutz durch den Heimatstaat ist möglich, wenn folgende Voraussetzungen vorliegen:

1. der Verletzte verfügt über die Staatsangehörigkeit des Heimatstaates,[151]
2. es liegt die Verletzung einer völkerrechtlichen Bestimmung durch den Aufenthaltsstaat vor,[152] und
3. der Verletzte hat zuvor alle – ihm im Aufenthaltsstaat zustehenden und zumutbaren – Rechtsbehelfe ausgeschöpft.[153]

Die erste Voraussetzung beschreibt die sogenannte Staatsangehörigkeitsregel. Art 3 der Entwurfsartikel der Völkerrechtskommission zufolge ist der Heimatstaat des Staatsangehörigen zur Ausübung von diplomatischem Schutz berechtigt. Die Staatsangehörigkeitsregel wurde in *Nottebohm*[154] aufgegriffen und als ein rechtliches Band beschrieben, welches auf der sozialen Tatsache der Verbundenheit, einer echten Verbindung von Existenz, Interessen und Gefühlen sowie auf dem Bestehen gegenseitiger Rechte und Pflichten basiert.[155] Von der Grundregel der Staatsangehörigkeit wird in Art 8 der Entwurfsartikel der Völkerrechtskommission im Zusammenhang mit Staatenlosen und Flüchtlingen abgegangen. Ein Staat kann bei Verletzung einer staatenlosen Person oder einem in diesem Staat rechtmäßig anerkannten Flüchtling diplomatischen Schutz ausüben, wenn dieser zum Zeitpunkt des Schadenseintritts und zum Zeitpunkt der offiziellen Antragstellung ihren rechtmäßigen und gewöhnlichen Aufenthalt in diesem Staat hat.

Die zweite Voraussetzung, die Verletzung einer völkerrechtlichen Bestimmung durch den Schädigerstaat, geht auf den Ursprung des diplomatischen Schutzes als Teil der Staatenverantwortlichkeit zurück.[156] Daraus lässt sich die Intention des diplomatischen Schutzes – die Schaffung eines Instruments, um dem Heimatstaat das Vorgehen gegen einen

---

[150] Art 1 (3) Draft articles on Diplomatic Protection with commentaries.

[151] Art 3 (1) Draft articles on Diplomatic Protection with commentaries; siehe dazu außerdem T. Kleinlein, D. Rabenschlag: Auslandsschutz und Staatsangehörigkeit, Zeitschrift für ausländisches öffentliches Recht und Völkerrecht 67 (2007) 1277-1337, 1282f.

[152] N. Brunner (1983): Die Frage nach dem Anspruch des Bürgers auf diplomatischen Schutz, 61.

[153] Art 14 (1) ff Draft articles on Diplomatic Protection with commentaries.

[154] Nottebohm Case (second phase), Judgment of 6 April 1955, I.C.J. Reports 1955, p. 4.

[155] Ebd., 23: "[...] *nationality is a legal bond having as its basis a social fact of attachment, a genuine connection of existence, interests and sentiments, together with the existence of reciprocal rights and duties*.".

[156] Art 1 (2) Draft articles on Diplomatic Protection with commentaries.

Schädigerstaat auf internationaler Ebene zu ermöglichen und dadurch das Funktionieren der Völkerrechtsgemeinschaft sicherzustellen – erkennen.[157]

Bei Vorliegen dieser beiden Voraussetzungen sind von dem geschädigten Individuum alle innerstaatlichen Rechtswege auszuschöpfen, bevor dem Heimatstaat ein Recht auf Ausübung von diplomatischem Schutz zukommt.[158] Die dritte Voraussetzung stellt die sogenannte „*exhaustion of local remedies*"-Regel dar.[159] Dem Aufenthaltsstaat des Verletzten soll im Wege der Gerichtsbarkeit die Möglichkeit zukommen, staatliches Verhalten als rechtmäßig anzuerkennen oder als rechtswidrig zu identifizieren sowie entsprechend zu kompensieren. Ein Einschreiten des Heimatstaates durch Ausübung von diplomatischem Schutz soll diesem daher erst möglich sein, nachdem der Geschädigte alle innerstaatlichen Rechtswege ausgeschöpft hat.[160] Art 14 der Entwurfsartikel der Völkerrechtskommission beschränkt die Pflicht zur Ausschöpfung aller innerstaatlichen Rechtswege auf die tatsächlich zur Verfügung stehenden.[161] Bei gänzlichem Fehlen von Rechtsschutzeinrichtungen, der faktischen Unmöglichkeit der Beschreitung dieser Rechtswege oder, mangels Gewährleistung von effektivem Rechtsschutz durch diese Einrichtungen, kann die Ausübung von diplomatischem Schutz nicht verwehrt werden. In diesem Fall ist dem Heimatstaat sofortiges Einschreiten durch Ausübung von diplomatischem Schutz für seinen Staatsbürger erlaubt.[162]

b. Rechtlicher Gehalt

Die Definition des diplomatischen Schutzes in Art 1 der Entwurfsartikel der Völkerrechtskommission indiziert bereits dessen Reichweite. Handlungen eines Staates in Ausübung von diplomatischem Schutz müssen für ihre Zulässigkeit mit legalen und friedlichen Mitteln erfolgen. Die Entwurfsartikel unterteilen diese Handlungen in zwei Gruppen: „diplomatisches Handeln" und „andere Mittel der friedlichen Beilegung". Unter die Kategorie des „diplomatischen Handelns" fällt die Anwendung aller rechtmäßigen Verfahren durch den Heimatstaat des Geschädigten, welche dem Schädigerstaat Ansichten und Bedenken mitteilen, Protest entgegenbringen, Untersuchungen einleiten oder Verhandlungen zur Beilegung von

---

[157] N. Brunner (1983): Die Frage nach dem Anspruch des Bürgers auf diplomatischen Schutz, 98f.
[158] Zur Definition von funktionalem Schutz siehe Kapitel A.II.1.
[159] T. Kleinlein, D. Rabenschlag: Auslandsschutz und Staatsangehörigkeit, Zeitschrift für ausländisches öffentliches Recht und Völkerrecht 67 (2007) 1277-1337, 1283.
[160] C.F. Amerasinghe (2008): Diplomatic Protection, Oxford University Press, 142f.
[161] Art 14 Z 2 Draft Articles on Diplomatic Protection with commentaries: "*Local remedies means legal remedies which are open to an injured person before the judicial or administrative courts or bodies, whether ordinary or special, of the State alleged to be responsible for causing the injury.*".
[162] Siehe Art 15 Draft Articles on Diplomatic Protection with commentaries; weiters dazu C.F. Amerasinghe (2008): Diplomatic Protection, Oxford University Press, 160f.

Streitigkeiten hervorbringen können. Die „anderen Mittel der friedlichen Beilegung" umfassen alle Formen der rechtmäßigen Streitbeilegung, wie Verhandlungen, Mediation und Schlichtung, sowie die Durchführung von schiedsrichterlichen und gerichtlichen Verfahren. Die Pflicht zur Anwendung legaler und friedlicher Mittel inkludiert klarerweise das Gewaltverbot, welches in Übereinstimmung mit Art 2 Abs 4 VN-Charta auch bei Ausübung von diplomatischem Schutz zu achten ist. Jeglicher Einsatz von (Waffen-)Gewalt entspricht somit nicht den zulässigen Handlungen in Ausübung von diplomatischem Schutz.[163]

Die Kommentierung zu Art 1 der Entwurfsartikel der Völkerrechtskommission grenzt diplomatischen Schutz von weiteren Schutzkonzepten im internationalen Recht ab. Dabei wird etwa festgehalten, dass sich die Entwurfsartikel ausschließlich auf den Schutz durch einen Staat beziehen und auf den Schutz durch eine IO – in Form von funktionalem Schutz, dem Kernthema dieser Arbeit – nicht eingegangen wird. Diplomatischer Schutz stellt auf den Schutz von Staatsbürgern ab, welche nicht in offiziellen internationalen Geschäften für den Staat tätig sind.[164] Für den Schutz von Beamten in der Ausübung offizieller internationaler Geschäfte im Namen des Heimatstaates sind das WÜD bzw. das WÜK heranzuziehen.[165]

c. Relevanz für den funktionalen Schutz

Während durch die Ausübung von funktionalem Schutz (drohende) Schädigungen der Bediensteten von IOs verhindert werden sollen, ist diplomatischer Schutz darauf ausgerichtet, einen Staat für sein völkerrechtswidriges Handeln zur Verantwortung zu ziehen. Aufgrund dieser wesentlichen Unterscheidung zwischen beiden Schutzkonzepten, werden die Inhalte des diplomatischen Schutzes für diese Arbeit nicht weiter herangezogen.

2. Schutz unter dem Wiener Übereinkommen über diplomatische Beziehungen

a. Begriffsbestimmung und rechtliche Voraussetzung

Das WÜD[166] beinhaltet Schutzbestimmungen für Angehörige des Entsendestaates der diplomatischen Mission sowie für Diplomaten im Sinne dieses Übereinkommens. Daher wird der Schutz unter dem WÜD als internationales Schutzkonzept herangezogen.

Der Schutz unter dem WÜD unterscheidet sich wesentlich von dem, in Kapitel B.II.1 dargestellten, diplomatischen Schutz. Diplomatischer Schutz wird von einem Staat für seine

---

163 Art 1 (1) Draft Articles on Diplomatic Protection with commentaries.
164 C.F. Amerasinghe (2008): Diplomatic Protection, Oxford University Press, 37.
165 Art 1 (9) ff Draft Articles on Diplomatic Protection with commentaries.
166 Wiener Übereinkommen über diplomatische Beziehungen vom 18.04.1961, BGBl. Nr. 66/1966.

Staatsangehörigen ausgeübt, nachdem diese die zur Verfügung stehenden Rechtswege ausgeschöpft haben. Es wird dabei gegen den schädigenden Staat wegen der Verletzung des Völkerrechts in der Person der Staatsangehörigen vorgegangen. Schutz unter dem WÜD wird hingegen durch die diplomatische Vertretung eines Staates – i.d.R. eine Botschaft – dahingehend ausgeübt, dass die Staatsangehörigen bei der Nutzung der zur Verfügung stehenden Rechtswege unterstützt werden.[167]

Der diplomatische Verkehr war ursprünglich zur Gänze völkergewohnheitsrechtlich geregelt.[168] Durch das WÜD wurden wesentliche Bestimmungen zum diplomatischen Verkehr verschriftlicht. Der Präambel des WÜD zufolge, sind die Regeln des Völkergewohnheitsrechts aber weiterhin für alle Fragen heranzuziehen, welche nicht ausdrücklich in dem Übereinkommen geregelt sind.[169] Als „*Diplomat*" sind Art 1 WÜD zufolge „*der Missionschef und die Mitglieder des diplomatischen Personals der Mission*" zu verstehen.[170] Der Missionschef ist definitionsgemäß „*jene Person, die vom Entsendestaat beauftragt ist, in dieser Eigenschaft tätig zu sein*".[171] Unter den Mitgliedern des diplomatischen Personals werden „*die in diplomatischem Rang stehenden Mitglieder des Personals der Mission*" verstanden.[172] Art 1 WÜD sieht darüber hinaus die Klassifizierung weiterer Gruppen von Personal vor. Der persönliche Anwendungsbereich der hier relevanten Bestimmungen des WÜD beschränkt sich neben den Staatsangehörigen des Entsendestaates auf Diplomaten, weshalb an dieser Stelle auf die weiteren Gruppen von Personal nicht weiter eingegangen wird.

Dem WÜD können zwei wesentliche Schutzbestimmungen – mit Relevanz für den funktionalen Schutz – entnommen werden: der *Schutz der Staatsangehörigen des Entsendestaates durch die diplomatische Mission* nach Art 3 Abs 1 lit b WÜD und der *Schutz der Diplomaten* nach Art 29 WÜD. Näher auf die Ausgestaltung und die Inhalte dieser Schutzkonzepte wird nachfolgend eingegangen.

[167] E. Denza: Nationality and Diplomatic Protection, Netherlands International Law Review 65 (2018) 463-480, 466.
[168] P. Cahier: Vienna Convention on Diplomatic Relations, International Conciliation 37 (1969) 5-40, 8.
[169] ErwGr 5 der Präambel des WÜD.
[170] Art 1 lit e WÜD.
[171] Art 1 lit a WÜD.
[172] Art 1 lit d WÜD.

b. Rechtlicher Gehalt

i. Grundlagen

Zwischen Völkerrechtssubjekten, insbesondere zwischen Staaten sowie zwischen Staaten und IOs, wurden seit jeher diplomatische Beziehungen gepflegt.[173] Art 2 WÜD zufolge geht die Aufnahme diplomatischer Beziehungen zwischen Staaten und die Errichtung ständiger diplomatischer Missionen in gegenseitigem Einvernehmen von statten. „*Gegenseitiges Einvernehmen*" kann förmlich, z.B. durch Notenwechsel oder gemeinsame Erklärung, oder konkludent, z.B. durch den Beginn politischer Verhandlungen oder diplomatischer Korrespondenz, hergestellt werden.[174] Die besondere Stellung des Diplomaten gilt in diplomatischen Beziehungen als allgemein anerkannt. Die diplomatischen Vorrechte und Immunitäten zielen allerdings nicht darauf ab, den Diplomaten Vorzüge entgegenzubringen, sondern dienen vielmehr der Sicherstellung des Funktionierens der diplomatischen Mission. Die diplomatischen Vorrechte und Immunitäten nach dem WÜD basieren somit auf dem Gedanken funktionaler Notwendigkeit. Dieser Aspekt kann dem vierten Erwägungsgrund der Präambel des WÜD, worin auf die Funktionsausübung durch die Mitglieder abgestellt wird, entnommen werden.[175] Das Funktionieren diplomatischer Missionen wäre ohne entsprechenden Schutz des diplomatischen Personals nicht sicherzustellen, dies führt auch der ehemalige Diplomat *Barder* in seinem Erfahrungsbericht aus.[176] Der Schutz diplomatischer Kommunikation (wie Dokumente, Telefonate, Mailverkehr) und der Schutz des Diplomaten vor Festnahme oder Haft durch das WÜD seien wesentlich, um unabhängig und unbeeinflusst von den Interessen des Empfangsstaates die diplomatische Mission zu erfüllen.[177]

ii. Schutz der Interessen der Angehörigen des Entsendestaates im Empfangsstaat als Aufgabe der diplomatischen Mission nach Art 3 Abs 1 lit b Wiener Übereinkommen über diplomatische Beziehungen

Art 3 WÜD beschreibt die Aufgaben einer diplomatischen Mission, wovon nach Abs 1 lit b der *Schutz der Staatsangehörigen des Entsendestaates durch die diplomatische Mission* umfasst

---

173 Zur Geschichte des Diplomatischen Verkehrs siehe P. Behrens: Introduction - Diplomatic Law in a New Millenium in P. Behrens (eds.) (2017): Diplomatic Law in a New Millenium 3-14, 4ff.

174 M. Richtsteig (2010): Wiener Übereinkommen über diplomatische und konsularische Beziehungen – Entstehungsgeschichte, Kommentierung, Praxis, Zweite Auflage, 17.

175 ErwGr 4 der Präambel des WÜD; M. Richtsteig (2010): Wiener Übereinkommen über diplomatische und konsularische Beziehungen – Entstehungsgeschichte, Kommentierung, Praxis, Zweite Auflage, 14.

176 Dieser Erfahrungsbericht wurde dargestellt in B. Barder: A Former Diplomat's Reflections on the Vienna Convention in P. Behrens (eds.) (2017): Diplomatic Law in a New Millenium 15-22, 16.

177 B. Barder: A Former Diplomat's Reflections on the Vienna Convention in P. Behrens (eds.) (2017): Diplomatic Law in a New Millenium 15-22, 16.

ist. Demnach sind die Interessen des Entsendestaats und seiner Angehörigen im Empfangsstaat innerhalb der völkerrechtlich zulässigen Grenzen zu schützen.[178] Die Bestimmung sieht keine weitere Differenzierung vor, weshalb sie für alle Staatsangehörigen des Entsendestaates – unabhängig von ihrer Beteiligung an der Mission – gilt. Da gemäß Art 8 WÜD die Mitglieder des diplomatischen Personals der Mission grundsätzlich Angehörige des Entsendestaates sein sollen, sind vom Schutzbereich des Art 3 Abs 1 lit b WÜD im Regelfall jedenfalls auch alle Mitglieder der Mission – aufgrund ihrer Stellung als Staatsbürger des Entsendestaates – umfasst.

Der *Schutz der Staatsangehörigen des Entsendestaates durch die diplomatische Mission* ist nicht „funktional", vielmehr kommt es bei der Determinierung des persönlichen Anwendungsbereiches lediglich auf die Staatsangehörigkeit an. Ein Tätigwerden für die diplomatische Mission ist nicht erforderlich, um dem Schutzbereich des Abs 3 Abs 1 lit b WÜD zu unterliegen.[179] Die Obliegenheit des Empfangsstaates der Mission, Handlungen der Mission in Erfüllung ihrer Aufgaben zu dulden, ergibt sich aus der einvernehmlichen Aufnahme diplomatischer Beziehungen und Errichtung ständiger diplomatischer Missionen nach Art 2 WÜD. Art 25 WÜD verpflichtet den Empfangsstaat der Mission weiters dazu, der Mission jede Erleichterung zur Wahrnehmung ihrer Aufgaben zu gewähren. Diese Bestimmung stellt auf die Abhängigkeit des Entsendestaates von der Unterstützung des Empfangsstaates der Mission bei der Einrichtung sowie der laufenden Tätigkeit der Mission ab. Um dieser Abhängigkeit entgegenzuwirken, wurde dem Empfangsstaat die Verpflichtung zur Schaffung von Erleichterungen für die Mission auferlegt.[180]

Zusammengefasst folgt aus eben Dargestelltem: Das Schützen der Interessen der Angehörigen des Entsendestaates im Empfangsstaat innerhalb der völkerrechtlich zulässigen Grenzen stellt eine Aufgabe der diplomatischen Mission nach Art 3 Abs 1 lit b WÜD dar. Der Empfangsstaat ist aufgrund der Zustimmung zur Errichtung der diplomatischen Mission nach Art 2 WÜD verpflichtet, die Handlungen der Mission in der Erfüllung ihrer Aufgaben zu dulden. Art 25 WÜD legt dem Empfangsstaat darüber hinaus die aktive Pflicht zur Gewährung von Erleichterungen an die Mission auf. Folglich hat der Empfangsstaat der Mission die Handlungen der Mission im Schutz der Interessen der Angehörigen des Entsendestaates – soweit sich diese Handlungen innerhalb der völkerrechtlichen Zulässigkeit befinden – zu dulden. Die diplomatische Mission vertritt dabei den Entsendestaat, weshalb das Recht der

[178] Art 3 Abs 1 lit b WÜD.
[179] M. Richtsteig (2010): Wiener Übereinkommen über diplomatische und konsularische Beziehungen – Entstehungsgeschichte, Kommentierung, Praxis, Zweite Auflage, 18.
[180] Ebd., 56.

diplomatischen Mission nach Art 3 Abs 1 lit b WÜD auf Schutz der Interessen der Staatsangehörigen des Entsendestaates gleichermaßen als Recht des Entsendestaats angesehen wird.

Insbesondere die vom Schutz umfassten Situationen und die der Mission erlaubten Handlungen kommen für mögliche Parallelen zum funktionalen Schutz in Frage. Darüber hinaus ist ein mögliches Einschreiten des Entsendestaates direkt – sowie die Frage nach dessen Zulässigkeit – relevant. *Denza* sieht folgende Umstände eines Staatsangehörigen des Entsendestaates der Mission als von dem Schutz nach Art 3 Abs 1 lit b WÜD umfasst: Tod, Unfall, schwere Krankheit, Festnahme, Inhaftierung, Gewaltverbrechen und Notsituationen.[181] Bei Vorliegen einer dieser Umstände kann die diplomatische Mission Handlungen zum Schutz der Interessen der Angehörigen des Entsendestaates dieser Mission setzen. Konkrete Vorgaben über die erlaubten Handlungen im Rahmen dieses Schutzes fehlen allerdings. Die Handlungen der diplomatischen Mission dürfen jedenfalls nicht gegen völkerrechtliche Bestimmungen verstoßen.

Aufgrund der Verpflichtung des Empfangsstaates nach Art 25 wird die Mission zumindest Unterstützung durch die Behörden des Empfangsstaates verlangen und Informationen (z.B. über die Gründe für die Festnahme) fordern können. Dieses Recht der diplomatischen Mission ist dahingehend beschränkt, dass sich Hilfeersuchen an den Empfangsstaat *„im Rahmen halten müssen"*[182] und daher für eine konkrete Situation angemessen sein müssen. Von *Denza* werden als konkrete Handlungen durch die diplomatische Mission demonstrativ die Unterstützung bei Beschwerden über Misshandlungen, bei Anträgen auf Begnadigung und bei Anträgen auf vorzeitige Entlassung aus der Haft angeführt.[183] Dabei handle es sich um politisch sensiblere Angelegenheiten, weshalb die Entscheidung über die Unterstützung durch die diplomatische Mission mit dem Entsendestaat abzustimmen sei.[184] Darin lässt sich erkennen, dass der Entsendestaat zwar Einfluss auf die konkreten Handlungen nehmen kann, die praktische Umsetzung aber der Mission obliegt. Grundlegende Aufgabe einer diplomatischen Mission ist die Vertretung der Interessen des Entsendestaates im Empfangsstaat,[185] weshalb das Recht auf Schutz der Staatsangehörigen durch die Mission als das Recht des Entsendestaates anzusehen

[181] E. Denza (2008): Diplomatic Law, Commentary on the Vienna Convention on Diplomatic Relations, Oxford University Press, 44.
[182] M. Richtsteig (2010): Wiener Übereinkommen über diplomatische und konsularische Beziehungen – Entstehungsgeschichte, Kommentierung, Praxis, Zweite Auflage, 56.
[183] E. Denza (2008): Diplomatic Law, Commentary on the Vienna Convention on Diplomatic Relations, Oxford University Press, 45.
[184] Ebd., 45.
[185] Art 3 Abs 1 lit a WÜD.

ist. Die diplomatische Mission handelt dabei lediglich in Ausübung dieses Rechtes im Zuge der Vertretung der Interessen des Entsendestaates.

iii. Schutz der Diplomaten durch Privilegien und Immunitäten nach den Art 29 bis 36 Wiener Übereinkommen über diplomatische Beziehungen

Der *Schutz der Diplomaten* durch die diesen zukommenden Privilegien und Immunitäten nach den Art 29 bis 36 WÜD ist – im Gegensatz zum *Schutz der Angehörigen des Entsendestaates der diplomatischen Mission* nach Art 3 Abs 1 lit b WÜD – funktionaler Natur. Aufgrund ihres funktionalen Charakters – vergleichbar mit jenem des funktionalen Schutzes – sind die Art 29 bis 36 WÜD hier relevant. Schließlich kommt es für den persönlichen Anwendungsbereich der Art 29 bis 36 WÜD auf die Stellung als Diplomat im Sinne dieses Übereinkommens an. Dem vierten Erwägungsgrund der Präambel des WÜD lässt sich als Ziel der Vorrechte und Immunitäten die Sicherstellung der wirksamen Wahrnehmung der Aufgaben durch die diplomatischen Missionen entnehmen. Der Person des Diplomaten sollen dadurch hingegen keine Vorteile zukommen. Der dahinterstehende funktionale Gedanke folgte Art 105 der VN-Charta in der Einrichtung von Privilegien und Immunitäten, soweit diese für die Funktionserfüllung erforderlich sind.[186] Einem Diplomaten kommen demnach die persönliche Unverletzlichkeit (Art 29), die Unverletzlichkeit der Wohnung und des Eigentums (Art 30), die Immunität von der Gerichtsbarkeit (Art 31, 32), die Befreiung von Vorschriften über soziale Sicherheit (Art 33), die Befreiung von Steuern (Art 34), die Befreiung von persönlichen Dienstleistungen (Art 35) und die Befreiung von Zöllen und Kontrollen (Art 36) zu.

Die persönliche Unverletzlichkeit des Diplomaten wird als eines der ältesten und meist als das bedeutendste Recht eines Diplomaten angesehen.[187] Dem Diplomaten soll in seiner Funktion umfassender Schutz zukommen, weshalb die diplomatische Unverletzbarkeit, dem WÜD und der entsprechenden Staatenpraxis zufolge, vorrangig Geltung erlangt.[188] Die völkergewohnheitsrechtliche Regel über die persönliche Unverletzlichkeit des Diplomaten wurde in Art 29 des WÜD verschriftlicht. Demnach obliegt es dem Empfangsstaat der Mission, Eingriffe in die Mission zu unterlassen und die Unversehrtheit der Mission und ihrer Räumlichkeiten und Bediensteten zu gewährleisten.[189] Art 29 WÜD beinhaltet sowohl die

[186] M. Richtsteig (2010): Wiener Übereinkommen über diplomatische und konsularische Beziehungen – Entstehungsgeschichte, Kommentierung, Praxis, Zweite Auflage, 13.

[187] P. Behrens: The personal inviolability of diplomatic agents in emergency situations in P. Behrens (eds.) (2017): Diplomatic Law in a New Millenium 75-97, 75.

[188] J. C. Barker: In Praise of a Self-Contained Regime: Why the Vienna Convention on Diplomatic Relations Remains Important Today in P. Behrens (eds.) (2017): Diplomatic Law in a New Millenium 23-40, 24f.

[189] P. Cahier: Vienna Convention on Diplomatic Relations, International Conciliation 37 (1969) 5-40, 20.

negative Obliegenheit des Empfangsstaates der Mission, von der Festnahme oder Inhaftierung eines Diplomaten abzusehen, als auch die positive Verpflichtung, den Diplomaten respektvoll zu behandeln und Maßnahmen zu ergreifen, um Angriffe auf die Person, Freiheit oder Würde des Diplomaten zu verhindern.[190]

c. Relevanz für den funktionalen Schutz

Der *Schutz nach dem WÜD* ist darauf ausgerichtet, die Staatsangehörigen des Entsendestaates der diplomatischen Mission sowie die Mitglieder der diplomatischen Mission bei der Nutzung der zur Verfügung stehenden Rechtswege zu unterstützen und sie damit vor (drohender) Schädigung zu schützen. Dieses Schutzkonzept bietet mit Art 3 Abs 1 lit b über den *Schutz der Staatsangehörigen des Entsendestaates durch die diplomatische Mission* und Art 29 WÜD über die *Unverletzlichkeit der Person des Diplomaten* für den weiteren Gang dieser Untersuchung interessante Bestimmungen. Gleichzeitig zeigt die Praxis der Ausübung von diplomatischem Schutz Parallelen zum Konzept des funktionalen Schutzes auf, welcher auf den Schutz der IO-Bediensteten in Gefahrenlagen abzielt.[191]

Die Vorrechte und Immunitäten von Diplomaten und die aktive Verpflichtung des Empfangsstaates zum Schutz der Diplomaten nach Art 29 WÜD, gründen auf der Notwendigkeit der Sicherstellung ihrer Funktionsausübung. Kurzgefasst, muss diplomatischem Personal durch die Gewährung von Vorrechten und Immunitäten, sowie dem damit verbundenen Schutz durch den Empfangsstaat, die Erfüllung ihrer Aufgaben im Rahmen einer konkreten Mission ermöglicht werden.[192] Die Regelung des Art 29 WÜD knüpft an die Stellung als Diplomat an und ist damit funktionaler Natur. Im Falle einer Verletzung dieser Bestimmung durch den Empfangsstaat der Mission, kommen der diplomatischen Mission gleichermaßen die Rechte nach Art 3 Abs 1 lit b WÜD zu, da es sich bei Diplomaten grundsätzlich um Angehörige des Entsendestaates der Mission handelt. Die Regelung über die *Unverletzlichkeit der Person des Diplomaten* bringt die Annahme eines erhöhten Bedarfs an Schutzausübung für Diplomaten – im Gegensatz zum allgemeinen Schutz der Angehörigen des Entsendestaates der diplomatischen Mission nach Art 3 Abs 1 lit b WÜD. Der funktionale Charakter des Schutzes der Diplomaten lässt annehmen, dass der diplomatischen Mission im Schutz ihrer Mitglieder zumindest jene Handlungen erlaubt sind, welche für die Aufrechterhaltung des Funktionierens

---

[190] Art 29 WÜD; P. Behrens: The personal inviolability of diplomatic agents in emergency situations in P. Behrens (eds.) (2017): Diplomatic Law in a New Millenium 75-97, 75.

[191] Für die Definition von funktionalem Schutz siehe Kapitel A.II.1.

[192] P. Behrens: Introduction - Diplomatic Law in a New Millenium in P. Behrens (eds.) (2017): Diplomatic Law in a New Millenium 3-14, 6.

der diplomatischen Mission erforderlich sind. Die Regelung über die persönliche Unverletzlichkeit des Diplomaten in Art 29 WÜD beinhaltet eine umfassende Pflicht des Empfangsstaates zum Setzen geeigneter Maßnahmen zum Schutz des Diplomaten.[193] Dem Entsendestaat wird darin allerdings kein Recht zum Handeln im Interesse der Mitglieder einer diplomatischen Mission zuerkannt. Vielmehr obliegt es dem Empfangsstaat den Schutz der Diplomaten sicherzustellen. Der Entsendestaat ist nur bei Zustimmung des Empfangsstaates berechtigt, Unterstützungshandlungen zum Schutz seiner Diplomaten zu setzen.[194] Somit ergeben sich daraus keine Anhaltspunkte für konkrete Handlungen, zu welchen der Entsendestaat im Schutz seiner Diplomaten berechtigt ist und welche auf den funktionalen Schutz übertragen werden könnten.

Der Schutz der Diplomaten durch Privilegien und Immunitäten nach den Art 29 bis 36 WÜD ist – aufgrund seines funktionalen Charakters – interessant für das Kernthema dieser Arbeit, den funktionalen Schutz. Betreffend die konkreten Maßnahmen in Ausübung des Schutzes sind aus den einschlägigen Regelungen allerdings kaum Anhaltspunkte für ein Recht des Entsendestaates zu entnehmen. Hier ist wiederum das Regime zum Schutz von Staatsbürgern durch die diplomatische Mission – insbesondere das Recht der diplomatischen Mission nach Art 3 Abs 1 lit b WÜD auf Schutz der Interessen der Staatsangehörigen des Entsendestaates – einschlägig, wenngleich dieser nicht von funktionaler Natur ist.[195] Mangels Differenzierung zwischen Staatsangehörigen in der Position des Diplomaten und anderen Staatsangehörigen handelt es sich hierbei nicht um einen funktional bedingten Schutz. Inhalt der Bestimmung ist das Recht der diplomatischen Mission, in Vertretung des Entsendestaates, Handlungen zum Schutz der Interessen seiner Staatsangehörigen zu setzen. Dieses Recht besteht unabhängig davon, ob die Staatsangehörigen für die Mission tätig sind oder nicht. Konkret nennt die Kommentierungen zu Art 3 WÜD die Unterstützung bei Beschwerden über Misshandlungen, bei Anträgen auf Begnadigung und bei Anträgen auf vorzeitige Entlassung aus der Haft. Diese Handlungen sind beispielhaft, bilden aber einen wichtigen Anhaltspunkt zur Determinierung der Handlungen, zu welchen der Entsendestaat berechtigt sein kann. Der Schutz nach Art 3 WÜD unterscheidet sich von dem funktionalen Schutz, den eine IO zugunsten ihrer Bediensteten ausübt, dadurch, dass sich Art 3 WÜD auf Staatsangehörige und eben nicht auf Bedienstete oder Missionsmitglieder bezieht. Die Stellung der Staatsbürgen im Sinne des Schutzes unter dem WÜD und die Stellung der Bediensteten im Sinne des funktionalen

[193] Siehe dazu eine umfangreiche Darstellung in E. Denza (2008): Diplomatic Law, Commentary on the Vienna Convention on Diplomatic Relations, Oxford University Press, 258ff.

[194] E. Denza (2008): Diplomatic Law, Commentary on the Vienna Convention on Diplomatic Relations, Oxford University Press, 263.

[195] Für weitere Ausführungen zu diesem Recht des Entsendestaates siehe Kapitel B.II.2.b.

Schutzes bleibt in Kapitel C.VIII.3.b auf ihre Vergleichbarkeit zu untersuchen. Die Vergleichbarkeit dieser „Situationen“ ist erforderlich, um ein Heranziehen dieses Rechtes zur Konkretisierung der Rechte im Rahmen von funktionalen Schutz anzudenken.

3. Schutz unter dem Wiener Übereinkommen über konsularische Beziehungen

a. Begriffsbestimmung und rechtliche Voraussetzung

Das WÜK[196] beinhaltet Schutzbestimmungen für Angehörige des Entsendestaates der konsularischen Vertretung sowie für Konsularbeamte und weitere Gruppen von Personal im Sinne dieses Übereinkommens. Der Schutz unter dem WÜK wird oftmals in einer Zusammenschau mit dem in Kapitel B.II.1. dargestellten diplomatischen Schutz und dem in Kapitel B.II.2. dargestellten Schutz nach dem WÜD behandelt.[197] Während diplomatischer Schutz von dem Heimatstaat direkt ausgeübt wird, werden die Beistands- und Unterstützungshandlungen nach dem WÜD durch die diplomatische Vertretung des Staates (etwa die Botschaft) bzw. nach dem WÜK durch die konsularische Vertretung des Staates (etwas das Konsulat) gesetzt.[198] Diese drei Schutzkonzepte im internationalen Recht lassen sich voneinander dahingehend abgrenzen, dass der diplomatische Schutz[199] reaktiv und der Schutz unter dem WÜD[200] sowie unter dem WÜK präventiv ausgerichtet sind.[201] Ziel des konsularischen Schutzes ist es den Staatsangehörigen Hilfe und Beistand zu leisten, ihre Interessen zu vertreten, sie vor Gerichten und Behörden zu vertreten und sicherzustellen, dass sie ihre Rechte entsprechend ausüben können, sowie das konsularische Personal entsprechend zu schützen.[202] Die Schutzmaßnahmen nach dem WÜK (wie auch jene nach dem WÜD) stellen somit darauf ab, den Eintritt von Gefahrensituationen und möglicher Schädigungen zu verhindern, indem präventive Handlungen gesetzt werden.[203]

---

[196] Wiener Übereinkommen über konsularische Beziehungen vom 24.04.1963, BGBl. 1969 II, 1585.

[197] C.F. Amerasinghe (2008): Diplomatic Protection, Oxford University Press, 26.

[198] E. Denza: Nationality and Diplomatic Protection, Netherlands International Law Review 65 (2018) 463-480, 466f.

[199] Diplomatischer Schutz stellt auf die Forderung von Kompensation durch den Heimatstaat im Falle einer Völkerrechtsverletzung durch einen anderen Staat und der damit verbundenen Schädigung seines Staatsbürgers ab. Die Handlung des Heimatstaates – die Forderung von Kompensation – stellt die Reaktion auf die Völkerrechtsverletzung und die daraus resultierende Schädigung des Staatsbürgers dar.

[200] Ziel des Schutzes unter der WÜD ist es, die Staatsangehörigen bei der Nutzung der zur Verfügung stehenden Rechtwege zu unterstützen sowie die Diplomaten in ihrer Position entsprechend zu schützen.

[201] Art 1 (9) Draft Articles on Diplomatic Protection with commentaries.

[202] E. Denza: Nationality and Diplomatic Protection, Netherlands International Law Review 65 (2018) 463-480, 466.

[203] Art 1 (9) Draft Articles on Diplomatic Protection with commentaries.

Auch die Regelungen über konsularische Beziehungen entwickelten sich völkergewohnheitsrechtlich und wurden schließlich 1963 in dem WÜK kodifiziert.[204] Der Präambel des WÜK – wie auch jener des WÜD – lässt sich die subsidiäre Anwendbarkeit der völkergewohnheitsrechtlichen Bestimmungen entnehmen.[205] Der „*Konsularbeamte*" wird in Art 1 WÜK legaldefiniert als „*jede in dieser Eigenschaft mit der Wahrnehmung konsularischer Aufgaben beauftragte Person einschließlich des Leiters der konsularischen Vertretung*".[206] Unter dem Leiter der konsularischen Vertretung wird „*eine Person, die beauftragt ist, in dieser Eigenschaft tätig zu sein*" verstanden.[207] Der persönliche Anwendungsbereich des hier relevanten Art 36 WÜK beschränkt sich auf Konsularbeamte, weshalb auf die weiteren Gruppen von Personal nach Art 1 WÜK nicht weiter eingegangen wird.

Art 5 lit a, e und i über den *Schutz der Staatsangehörigen des Entsendestaates im Rahmen der konsularischen Aufgaben* und Art 36 WÜK über das *Recht der Konsularbeamten mit Staatsangehörigen des Entsendestaates zu verkehren und sie aufzusuchen* sind für mögliche Parallelen zum funktionalen Schutz am vielversprechendsten, weshalb sich die weiteren Ausführungen darauf beschränken.

b. Rechtlicher Gehalt

i. Grundlagen

Für Art 5 lit a, e und i über den *Schutz der Staatsangehörigen des Entsendestaates im Rahmen der konsularischen Aufgaben* gilt ähnlich den Ausführungen in Kapitel B.II.2.b über den Schutz unter dem WÜD, dass es sich hierbei um ein Recht des Entsendestaates handelt. Die Aufnahme konsularischer Beziehungen erfolgt nach Art 2 WÜK in gegenseitigem Einvernehmen zwischen Entsendestaat und Empfangsstaat. Darüber hinaus folgt aus der Zustimmung zur Aufnahme diplomatischer Beziehungen automatisch die Zustimmung zur Aufnahme konsularischer Beziehung, soweit in der Vereinbarung der Staaten nicht eine gegenteilige Regelung getroffen wurde.[208] Die Errichtung einer konsularischen Vertretung erfordert nach Art 4 WÜK ebenfalls die Zustimmung des Empfangsstaates. Die konsularischen Aufgaben nach Art 5 WÜK werden gemäß Art 3 WÜK von konsularischen Vertretungen wahrgenommen. Die Zustimmung des Empfangsstaates zur Errichtung einer konsularischen Vertretung umfasst damit auch die Zustimmung zur Erfüllung der konsularischen Aufgaben durch diese. Art 28

[204] ErwGr 1 der Präambel des WÜK.
[205] ErwGr 6 der Präambel des WÜK.
[206] Art 1 lit d WÜK.
[207] Art 1 lit c WÜK.
[208] Art 2 Abs 2 WÜK.

WÜK stellt in diesem Zusammenhang klar, dass es dem Empfangsstaat obliegt, der konsularischen Vertretung jede Erleichterung zur Wahrnehmung ihrer Aufgaben zu gewähren. Demnach verfügt der Entsendestaat gegenüber dem Empfangsstaat über das Recht auf Duldung der Wahrnehmung der konsularischen Aufgaben durch die konsularische Vertretung.[209]

ii. Schutz der Interessen der Angehörigen des Entsendestaates im Empfangsstaat als Aufgabe der konsularischen Vertretung nach Art 5 Wiener Übereinkommen über konsularische Beziehungen

Art 5 lit a WÜK nennt als erste konsularische Aufgabe den Schutz der Interessen des Entsendestaates und seiner Angehörigen im Empfangsstaat innerhalb der völkerrechtlich zulässigen Grenzen. In der Praxis ist in Erfüllung dieser Aufgabe der Schutz des Individuums maßgeblich.[210] Dabei kommt es für die Wahl der Schutzmaßnahmen oftmals zu einer Abwägung der Interessen des Schutzbedürftigen mit den Interessen des Entsendestaates im Hinblick auf die Wahrung einer guten Beziehung mit dem Empfangsstaat.[211] Die konsularische Aufgabe gemäß lit e, den Angehörigen des Entsendestaats Hilfe und Beistand zu leisten, kann als Konkretisierung der lit a angesehen werden. Über die Formulierung „Hilfe und Beistand" hinaus können der Bestimmung allerdings keine Rückschlüsse auf konkrete Handlungen entnommen werden. Lit i konkretisiert die konsularischen Aufgaben weiter dahingehend, dass diese die Vertretung der Angehörigen des Entsendestaats vor den Gerichten und Behörden des Empfangsstaats und die Sicherstellung ihrer angemessenen Vertretung zur Wahrung ihrer Rechte und Interessen umfassen.[212] Die Erfüllung der konsularischen Aufgaben nach lit i fällt in den Bereich der vorsorgenden Rechtspflege und Verwaltung und sind für den präventiven Schutz des Individuums besonders relevant.[213] Für den persönlichen Anwendungsbereich dieses Schutzes ist auf die Staatsbürgerschaft der betroffenen Person abzustellen, weshalb ein allfälliges Tätigwerden für den Staat als Teil der konsularischen Mission unbeachtet bleiben kann.[214]

---

[209] Siehe dazu auch die Entstehungsgeschichte des Art 5 in M. Richtsteig (2010): Wiener Übereinkommen über diplomatische und konsularische Beziehungen – Entstehungsgeschichte, Kommentierung, Praxis, Zweite Auflage, 145f.

[210] M. Richtsteig (2010): Wiener Übereinkommen über diplomatische und konsularische Beziehungen – Entstehungsgeschichte, Kommentierung, Praxis, Zweite Auflage, 149.

[211] Ebd., 147.

[212] M. Ruffert: Diplomatischer und konsularischer Schutz zwischen Völker- und Europarecht, Archiv des Völkerrechts 35, No. 4 (1997) 459-477, 461.

[213] M. Richtsteig (2010): Wiener Übereinkommen über diplomatische und konsularische Beziehungen – Entstehungsgeschichte, Kommentierung, Praxis, Zweite Auflage, 199.

[214] T. Kleinlein, D. Rabenschlag: Auslandsschutz und Staatsangehörigkeit, Zeitschrift für ausländisches öffentliches Recht und Völkerrecht 67 (2007) 1277-1337, 1282f.

iii. Recht der Konsularbeamten mit Angehörigen des Entsendestaats zu verkehren nach Art 36 Wiener Übereinkommen über konsularische Beziehungen

Besonders beachtlich für Parallelen zum funktionalen Schutz ist Art 36 WÜK, wonach Konsularbeamte berechtigt sind, mit Angehörigen des Entsendestaats zu verkehren und sie aufzusuchen sowie umgekehrt, Angehörige des Entsendestaats mit Konsularbeamten verkehren und sie aufsuchen dürfen.[215] Die konsularische Vertretung des Entsendestaates muss auf Verlangen des Betroffenen unverzüglich von den zuständigen Behörden des Empfangsstaates über dessen Festnahme, Inhaftierung (Straf- bzw. Untersuchungshaft) oder anderweitige Freiheitsentziehung unterrichtet werden. Außerdem muss der Betroffene in jedem Fall über seine Rechte nach diesem Übereinkommen informiert werden.[216] Die Verständigung der konsularischen Vertretung des Entsendestaats ist erforderlich, damit Konsularbeamte von ihrem Recht nach dem WÜK Gebrauch machen können. Dieses Recht beinhaltet, einen festgenommenen bzw. inhaftierten Staatsangehörigen aufzusuchen, mit ihm zu sprechen und zu korrespondieren, sowie für seine Vertretung in rechtlicher Hinsicht zu sorgen. Das Recht gilt gleichermaßen vor Durchführung einer Verhandlung und Erlass eines Strafurteils, als auch nach Verurteilung zu einer Freiheitsstrafe.[217] Es darf auch dahingehend nicht eingeschränkt werden, dass es von den Strafvorwürfen unabhängig ist, das Besuchsrecht nicht vom Verhalten des Inhaftierten abhängig gemacht und vom Konsularbeamten nach Notwendigkeit für die Wahrnehmung seiner Aufgaben entsprechend oft ausgeübt werden kann. Darüber hinaus bestehen keine Einschränkungen im Hinblick auf Inhalt und Mittel der Kommunikation zwischen dem Konsularbeamten und dem Gefangenen. Der Konsularbeamte muss in der Lage sein, für die Vertretung des Gefangenen in rechtlicher Hinsicht zu sorgen und ihm dazu einen Rechtsanwalt zu vermitteln, weshalb insbesondere auch die Hintergründe für die Verhaftung Inhalt des Gespräches sein dürfen.[218]

Zwei bekannte Beispiele betreffend die Verletzung von Art 36 WÜK durch einen Staat sind die Entscheidungen *LaGrand*[219] und *Avena.*[220] In beiden Fällen, in *LaGrand* durch Deutschland als Entsendestaat und in *Avena* durch Mexiko als Entsendestaat, wurde vor dem IGH die

[215] Art 36 Abs 1 lit a WÜK.
[216] Art 36 Abs 1 lit b WÜK.
[217] Art 36 Abs 1 lit c WÜK.
[218] M. Richtsteig (2010): Wiener Übereinkommen über diplomatische und konsularische Beziehungen – Entstehungsgeschichte, Kommentierung, Praxis, Zweite Auflage, 199.
[219] LaGrand (Germany v. United States of America), Judgment, I.C.J. Reports 2001, p. 466, (kurz "*LaGrand case*").
[220] Avena and Other Mexican Nationals (Mexico v. United States of America), Judgment, I.C.J. Reports 2004, p. 12, (kurz "*Avena case*").

Verletzung der Pflichten nach Art 36 WÜK durch die USA als Empfangsstaat behauptet.[221] Die Brüder Walter und Karl *LaGrand*, beide deutsche Staatsbürger, wurden 1999 in Arizona wegen Mordes angeklagt und verurteilt. Nach ihrer Festnahme wurden sie über ihre Rechte nach dem WÜK nicht informiert, sodass sie auch kein Ansuchen um konsularische Beistandsleistungen an die konsularische Vertretung Deutschlands richten konnten. Die USA unterließ es zudem, die konsularische Vertretung Deutschlands über die Verhaftung der LaGrand Brüder zu unterrichten, weshalb Deutschland auch nicht in der Lage war, konsularischen Beistand zu leisten.[222] Im Fall *LaGrand* erkannte der IGH erstmals die Rechte unter dem WÜK als Individualrecht an, indem er eine Verletzung der Rechte Deutschlands sowie jener der LaGrand Brüder durch die USA feststellte.[223] Auch von Mexiko wurde im Fall *Avena* vor dem IGH die Verletzung der Verpflichtungen unter Art 36 WÜK durch die USA als Empfangsstaat behauptet. US-amerikanische Gerichte hatten 52 mexikanische Staatsbürger zum Tode verurteilt. Die Betroffenen wurden weder über ihre Rechte nach Art 36 WÜK informiert, noch wurde Mexiko eine wirksame Überprüfung der ausgesprochenen Verurteilungen und Strafen durch die USA ermöglicht. Demnach hatte die USA als Empfangsstaat den Entsendestaat Mexiko daran gehindert, für 52 Staatsangehörige konsularischen Beistand, etwa in Form von rechtlicher Vertretung, nach Art 36 WÜK auszuüben.[224] Auch im Fall *Avena* stellte der IGH durch die USA eine Verletzung der Rechte Mexikos und der Individualrechte der betroffenen mexikanischen Staatsangehörigen unter dem WÜK fest.[225] Inhaltlich wurde vom IGH eine Verletzung von Art 36 WÜK durch die USA festgestellt. Konkret liegt die Verletzung in der Missachtung der Verpflichtung, die mexikanischen Staatsangehörigen über ihre Rechte unter der Konvention zu informieren, die konsularische Vertretung Mexikos über die Verhaftung der Betroffenen zu informieren und ihr die Kommunikation, den Zugang sowie die rechtliche Vertretung dieser zu ermöglichen.[226] Die Entscheidung im Fall *Avena* wird nach *LaGrand* als neuerliche Bemühung angesehen, sowohl die Rechte des Staates als auch die Individualrechte zu fördern.[227] Konsularische Unterstützungsleistungen werden somit von Konsularbeamten in

[221] B. Sepúlveda-Amor: Diplomatic and consular protection: the rights of the state and the rights of the individual in the LAGRAND and AVENA cases in U. Fastenrath, et al. (eds.) (2011): From Bilateralism to Community Interest: Essays in Honour of Bruno Simma 1097-1117, 1098f.

[222] LaGrand case, para 13ff.

[223] Ebd., para 65-78.

[224] Avena case, para 19.

[225] Ebd., para 40.

[226] T. Redmond: Recent Developments regarding the Right to Consular Protection – Avena and Other Mexican Nationals, Hibernian Law Journal 5 (2004-2005) 177-194, 177.

[227] B. Sepúlveda-Amor: Diplomatic and consular protection: the rights of the state and the rights of the individual in the LAGRAND and AVENA cases in U. Fastenrath, et al. (eds.) (2011): From Bilateralism to Community Interest: Essays in Honour of Bruno Simma 1097-1117, 1103.

Vertretung der Interessen des betroffenen Individuums ausgeübt.[228] Die Etablierung von Individualrechten des Einzelnen im Völkerrecht führt zu einem besseren Schutz des Individuums, gegenüber seiner eigenen und gegenüber fremden Regierungen.[229]

c. Relevanz für den funktionalen Schutz

Von besonderer Relevanz für den weiteren Gang der Untersuchung sind Art 5 lit a, e und i über den *Schutz der Staatsangehörigen des Entsendestaates im Rahmen der konsularischen Aufgaben* und Art 36 WÜK über das *Recht der Konsularbeamten mit Staatsangehörigen des Entsendestaates zu verkehren und sie aufzusuchen*. Das WÜK sieht in Art 36 konkrete Handlungen vor, zu welchen der Entsendestaat im Schutz seines Staatsangehörigen berechtigt ist, worauf in weiterer Folge noch zurückgegriffen wird. Der Inhalt dieses Schutzes zielt darauf ab, die Staatsangehörigen des Entsendestaates der konsularischen Vertretung, sowie das konsularische Personal vor (drohender) Schädigung zu schützen. Durch die Ausübung von konsularischem Schutz soll Staatsangehörigen insbesondere Hilfe und Beistand geleistet werden, ihre Interessen (vor Gerichten und Behörden) vertreten und die Ausübung ihrer Rechte entsprechend sichergestellt werden.

Die Bestimmungen des WÜK über den Schutz der Staatsangehörigen werden seit *LaGrand* und *Avena* nicht mehr nur als Rechte des Entsendestaats, sondern als Individualrechte des Staatsangehörigen anerkannt. Die Individualrechte beziehen sich allerdings nicht auf das Tätigwerden durch den Entsendestaat und bestehen nicht diesem gegenüber, sondern gegenüber dem Empfangsstaat der Mission. Individuen müssen im Falle ihrer Festnahme oder Verhaftung somit über ihre Rechte nach dem WÜK informiert werden, um die Verständigung der konsularischen Mission ihres Heimatstaates fordern zu können. Auf Verlangen des Betroffenen muss die konsularische Mission des Entsendestaats unverzüglich über die Festnahme oder Verhaftung unterrichtet werden. Dadurch soll sichergestellt werden, dass der Entsendestaat für den Betroffenen konsularische Beistands- und Unterstützungsleistungen erbringen kann. Nach Art 36 WÜK ist der Entsendestaat dazu berechtigt, den Betroffenen aufzusuchen, mit ihm zu sprechen und zu korrespondieren, sowie für seine Vertretung in rechtlicher Hinsicht zu sorgen. Für die Frage nach der Ausgestaltung des Rechts einer IO auf Ausübung von funktionalem Schutz, zugunsten ihrer Bediensteten, und denkbare Handlungen im Rahmen dieser Ausübung, sind die Inhalte des Art 36 WÜK besonders beachtlich.

[228] Art 1 (9) Draft Articles on Diplomatic Protection with commentaries.
[229] Art 1 (4) Draft Articles on Diplomatic Protection with commentaries.

Das WÜK beinhaltet kein ausdrückliches Recht des Betroffenen gegenüber seinem Heimatstaat auf Gewährung von konsularischem Beistand. Diese Erkenntnis ist für die Einordnung der Bestimmungen des WÜK relevant. Parallelen zwischen dem Schutz unter dem WÜK und dem funktionalen Schutz können ausschließlich zum Recht auf Ausübung von funktionalem Schutz durch eine IO, nicht jedoch zur gleichlautenden Schutzpflicht der IO gezogen werden. In Kapitel C.VIII.3.b bleibt zu untersuchen, ob eine analoge Heranziehung der erlaubten Handlungen durch den Entsendestaat im Schutz seiner Staatsangehörigen nach dem WÜK, als Rechte einer IO im Rahmen der Ausübung von funktionalem Schutz möglich ist.[230]

III. Schutzkonzepte im nationalen Arbeitsrecht

1. Ein Rechtsvergleich zur Fürsorgepflicht im nationalen Arbeitsrecht

Schutzkonzepte für das internationale Recht können auch dem nationalen Recht entspringen. Über die in *foro domestico* gebildeten allgemeinen Rechtsgrundsätze nach Art 38 Abs 1 lit c IGH-Statut[231] können in der Staatengemeinschaft weitverbreitete Prinzipien des nationalen Rechts auf internationaler Ebene Rechtswirkung entfalten.[232] Ein allgemeiner Rechtsgrundsatz wird etwa von einem Gericht identifiziert, indem es seine Entscheidung (zumindest teilweise) darauf stützt.[233] Grundsätzlich kommen allgemeine Rechtsgrundsätze lückenfüllend zur Anwendung.[234]

Der hier angestellte Rechtsvergleich zielt auf die Schaffung einer Grundlage zur Identifikation eines allgemeinen Rechtsgrundsatzes *der verpflichtenden Setzung von präventiven Schutzmaßnahmen zugunsten der Bediensteten* ab.[235] Um verpflichtende Handlungen des Dienstgebenden gegenüber seinen Bediensteten herauszuarbeiten, wurde die nationale Fürsorgepflicht unterschiedlicher Rechtssysteme untersucht. Die Ausführungen konzentrieren sich auf die verpflichtenden Präventivmaßnahmen des Dienstgebenden zur Verhinderung einer Gefährdung oder Verletzung seiner Bediensteten. Funktionaler Schutz umfasst sowohl präventive Maßnahmen, welche Bedienstete einer IO vor einer Schädigung bewahren, als auch reaktive Maßnahmen, welche Bedienstete einer IO bei Gefahrenausbruch aus der

[230] Die hier aufgeworfene Frage einer möglichen Analogie deckt sich mit den Ausführungen in Kapitel B.II.2.c. zum Schutz nach dem WÜD.

[231] IGH-Statut.

[232] General Assembly, Second report on general principles of law by Marcelo Vázquez-Bermúdez, Special Rapporteur, International Law Commission, Seventy-second session, Geneva, 27 April–5 June and 6 July–7 August 2020, A/CN.4/741, para 19.

[233] M. Dordeska (2020): General Principles of Law Recognized by Civilized Nations (1922-2018), 101.

[234] M. Andenas (2019): General Principles and the Coherence of International Law, 9f.

[235] Für detaillierte Ausführungen zu den Anforderungen an die Bildung eines allgemeinen Rechtsgrundsatzes wird auf das Kapitel C.VII.6.b verwiesen.

Gefahrensituation befreien. Wie eingangs[236] in diesem Kapitel ausgeführt, sollen Bedienstete damit vor (drohender) Schädigung bewahrt werden. Die Identifikation eines allgemeinen Rechtsgrundsatzes *der verpflichtenden Setzung von präventiven Schutzmaßnahmen zugunsten der Bediensteten* würde für dieses Schutzkonzept eine wichtige Grundlage darstellen.

Bei der Wahl der Staaten für die Untersuchung wurden möglichst unterschiedliche Rechtssysteme abgedeckt, um den Anforderungen an einen allgemeinen Rechtsgrundsatz zu entsprechen.[237] Dabei wurden „Civil Law Systeme", „Common Law Systeme" sowie „Mischsysteme" ausgewählt und bei der Auswahl eine unterschiedliche Sprach- und Kontinent-Zugehörigkeit berücksichtigt. In den Vergleich wurden weiters Länder in unterschiedlichen Entwicklungsstadien (Industrie-Staat, Schwellen-Staat, Entwicklungs-Staat) einbezogen.[238] Konkret wurden folgende Staaten für den Rechtsvergleich ausgewählt: Argentinien, Australien, Belgien, China, Deutschland, Frankreich, Ghana, Hong Kong, Indien, Kanada, Namibia, Niederlande, Österreich, Panama, Pakistan, Peru, Spanien, Südafrika, Vereinigtes Königreich, Vereinigte Staaten von Amerika, Vereinigte Arabische Emirate und Venezuela. Die Auswahl an Staaten beinhaltet alle Kontinente, mit Ausnahme der Antarktis, und zwar Nordamerika durch Kanada und die Vereinigten Staaten von Amerika, Südamerika durch Argentinien, Panama, Peru und Venezuela, Europa durch Belgien, Deutschland, Frankreich, die Niederlande, Österreich und Spanien, Afrika durch Ghana, Namibia und Südafrika, Asien durch China, Hong Kong, Indien, Pakistan und die Vereinigten Arabischen Emirate sowie Australien. Auch im Hinblick auf den Entwicklungsstand der Staaten sind mit Industrie-Staaten, wie Österreich, Schwellen-Staaten, wie China und Entwicklungs-Staaten, wie Ghana alle Kategorien abgedeckt. Die Rechtssysteme der ausgewählten Staaten sind ebenfalls sehr vielfältig, sodass etwa mit Deutschland als „Civil Law System", den Vereinigten Staaten von Amerika als „Common Law System" und Südafrika als „Mischsystem" jedenfalls alle Systeme vertreten sind. Die konkrete Auswahl der Staaten wurde weiters durch bereits vorhandene Werke zu rechtsvergleichenden Analysen der arbeitsrechtlichen Fürsorgepflicht beeinflusst. Zum Teil sind Grundlagen des nachfolgenden Rechtsvergleichs auf das Werk *„Duty of Care of*

[236] Siehe dazu Kapitel B.I.

[237] Siehe dazu General Assembly, Report of the International Law Commission, Seventy-fourth Session, 24 April–2 June and 3 July–4 August 2023, A/78/10, draft conclusion 5; sowie H. Thirlway (2019): The Sources of International Law, Second Edition, 106 oder M. Dordeska (2020): General Principles of Law Recognized by Civilized Nations (1922-2018), 101.

[238] Für die Anforderungen an einen in *foro domestico* gebildeten allgemeinen Rechtsgrundsatz siehe General Assembly, Report of the International Law Commission, Seventy-fourth Session, 24 April–2 June and 3 July–4 August 2023, A/78/10, draft conclusion 5, commentary para 4: "[…] *while it is not necessary to assess every single legal system of the world to identify a general principle of law, the comparative analysis must nonetheless be sufficiently comprehensive to take into account the legal systems of States in accordance with the principle of sovereign equality of States*.";

Employers for Protecting International Assignees, their Dependents and International Business Travelers" von *Claus*[239] zurückzuführen. Da nicht alle, für die Analyse herangezogenen, nationalen Gesetzesbestimmungen zugänglich waren, stützt sich der Rechtsvergleich teilweise auf die primäre Gesetzesbestimmung und teilweise lediglich auf eine Sekundärquelle, welche die Gesetzesbestimmung für eine vergleichende Analyse herangezogen hatte.

Eine umfassende Darstellung der untersuchten nationalen Arbeitsrechtsbestimmungen unter Bezugnahme auf die relevanten Normen zu den Arbeitnehmerschutzvorschriften kann dem Annex ./1 entnommen werden.

2. Zusammenfassung und Relevanz für den funktionalen Schutz

Als wesentliche Erkenntnis des Rechtsvergleiches lässt sich zusammenfassend festhalten, dass jede der untersuchten nationalen Rechtsordnungen eine Fürsorgepflicht des Dienstgebenden gegenüber seinen Bediensteten vorsieht. Jede nationale Fürsorgepflicht umfasst verpflichtend präventive Schutzmaßnahmen der Dienstgebenden zugunsten ihrer Bediensteten. Diese Verpflichtung beinhaltet teilweise spezifische Präventivmaßnahmen und teilweise allgemeine Formulierungen, welche das Ergreifen aller zumutbaren Schutzmaßnahmen durch die Dienstgebenden vorsehen.

Demonstrativ werden für diese Erkenntnis folgende Staaten herangezogen: *Namibia* als Entwicklungsland mit einem gemischten Rechtssystem auf dem afrikanischen Kontinent, die *Niederlande* als Industrieland und Teil der Civil-Law-Familie auf dem europäischen Kontinent, *Panama* als Entwicklungsland mit einem Civil-Law-Rechtssystem auf dem südamerikanischen Kontinent, die *Vereinigten Staaten von Amerika* als Vertreter der Common-Law-Familie und Industrieland sowie die *Vereinigten Arabischen Emirate* als Vertreter des asiatischen Rechtsraumen, Teil der Civil-Law-Familie und Industrieland. Alle genannten Staaten – unabhängig von ihrer regionalen Lage, ihrer Zugehörigkeit zu den unterschiedlichen Rechtssystemen und ihrer Einordnung als Industrie- oder Entwicklungsland[240] – sehen eine nationale Fürsorgepflicht der Dienstgebenden gegenüber ihren Bediensteten vor. Diese nationalen Regelungen beinhalten großteils sehr konkrete Präventivmaßnahmen, welche vom Dienstgebenden verpflichtend zum Schutz seiner Bediensteten gesetzt werden müssen.

---

[239] L. Claus (2009): Duty of Care of Employers for Protecting International Assignees, their Dependents and International Business Travelers.

[240] Die Einordnung als Entwicklungsland basiert auf der DAC-Liste der Entwicklungsländer und –gebiete des deutschen Bundesministeriums für wirtschaftliche Zusammenarbeit und Entwicklung (gültig für die Berichtsjahre 2022 und 2023).

Kapitel 4 des namibischen Arbeitsgesetzbuches[241] sieht Regelungen zum Schutz von Gesundheit, Sicherheit und Wohlbefinden der Bediensteten vor. Dem Dienstgebenden obliegt es im Rahmen der Fürsorgepflicht für eine sichere und gefahrenfreie Arbeitsumgebung zu sorgen.[242] Neben dieser allgemeinen Verpflichtung obliegt es dem Dienstgebenden, Arbeitsabläufe und Arbeitsplätze sicher und ohne Risiko für die Gesundheit der Bediensteten bereitzustellen. Weiters ist die Sicherheit der Zu- und Abgänge von Arbeitsplätzen zu gewährleisten, den Bediensteten bei Bedarf Schutzausrüstung und Schutzkleidung zur Verfügung zu stellen und notwendige Trainings sowie Informationen zur Risikovermeidung zu bieten. Gefahrenquellen müssen überwacht werden, die Lagerung und der Transport gefährlicher Stoffe muss ohne Risiko für die Bediensteten abgewickelt werden und alle weiteren empfohlenen Handlungen, um die Sicherheit und den Schutz der Gesundheit aller Bediensteten zu gewährleisten, müssen gesetzt werden.[243]

Das niederländische Bürgerliche Gesetzbuch[244] verpflichtet den Dienstgebenden zum Schutz der Bediensteten. Demnach sind alle Räumlichkeiten, Gegenstände und Werkzeuge so zu arrangieren und zu erhalten, als dies vernünftigerweise erforderlich ist, um zu verhindern, dass die Bediensteten bei der Ausübung ihrer Tätigkeit verletzt werden. Zur Verhinderung von Verletzungen der Bediensteten sind weiters entsprechende Maßnahmen zu ergreifen und Anweisungen für die Ausführung der Arbeit zu erteilen.[245]

In Panama wurden mit der Arbeitsrechtsreform von 1995 die Rechte der Bediensteten ausgeweitet und den Dienstgebenden Fürsorgepflichten auferlegt.[246] Demnach sind Dienstgebende dafür verantwortlich, Maßnahmen zum Schutz von Gesundheit und Sicherheit der Bediensteten, sowie zur Schaffung von sicheren Arbeitsplätzen zu setzen.[247] Um Arbeitsunfällen und Berufskrankheiten vorzubeugen, müssen Dienstgebende eine Reihe von Schutz- und Vorbeugungsmaßnahmen treffen. Den Bediensteten muss Schutzausrüstung zur

[241] Labour Act, Act 11 of 2007, The Law Society of Namibia (kurz "Namibian Labor Law") abrufbar unter: https://webapps.ilo.org/dyn/irlex/en/f?p=LEGPOL:1100::::1100:P1100_ISO_CODE3,P1100_SUBCODE_CODE,P1100_YEAR:NAM,,2019 (zuletzt aufgerufen am 24.04.2024).

[242] Chapter 4 Part A Section 39 Abs 1 (a) Namibian Labor Law: "*Every employer or person in charge of premises or places where employees are employed must, without charge to the employees provide a working environment that (i) is safe, (ii) is without risk to the health of employees; and (iii) has adequate facilities and arrangements for the welfare of employees.*".

[243] Chapter 4 Part A Section 39 Abs 1 (c) bis (i) Namibian Labor Law.

[244] Burgerlijk Wetboek Boek 7, BWBR0005290, gültig ab 1.8.2020, abrufbar unter: https://wetten.overheid.nl/BWBR0005290/2020-01-01 (zuletzt aufgerufen am 26.04.2024).

[245] Art 658 Abs 2 Burgerlijk Wetboek 7.

[246] V. Holness: The Employment Law Review: Panama, The Employment Law Review, Arias, Fabrega & Fabrega (2022) 1.

[247] Art 283 and 284 Labour Code of Panama.

Verfügung gestellt werden,[248] gefährliche Stoffe müssen richtig gelagert werden und Unterweisungen zum richtigen Hantieren mit gefährlichen Gegenständen müssen erfolgen.[249]

Eine generelle Bestimmung zur Fürsorgepflicht von Dienstgebenden gegenüber ihren Bediensteten in den USA regelt Sec. 5 (a) Abs 1 des US-Gesetzes über Sicherheit und Gesundheitsschutz am Arbeitsplatz von 1970[250]. Darin wird jeder Dienstgebende dazu verpflichtet, seinen Bediensteten einen Arbeitsplatz frei von Gefahren zu bieten. Insbesondere solchen Gefahren, welche zum Tod oder zu schweren körperlichen Schäden der Bediensteten führen könnten, ist umfassend vorzubeugen.[251] Dem Gewohnheitsrecht zufolge wird die Fürsorgepflicht von einem Dienstgebenden dann verletzt, wenn er vorhersehbare Risiken nicht abwendet und den Bediensteten somit nicht den nach dem angemessenen Sorgfaltsmaßstab notwendigen Schutz gewährt. Die Fürsorgepflicht umfasst der Rechtsprechung zufolge auch Dienstreisende und Entsandte.[252]

Arbeitnehmerschutzbestimmungen der Vereinigten Arabischen Emirate sind in dem Bundesarbeitsgesetz der VAE Nr. 8 von 1980[253] geregelt. Im Jahr 2021 wurde dieses Gesetz durch das Föderale Gesetzesdekret Nr. 33 von 2021[254] abgelöst. Darin ist eine Fürsorgepflicht des Dienstgebenden für seine Bediensteten festgelegt.[255] Art 13 des Arbeitsrechtsgesetzes von 2021 legt die Verpflichtungen des Dienstgebenden fest. Demnach obliegt es diesem, erforderliche und geeignete Präventionsmittel zum Schutz seiner Bediensteten vorzusehen. Die Bediensteten sind dabei insbesondere vor den Risiken von Berufskrankheiten und Verletzungen, welche im Zuge der Ausübung der Arbeitstätigkeit auftreten können, zu

---

[248] Art 134 Labour Code of Panama.

[249] Art 286 Labour Code of Panama.

[250] Occupation Safety and Health Administration Act of 1970 (kurz "OSH Act of 1970") US Department of Labor, Public Law 91-596 84 STAT. 1590 91st Congress, S.2193, 29 December 1970, as amended through 1 January 2004, abrufbar unter: https://www.osha.gov/laws-regs/oshact/completeoshact (zuletzt aufgerufen am 28.04.2024) (1).

[251] L. Claus (2009): Duty of Care of Employers for Protecting International Assignees, their Dependents and International Business Travelers, Annex Table 1-I: "*Each employer shall furnish to each of his employees employment and a place of employment which are free from recognized hazards that are causing or are likely to cause death or serious physical harm to his employees; [__]*".

[252] Ebd., 19.

[253] Federal Labour Law No. 8 of 1980 (as amended by Federal Law No. 12 of 1986) the Regulation of Labour Relations (kurz "Federal Labour Law No. 8") United Arab Emirates, abrufbar unter: https://www.dubaihires.com/uae-labour-law-federal-law-no-8-1980/ (zuletzt aufgerufen am 28.04.2024).

[254] Federal Decree Law No. 33 of 2021 regarding the Regulation of Employment Relationship (kurz "Federal Decree Law No. 33") Khalifa bin Zayed Al Nahyan, President of the United Arab Emirates State, abrufbar unter: https://u.ae/-/media/Mohre-2024/Federal-DecreeLaw-No-33-of-2021-Regarding-the-Regulation-of-Employment-Relationship-and-its-amendmen.pdf (zuletzt aufgerufen am 28.04.2024).

[255] S. Sethi, et al. The Employment Law Review: United Arab Emirates, The Employment Law Review, Dentons (2022) 1.

schützen. Daneben müssen die Bediensteten über mögliche Gefahren aufgeklärt werden und Informationen zur Vermeidung deren Eintrittes erhalten.[256]

Diese Beispiele belegen, dass unabhängig von Region, Rechtssystem oder Entwicklungsstatus der Staaten eine Dienstgeberpflicht zum Schutz der Gesundheit und Sicherheit aller Bediensteten am Arbeitsplatz besteht. Während diese allgemeine Pflicht zumindest Anhaltspunkte für einen Mindeststandard bieten kann, sind auch konkrete Maßnahmen als Pflichten in zahlreichen Rechtsordnungen vertreten. Die Abhaltung von Unterweisungen, die Warnung bei Bestehen von Gefahrenquellen, die Beseitigung von Gefahrenquellen sowie der Abbruch von Tätigkeiten bei akuter Gefahr sind oftmals als Pflichten der Dienstgebenden festgelegt. Der Rechtsvergleich zeigt somit ein übergreifendes Prinzip der Dienstgeberpflicht zur *Setzung von präventiven Schutzmaßnahmen zugunsten der Bediensteten*, welches als Grundlage für die Ermittlung eines allgemeinen Rechtsgrundsatzes im Bereich des funktionalen Schutzes durch IOs dienen kann.

Die Intention, eine Grundlage für die Identifikation eines allgemeinen Rechtsgrundsatzes *der verpflichtenden Setzung von präventiven Schutzmaßnahmen zugunsten der Bediensteten* zu schaffen, war der Ausgangspunkt und gab Anstoß zu diesem Rechtsvergleich. Die Ergebnisse des Rechtsvergleiches werden in Kapitel C.VII.6.b aufgegriffen und dahingehend untersucht, ob sich daraus eine Pflicht zur Setzung präventiver Schutzmaßnahmen im Rahmen des funktionalen Schutzes durch IOs zugunsten ihrer Bediensteten ergibt. Daher sind die Ergebnisse zum einen für die grundsätzliche Frage nach der Pflicht einer IO auf Ausübung von funktionalem Schutz relevant, zumindest bezogen auf den Teilbereich der präventiven Schutzmaßnahmen. Zum anderen können insbesondere konkrete Schutzmaßnahmen der nationalen Rechtssysteme bei Bestehen einer grundsätzlichen Pflicht zur Ausübung von funktionalem Schutz für die Determinierung dessen Reichweite herangezogen werden. Es wird somit angedacht die verpflichtend vorgesehenen Präventivmaßnahmen, soweit diese in den nationalen Rechtsordnungen als allgemein anerkennt gelten, auf das Verhältnis zwischen IOs und ihren Bediensteten zu übertragen.

IV. Schutzkonzept der organisationsinternen Fürsorgepflicht

Die organisationsinterne Fürsorgepflicht befasst sich im weitesten Sinne mit den Verantwortungsfragen von IOs, ihren Mitgliedstaaten und den Gastländern ihrer Missionen.[257]

[256] Art 13 Z 6 Federal Decree Law No. 33 von 2021.

[257] A. Spagnolo: The Duty of Care on International Organizations: Issues of Conduct and Responsibility Attribution in A. de Guttry et al. (eds.) (2018): The Duty of Care of International Organizations Towards Their Civilian Personnel, 83-102, 83f.

Dabei handelt es sich um eine Fürsorgepflicht, die gegenüber den eingesetzten Bediensteten beachtet und eingehalten werden muss. Der international anerkannte Begriff der *„Duty of Care“* entspricht der *„Fürsorgepflicht“* im nationalen Arbeitsrecht und wird hier auch als Fürsorgepflicht übersetzt. Die nationalen Gesetzgeber legen den Dienstgebenden die Pflicht auf, das Arbeitsumfeld entsprechend sicher auszugestalten, um das Leben und die Gesundheit der Arbeitnehmenden zu schützen.[258] Aus der organisationsinternen Fürsorgepflicht kann ebendiese Verpflichtung gegenüber Bediensteten der Organisationen abgeleitet werden.[259] Die Fürsorgepflicht von IOs gegenüber ihren Bediensteten reicht von der Schaffung eines sicheren Arbeitsumfeldes, dem Schutz von Leben, Gesundheit und Eigentum der Bediensteten, der Sicherstellung von gerechten Arbeitsbedingungen und Verträgen, dem Schutz von Persönlichkeitsrechten bis hin zu Abhilfemaßnahmen[260] bei Verletzung der Bediensteten in ihren Rechten.[261] Mit der Festlegung interner Schutzbestimmungen für ihre Bediensteten wird eine Beistands- und Unterstützungspflicht durch die IO in die Fürsorgepflicht integriert. Damit verpflichten sich die Organisationen eigenständig zur Einhaltung und Erfüllung dieser Maßstäbe. Der Organisation obliegt es, im Rahmen der Fürsorgepflicht für das Wohlergehen ihrer Bediensteten zu sorgen.[262] Ein Aspekt dieser Obliegenheit kann die Ausübung von funktionalem Schutz einer IO zugunsten ihrer Bediensteten sein, um eine Gefährdungslage der Bediensteten abzuwenden oder sie aus einer Gefahrenlage zu befreien. Funktionaler Schutz könnte somit als Teilaspekt der Fürsorgepflicht der IO gegenüber ihren Bediensteten gesehen werden.[263] Wird diese Unterordnung bejaht, kann eine verpflichtende Ausübung von funktionalem Schutz der IO aus der Fürsorgepflicht abgeleitet werden, worauf in Kapitel C.VII.4 näher eingegangen wird. Diese Verpflichtung greift allerdings nur gegenüber jenen Personen, welche von der Fürsorgepflicht der IO umfasst sind. Dieser Aspekt hängt wesentlich von den vertraglichen Vereinbarungen zwischen den Bediensteten und der IO ab.

---

[258] Siehe dazu die Definition von J. Berwanger: Sorgfaltspflicht, Gabler Wirtschaftslexikon, Springer Fachmedien Wiesbaden GmbH, abrufbar unter: https://wirtschaftslexikon.gabler.de/definition/sorgfaltspflicht-46401 (zuletzt aufgerufen am 28.04.2024).

[259] International Labour Organization Administrative Tribunal (ILOAT), C.-W. (No. 4) v. WIPO, 129th Session, Judgment No. 4246, 10 February 2020.

[260] Unter Abhilfemaßnahmen kann ein funktionierender interner Rechtsweg für die Bediensteten, eine Stelle an die sich diese bei Rechtsverletzungen wenden können oder interne Ermittlungseinrichtungen, durch die Rechtsverletzungen entdeckt und abgestellt werden können, verstanden werden. Vgl dazu A. de Guttry et al.: Guiding Principles on the Implementation by International Organizations of Their Duty of Care Obligations Towards Their Civilian Personnel in A. de Guttry et al. (eds.) (2018): The Duty of Care of International Organizations Towards Their Civilian Personnel, 485-500, 495.

[261] G. Ullrich (2018): The Law of the International Civil Service, 430f.

[262] Ebd., 430f.

[263] A. de Guttry et al.: Guiding Principles on the Implementation by International Organizations of Their Duty of Care Obligations Towards Their Civilian Personnel in A. de Guttry et al. (eds.) (2018): The Duty of Care of International Organizations Towards Their Civilian Personnel, 485-500, 498f.

IOs kennen grundsätzlich zwei Gruppen von Bediensteten – IO-Bedienstete und Nicht-IO-Bedienstete. Unter die Gruppe der IO-Bediensteten fallen jene Personen, die mit der IO in einem aufrechten Dienstverhältnis stehen. Nicht-IO-Bedienstete hingegen stehen zwar meist in einem vertraglichen Verhältnis zur IO, jedoch in keinem klassischen Dienstverhältnis. Die Personalstatuten finden in der Regel nur auf IO-Bedienstete Anwendung.[264] Dies lässt sich zB auch auf die Verwendung des Begriffs „*staff members*" in den VN-Personalstatuten zurückführen.[265] Für die Gruppe der IO-Bediensteten ergibt sich damit die Fürsorgepflicht der IO.[266] Darüber hinaus können auch sonstige vertragliche Vereinbarungen zwischen IOs und der Person, welche für die IO tätig wird, eine Fürsorgepflicht der Organisation beinhalten. Das Bestehen einer Fürsorgepflicht der IO für Bedienstete und eine sich daraus ergebende Pflicht zur Ausübung von funktionalem Schutz sind daher für den Einzelfall zu prüfen.

Abgeordnetes Personal, wie es in Kapitel C.V.2.b.iii dargestellt wird, stellt für diese Arbeit den Standardfall von Nicht-IO-Bediensteten dar. Für abgeordnetes Personal bleiben die arbeitsrechtlichen Vorschriften ihres Heimatstaates anwendbar. Abgeordnetes Personal wird im Wege der Organleihe auf Basis einer Vereinbarung zwischen der IO und dem Heimatstaat zur Verrichtung bestimmter, spezieller Tätigkeiten zur Organisation abgeordnet.[267] Hierbei ist allerdings fraglich, ob der IO tatsächlich die Fürsorgepflicht obliegt, wenn die dienstrechtliche Beziehung zwischen abgeordnetem Personal und ihrem Heimatstaat besteht. In der Literatur ist die Meinung vorherrschend, dass die Fürsorgepflicht nur IO-Bediensteten gegenüber verpflichtend ist.[268] Dabei ist aber zu beachten, dass neben dienstvertraglichen Grundlagen auch andere vertragliche Vereinbarungen eine Fürsorgepflicht beinhalten können. Für diese Arbeit wird somit vertreten, dass der arbeits- bzw. vertragsrechtliche Schutz und somit auch die Fürsorgepflicht je nach vertraglicher Beziehung zwischen IOs und Bediensteten differenziert zu betrachten ist. Grundlegende Voraussetzung für das Bestehen einer Fürsorgepflicht und die

[264] "*Organizations may wish to clearly stipulate in their policies and procedures as well as in the contracts of non-staff employees, the conditions of service, as well as making a clear reference that such contracts are not governed by the Staff Regulations and Rules [...].*" Dieser Vorschlag wurde vom HR Network der VN in ihrer 23. Sitzung identifiziert und verschriftlicht. Siehe dazu UN: HR Network, September 2011, CEB/2011/HLCM/HR/23, paras 9-10.

[265] UN Staff Regulations.

[266] V. Brino: International Organizations as Employers Examining the Duty of Care in the Light of the Different Forms of Employment Relationships in A. de Guttry et al. (eds.) (2018): The Duty of Care of International Organizations Towards Their Civilian Personnel 151-164, 155ff.

[267] United Nations Secretariat: Administrative instruction, Consultants and individual contractors, 19 December 2013, No. ST/AI/2013/4, 6.

[268] So bspw. V. Brino: International Organizations as Employers Examining the Duty of Care in the Light of the Different Forms of Employment Relationships in A. de Guttry et al. (eds.) (2018): The Duty of Care of International Organizations Towards Their Civilian Personnel 151-164, 155ff.

der IO dadurch obliegenden Verpflichtungen ist zumindest ein aufrechtes Vertragsverhältnis mit dieser.[269]

De Guttry et al. beenden ihr Werk „*The Duty of Care of International Organizations Towards Their Civilian Personnel*" mit einer Liste von zehn Leitprinzipien zur Fürsorgepflicht von IOs gegenüber ihren Bediensteten. Diese „Guiding Principles on the Implementation by International Organizations of their Duty of Care Obligations Towards Their Civilian Personnel" entsprechen dem Fürsorgemaßstab bedeutender IOs[270] und sollen einen Richtwert für alle IOs vorgeben, um den Inhalt der eigenen Fürsorgepflicht gegenüber ihren Bediensteten zu identifizieren.[271] Demnach sind IOs verpflichtet, ein sicheres Arbeitsumfeld für ihre Bediensteten zu schaffen (*Grundsatz 1*),[272] ihren Bediensteten aktiv Schutz zu gewähren, worunter insbesondere die Betreuung und Zurverfügungstellung von Schutz während eines Einsatzes fällt, (*Grundsatz 2*)[273] das Eigentum bzw. das private Vermögen ihrer Bediensteten zu schützen (*Grundsatz 3*)[274] und ihren Bediensteten gerechte Arbeitsverträge zu bieten (*Grundsatz 4*)[275]. IOs obliegt es weiters, ihren Bediensteten vor jedem Einsatz entsprechende sowie gründliche Information über den konkreten Einsatz und die damit verbundenen Gefahren zur Verfügung zu stellen (*Grundsatz 5*),[276] die Nichtdiskriminierung und den Schutz der persönlichen Integrität jedes Bediensteten zu gewährleisten (*Grundsatz 6*)[277] und Abhilfemaßnahmen wie interne Investigationsmechanismen, administrative Verfahren und ein geregeltes faires Vorgehen sicherzustellen, wodurch Unterstützungsansuchen und Beschwerden der Bediensteten rasch behoben werden sollen (*Grundsatz 7*). Die Fürsorgemaßnahmen des Grundsatzes 7 umfassen auch die Unterstützung eines Bediensteten nach dem Einsatz.[278] Um das Wohlergehen der Bediensteten zu gewährleisten, sind IOs außerdem verpflichtet, ihren Bediensteten medizinischen Service und Versicherungsleistungen zu bieten (*Grundsatz 8*).[279] Besonders relevant für diese Arbeit ist die Pflicht der IOs,

---

269 V. Brino: International Organizations as Employers Examining the Duty of Care in the Light of the Different Forms of Employment Relationships in A. de Guttry et al. (eds.) (2018): The Duty of Care of International Organizations Towards Their Civilian Personnel 151-164, 151f.

270 In dem Buch wurden folgende IOs analysiert und zur Erstellung der Leitprinzipien herangezogen: VN, EU, NATO, OSZE, COE, OAS, AU und WB.

271 A. de Guttry et al.: Guiding Principles on the Implementation by International Organizations of Their Duty of Care Obligations Towards Their Civilian Personnel in A. de Guttry et al. (eds.) (2018): The Duty of Care of International Organizations Towards Their Civilian Personnel, 485-500, 485.

272 Ebd., 486f.

273 Ebd., 487ff.

274 Ebd., 489f.

275 Ebd., 490ff.

276 Ebd., 492f.

277Ebd., 493f.

278 Ebd., 495f.

279 Ebd., 496ff.

funktionalen Schutz für ihre Bediensteten auszuüben (*Grundsatz 9*).[280] Daneben sind sie weiters verpflichtet Trainings für ihre Bediensteten bereitzustellen, insbesondere um sie auf einen Einsatz vorzubereiten.[281]

Diese zehn Leitprinzipien bieten eine hilfreiche Grundlage für das Verständnis der organisationsinternen Fürsorgepflicht und deren möglicher Inhalte. Insbesondere die explizite Nennung der Pflicht auf Ausübung von funktionalem Schutz als einer dieser Grundsätze ist bemerkenswert. Dieser Aspekt wird in Kapitel C.VII.4 im Zusammenhang mit der Frage, ob sich aus der organisationsinternen Fürsorgepflicht von IOs grundsätzlich eine Pflicht auf Ausübung von funktionalem Schutz ergeben kann, näher behandelt.

[280] Ebd., 498f.
[281] Ebd., 499f.

C. Funktionaler Schutz

I. Ursprung

1. Die Hintergründe des *Reparation for Injuries* Gutachtens

Das *Reparation for Injuries* Gutachten des IGH aus dem Jahr 1949 schafft eine bedeutende Grundlage für die Ausübung von funktionalem Schutz durch IOs.[282]

Folke Bernadotte Graf von Wisborg war ein schwedischer Offizier und wurde 1948 von den VN als Vermittler in Palästina eingesetzt, wo er am 17. September 1948 von Angehörigen einer Terroristengruppe ermordet wurde. Aufgrund der Ermordung von Bernadotte sowie weiteren Mitgliedern der Mission in Palästina ersuchte die VN-Generalsversammlung den IGH um ein Gutachten im Zusammenhang mit einem völkerrechtlichen Anspruch auf Wiedergutmachung.[283] Ausgangspunkt für das Gutachten war die Resolution 3 XXII 48 der Generalversammlung,[284] welche der VN-Generalsekretär an den Präsidenten des IGH mit dem Ansuchen um beratende Stellungnahme übermittelte. Grund für die Schritte waren eine Reihe von Vorfällen, bei denen VN-Bedienstete verletzt oder in ihrer Sicherheit gefährdet wurden.[285] Die VN strebten die Ausübung aller erforderlichen Schutzmaßnahmen für ihre Bediensteten an und fragten daher beim IGH um ein Gutachten zu folgenden Fragen an:[286]

> *I. „In the event of an agent of the United Nations in the performance of his duties suffering injury in circumstances involving the responsibility of a State, has the United Nations as an Organization, the capacity to bring an international claim against the responsible de jure or de facto government with a view to obtaining the reparation due in respect of the damage caused (a) to the United Nations, (b) to the victim or to persons entitled through him?*
>
> *II. In the event of an affirmative reply on point I (b), how is action by the United Nations to be reconciled with such rights as may be possessed by the State of which the victim is a national?"*[287]

---

282 Reparation for injuries Advisory Opinion.

283 Reparation for injuries Advisory Opinion, Overview of the Case, abrufbar unter: https://www.icj-cij.org/en/case/4 (zuletzt aufgerufen am 22.01.2024).

284 Resolution 3 XII 48 adopted by the General Assembly of the United Nations on 3 December 1948, A/RES/258(III), Reparation for injuries incurred in the service of the United Nations.

285 Ebd.

286 Ebd.

287 Ebd.

Ergänzende Information Die elektronische Version dieses Kapitels enthält Zusatzmaterial, auf das über folgenden Link zugegriffen werden kann https://doi.org/10.1007/978-3-658-49483-4_3.

M. R. Rudigier, *Die Ausübung von funktionalem Schutz durch Internationale Organisationen zugunsten ihrer Bediensteten*,
https://doi.org/10.1007/978-3-658-49483-4_3

Der IGH kam der Beantwortung der Fragen der Generalversammlung mit dem *Reparation for Injuries suffered in the Service of the United Nations* Gutachten vom 11. April 1949 nach.[288]

Für die Frage nach dem Recht einer IO auf Ausübung von funktionalem Schutz ist insbesondere die Antwort des IGH zur Frage **I (b)** interessant. Mit dieser erfragte die Generalversammlung, ob die VN als Organisation rechtlich in der Lage seien, einen völkerrechtlichen Anspruch gegen eine Regierung zu erheben, um die geschuldete Entschädigung für den, dem Opfer und den VN, entstandenen Schaden zu erwirken.[289]

Vor näherer Darstellung der Ausführungen des Gerichts zu dieser Frage wird auf die Vorüberlegungen des Gerichts eingegangen. Die Vorüberlegungen befassten sich mit der grundlegenden Frage der Fähigkeit der VN, einen völkerrechtlichen Anspruch gegen einen Staat zu erheben. Damit wird die internationale Rechtspersönlichkeit der VN angesprochen. Das Gericht fasste einstimmig das Votum, dass den VN internationale Rechtspersönlichkeit zukommt.[290] Diese Ansicht beruht auf der Satzung der VN und der Absicht ihrer Gründungsstaaten, die Organisation mit den notwendigen Fähigkeiten auszustatten, damit sie selbstständig funktionieren und ihre Funktionsfähigkeit sicherstellen kann.[291] Den Ausführungen des IGH zufolge ergebe sich aus dem Wortlaut der Satzung nicht, welche Fähigkeiten der Organisation konkret verliehen werden sollten. Damit stellt der IGH klar, dass die Rechtspersönlichkeit der VN nicht explizit deren Satzung entnommen werden kann. Dennoch räume die Satzung der Organisation durch bestimmte Vorgaben implizit Rechtspersönlichkeit ein. So seien nach dem IGH folgende Regelungen in der Satzung als Ausdruck der Rechtspersönlichkeit der VN anzusehen: Die Satzung stattet die Organisation mit Organen aus und überträgt ihr besondere Aufgaben. Die Mitgliedstaaten werden durch die Satzung verpflichtet, die Organisation in ihrer Tätigkeit zu unterstützen und die Beschlüsse des Sicherheitsrates anzunehmen bzw. auszuführen. Die Generalversammlung wird ermächtigt, Empfehlungen an die Mitgliedstaaten zu richten. Darüber hinaus werden der Organisation durch die Satzung Rechtsfähigkeit, Privilegien und Immunität in ihren Mitgliedstaaten eingeräumt. Mit diesen Ausführungen kam der IGH zu dem Ergebnis, dass die VN durch ihre

---

288 Reparation for injuries Advisory Opinion.

289 Resolution 3 XII 48 adopted by the General Assembly of the United Nations on 3 December 1948, A/RES/258(III), Reparation for injuries incurred in the service of the United Nations; bzw. Reparation for injuries Advisory Opinion, 175.

290 Reparation for injuries Advisory Opinion, 187.

291 Ebd., 182: "*The Court must therefore begin by enquiring whether the provisions of the Charter concerning the functions of the Organization, and the part played by its agents in the performance of those functions, imply for the Organization power to afford its agents the limited protection that would consist in the bringing of a claim on their behalf for reparation for damage suffered in such circumstances.*"

Satzung mit solchen Fähigkeiten und Kompetenzen ausgestattet wird, welche sie nur ausüben kann, wenn sie auch tatsächlich über internationale Rechtspersönlichkeit verfügt.[292]

Basierend auf dieser Feststellung hielt der IGH mit einstimmigem Votum fest, dass den VN die Fähigkeit zukommt, einen völkerrechtlichen Anspruch gegen einen Staat wegen einer Verletzung ihrer Rechte einzubringen.[293] Der IGH behandelte diese Frage zweigeteilt, und zwar einerseits in Bezug auf Mitgliedstaaten und andererseits in Bezug auf Drittstaaten.[294] In beiden Fällen wurde vom Gericht die internationale Rechtspersönlichkeit der VN einstimmig bejaht und damit begründet, dass sie die Fähigkeit haben soll, einen völkerrechtlichen Anspruch gegen den schädigenden Staat einzubringen.[295] Die Frage der internationalen Rechtspersönlichkeit gegenüber Drittstaaten löste der IGH mit einer objektiven Rechtspersönlichkeit der VN, worauf in Kapitel C.III.2 näher eingegangen wird.[296]

Auch die Frage **I (b)** wurde für Mitgliedstaaten und Drittstaaten der VN differenziert behandelt und ebenfalls zustimmend beantwortet, allerdings nicht einstimmig, sondern mit einer Mehrheit von zehn zu vier Stimmen.[297] Der IGH befasste sich in diesem Teil seines Gutachtens zwar hauptsächlich mit der Möglichkeit der VN, Schadenersatzforderungen an einen Staat zu richten, der einem VN-Bediensteten und damit auch den VN einen Schaden zugefügt hat.[298] Das Gericht merkte aber am Rande außerdem an, dass eine IO in der Lage sein muss, ihre Bediensteten vor Schädigungen zu schützen.[299] Der IGH erkennt den VN damit implizit Rechte zu (= *„implied-*

---

[292] Ebd., 178: "*To answer this question, which is not settled by the actual terms of the Charter, we must consider what characteristics it was intended thereby to give to the Organization. [...] It [the charter] has equipped the center with organs and has given it special tasks. It has defined the position of the Members in relation to the Organization by requiring them to give it every assistance in any action undertaken by it, and to accept and carry out the decisions of the Security Council; by authorizing the General Assembly to make recommendations to the Members; by giving the Organization legal capacity and privileges and immunities in the territory of each of its Members; and by providing for the conclusion of agreements between the Organization and its Members.*"

[293] Ebd., 187.

[294] Ebd., 187.

[295] Ebd., 187.

[296] Ebd., 185.

[297] Ebd., 187.

[298] Ebd., 175. Vgl dazu insbesondere folgende Passage in Reparation for injuries Advisory Opinion, 182: "*The Charter does not expressly confer upon the Organization the Capacity to include, in its claim for reparation, damage caused to the victim or to persons entitled through him. The court must therefore begin by enquiring whether the provisions of the Charter concerning the functions of the Organization, and the part played by its agents in the performance of those functions, imply for the Organization power to afford its agents the limited protection that would consist in the bringing of a claim on their behalf for reparation for damage suffered in such circumstances.*"

[299] Ebd., 183.

powers-Theorie“),[300] welche für die Funktionsfähigkeit der Organisation notwendig sind.[301] Dazu führt der IGH in dem Gutachten aus, es sei nach dem Völkerrecht davon auszugehen, dass die Organisation über diejenigen Befugnisse verfügt, die zwar nicht ausdrücklich in der Satzung vorgesehen sind, ihr aber notwendigerweise implizit übertragen werden, da sie für die Erfüllung ihrer Aufgaben wesentlich sind.[302]

2. Die Konzeption von funktionalem Schutz durch den Internationalen Gerichtshof

Wie eingangs dargestellt, war *Bernadotte* bereits tot, weshalb für ihn keine Schutzmaßnahmen mehr ausgeübt werden konnten. Ungeachtet dessen und ohne eine explizite Frage der Generalversammlung nach dem Recht einer IO auf Ausübung von funktionalem Schutz, war es dem IGH offenbar ein Anliegen, diesen zentralen Aspekt des Verhältnisses zwischen IOs, ihren Bediensteten und potenziell schädigenden Mitgliedstaaten klarzustellen. Neben der eigentlichen Frage nach dem Recht der VN, Kompensation für die Schädigung ihrer Bediensteten fordern zu können, verknüpfte der IGH das Recht der VN, Schutz für ihre Bediensteten ausüben zu können mit der notwendigen Sicherstellung ihres Funktionierens. Der IGH führte dazu aus, dass die Satzung den VN bestimmte Aufgaben überträgt und die VN ihre Bediensteten zur Besorgung dieser Aufgaben heranziehen. In Erfüllung der damit verbundenen Pflichten geraten die Bediensteten der VN in Gefahrensituationen. Die Sicherheit der Bediensteten kann daher kaum gänzlich gewährleistet werden. Bezugnehmend auf diese Problematik traf das Gericht folgende – für den funktionalen Schutz besonders beachtliche – Ausführungen:

> „*Both to ensure the efficient and independent performance of these missions and to afford effective support to its agents, the Organization must provide them with adequate protection.* […]
>
> *In order that the agent may perform his duties satisfactorily, he must feel that this protection is assured to him by the Organization, and that he may count on it. To ensure the independence of the agent, and, consequently, the*

300 Für die Arbeit wird dieser, in der Literatur anerkannte, Begriff verwendet, welcher als „*Theorie von impliziten Rechten*“ übersetzt werden kann. Darunter wird die Theorie des Bestehens von Rechten verstanden, die nicht explizit schriftlich dargelegt sind (wie in einem Vertrag oder einer Satzung), sondern durch Tatsachen, Umstände oder sonstige Bestimmungen darin (in dem Vertrag oder der Satzung) impliziert werden. Für nähere Ausführungen siehe Kapitel C.II.

301 Reparation for injuries Advisory Opinion, 184: "[…] *the capacity of the Organization to exercise a measure of functional protection of its agents arises by necessary intendment out of the Charter.*"

302 Ebd., 183: "*Under international law, the Organization must be deemed to have those powers which, though not expressly provided in the charter, are conferred upon it by necessary implication as being essential to the performance of its duties.*"

independent action of the Organization itself, it is essential that in performing his duties he need not have to rely on any other protection than that of the Organization."[303]

Der funktionale Charakter des sogenannten funktionalen Schutzes stammt somit einerseits aus der Intention, das ordnungsgemäße Funktionieren der Organisation sicherzustellen und andererseits aus der Anknüpfung an die Funktion der Individuen als Bedienstete der VN. Für den weiteren Verlauf dieser Arbeit ist insbesondere beachtlich, dass diese Passagen als Verpflichtung der IO ihren Bediensteten gegenüber ausgestaltet sind. So wird im ersten Teil des zweiten Absatzes der oben wiedergegebenen Ausführungen des IGH festgehalten, dass die Organisation ihren Bediensteten einen angemessenen Schutz bieten muss.[304] Auch der zweite Teil dieses Absatzes spricht die Sicherheit der Bediensteten direkt an und macht es erforderlich, dass sie auf die Unterstützung der Organisation vertrauen können, um ihre Aufgaben als Teil der Mission unabhängig erfüllen zu können.[305] Der Kern des Gutachtens war eine Auseinandersetzung mit den Fähigkeiten der VN auf internationaler Ebene. Daher ist mit den eben dargestellten Ausführungen jedenfalls das Recht der VN gegenüber ihren Mitgliedstaaten[306] auf Ausübung von funktionalem Schutz angesprochen. Allerdings indiziert die Formulierung, dass mit dem Recht der VN auch eine Verpflichtung gegenüber ihren Bediensteten einhergeht.[307] Das Gutachten des IGH ist somit nicht ausschließlich für die Frage nach dem Recht einer IO auf Ausübung von funktionalem Schutz zugunsten ihrer Bediensteten relevant, sondern wird auch für die Frage herangezogen, ob parallel zu dem Recht der IO im Außenverhältnis gegenüber Staaten auch eine Pflicht der IO im Innenverhältnis gegenüber ihren Bediensteten besteht.[308]

Das Recht auf Ausübung von funktionalem Schutz, wie in den vorhergehenden Absätzen beschrieben, wird implizit aus der Satzung der VN abgeleitet. Dieses Prinzip der impliziten Fähigkeiten bzw. Befugnisse ist in vergleichbaren Fällen auf andere IOs zu übertragen. Schon der Ständige Internationale Gerichtshof vertrat in seinem Gutachten an die Internationale Arbeitsorganisation Nr. 13 vom 23. Juli 1926 die Ansicht, eine Organisation verfüge auch über

---

303 Ebd., 183.

304 Ebd., 183: "[…] *the Organization must provide them with adequate protection.*"

305 Ebd., 183: "[…] *he must feel that this protection is assured to him by the Organization, and that he may count on it.*"

306 Im Fall der VN, aufgrund der objektiven Rechtspersönlichkeit dieser, gilt dieses Recht auch gegenüber Drittstaaten. Darauf wird in Kapitel C.III.2 näher eingegangen.

307 Auf die Bedeutung des *Reparation for Injuries* Gutachtens für die organisationsinterne Pflicht zur Ausübung von funktionalem Schutz wird in Kapitel C.VII.5 näher eingegangen.

308 Zur näheren Ausführung siehe Kapitel C.VII.5.

jene Befugnisse, welche ihr zwar nicht explizit aber notwendigerweise zur Erfüllung ihrer Aufgaben implizit übertragen wurden.[309] Der IGH griff in seinem Gutachten die Anwendung dieses Grundsatzes durch den StIGH auf und erkannte ausdrücklich dessen Übertragbarkeit auf den vorliegenden Fall der VN an.[310]

Im Zuge dieser Arbeit wird die Erfüllung der gerichtlich aufgezeigten Voraussetzungen in den Satzungen ausgewählter anderer IOs untersucht, um die *implied-powers-Theorie*[311] heranzuziehen und daraus das Recht der IO auf Ausübung von funktionalem Schutz abzuleiten. Für die notwendigen Voraussetzungen wird erneut auf die Ausführungen des IGH im *Reparation for Injuries* Gutachten zurückgegriffen. Demnach sind Voraussetzung für das Bestehen dieses Rechts explizit in der Satzung vorgesehene Organe, durch welche die Organisation handelt und ihre Entscheidungen trifft. Der IGH nahm in diesem Kontext Bezug auf die Regelung in der Satzung der VN, wodurch die Organisation mit Organen ausgestattet und ihr bestimmte Aufgaben übertragen werden.[312] Diese Stelle aus dem Gutachten wurde bereits zur Begründung der internationalen Rechtspersönlichkeit der VN zitiert. Mit derselben Begründung sollen die VN in die Lage versetzt werden, ihre Funktionsfähigkeit durch die Ausübung von funktionalem Schutz aufrechtzuhalten.[313] Beide Aspekte – die Rechtspersönlichkeit und das Recht auf Ausübung von funktionalem Schutz – gehen aus dem Gutachten des IGH als notwendige Bedingung hervor, um als IO funktionieren zu können. Daraus ergibt sich die Völkerrechtspersönlichkeit einer IO, als Fähigkeit Träger von Rechten und Pflichten im Völkerrecht zu sein, als notwendige Voraussetzung für das Recht auf Ausübung von funktionalem Schutz. Diese Ansicht wird hier allerdings nur so weit vertreten, als sich auf Basis eines Durchgriffs der organisationsinternen Selbstverpflichtung, trotz unklarer rechtlicher Situation, nicht dennoch ein entsprechendes Recht der IO ergibt.[314]

3. Die Definition von funktionalem Schutz und seine Elemente

Das Gutachten des IGH enthält keine Definition von funktionalem Schutz, trifft aber Ausführungen zu dessen Notwendigkeit. In Anlehnung an diese Ausführungen wurde

309 Permanent Court of International Justice: Collection of Advisory Opinions, Competence of the International Labour Organisation to regulate, incidentally, the Personal Work of the Employer, Series B, No. 13, 23 July 1926, 18.

310 Reparation for injuries Advisory Opinion, 182f.

311 Für nähere Ausführungen siehe Kapitel C.II.

312 Reparation for injuries Advisory Opinion, 178.

313 Siehe zur Argumentation des IGH über die Aufrechterhaltung der Funktionsfähigkeit der IO: Reparation for injuries Advisory Opinion, 183; siehe dazu außerdem: M. B. Carabot, M. Ubèda-Saillard: Functional Protection in J. Crawford, A. Pellet, S. Olleson (eds.) (2010): The Law of International Responsibility 1074-1083, 1074f.

314 Siehe dazu die Ausführungen in Kapitel C.VIII.2.b im Zusammenhang mit der OSZE.

funktionaler Schutz bereits unter Kapitel A.A.II.1 für die Zwecke dieser Arbeit als *der Schutz* definiert, *den eine IO im Rahmen ihrer Möglichkeiten zugunsten ihrer Bediensteten ausübt, um eine Gefährdungslage der Bediensteten abzuwenden oder sie aus einer Gefahrenlage zu befreien.*[315] Funktionaler Schutz beinhaltet somit sowohl präventive als auch reaktive Maßnahmen.[316] Unter dem Abwenden einer Gefährdungslage wird die Vorstufe einer Gefahr verstanden. Es droht eine für die Bediensteten gefährliche Situation, doch deren Eintritt wird durch präventive Handlungen der IO verhindert. Im zweiten Fall, der Befreiung aus einer Gefahrenlage, konnte die Gefahr nicht mehr abgewendet werden und ist somit bereits eingetreten. Hier zielen die reaktiven Handlungen der IO im Idealfall darauf ab, den Zustand vor Eintritt der Gefahr wiederherzustellen.

Prävention und Reaktion als unterschiedliche Elemente von funktionalem Schutz sind auch im Urteil des Verwaltungsgerichts der Internationalen Arbeitsorganisation (ILOAT) im Fall *A. v. Internationaler Strafgerichtshof* vom 26. Juni 2018 zu erkennen.[317] Der Fall handelt von einer Dolmetscherin des Internationalen Strafgerichtshofes (IStGH), die während einer offiziellen Mission in Libyen festgenommen wurde. Nachdem der IStGH mittels diplomatischer Verhandlungen ihre Freilassung erwirken konnte,[318] brachte die Dolmetscherin einen Antrag auf Entschädigung bzw. Schadenersatz beim IStGH ein. Sie stützte ihre Forderung auf die Verletzung der Fürsorgepflicht[319] in der Vorbereitung der Mission durch den IStGH. Dieser wies den Antrag allerdings ab, woraufhin die Dolmetscherin Beschwerde an das Verwaltungsgericht der Internationalen Arbeitsorganisation erhob. Das Verwaltungsgericht der Internationalen Arbeitsorganisation folgte der Ansicht der Beschwerdeführerin, wonach der IStGH die Mission nicht ordnungsgemäß vorbereitet habe und dadurch die Missionsbeteiligten vor möglichen Gefahren wie unrechtmäßigen Festnahmen unzureichend geschützt hatte.[320] Das reaktive Element des funktionalen Schutzes umfasst alle Handlungen, welche auf die Befreiung

---

[315] Für weitere Ausführungen zur Herleitung dieser Definition siehe Kapitel C.I.

[316] Siehe dazu die Ausführungen in Kapitel A.II.1.

[317] International Labour Organization Administrative Tribunal (ILOAT), A. v. ICC, 126th Session, Judgment No. 4003, 26 June 2018.

[318] Ebd., 2: „*After intense diplomatic efforts, the complainant and her colleagues were released on 2 July 2012.*".

[319] Das Konzept der Fürsorgepflicht und dessen Inhalte wurde in Kapitel B.IV dargestellt.

[320] International Labour Organization Administrative Tribunal (ILOAT), A. v. ICC, 126th Session, Judgment No. 4003, 26 June 2018, 10: „*The Tribunal recognizes that the complainant's ordeal in Libya was a direct result of the ICC's failure to properly prepare for the mission, specifically, its failure to: (a) establish a diplomatic basis by ensuring that a Memorandum of Understanding was established and/or Notes Verbales were exchanged with the Libyan authorities prior to the mission's initiation; (b) establish a mission plan which identified the objectives of the mission, the locations to visit and persons to be met, as well as naming the Head of Mission and clarifying the specific responsibilities of the team members; and (c) ensure that all security protocols were followed and advice was implemented to guarantee the safety and security of the staff members on mission.*".

der Bediensteten einer IO aus einer Gefahrenlage abzielen. Der IStGH wurde hier unmittelbar nach der Festnahme tätig und konnte nach intensiven diplomatischen Anstrengungen die Befreiung der Dolmetscherin und ihrer Kollegen erreichen.[321] Das Verwaltungsgericht führte in seiner Entscheidung aus, dass die notwendigen Vorkehrungen für eine sichere Mission nicht getroffen wurden. Aufgrund der politisch instabilen Situation im Gastland der Mission hätte für die IO deutlich erkennbar sein müssen, dass die Mission ihre Mitglieder in eine Gefährdungslage bringt. Daher waren entsprechende Sicherheitsvorkehrungen als Gefahrenprävention zu treffen. Dieser Pflicht ist der IStGH nicht ordnungsgemäß nachgekommen.[322]

Darin lässt sich eine Indikation für die Reichweite von funktionalem Schutz erkennen: Der Anwendungsbereich des funktionalen Schutzes beginnt mit dem Auftreten von Anhaltpunkten für mögliche Gefahrensituationen und reicht über den tatsächlichen Eintritt einer Gefahrensituation, wo präventive Maßnahmen ihre Wirkung verlieren und reaktive Maßnahmen erforderlich werden, bis zur Beendigung der Gefahrensituation oder der Befreiung daraus. Die Befreiung der Bediensteten aus einer Gefahrenlage stellt einen üblichen Fall der Ausübung von funktionalem Schutz dar, wie die eingangs in Kapitel A.A.I geschilderten Fälle demonstrierten. Im Rahmen dieser Ausübung muss die IO bereits vor Eintritt der Gefahrenlage präventiv tätig werden, was vom IStGH in eben geschildertem Fall vernachlässigt wurde. Der funktionale Schutz beinhaltet daher einerseits reaktive Elemente sowie andererseits präventive Elemente. Das Erfordernis dieser Elemente als Bestandteil der Definition von funktionalem Schutz lässt sich auch dem Begriff „funktional" entnehmen, welcher als *„auf die Funktion bezogen bzw. dieser entsprechend*", *„zweckmäßig*" oder *„von seiner Funktion her bestimmt*" definiert werden kann.[323] Der funktionale Charakter des funktionalen Schutzes ergibt sich aus der Funktion einer IO, worunter die Aufgaben einer jeden IO gemäß der Festlegung in ihrer Satzung zu verstehen ist.[324] Für die Sicherstellung der Aufgabenerfüllung jeder IO kommt es im Innenverhältnis einer IO auf die Verwaltung und das Bereitstehen ihrer Bediensteten an. Im Außenverhältnis hingegen ist eine von den Mitgliedstaaten unabhängige Aufgabenerfüllung wesentlich. Der Begriff des Schutzes wird im Gutachten nicht näher definiert, weshalb „Schutz" allgemein gültig als Instrument, welches eine *Gefährdung abhält oder einen Schaden abwehrt*

[321] Ebd., 2.

[322] Ebd., 10.

[323] Duden Wörterbuch online, Suche nach „funktional" abrufbar unter: https://www.duden.de/rechtschreibung/funktional (zuletzt aufgerufen am 28.04.2024). Siehe außerdem B. A Garner (2001): Black's Law Dictionary, Seventh Edition, 681: "*„function: Activity that is appropriate to a particular business or profession; a court's function is to administer justice*".

[324] Darauf wird in Kapitel C.II zum Prinzip der Funktionalität näher eingegangen.

bzw. eine Vorrichtung oder Abschirmung, die zum Schutz gegen etwas konstruiert ist, beschrieben wird.[325]

4. Die Bedeutung von funktionalem Schutz für Internationale Organisationen und ihre Bediensteten

Seit Ende des Zweiten Weltkrieges wird international verstärkt zur Konfliktbewältigung und Friedenssicherung auf IOs zurückgegriffen. Die Aufgaben, die den Bediensteten der Organisationen anvertraut werden, rücken dadurch stärker ins Augenmerk des internationalen Rechts. Auch der IGH berücksichtigt diesen Umstand in seinem Gutachten und führt im Zusammenhang mit den VN aus, dass sie vielfach politisch tätig werden und es Teil ihres Aufgabenbereichs ist, Missionen zur Friedenssicherung und Friedensschaffung durchzuführen. Ihre Tätigkeit umfasst weiters die Unterstützung friedlicher Beziehungen zwischen den Staaten, sowie die internationale Zusammenarbeit um soziale, kulturelle, wirtschaftliche und humanitäre Probleme zu erkennen und diesen entgegenzuwirken.[326] Die VN betrauen ihre Bediensteten mit wichtigen Aufgaben bei der Erfüllung der Missionen.[327] Aufgrund der bemerkenswerten Bedeutung ihrer Handlungen soll den Bediensteten auch der notwendige Schutz entgegengebracht werden.[328] Aus den Worten des IGH geht auch das Wesen des funktionalen Schutzes hervor. Der funktionale Schutz soll, wie sein Name bereits indiziert, das Funktionieren der IO und die Erfüllung ihrer Missionen sicherstellen.[329] Daher ist eine Ausübung des Schutzes dann möglich, wenn Bedienstete an der Erfüllung ihrer Aufgaben gehindert werden und dadurch die Funktionsfähigkeit der IO beeinträchtigt wird.[330] Im Gutachten sieht der IGH die VN als in ihren Rechten verletzt an, da sie durch externe, gegen ihre Bediensteten gerichtete Handlungen nicht wie in der Satzung vorgesehen funktionieren kann. Fehlende Schutzmaßnahmen für Bedienstete einer Organisation würden vor allem bei gefährlichen Missionen zu einem Mangel an Personal der IO im Zusammenhang mit der konkreten Mission führen. Es ist eine wesentliche Voraussetzung für die Bediensteten, sich auf die

[325] Duden Wörterbuch online, Suche nach „Schutz" abrufbar unter: https://www.duden.de/rechtschreibung/Schutz (zuletzt aufgerufen am 28.04.2024). Siehe außerdem B. A. Garner (2001): Black's Law Dictionary, Seventh Edition, 1238: "*protection: the Act of protecting; protectionism; coverage*".
[326] Reparation for injuries Advisory Opinion, 179.
[327] So führte der IGH in Reparation for injuries Advisory Opinion, 183 etwa aus: "*Having regard to its purposes and functions already referred to, the Organization may find it necessary, and has in fact found it necessary, to entrust its agents with important missions to be performed in disturbed parts of the world. Many mission, from their very natur, involve the agents in unusual dangers to which ordinary persons are not exposed.*"
[328] M. B. Carabot, M. Ubèda-Saillard: Functional Protection in J. Crawford, A. Pellet, S. Olleson (eds.) (2010): The Law of International Responsibility 1074-1083, 1074.
[329] Ebd., 1074f.
[330] J. P. Grant, J. C. Barker (2009): Parry and Grant Encyclopaedic Dictionary of International Law, Third Edition, 230f.

Schutzgewährung verlassen zu können, um unabhängig und effektiv Einsätze zu absolvieren. Die Organisation kann nur bei Sicherstellung dieser Voraussetzung als solche funktionieren. Daher wird eine Verletzung der Bediensteten der VN als Verletzung der Organisation angesehen, weshalb sie schützend tätig werden kann.[331] Die Zielsetzung von funktionalem Schutz liegt im Schutz der Bediensteten.[332] Der funktionale Schutz ist als eigenständiges Rechtsinstrument zu behandeln, obwohl bestimmte Handlungen von IOs oder auch von Staaten gesetzt werden können. Die Möglichkeit eines Staates, diplomatischen Schutz auszuüben sowie die Möglichkeit einer IO, funktionalen Schutz auszuüben, schließen sich dem IGH zufolge nicht aus, sondern können nebeneinander bestehen.[333]

Bemerkenswert ist die Möglichkeit der IOs, mit diesem Instrument allen Bediensteten unabhängig von ihrer Nationalität und der diplomatischen Stellung ihres Heimatstaats dieselbe Qualität an Unterstützungs- und Beistandsleistungen zu bieten. IO-Bedienstete müssen bei Missionen im Ausland nicht auf das Tätigwerden ihres Heimatstaats hoffen, der ja unter Umständen sogar die Gefahrensituation geschaffen hat, sondern können Unterstützung durch ihre Organisation erwarten. Dies ermöglicht Gleichheit sowie eine faire Behandlung zwischen den, an der Mission beteiligten, Bediensteten und bietet gleichzeitig Unabhängigkeit von den politischen Interessen des jeweiligen Heimatstaats.[334] Damit begründet der IGH das Recht der VN bei Verletzungen ihrer Bediensteten gegen Staaten vorgehen zu können. Bedienstete sollen, um ihre und die Unabhängigkeit der Organisation zu wahren, nicht auf den Schutz ihres Heimatstaats angewiesen sein. Außerdem soll es für die Bediensteten keinen Unterschied machen, ob sie bspw. einem diplomatisch einflussreichen Staat angehören, oder ob ihr Heimatstaat mit der Mission der IO, an welcher die Bediensteten beteiligt sind, einverstanden ist bzw. ob ihr Heimatstaat und dessen Politik von internationalen Angelegenheiten beeinflusst wird. Losgelöst von diesen Faktoren sollen die VN allen Bediensteten denselben Schutz bieten und die Bediensteten sich darauf verlassen können.[335] Der IGH stellt dies in Bezug auf die VN fest. Die Frage, ob sich diese Annahmen auf andere oder möglicherweise alle IOs übertragen lassen, wird in Kapitel C.VIII.2.a näher behandelt.

---

[331] Reparation for injuries Advisory Opinion, 184.

[332] J. Crawford: Claims on behalf of others: diplomatic and functional protection in J. Crawford (2013): State Responsibility: The General Part, 566-597, 566f.

[333] Reparation for injuries Advisory Opinion, 182f.

[334] M. B. Carabot, M. Ubèda-Saillard: Functional Protection in J. Crawford, A. Pellet, S. Olleson (eds.) (2010): The Law of International Responsibility 1074-1083, 1073.

[335] Reparation for injuries Advisory Opinion, 183f.

II. Das Prinzip der Funktionalität

Das Prinzip der Funktionalität – im Englischen als *functional necessity approach*[336] bezeichnet – ist ein Ansatz, nach dem IOs jene Rechte, Pflichten, Verantwortung, Immunität, etc. zukommen sollen, welche für das effektive Funktionieren der IO notwendig sind.[337] Funktionalität (auch Funktionalismus) ist *Klabbers* zufolge „*a theory concerning the relationship between organizations and their members*" und somit in ihrer Wirkung auf die Mitgliedstaaten der IO beschränkt.[338] Eine Gemeinsamkeit kann IOs jedenfalls zugesprochen werden: Anstelle von ursprünglichen Befugnissen üben sie vielmehr Funktionen aus.[339] Den Satzungen von IOs können zwar keine ursprünglichen Befugnisse explizit entnommen werden, es sind darin dennoch ihre Funktionen als konkrete Aufgaben jeder IO festgelegt.[340] Diese satzungsmäßigen Funktionen werden als Prüfmaßstab durch das Funktionalitätsprinzip herangezogen. Alle Rechte, Immunitäten, Fähigkeiten und Kompetenzen, aber auch alle Pflichten und Verantwortung, welche für das effektive Ausüben der Funktionen einer IO gemäß ihrer Satzung notwendig sind, müssen dieser IO auch zukommen. Die Rechtfertigung für ihr Bestehen liegt darin, dass sie der Satzung und den darin festgelegten Funktionen der Organisation implizit entnommen werden können.[341] Anders als der Konstitutionalismus, bei welchem ein stabiler Rahmen für Handlungen innerhalb einer IO geschaffen wird, ist der Funktionalismus auf die Erreichung bestimmter Ziele durch die IO ausgelegt.[342] *Kleinlein* etwa zieht den Funktionalismus insbesondere bei der Auslegung von Gründungsverträgen heran, um Unklarheiten im Wortlaut der Bestimmungen mithilfe der Ziele und der Praxis der IO besser deuten zu können. Der Hintergrund der Berücksichtigung von Prämissen, Zielen und Praxis der

336 Für die Arbeit wird dieser, in der Literatur anerkannte, Begriff verwendet, welcher als „*Ansatz der funktionalen Notwendigkeit*" übersetzt werden kann.

337 J. Klabbers: Contending approaches to international organizations: Between functionalism and constitutionalism in J. Klabbers, A. Wallendahl (eds.) (2012): Research Handbook on the Law of International Organizations 3-33, 5f.

338 Jan Klabbers: The EJIL Foreword: The Transformation of International Organizations Law, European Journal of International Law 26, Issue 1 (2015) 9-82, 11.

339 Ebd., 7.

340 H.G. Schermers, N.M. Blokker (2018): International Institutional Law, §209.

341 J. Klabbers: Contending approaches to international organizations: Between functionalism and constitutionalism in J. Klabbers, A. Wallendahl (eds.) (2012): Research Handbook on the Law of International Organizations 3-33, 12.

342 T. Kleinlein (2012): Konstitutionalisierung im Völkerrecht, 52.

IO bei der Auslegung ihrer Gründungsverträge liegt in dem Streben nach der Sicherstellung einer effektiven Aufgabenerfüllung der Organisation.[343]

Funktionalität hat darüber hinaus Auswirkungen auf bestimmte Rechts- und Pflichtenpositionen des internationalen Rechts. *Privilegien*, *Immunitäten* und *Schutz* sind drei bekannte Konzepte, welche ihre Rechtfertigung und gleichzeitig ihre Begrenzung in der Aufrechterhaltung der Funktionen einer IO finden.[344]

Privilegien sind Vorrechte, die Bediensteten von IOs zukommen, um ihre Unabhängigkeit und Unbeeinflussbarkeit sicherzustellen. Daraus ergibt sich auch der funktionale Charakter von Privilegien. Sie bestehen nicht zum Vorteil der Bediensteten, sondern sollen ihre Beeinflussbarkeit durch den Heimatstaat verhindern, wodurch das effektive Funktionieren der IO forciert wird.[345] Privilegien können fiskalischer Natur sein und den Dienstbezug der Bediensteten von der nationalen Besteuerung freistellen.[346] Daneben können den Bediensteten einer IO auch Privilegien im Zusammenhang mit der Einreise oder dem Aufenthalt in ihrem Heimatstaat zukommen.[347]

Immunitäten nehmen das entsprechende Völkerrechtssubjekt von der Gerichtsbarkeit fremder Staaten aus.[348] Selbst, wenn ein Staat grundsätzlich über Jurisdiktion verfügt, bleibt den Gerichten dieses Staates der Zugriff auf immune Rechtssubjekte verwehrt.[349] Die Immunität von IOs erstreckt sich auch auf ihre Bediensteten und teilweise auf Personen, die eine Funktion für die Organisation erfüllen. Diese Reichweite der Immunität ist auf ihren funktionalen Charakter zurückzuführen.[350] Die Immunität der Bediensteten einer IO basiert auf der Grundannahme, die Organisation und ihr Funktionieren könne nur dann erfolgreich geschützt werden, wenn sich die Immunität der IO auch auf ihre Bediensteten erstreckt.[351] Die Organisation ist bei der Erfüllung ihrer Aufgaben und Mandate auf das erfolgreiche Tätigwerden ihrer Bediensteten angewiesen. Allein damit wird die Ausweitung der Immunität auf die Bediensteten begründet. Sie dient lediglich der Sicherstellung des Funktionierens der

---

343 Ebd., 567f.
344 J. Klabbers: Contending approaches to international organizations: Between functionalism and constitutionalism in J. Klabbers, A. Wallendahl (eds.) (2012): Research Handbook on the Law of International Organizations 3-33, 10f.
345 G. Ullrich (2009): Das Dienstrecht der Internationalen Organisationen, 52.
346 Ebd., 57.
347 Ebd., 68.
348 Auf die Immunität der Bediensteten von IOs wird in Kapitel C.IV näher eingegangen.
349 U. Kriebaum: Privilegien und Immunitäten im Völkerrecht in: A.Reinisch (Hrsg.) (2013): Österreichisches Handbuch des Völkerrechts (5. Auflage) 404-421, Rn 1544.
350 G. Ullrich (2018): The Law of the International Civil Service, 55.
351 Ebd.

IO. Für die Bediensteten sollen auch dadurch keine zusätzlichen Vorteile entstehen.[352] Das in der Satzung festgelegte Aufgabenfeld einer IO definiert die notwendige Reichweite der Immunität, um das Funktionieren der IO zu gewährleisten.[353] Die Immunität der Bediensteten liegt einzig im Interesse der Organisation, soll die Unabhängigkeit der Bediensteten sicherstellen und ist daher streng funktional ausgestaltet.[354] Die Immunität der Bediensteten darf nur soweit gehen, als es die Aufgabenerfüllung der Organisation erfordert. Dies zeigt sich in der Verpflichtung der Organisation, in bestimmten Fällen die Immunität der Bediensteten aufzuheben. Eine verpflichtende Aufhebung der Immunität ihrer Bediensteten trifft eine IO etwa dann, wenn ohne diesen Akt ein gerechtfertigtes gerichtliches Einschreiten nicht möglich wäre. Allerdings darf eine Aufhebung der Immunität den Interessen der Organisation nicht zuwiderlaufen.[355]

Schutz kommt grundsätzlich zur Anwendung, wenn die Immunität einer IO und ihres Personals verletzt ist.[356] Die Bediensteten einer IO sind im Rahmen ihrer Immunität geschützt. Droht eine Verletzung dieser oder ist eine Verletzung der Immunität der Bediensteten einer IO bereits eingetreten, wird weitere Schutzausübung der IO zugunsten ihrer Bediensteten erforderlich. Von der IO können Schutzmaßnahmen gesetzt werden, wenn die Aufrechterhaltung ihres effektiven Funktionierens dies erfordert.[357] Basierend auf den Ausführungen des IGH in dem *Reparation for Injuries* Gutachten muss die Ausübung von Schutzmaßnahmen der IO zugunsten ihrer Bediensteten funktional begründet sein.[358] Daraus ergibt sich auch die Bezeichnung *funktionaler Schutz* und die mit seinem Wesen einhergehende Begrenzung auf jene Handlungen, welche erforderlich sind, um das Funktionieren der IO sicherzustellen.[359]

Neben den dargestellten Konzepten des Völkerrechts ist Funktionalität auch im Widerspruch des 11. Absatzes der Präambel der WVK-IO[360] und dessen Art 6 zu erkennen. Die Präambel

[352] K. Tesfagabir: The State of Functional Immunity of International Organizations and their Officials and Why it Should be Streamlined, Chinese Journal of International Law 10, No. 1 (2011) 97-128, 109.

[353] Ebd., 109.

[354] M. Singer: Jurisdictional Immunity of International Organizations: Human Rights and Functional Necessity Concerns, Virginia Journal of International Law 36, No. 1 (1995) 53-166, 58ff.

[355] Ullrich verweist als Beispiel dazu etwa auf Art 17 Abs 2 EU-PPI und Art 19 Abs 2 EPO-PPI; vgl G. Ullrich (2018): The Law of the International Civil Service, 55.

[356] J. Klabbers (2002): An Introduction to International Institutional Law, 148; P. Sands, P. Klein (eds.) (2001): Bowett's Law of International Institutions, Fifth Edition, 487.

[357] K. Tesfagabir: The State of Functional Immunity of International Organizations and their Officials and Why it Should be Streamlined, Chinese Journal of International Law 10, No. 1 (2011) 97-128, 109.

[358] Reparation for injuries Advisory Opinion, 183.

[359] Siehe zur Erläuterung der Bestandteile dieser Definition Kapitel C.I.

[360] Wiener Übereinkommen über das Recht der Verträge zwischen Staaten und internationalen Organisation oder zwischen internationalen Organisationen („WVK-IO") 115 der Beilagen XVII. GP – Regierungsvorlage, noch nicht in Kraft getreten (siehe Official Records of the United Nations Conference on the Law of Treaties between States and International Organizations or between International Organizations, Vienna, 18 February

der WVK-IO sieht vor: „*Im Hinblick darauf, dass Internationale Organisationen die Fähigkeit besitzen, Verträge zu schließen, die für die Ausübung ihrer Aufgaben und die Erfüllung ihrer Zwecke notwendig ist.*"[361]. Dem entgegenstehend besagt Art 6 der WVK-IO im Zusammenhang mit der Vertragsschlussfähigkeit von IOs: "*Die Fähigkeit einer internationalen Organisation, Verträge zu schließen, bestimmt sich nach den Vorschriften dieser Organisation.*"[362]. In Art 6 WVK-IO konnte offenbar keine Einigung über die Vertragsschlussfähigkeit von IOs gefunden werden, weshalb dies der Regelung durch die einzelnen IOs überlassen wurde. Nichtsdestotrotz sieht die Präambel aber vor, dass IOs jene Vertragsschlussfähigkeit zukommt, welche für ihr Funktionieren und die Erfüllung ihrer Zwecke notwendig ist. Die Präambel eines Vertrags kann herangezogen werden, um den Willen der Vertragsstaaten zu identifizieren.[363] Dem Prinzip der Funktionalität zufolge soll der Wille der Vertragsstaaten sowie ihre mit der IO verfolgten Ziele bei der Auslegung des Vertrags Beachtung finden. Diesem Aspekt folgt daher, dass Art 6 im Licht der Präambel zu lesen ist und die Vertragsschlussfähigkeit einer IO zwar der Regelung durch diese IO vorbehalten bleibt, sie allerdings so weit gehen muss, wie es für das Funktionieren einer IO und die Erfüllung ihrer Zwecke notwendig ist. In dem Widerspruch zwischen Notwendigkeit der Funktionserfüllung und dem Willen der Mitgliedstaaten, die Fähigkeit der IO zu begrenzen, zeigt sich die Relevanz des Prinzips der Funktionalität, Verträge so auszulegen, dass die Funktionsfähigkeit einer IO aufrechterhalten bleibt und die Ziele hinter der Schaffung einer IO in der Auslegung Berücksichtigung finden.[364]

Das Prinzip der Funktionalität ist bedeutend für die gesamte Arbeit. Kapitel C.2 zeigte bereits den Ansatz des IGH in *Reparation for Injuries* auf, wonach das Recht der VN auf Ausübung von funktionalem Schutz implizit ihrer Satzung entnommen werden kann. Wesentliche Argumente im Rahmen dieser Arbeit werden nicht auf explizite Bestimmungen zurückgeführt, sondern basieren auf der *implied-powers-Theorie* und auf den sich daraus ergebenden Rechtserkenntnissen. Solche Rechtserkenntnisse stellen etwa die Zuerkennung von Rechten und Pflichten von IOs auf Basis ihrer Satzung dar. Das Recht einer IO auf Ausübung von funktionalem Schutz zugunsten ihrer Bediensteten ist nicht explizit in der Satzung einer IO festgeschrieben. Dieses Recht lässt sich implizit der Satzung einer IO entnehmen.[365] Die

– 21 March 1986, Official Records, Vol. II Documents of the Conference (A/C0NF.129/16/Add.1) New York 1995.

361 Präambel, Absatz 11 WVK-IO.

362 Art 6 WVK-IO.

363 Vgl. dazu etwa T. Kleinlein (2012): Konstitutionalisierung im Völkerrecht, 567f., der beschreibt, dass bei der Auslegung von Verträgen insbesondere „*die von den Gründern vorgesehenen Ziele*" zu berücksichtigen sind.

364 T. Kleinlein (2012): Konstitutionalisierung im Völkerrecht, 567f.

365 So auch die Ausführung des IGH in Reparation for injuries Advisory Opinion.

sogenannte *implied-powers-Theorie*[366] – auf welcher diese Argumentation im Wesentlichen beruht – hat ihren Ursprung somit im Prinzip der Funktionalität. Implizite Rechte von IOs werden dann angenommen, wenn ihr Bestehen für die Aufrechterhaltung der Funktionsfähigkeit einer IO notwendig ist.[367] Gleichzeitig werden implizite Rechte auch auf die dafür unbedingt notwendigen begrenzt.[368]

Die Zuerkennung impliziter Rechte hat mit Bedacht zu erfolgen und darf die Rechte einer IO nicht unsachlich ausweiten.[369] Um implizite Recht und ihre Reichweite rechtfertigen bzw. erfassen zu können, sollte sich die Frage nach ihrer Notwendigkeit oder Wesentlichkeit für die IO und ihr Funktionieren gestellt werden.[370] IOs sind in ihrer Entscheidungsfreiheit darüber, welche Handlungen sie setzen, deutlich stärker eingeschränkt als Staaten. Diese Einschränkung basiert auf dem Prinzip der „*attributed competences*", welches die Entscheidungsfreiheit von IOs über ihre Handlungen grundsätzlich auf das Ausmaß gemäß den Festlegungen in ihren Satzungen begrenzt.[371] Das Prinzip der „*attributed competences*" bezieht sich auf explizite Bestimmungen in der Satzung einer IO, welche dieser bestimmte, für sie vorgesehene, Kompetenzen einräumt.[372] Implizite Rechte stellen eine Ausnahme von dem Prinzip der „*attributed competences*" dar und sind auf die Zuerkennung jener Rechte beschränkt, welche für das Funktionieren der IO unbedingt erforderlich sind. *Reuter* erkennt in der Ausweitung der Rechte einer IO die funktionale Natur der Zuständigkeiten von IOs.[373] Die Ausweitung expliziter und die Zuerkennung impliziter Rechte darf nur so weit gehen, als diese mit der Aufgabenerfüllung bzw. der Erzielung des Zweckes der IO in Verbindung stehen.[374] Die „*implied powers-Theorie*" führt die Ausweitung der Rechte von IOs auf jene Funktionen zurück, welche der IO bereits zum Zeitpunkt ihrer Gründung explizit zuerkannt wurden. Solch explizite Funktionen können Organe sein, durch die eine Organisation handelt, ihre Entscheidungen trifft und somit im weiteren Sinne funktioniert.[375] Zum Zeitpunkt der Gründung einer IO ist es vielfach nicht möglich, alle notwendigen Kompetenzen und Rechte einer IO vorherzusehen. Geänderte Umstände können eine Ausweitung des Handlungsspielraumes einer IO erfordern.[376] Die zukünftige Sicherstellung der

---

366 Zur Erläuterung des Begriffs siehe Kapitel C.II.
367 H.G. Schermers, N.M. Blokker (2018): International Institutional Law, §209.
368 C. Brölmann (2007): The Institutional Veil in Public International Law, 25.
369 L. McNair (1986): The Law of Treaties, 436.
370 H.G. Schermers, N.M. Blokker (2018): International Institutional Law, §233.
371 Ebd., §209.
372 Ebd., §209.
373 P. Reuter (1972): Institutions Internationales, 214f.
374 C. Brölmann (2007): The Institutional Veil in Public International Law, 25.
375 H.G. Schermers, N.M. Blokker (2018): International Institutional Law, §232.
376 L. McNair (1986): The Law of Treaties, 436.

Funktionsfähigkeit einer IO mag daher auch eine Ausweitung ihrer Rechte bzw. Kompetenzen rechtfertigen.[377]

III. Die Rechtspersönlichkeit als Voraussetzung der Schutzausübung?

1. Die unterschiedlichen Rechtspersönlichkeiten

Die Rechtspersönlichkeit von IOs bildet grundsätzlich die Grundlage für die Ausübung von funktionalem Schutz.[378] Das Recht auf Ausübung von funktionalem Schutz zugunsten ihrer Bediensteten wird IOs gegebenenfalls gegenüber Staaten zustehen. Daher wird an dieser Stelle auf die Völkerrechtspersönlichkeit und die innerstaatliche Rechtspersönlichkeit einer IO eingegangen.[379]

Ihre Rechtspersönlichkeit ermöglicht es IOs, unabhängig von ihren Mitgliedstaaten zu handeln.[380] Im Gegensatz zu Staaten, deren Rechtspersönlichkeit als originäre Völkerrechtssubjekte unumstritten ist, hängt die Rechtspersönlichkeit von IOs als partielle Völkerrechtssubjekte davon ab, welche Kompetenzen ihr von den Mitgliedstaaten übertragen wurden.[381] Dieser Charakteristik von IOs folgt, dass sich ihre Rechtspersönlichkeit von jener ihrer Mitgliedstaaten ableitet. Die Rechtspersönlichkeit sowie die damit verbundenen Rechte und Pflichten von IOs müssen ihnen durch ihre Mitgliedstaaten übertragen werden.[382] Diese Übertragung kann explizit erfolgen[383] oder implizit einer Bestimmung ihrer Satzung entnommen werden.[384]

2. Die objektive Völkerrechtspersönlichkeit der Vereinten Nationen

Der IGH untersuchte in dem *Reparation for Injuries* Gutachten von 1949, ob den VN Völkerrechtspersönlichkeit zukommt, um unabhängig von ihren Mitgliedstaaten gegen einen Staat vorgehen zu können. Der IGH stellte dabei klar, dass den VN Völkerrechtspersönlichkeit

---

[377] H.G. Schermers, N.M. Blokker (2018): International Institutional Law, §232.
[378] M. Breuer: Die Völkerrechtspersönlichkeit Internationaler Organisationen, Archiv des Völkerrechts 49, No. 1 (2011) 4-33, 5.
[379] K. Schmalenbach (2004): Die Haftung Internationaler Organisationen im Rahmen von Militäreinsätzen und Territorialverwaltungen, 69.
[380] J. Crawford: Claims on behalf of others: diplomatic and functional protection in J. Crawford (2013): State Responsibility: The General Part, 566-597, 593.
[381] M. Breuer: Die Völkerrechtspersönlichkeit Internationaler Organisationen, Archiv des Völkerrechts 49, No. 1 (2011) 4-33, 6.
[382] K. Schmalenbach (2020): International Organizations or Institutions, General aspects, Rn 21ff.
[383] Siehe dazu bspw Art 47 EUV.
[384] M. Breuer: Die Völkerrechtspersönlichkeit Internationaler Organisationen, Archiv des Völkerrechts 49, No. 1 (2011) 4-33, 9.

zukommt und diese implizit aus ihrer Satzung abgeleitet werden kann.[385] Das konstituierende Dokument der VN enthält keine explizite Bestimmung, welche der Organisation Völkerrechtspersönlichkeit überträgt. Daher führte der IGH die Völkerrechtspersönlichkeit der VN auf implizite Bestimmungen in der Satzung zurück. Den VN sollte damit das Sicherstellen ihrer Funktionen ermöglicht werden.[386] Auf Basis ihrer Satzung kommt dem VN damit Völkerrechtspersönlichkeit zu, [387] wodurch sie ihre Funktionen und Rechte eigenständig ausüben können.[388]

Der IGH ging in *Reparation for Injuries* sogar so weit, als er den VN objektive Völkerrechtspersönlichkeit zuerkannte.[389] Zusammengefasst führte der IGH im Falle der VN aus, dass die Mehrheit der Staaten die Fähigkeit besitzt, eine Organisation zu erschaffen, welche über Rechtspersönlichkeit gegenüber den Mitgliedstaaten sowie auch gegenüber den Drittstaaten verfügt.[390] Dies gilt als Abweichung vom Pacta-tertiis-Verbot und wird heute von der hM mit der Quasi-Universalität der VN gerechtfertigt.[391]

3. Die subjektive Völkerrechtspersönlichkeit von Internationalen Organisationen

Über die VN hinaus[392] konnte sich die objektive Völkerrechtspersönlichkeit von IOs nicht durchsetzen.[393] Vielmehr spricht der völkerrechtliche Grundsatz, dass vertragliche Regelungen

---

[385] Reparation for injuries Advisory Opinion, 174f.

[386] Das Sicherstellen der Funktionen der Organisation ist für ihre Tätigkeit und Aufgabenerfüllung unabdingbar. Dieser Grundsatz ist vom stIGH mit seinem Gutachten No. 13 vom 23. July 1926 an die Internationale Arbeitsorganisation angewandt worden (Series B., No. 13, 18). Den Ansichten des IGH im Gutachten von 1949 zufolge muss dieses Rechtsprinzip auch auf den dort behandelten Fall angewandt werden. Anderer Ansicht dazu in der Abstimmung ist der griechische Vertreter Spiropoulos gewesen. Ihm zufolge bedarf es einer Rule of Law, die dieses Recht unterstützt. Da diese nicht besteht, sieht er auch keinen Grund, der Organisation das Recht zuzuerkennen. (UN Doc. A/C.6/SR.112, Nor. 20, 1948, 16-17).

[387] Anderer Ansicht ist bspw. F. Seyersted (1964): International Personality of Intergovernmental Organization. Do their Capacities really depend upon their Constitutions? IJIL 4, 1 et seq, 53.

[388] Reparation for injuries Advisory Opinion, 178f.

[389] Ebd., 185; M. Breuer (2011): Die Völkerrechtspersönlichkeit Internationaler Organisationen, Archiv des Völkerrechts 49, No. 1 (2011) 4-33, 10. Für weitere Ausführungen dazu siehe Kapitel C.III.

[390] Reparation for injuries Advisory Opinion, 185.

[391] M. Breuer: Die Völkerrechtspersönlichkeit Internationaler Organisationen, Archiv des Völkerrechts 49, No. 1 (2011) 4-33, 10.

[392] Für eine mögliche Ausdehnung kann verwiesen werden auf General Assembly, Report of the International Law Commission, Sixty-first session, 4 May-5 June and 6 July-7 August 2009, A/64/10, Chp IV, Kommentar zu Art 2 Rn 9: „*[T]he Court appeared to favour the view that when legal personality of an organization exists, it is an 'objective' personality. Thus, it would not be necessary to enquire whether the legal personality of an organization has been recognized by an injured State before considering whether the organization may be held internationally responsible according to the present articles*"; siehe dazu außerdem H. G. Schermers, N. M. Blokker (2018): International Institutional Law, §1568.

[393] M. Breuer: Die Völkerrechtspersönlichkeit Internationaler Organisationen, Archiv des Völkerrechts 49, No. 1 (2011) 4-33, 10. Anderer Ansicht ist I. Seidl-Hohenveldern, der 1953 bereits die Ansicht vertrat, dass die Anerkennung der Rechtspersönlichkeit einer IO durch einen Staat eine universelle Geltung der Rechtspersönlichkeit dieser IO mit sich bringen müsse. Vgl. dazu I. Seidl-Hohenveldern: Rechtsbeziehungen zwischen Internationalen Organisationen und den einzelnen Staaten, Archiv des Völkerrechts 4, No. 1 (März 1953) 30-58, 32ff.

stets nur die Mitglieder der vertraglichen Vereinbarung binden, für das Erfordernis einer Anerkennung durch Drittstaaten.[394] Allen übrigen IOs kommt somit subjektive, auf ihre Mitgliedstaaten beschränkte, Völkerrechtspersönlichkeit zu.[395] Dies ergibt sich aus der Weiterführung des vom IGH in *Reparation for Injuries* entwickelten Ansatzes, verbunden mit dem dahinterstehenden Funktionalitätsgedanken. Die subjektive Völkerrechtspersönlichkeit von IOs auf Basis ihrer Satzungen gilt seither als allgemein anerkannt.[396] Die, in diesem Fall prominent angewandte, *implied-powers-Theorie* bildet die Rechtfertigung für das Zusprechen von Völkerrechtspersönlichkeit der IO.[397] Die Gründungsstaaten gestalten mit dem Entwurf und ihrer Zustimmung zur Satzung die Rechte und Pflichten, welche sie der Organisation einräumen. Daher ist die Satzung einer IO als Grundlage für das Bestehen von Völkerrechtspersönlichkeit heranzuziehen.[398]

IOs, mit Ausnahme der VN, kommen aufgrund ihrer subjektiven Völkerrechtspersönlichkeit gegenüber Drittstaaten keine Rechte oder Pflichten zu.[399] Völkerrechtliche Verträge binden einzig die Mitgliedstaaten dieser Verträge und finden auf Drittstaaten somit keine Anwendung. Den IOs werden im Rahmen ihres Errichtungsakts Funktionen zuerkannt und folglich Aufgaben übertragen. Da nur die Mitgliedstaaten der IO ihre Zustimmung zur Satzung und den damit einhergehenden Funktionen bzw. Aufgaben erteilen, gelten diese nur ihnen gegenüber.[400] Somit kann implizit aus der Satzung einer IO auch nur die Völkerrechtspersönlichkeit einer IO gegenüber ihren Mitgliedstaaten abgeleitet werden.[401] Für die Geltung der Völkerrechtspersönlichkeit gegenüber Drittstaaten ist eine Anerkennung durch diese Staaten notwendig.[402]

[394] K. Schmalenbach (2020): International Organizations or Institutions, General aspects, Rn 24; siehe dazu Art 34ff WVK.

[395] M. Breuer: Die Völkerrechtspersönlichkeit Internationaler Organisationen, Archiv des Völkerrechts 49, No. 1 (2011) 4-33, 10. Für weitere Ausführungen dazu siehe Kapitel C.III.

[396] M. B. Carabot, M. Ubèda-Saillard: Functional Protection in J. Crawford, A. Pellet, S. Olleson (eds.) (2010): The Law of International Responsibility 1074-1083, 1074f.

[397] Ebd., 1074f; siehe außerdem zu „*implied-powers*" Reparation for injuries Advisory Opinion, 184: „*necessary intendment*".

[398] H. Hahn: EURATOM: The Conception of an International Personality, Harvard Law Review 71 No. 6 (1958) 1001-1056, 1045; P. Gautier: The Reparation for Injuries Case Revisited: The Personality of the European Union, Max Planck Yearbook of UN Law 4 (2000) 331-361, 337f.

[399] K. Schmalenbach (2020): International Organizations or Institutions, General aspects, Rn 21 und Rn 24; M. Breuer: Die Völkerrechtspersönlichkeit Internationaler Organisationen, Archiv des Völkerrechts 49, No. 1 (2011) 4-33, 6ff.

[400] G. Ullrich (2018): The Law of the International Civil Service, 57; I. Pernice: Völkerrechtliche Verträge internationaler Organisationen, Max-Planck-Institut für ausländisches öffentliches Recht und Völkerrecht (1998) 229-250, 230f.

[401] K. Schmalenbach (2020): International Organizations or Institutions, General aspects, Rn 24.

[402] M. Breuer: Die Völkerrechtspersönlichkeit Internationaler Organisationen, Archiv des Völkerrechts 49, No. 1 (2011) 4-33, 6ff; siehe auch Art 35 WVK.

4. Die umstrittene Völkerrechtspersönlichkeit der Organisation für Sicherheit und Zusammenarbeit in Europa

In Art 2 lit a der Entwurfsartikel der Völkerrechtskommission zur Staatenverantwortlichkeit von 2001 wird für alle IOs einheitlich festgehalten, dass diese über Völkerrechtspersönlichkeit verfügen: „*For the purposes of the present draft articles: (a) "international organization" means an organization established by a treaty or other instrument governed by international law and possessing its own international legal personality.*"[403] Aufgrund ihres besonderen rechtlichen Status ist die Völkerrechtspersönlichkeit der OSZE allerdings nach wie vor umstritten. Die Organisation nimmt damit eine Sonderstellung unter den IOs ein.[404]

Die OSZE und ihre rechtliche Stellung sind für diese Arbeit insbesondere aufgrund der expliziten Bestimmung zum funktionalen Schutz in ihren Personalstatuten von Bedeutung.[405]

Vorgängerin der OSZE war die Konferenz über Entwicklung und Zusammenarbeit in Europa (KSZE), welche aus der Schlussakte von Helsinki 1975 – einer politischen Vereinbarung – entstand. Die KSZE stellte keine IO dar und verfügte auch nicht über Völkerrechtspersönlichkeit. Als die KSZE mit 1. Jänner 1995 zu OSZE umbenannt wurde,[406] stellten die „Teilnehmerstaaten" ausdrücklich klar, dass damit keine Änderung ihres Rechtscharakters verbunden sei.[407] Daher fehlte lange Zeit Klarheit darüber, ob die OSZE als IO angesehen werden kann oder lediglich ein Forum bzw. eine Konferenz darstellt, wie es ihr Ursprung mit sich brachte.[408] Mittlerweile wird die OSZE weitestgehend als IO anerkannt.[409]

---

403 Art 2 lit a Draft Articles on Responsibility of International Organizations (kurz "DARIO") (2001) adopted by the International Law Commission at its sixty-third session and submitted to the General Assembly (A/66/10, para. 87) in Yearbook of the International Law Commission, 2011, Vol. II, Part Two.

404 F. Tanner: OSZE Friedensmissionen: Bilanz und Zukunftsperspektiven, OSCE Insights 4 (2021), 6. Für weitere Ausführungen dazu siehe Kapitel C.III.4.

405 Regulation 2.07 „*Functional Protection*" Staff Regulations and Staff Rules of the Organization for Security and Co-operation in Europe (kurz "OSCE Staff Regulations") DOC.SEC/3/03, September 2003 (updated: January 2017).

406 Die Umbenennung wurde 1994 von den Staats- und Regierungschefs der Teilnehmerstaaten der KSZE bei dem Gipfeltreffen in Budapest beschlossen. Vgl. dazu M. Wenig: Der völkerrechtliche Status der OSZE – Gegenwertiger Stand und Perspektiven in OSZE Jahrbuch (1997), Institut für Friedensforschung & Sicherheitspolitik an der Universität Hamburg / IFSH, Nomos, Baden-Baden 393-411, 393.

407 Vgl. dazu Budapester Dokument 1994, Der Weg zu echter Partnerschaft in einem neuen Zeitalter, Gipfelerklärung von Budapest, Budapest, 6. Dezember 1994 (korr. Fassung vom 21. Dezember 1994) 449: „*durch den Namenswechsel der KSZE zu OSZE [...] weder der Charakter unserer KSZE-Verpflichtungen noch der Status der KSZE und ihrer Institutionen (ändert)*".

408 M. Wenig: Der völkerrechtliche Status der OSZE – Gegenwertiger Stand und Perspektiven in OSZE Jahrbuch (1997), Institut für Friedensforschung & Sicherheitspolitik an der Universität Hamburg / IFSH, Nomos, Baden-Baden 393-411, 393ff.

409 L. Simonet, H. G. Lüber: Der Rechtsstatus der OSZE: Der Mythos des Sisyphus lebt, OSZE Jahrbuch 22 (2016) 313-355, 314: „*Die OSZE erfüllt die wesentlichen Kriterien für eine Einstufung als zwischenstaatliche Organisation. [...] Die Institutionalisierung der OSZE, ihre umfassenden operativen Aktivitäten, ihre*

Auch im Rahmen dieser Arbeit wird die OSZE als IO behandlt sowie als solche angesehen. Damit geht die Frage der Völkerrechtspersönlichkeit der OSZE einher. Seit Jahren bestehen Anstrengungen, den rechtlichen Status der OSZE klar festzulegen und ihr Völkerrechtspersönlichkeit zuzuerkennen. Aufgrund politischer Differenzen der Mitgliedstaaten fehlt es der OSZE allerdings weiterhin an solcher.[410] Der unklare Rechtsstatus der OSZE geht weit in ihre geschichtliche Entwicklung zurück, worauf an dieser Stelle nur punktuell eingegangen wird, soweit es für die Problemstellung der Arbeit von Relevanz ist.

Der IGH stellt in *Reparation for Injuries* das Vorhandensein einer internationalen Rechtspersönlichkeit als Grundlage für die Ausübung von funktionalem Schutz fest und leitet das Recht der IO aus ihrer Satzung ab.[411] Aufgrund der Klarstellung der Teilnehmerstaaten der OSZE, dass deren rechtlicher Status keiner Änderung unterliegen solle und die Organisation nach wie vor über keine Satzung verfügt, kann die OSZE die Kriterien gemäß *Reparation for Injuries* nicht erfüllen.[412]

In dem Bericht *OSCE-Insights von 2021* beschrieb *Tanner* die fehlende Lösung der Frage nach der Völkerrechtspersönlichkeit der OSZE als *„schweres Hindernis für ihre Feldmissionen"*.[413] Die Möglichkeit der OSZE, ihren Bediensteten Schutz zu gewähren, ist aufgrund der fehlenden Völkerrechtspersönlichkeit deutlich schlechter als jene von anderen Organisationen mit klarem rechtlichen Status.[414] Somit ist die fehlende Völkerrechtspersönlichkeit der OSZE auch hier bedeutend. *Brander*, die frühere Rechtsberaterin der OSZE, schilderte in diesem Zusammenhang eine Situation, zu der sie in ihrer Zeit als Rechtsberaterin um rechtlichen Rat ersucht wurde: *„Ein OSZE-Mitarbeiter kommt einer Ladung als Zeuge in einem Zivilprozess nach. Das Gastland sagt, er habe keine Immunität und ihm droht die Festnahme. Der Prozess soll in Kürze beginnen. Kann ich als Rechtsberaterin für ihn tätig werden?"*[415] Obwohl die OSZE ihren Bediensteten organisationsintern die Ausübung von funktionalem Schutz zusichert, steht sie vor der Herausforderung, diese organisationsinterne Verpflichtung im Außenverhältnis nicht erfüllen zu können. Dieser Umstand führt zu einem Spannungsverhältnis zwischen der Verpflichtung der OSZE, funktionalen Schutz für ihre Bediensteten auszuüben,

---

Teilnahme an den internationalen Beziehungen sowie ihre Zusammenarbeit mit anderen internationalen Akteuren sprechen dafür, sie als internationale Organisation zu betrachten."

410 Ebd., 353.

411 Reparation for injuries Advisory Opinion, 182.

412 Budapester Dokument 1994, Der Weg zu echter Partnerschaft in einem neuen Zeitalter, Gipfelerklärung von Budapest, Budapest, 6. Dezember 1994 (korr. Fassung vom 21. Dezember 1994), 449.

413 F. Tanner: OSZE Friedensmissionen: Bilanz und Zukunftsperspektiven, OSCE Insights 4 (2021), 6.

414 S. Brander: Glaubwürdige Argumentation zugunsten einer Rechtspersönlichkeit für die OSZE, OSZE Magazin (2009) 18-21, 19.

415 Ebd., 18f.

und dem Fehlen einer Rechtsgrundlage für die Umsetzung dieser Pflicht gegenüber den Teilnehmerstaaten. Diese Schwierigkeiten der OSZE zeigten sich bspw. in der Ukraine.[416] Als die russische Invasion in der Ukraine begann, war die OSZE-Sonderbeobachtermission (SMM)[417] in der Ukraine noch bis zum 31. März 2022 aktiv.[418] Auch danach wurden im Rahmen einer OSZE-Mission auf der Grundlage des Moskauer Mechanismus, der von 45 der 57 Teilnehmerstaaten aktiviert wurde, weiterhin Beobachter in die Ukraine entsandt.[419] Nachweislich wurden drei OSZE-Missionsmitglieder von russischen Vertretungsbehörden in Luhansk verhaftet, sowie zwei davon wegen Spionage und Verrat verurteilt.[420] Missionsmitglieder einer IO sind häufig Opfer von unrechtmäßigen Verhaftungen und Entführungen. Für die OSZE handelt es sich hier auch um keinen Einzelfall, in welchem das Schützen ihrer Missionsmitglieder zu einer Herausforderung wurde.[421] Bereits wenige Wochen nach Errichtung der SMM in der Ukraine im März 2014 wurden acht Beobachter, vier davon in der Region Donezk und weitere vier in der Region Luhansk, von prorussischen Separatisten entführt und als Geiseln gehalten. Auch hier führte die fehlende Völkerrechtspersönlichkeit der OSZE zu Schwierigkeiten im Schutz der Missionsmitglieder.[422] Es habe auch im Juni 2014 nochmals Verhandlungen über die Freilassung der Beobachter gegeben und die OSZE gab an, „auf vielen Ebenen" im Gespräch zu sein.[423] Im Juni 2016 wurde neuerlich ein OSZE-Beobachter in Donezk entführt und inhaftiert. Diese Ereignisse stellen für die OSZE-Beobachtungsmission keine Einzelfälle dar. Seit 2014 wurden zahlreiche Beobachter, entführt und inhaftiert.[424] Berichte über deren Freilassung sind nicht auffindbar, weshalb anzunehmen ist, dass die Anstrengungen der OSZE in der Befreiung ihrer Missionsmitglieder bis dato erfolglos blieben. Trotz fehlender Rechtspersönlichkeit der Organisation muss es der OSZE-

---

416 L. Simonet, H. G. Lüber: Der Rechtsstatus der OSZE: Der Mythos des Sisyphus lebt, OSZE Jahrbuch 22 (2016) 313-355, 338f.

417 OSCE Special Monitoring Mission to Ukraine (closed), abrufbar unter: https://www.osce.org/special-monitoring-mission-to-ukraine-closed (zuletzt aufgerufen am 16.04.2024).

418 K. Manchester, F. Schmid: Gestohlene Fahrzeuge, entführte Mitarbeiter: Die OSZE hadert mit Russland, Der Standard, 13.2.2023 abrufbar unter: https://www.derstandard.at/story/2000143461680/gestohlene-fahrzeuge-entfuehrte-mitarbeiter-die-osze-hadert-mit-russland (zuletzt aufgerufen am 28.04.2024).

419 Moscow mechanism, MOSCOW 1991 (Par. 1 to 16) as amended by ROME 1993 (Chapter IV, par. 5); Moscow Mechanism invoked by 45 OSCE participating States following consultation with Ukraine, 14 July 2022.

420 K. Manchester, F. Schmid: Gestohlene Fahrzeuge, entführte Mitarbeiter: Die OSZE hadert mit Russland, Der Standard, 13.2.2023 abrufbar unter: https://www.derstandard.at/story/2000143461680/gestohlene-fahrzeuge-entfuehrte-mitarbeiter-die-osze-hadert-mit-russland (zuletzt aufgerufen am 28.04.2024).

421 Für eine ausführliche Darstellung dieses Falles siehe Kapitel C.VII.3.

422 F. Tanner: OSZE Friedensmissionen: Bilanz und Zukunftsperspektiven, OSCE Insights 4 (2021), 6.

423 V. F. Reiters: OSZE verhandelt weiter um Ukraine-Beobachter, Die Presse, 3.6.2014, abrufbar unter: https://www.diepresse.com/3814806/osze-verhandelt-weiter-um-ukraine-beobachter (zuletzt aufgerufen am 9.7.2024).

424 A. Filippov: OSZE-Mitarbeiter in Ostukraine vermisst, ZEIT ONLINE, 8.6.2016, abrufbar unter: https://www.zeit.de/politik/2016-06/luhansk-ostukraine-osze-beobachter-vermisst (zuletzt aufgerufen am 9.7.2024).

Generalsekretärin aber möglich sein, als Kollektiv aller Teilnehmerstaaten Schutz zugunsten der Bediensteten auszuüben, um ihrer organisationsinternen Selbstverpflichtung nachzukommen (siehe Kapitel C.VIII.2.b).

5. Die innerstaatliche Rechtspersönlichkeit von Internationalen Organisationen

Die innerstaatliche *Rechtspersönlichkeit* bezeichnet die Rechte und Pflichten einer IO nach dem Recht ihres Gaststaates.[425] Damit eine IO funktionalen Schutz ausüben und Handlungen für ihre Bediensteten in einem Staat setzen kann, muss sie über innerstaatliche Rechtspersönlichkeit verfügen.[426] Eine IO könnte in der Ausübung von funktionalem Schutz von dem betreffenden Staat bspw. verlangen, ihre Bediensteten nach einer Verhaftung zu kontaktieren, sie zu besuchen, oder ihnen rechtlichen Beistand in Prozessen gewähren zu können. Damit handelt die IO im Rahmen der nationalen Rechtsordnung wie jeder andere Akteur, wozu sie über innerstaatliche Rechtspersönlichkeit verfügen muss.[427] Auch für die innerstaatliche Rechtspersönlichkeit von IOs gilt, dass sie explizit geregelt oder implizit vorgesehen sein kann – wie zuvor bereits für die Völkerrechtspersönlichkeit von IOs dargelegt wurde.[428] Für viele IOs ist eine implizite Herleitung ihrer innerstaatlichen Rechtspersönlichkeit gegenüber den Mitgliedstaaten nicht notwendig, da in den Gründungsdokumenten eine explizite Bestimmung dazu vorgesehen ist.[429] Oftmals wird in Satzungen oder in internationalen Abkommen die innerstaatliche Rechtspersönlichkeit der IO explizit festgelegt. Art 104 der VN-Charta sieht bspw. vor: "*Die Organisation genießt im Gebiet jedes ihrer Mitglieder die Rechtsstellung, die erforderlich ist, um ihre Funktionen auszuüben und ihre Ziele zu verwirklichen.*"[430] Viele IOs legen mit einer gleich bzw. ähnlich lautenden Bestimmung in ihren Gründungsdokumenten fest, dass sie gegenüber ihren Mitgliedstaaten über innerstaatliche Rechtspersönlichkeit verfügen. Die Reichweite wird sich danach bestimmen, welche Handlungen für das Funktionieren der Organisation notwendig sind.[431] Neben der Satzung von IOs finden sich Regelungen zur innerstaatlichen Rechtspersönlichkeit in Sitzstaatabkommen und Vereinbarungen über Privilegien und Immunitäten, wie etwa durch Art 1 des Übereinkommens über die Vorrechte

[425] K. Schmalenbach (2020): International Organizations or Institutions, General aspects, Rn 28.
[426] M. Breuer: Die Völkerrechtspersönlichkeit Internationaler Organisationen, Archiv des Völkerrechts 49, No. 1 (2011) 4-33, 8f.
[427] B. N. Patel (2013): Responsibility of International Organisations towards other International Organisations, 32f.
[428] C. F. Amerasinghe (2005): Principles of the Institutional Law of International Organizations, Second Edition, 69.
[429] K. Schmalenbach (2020): International Organizations or Institutions, General aspects, Rn 28.
[430] Art 104 VN-Charta.
[431] Auf die Determinierung der Reichweite wird in Kapitel C.VII.6 für die Pflicht und in Kapitel C.VIII.3 bzw. C.VIII.5 für das Recht im Detail eingegangen.

und Immunitäten der Vereinten Nationen.[432] Stimmt ein Staat, entweder als Mitgliedstaat einer IO einer entsprechenden Bestimmung in deren Satzung oder als Drittstaat einer völkerrechtlichen Vereinbarung mit einer solchen Regelung zu, verpflichtet er sich damit, die innerstaatliche Rechtspersönlichkeit der IO anzuerkennen und die damit einhergehenden Rechte der IO zu respektieren.[433]

Auch für die innerstaatliche Rechtspersönlichkeit einer IO ist eine differenzierte Betrachtung gegenüber Mitgliedstaaten und Drittstaaten notwendig. Aus dem „*pacta tertiis nec nocent nec prosunt*"-Grundsatz nach Art 34 WVK[434] und dem Völkergewohnheitsrecht[435] ergibt sich, dass vertragliche Bestimmungen und auch implizite Ableitungen hieraus für Drittstaaten keine Bindung entfalten.[436] IOs werden grundsätzlich[437] mittels eines völkerrechtlichen Vertrags gegründet. Die Wirkung dieses konstituierenden Dokumentes beschränkt sich auf die Mitgliedstaaten der IO und erstreckt sich nur bei ausdrücklicher Anerkennung der IO durch Drittstaaten auch auf diese.[438] Die Völkerrechtspersönlichkeit einer IO gegenüber Drittstaaten hängt somit von deren Akzeptanz ab und wird durch den Drittstaat selbst bestimmt.[439] Die innerstaatliche Rechtspersönlichkeit einer IO in einem Drittstaat ist von Bedeutung, wenn die IO ihr Mandat in diesem Staat ausübt. Dazu wird grundsätzlich ein bilaterales Abkommen zwischen der IO und dem Empfangsstaat (SOFA oder SOMA) geschlossen, in welchem unter anderem der rechtliche Status der IO geregelt wird.[440] Die innerstaatliche Rechtspersönlichkeit der Organisation gegenüber dem Drittstaat sollte in dieser Vereinbarung mit dem Drittstaat festgelegt und somit anerkannt werden. Andernfalls mangelt es der IO an einer Grundlage, um ihre Rechte auszuüben und ihre Bediensteten entsprechend zu schützen.[441]

---

432 K. Schmalenbach (2020): International Organizations or Institutions, General Aspects, Rn 28.

433 C. F. Amerasinghe (2005): Principles of the Institutional Law of International Organizations, Second Edition, 70.

434 Art 34 Wiener Vertragsrechtskonvention.

435 Der Pacta-tertiis-Grundsatz als Völkergewohnheitsrecht wird allgemein anerkannt. Vergleiche dazu A. Proelss: Art 34 in O. Dörr, K. Schmalenbach (eds.): Vienna Convention on the Law of Treaties: A Commentary, Second Edition, 655-698, Rn 4.

436 K. Schmalenbach (2020): International Organizations or Institutions, General aspects, Rn 31.

437 Zu den wenigen Ausnahmen davon, siehe General Assembly, Report of the International Law Commission, Sixty-first session, 4 May-5 June and 6 July-7 August 2009, A/64/10, Chp IV, Kommentar zu Art 2, Rn 4.

438 M. Breuer: Die Völkerrechtspersönlichkeit Internationaler Organisationen, Archiv des Völkerrechts 49, No. 1 (2011) 4-33; H. Hahn: EURATOM: The Conception of an International Personality, Harvard Law Review 71 No. 6 (1958) 1001-1056, 1048ff.; H. Mosler: Die Erweiterung des Kreises der Völkerrechtssubjekte, Zeitschrift für ausländisches öffentliches Recht und Völkerrecht 22, No. 1 (1962) 1-32; K. Schmalenbach (2020): International Organizations or Institutions, General aspects, Rn 23.

439 K. Schmalenbach (2020): International Organizations or Institutions, General aspects, Rn 31.

440 Für nähere Ausführungen dazu siehe Kapitel C.VIII.4.a.

441 K. Schmalenbach (2020): International Organizations or Institutions, General aspects, Rn 31f.

6. Die innerstaatliche Rechtspersönlichkeit der Organisation für Sicherheit und Zusammenarbeit in Europa

Die Frage nach der innerstaatlichen Rechtspersönlichkeit der OSZE stellt mangels eigener Völkerrechtspersönlichkeit einen Sonderfall dar. Insbesondere im Verhältnis zu den Mitgliedstaaten einer IO wird innerstaatliche Rechtspersönlichkeit mit der Völkerrechtspersönlichkeit einhergehen, weil funktional betrachtet beide Fähigkeiten eng miteinander verknüpft sind: Wie kann eine Organisation international funktionieren, wenn sie in ihrem Sitzstaat kein Büromaterial kaufen kann? Einer IO kann aber durchaus in einem Staat Rechtspersönlichkeit zukommen, obwohl sie nicht über Völkerrechtspersönlichkeit verfügt. Die innerstaatliche Rechtspersönlichkeit ist eine staatsinterne Angelegenheit. Daher ist denkbar, dass Entitäten über innerstaatliche Rechtspersönlichkeit verfügen, ohne Völkerrechtspersönlichkeit zu besitzen.[442] Der IGH hat in *Reparation for Injuries* die Erhebung eines völkerrechtlichen Anspruchs durch die VN gegen jeden Mitgliedstaat zwar auf die Völkerrechtspersönlichkeit der VN zurückgeführt,[443] für ein Vorgehen gegen einen bestimmten Staat nach nationalem Recht wird aber die innerstaatliche Rechtspersönlichkeit der IO in diesem Staat ausreichend sein. Ein prominentes Beispiel hierfür ist die OSZE. Als die KSZE am 1. Januar 1995 in OSZE umbenannt wurde, stellten die Teilnehmerstaaten klar, dass die Umbenennung keine Änderung ihres rechtlichen Charakters zur Folge haben soll. Noch vor dieser Umbenennung, im Zuge des Vierten Ratstreffens in Rom 1993, verabschiedeten die Minister einen Beschluss über die Rechtsfähigkeit, die Vorrechte und die Immunitäten der KSZE. Demnach sollten die Teilnehmerstaaten den KSZE-Institutionen entsprechend ihrer nationalen Rechtslage Rechtsfähigkeit verleihen und Vertretern, Bediensteten sowie Mitgliedern einer KSZE-Mission Vorrechte und Immunitäten zuerkennen.[444] Die Umsetzung dieses Beschlusses durch die Teilnehmerstaaten *nach Maßgabe ihrer verfassungsrechtlichen, gesetzgeberischen und sonstig einschlägigen Voraussetzungen* sollte den Institutionen der KSZE Rechtsfähigkeit verleihen. Als Insitutionen der KSZE waren das Sekretariat, das Büro für demokratische Institutionen und Menschenrechte (BDIMR) sowie alle vom Rat festgelegten Institutionen zu verstehen. Den KSZE-Bediensteten und den Mitgliedern der KSZE-Missionen

[442] Dies lässt sich bspw. am Bestehen der nationalen Rechtspersönlichkeit der OSZE in Österreich erkennen, obwohl der OSZE nach wie vor keine Völkerrechtspersönlichkeit zuerkannt wurde. Siehe dazu Bundesgesetz über die Rechtsstellung der OSZE-Institutionen in Österreich, StF: BGBl. Nr. 511/1993 (idF BGBl. III Nr. 84/2018) abrufbar unter: https://www.ris.bka.gv.at/GeltendeFassung.wxe?Abfrage=Bundesnormen&Gesetzesnummer=10001402&FassungVom=2018-05-31 (zuletzt aufgerufen am 26.04.2024).

[443] Reparation for injuries Advisory Opinion, 187.

[444] Viertes Treffen des Rats der Außenminister der KSZE-Teilnehmerstaaten am 30. November und 1. Dezember 1993 in Rom, Bulletin 112-193, 15. Dezember 1993.

sollten ebenfalls bestimmte Immunitäten, wie jene von der Gerichtsbarkeit im Zusammenhang mit amtlichen Handlungen, gewährt werden.[445] Diese Rechtsfähigkeit geht allerdings nur so weit, als es für die Wahrnehmung der Aufgaben dieser Institutionen erforderlich ist. In jenen Staaten, welche diesen Beschluss umsetzten, kommt der OSZE somit beschränkte innerstaatliche Rechtspersönlichkeit zu. Der Umsetzung des Beschlusses kam allerdings nur ein geringer Anteil der Teilnehmerstaaten nach.[446] Lediglich in Österreich[447], der Tschechischen Republik[448] und den Niederlanden[449] wurde der Beschluss in Form eines nationalen Gesetzes förmlich umgesetzt.[450] In Dänemark[451], Kirgisistan[452], der Schweiz[453] und der Ukraine[454] wurden im nationalen Recht Abkommen über den Status der OSZE oder Vereinbarungsprotokolle (MOU) ratifiziert und dadurch den Umsetzungsanforderungen entsprochen. Alle weiteren Teilnehmerstaaten – darunter auch Russland – haben eine solche Bestimmung nicht in ihre nationale Rechtsordnung aufgenommen.[455] Im Falle der Verhaftung von OSZE-Missionsmitgliedern (Kapitel A.A.I) besitzt die OSZE daher keine innerstaatliche

[445] L. Simonet, H. G. Lüber: Der Rechtsstatus der OSZE: Der Mythos des Sisyphus lebt, OSZE Jahrbuch 22 (2016) 313-355, 321f.

[446] Ebd., 322.

[447] Bundesgesetz über die Rechtsstellung der OSZE-Institutionen in Österreich, StF: BGBl. Nr. 511/1993 (idF BGBl. III Nr. 84/2018) abrufbar unter: https://www.ris.bka.gv.at/GeltendeFassung.wxe?Abfrage=Bundesnormen&Gesetzesnummer=10001402&FassungVom=2018-05-31 (zuletzt aufgerufen am 26.04.2024).

[448] The OSCE Secretariat, Food-for-Thought Paper: The OSCE's Lack of an Agreed Legal Status – Challenges in Crisis Situations, April 2015, 9.

[449] Parliamentary Act of 31 October 2002 containing provisions concerning the legal personality, privileges and immunities of the High Commissioner on National Minorities (HCNM) (applicable to HCNM, OSCE officials and OSCE experts).

[450] The OSCE Secretariat, Food-for-Thought Paper: The OSCE's Lack of an Agreed Legal Status – Challenges in Crisis Situations, April 2015, 9.

[451] Agreement between the Government of Denmark and the Parliamentary Assembly of the CSCE relating to the Headquarters in Copenhagen of the Secretariat of the Parliamentary Assembly of the CSCE, signed on 15 January 1993 and entered into force on the same date.

[452] Memorandum of Understanding between the Organization for Security and Co-operation in Europe and the Government of the Kyrgyz Republic on the establishment of the OSCE Centre in Bishkek as of 3 December 1998, ratified on 22 September 1999 by the Law of the Kyrgyz Republic: "*On ratification of Memorandum of Understanding between the Kyrgyz Republic and Organization for Security and Co-operation in Europe on establishment of the OSCE Centre in Bishkek*" [with reservation "*excluding point b) paragraph three of article 8 of Memorandum*".]".

[453] Agreement between the Swiss Federal Council and States Parties to the Convention on Conciliation and Arbitration within the OSCE of 17 November 1997 establishing the legal status in Switzerland of the Court of Conciliation and Arbitration within the OSCE, entered into force on 17 November 1997.

[454] Memorandum of Understanding between the Government of Ukraine and the OSCE, Organization for Security and Co-operation in Europe, 13 July 1999, ratified on 10 February 2000 by the Law of Ukraine: "*On ratification of the Memorandum of Understanding between the Government of Ukraine and Organization for Security and Co-operation in Europe (OSCE) on establishment of a new form of cooperation*"; Memorandum of Understanding between the Government of Ukraine and the OSCE, Organization for Security and Co-operation in Europe, 14 April 2014, ratified on 29 May 2014 by the Law of Ukraine: "*On ratification of Memorandum of Understanding between the Government of Ukraine and Organization for Security and Co-operation in Europe (OSCE) on the deployment of an OSCE special monitoring mission*".

[455] The OSCE Secretariat, Food-for-Thought Paper: The OSCE's Lack of an Agreed Legal Status – Challenges in Crisis Situations, April 2015.

Rechtspersönlichkeit in Russland und steht somit vor der Herausforderung, dennoch funktionalen Schutz zugunsten ihrer Bediensteten auszuüben.[456] In Österreich hingegen wurde der OSZE mit dem Amtssitzabkommen von 2018 neuerlich explizit Rechtsfähigkeit zuerkannt. Abschnitt 2 des Amtssitzabkommens hält dazu über die Rechtfähigkeit der OSZE fest: *„Die Republik Österreich anerkennt die Rechtsfähigkeit der OSZE als internationale Organisation. Die OSZE besitzt die Rechtsfähigkeit, die zur Ausübung ihrer Funktionen notwendig ist, einschließlich der Fähigkeit, Verträge abzuschließen, unbewegliches und bewegliches Vermögen zu erwerben und zu veräußern und gerichtliche Verfahren einzuleiten und an diesen teilzunehmen.“*[457]

IV. Immunität der Bediensteten von Internationalen Organisationen und ihr Zusammenspiel mit dem Prinzip der Funktionalität

1. Funktionsbezogene Immunität der Bediensteten von Internationalen Organisationen

Die Immunität der Bediensteten von IOs ergibt sich aus der Immunität der IOs.[458]

Im Interesse ihrer unabhängigen Funktionserfüllung sind IOs vor den nationalen Gerichten ihrer Mitgliedstaaten immun.[459] Die Immunität einer IO im Verhältnis zu ihren Mitgliedstaaten besteht grundsätzlich auf Basis einer Festlegung in ihrer Satzung, eines völkerrechtlichen Vertrages[460] oder kann sich auch aus dem nationalen Recht eines Mitgliedstaates ergeben.[461] Im Verhältnis zu Drittstaaten hängt die Immunität einer IO von der vertraglichen Vereinbarung mit diesem Staat ab.[462] Die Immunität von IOs findet ihren Ursprung in den Anstrengungen, die Funktionsfähigkeit von IOs sicherzustellen, indem ihre Unabhängigkeit gewährleistet und das Eingreifen einzelner Mitgliedstaaten in organisationsinterne Belangen unterbunden wird.[463] Die Immunität von IOs basiert somit auf dem traditionellen Grundgedanken der funktionalen

[456] F. Tanner: OSZE Friedensmissionen: Bilanz und Zukunftsperspektiven, OSCE Insights 4 (2021), 6.

[457] Abkommen zwischen der Republik Österreich und der Organisation für Sicherheit und Zusammenarbeit in Europa (OSZE) über den Amtssitz der Organisation für Sicherheit und Zusammenarbeit in Europa, BGBl. III Nr. 84/2018, abrufbar unter: https://www.ris.bka.gv.at/eli/bgbl/III/2018/84 (zuletzt aufgerufen am 24.04.2024).

[458] A. Orakhelashvili in A. Orakhelashvili (2015): Research Handbook on Jurisdiction and Immunities in International Law 508.

[459] A. Reinisch (2000): International Organizations before National Courts 233ff.

[460] Siehe hierzu etwa für die VN Convention on the Privileges and Immunities of the United Nations, adopted by the General Assembly of the United Nations on 13 February 1946, New York, UNTS Vol. 1, p. 15, and Vol. 90, p. 327 (corrigendum to Vol. 1) („UN-Immunity Convention“).

[461] A. Reinisch in J. K. Cogan et al. (2016): The Oxford Handbook of International Organizations 1048-1068, 1052f.

[462] Ebd., 1052; G. Ullrich (2018): The Law of the International Civil Service, 57.

[463] A. Reinisch (2000): International Organizations before National Courts 233ff.; T. J. O'Toole: Sovereign Immunity Redivivus: Suits against International Organizations, Suffolk Transnational Law Journal 4, No. 1 (1980) 1-16, 9f.

Notwendigkeit, wonach die Immunität einer IO für die Sicherstellung ihrer Funktionsfähigkeit erforderlich ist.[464]

IOs genießen grundsätzlich funktionale Immunität, wonach ihre Immunität auf die Notwendigkeit der Sicherstellung ihres unabhängigen Funktionierens begrenzt ist.[465] Exemplarisch für die funktionale Immunität kann auf Art 105 Abs 1 VN-Charta verwiesen werden, wonach *„die Organisation im Hoheitsgebiet jedes Mitglieds die Vorrechte und Immunitäten genießt, die zur Verwirklichung ihrer Ziele erforderlich sind*“. Zahlreiche IOs haben diese Bestimmung als Vorbild zur Ausgestaltung ihrer Immunitätsvorschriften in den Satzungen herangezogen.[466] Im Fall der VN wird die Bestimmung zur Immunität der Organisation in der Satzung durch die UN-Immunity Convention konkretisiert. Diese sieht mit Art 2 *„The United Nations, [...] shall enjoy immunity from every form of legal process [...]*“[467] eine deutlich weiter gefasste und unbestimmtere Form der Immunität vor. Die Unbestimmtheit in der Formulierung der Immunitätsvorschriften führt oftmals de facto zu einer unbegrenzten Immunität.[468] Die VN stützt auf den Wortlaut dieser Vorschrift ihren Anspruch auf absolute Immunität von nationalen Gerichten, was auch teilweise für anderen IOs vertreten wird, soweit deren Immunitätsregeln den Wortlaut des zitierten Art 2 aufgreifen.[469] Diese absolute Immunität von IOs lässt sich auch damit rechtfertigen, dass IOs ohnhin nur innerhalb ihrer Funktionen handeln können, andernfalls ihr Handeln *ultra vires* wäre. Es bleibe daher kein Raum für eine Differenzierung zwischen absoluter und funktionaler Immunität, da jede Handlung der IO von ihrer Funktion gedeckt sein muss, oder eben null und nichtig ist. Folgt man dieser Auffassung ist auch die absolute Immunität notwendigerweise funktional begrenzt.[470]

Auch wenn sich die Immunität der Bediensten aus derjenigen der Organisation ergibt, so ist dennoch bei Bediensteten einer IO die Situation eine andere, da diese sowohl dienstlich als auch

[464] A. Reinisch: To What Extent Can and Should National Courts ‘Fill the Accountability Gap’?, International Organizations Law Review 10 (2013) 572-587, 573f.

[465] A. Reinisch, U. A. Weber: In the Shadow of Waite and Kennedy, The Jurisdictional Immunity of International Organizations, the Individual’s Right of Access to the Courts and Administrative Tribunals as Alternative Means of Dispute Settlement, International Organizations Law Review 1 (2004) 59-110, 60.

[466] A. Reinisch in A. Reinisch (eds.) (2016): The Conventions on the Privileges and Immunities of the United Nations and its Specialized Agencies – A Commentary, Oxford University Press, 3-15, Rn 5f.

[467] Art 2 UN-Immunity Convention.

[468] Dies zeigt sich am Beispiel des Art 105 VN-Charta: *„Die Organisation genießt im Hoheitsgebiet jedes Mitglieds die Vorrechte und Immunitäten, die zur Verwirklichung ihrer Ziele erforderlich sind.*“

[469] J. Klabbers (2002): An Introduction to International Institutional Law, 148; P. Sands, P. Klein (eds.) (2001): Bowett’s Law of International Institutions, Fifth Edition, 487.

[470] A. Reinisch, U. A. Weber: In the Shadow of Waite and Kennedy, The Jurisdictional Immunity of International Organizations, the Individual’s Right of Access to the Courts and Administrative Tribunals as Alternative Means of Dispute Settlement, International Organizations Law Review 1 (2004) 59-110, 63.

privat handeln können. Bedienstete einer IO genießen somit grundsätzlich eine „funktionsbezogene“ Immunität, also für ihre dienstlichen Tätigkeiten. Nach dem Wortlaut des Art 105 Abs 2 der VN-Charta kann als dienstliche Tätigkeit jede Handlung der Bediensteten in Ausübung ihrer Funktion für die IO verstanden werden. *Bandyopadhyay* und *Iwata* sprechen daher von einem „functional concept“[471] bzw. von einem „functional approach“ zur dienstaktbezogenen Immunität.[472] Für die Zwecke dieser Arbeit wird daher von „funktionsbezogener“ Immunität der Bediensteten einer IO gesprochen, da dieser Begriff den funktionalen Ansatz der Immunität sowie dessen Intention, die Bediensteten bei Ausübung ihrer dienstlichen Funktion[473] zu schützen, widerspiegelt.

Bedienstete einer IO genießen somit grundsätzlich eine funktionsbezogene Immunität, mit Ausnahme der nachfolgend behandelten hochrangigen Bediensteten, welchen persönliche Immunität zukommt (Kapitel 2).[474] Die Immunität von Bediensteten einer IO gilt gegenüber Mitgliedstaaten und Drittstaaten nach Maßgabe der Ausführungen zur Immunität einer IO. Art 18 der UN-Immunity Convention spricht von *„officials of the United Nations*“, worunter dem Generalsekretär zufolge alle Mitglieder des Personals, unter Ausnahmen von örtlich Bediensteten, zu verstehen sind.[475] Nach Art 22 der UN-Immunity Convention kommt Experten für Missionen (Kapitel C.V.2.b.v) eine solche Form der Immunität zu, wie sie für die unabhängige Wahrnehmung ihrer Aufgaben während der Dauer ihrer Missionen sowie damit verbundener Reisen erforderlich ist. Dem „funktionsbezogenen“ Charakter dieser Immunität folgt, dass sich die Reichweite der Immunität auf den dienstlichen Kontext, konkret die Ausübung ihrer Funktion im Zusammenhang mit der Organisation, beschränkt.[476] Die Formulierung in Art 18 UN-Immunity Convention spricht hierbei von *„words spoken or written and all acts performed by them in their official capacity*“. Somit sind ausschließlich Amtshandlungen der Bediensteten für die IO, konkret alle mündlichen und schriftlichen Äußerungen sowie alle Handlungen, die sie in ihrer amtlichen Funktion vornehmen, von der „funktionsbezogenen“ Immunität umfasst.[477] Setzen Bedienstete hingegen private Handlungen, können sie hierfür vor ein nationales Gericht im Aufenthaltsstaat gebracht und nach Maßgabe

---

[471] R. Bandyopadhyay, T. Iwata in A. Reinisch (eds.) (2016): The Conventions on the Privileges and Immunities of the United Nations and its Specialized Agencies – A Commentary, Oxford University Press, 313-395, Rn 3.
[472] Ebd., Rn 6.
[473] Siehe hierzu Art 18 (a) UN-Immunity Convention: „in his official capacity".
[474] G. Ullrich (2018): The Law of the International Civil Service 55.
[475] A. Orakhelashvili in A. Orakhelashvili (2015): Research Handbook on Jurisdiction and Immunities in International Law 508.
[476] G. Ullrich (2018): The Law of the International Civil Service 55.
[477] A. Reinisch in J. K. Cogan et al. (2016): The Oxford Handbook of International Organizations 1048-1068, 1051; Art 18 UN-Immunity Convention.

der nationalen Rechtsordnung zur Verantwortung gezogen werden. Bedienstete einer IO unterliegen im Zusammenhang mit privaten Handlungen somit gleich einer gewöhnlichen Person dem nationalen Recht des Aufenthaltsstaates.[478] Der IGH traf in *Cumaraswamy*[479] eine für die Sicherstellung der Funktionsfähigkeit von IOs bemerkenswerte Feststellung, indem er dem Generalsekretär von IOs ausdrücklich das Recht zuerkannte, zu beurteilen, ob die Bediensteten der Organisation im Rahmen ihrer Aufgaben gehandelt haben sowie diese Bediensteten bei Vorliegen einer dienstlichen Handlung durch die Geltendmachung ihrer Immunität zu schützen. Dieses Recht des Generalsekretärs wurde vom IGH mit seiner Rolle als oberster Verwaltungsbeamter der Organsiation und der ihm damit übertragenen Verantwortung für die Wahrung der Interessen der Organisation begründet.[480]

Die Immunität der Bediensteten darf aber nicht weitergehen, als es für das Funktionieren der Organisation notwendig ist. Die Rechtfertigung für die Ausweitung der Immunität einer IO auf ihre Bediensteten liegt in dem Ziel der Wahrung der Unabhängigkeit einer Organisation und der Sicherstellung ihrer Funktionsfähigkeit begründet.[481] Die Bediensteten sollen ohne Einflussnahme eines Staates, hier kommt insbesondere der Heimatstaat der Bediensteten in Frage, ihrer Aufgaben für die IO nachkommen können und dadurch an der Funktionserfüllung dieser mitwirken.[482] Den Bediensteten soll daraus kein Vorteil erwachsen, weshalb die IO berechtigt und in bestimmten Fällen sogar verpflichtet ist, die Immunität der Bediensteten aufzuheben.[483]

2. Persönliche Immunität der hochrangigen Bediensteten von Internationalen Organisationen

Im Gegensatz zum übrigen Personal einer IO kommt hochrangigen Bediensteten persönliche Immunität zu.[484] Als hochrangige Bedienstete sind bspw. der Generalsekretär einer IO und seine Stellvertreter anzusehen. Die Handlungen der Generalsekretäre als administratives

---

[478] A. Orakhelashvili in A. Orakhelashvili (2015): Research Handbook on Jurisdiction and Immunities in International Law 509.

[479] Difference Relating to Immunity from Legal Process of a Special Rapporteur of the Commission on Human Rights (Cumaraswamy), Advisory Opinion, I.C.J. Reports 1999, p. 62.

[480] Ebd., 60: "*As the Court has observed, the Secretary-General, as the chief administrative officer of the Organization, has the primary responsibility to safeguard the interests of the Organization; to that end, it is up to him to assess whether its agents acted within the scope of their functions and, where he so concludes, to protect these agents, including experts on mission, by asserting their immunity.*"

[481] K. Tesfagabir (2011): The state of functional immunity of international organizations and their officials and why it should be streamlined. Chinese Journal of International Law 10, No 1, 97-128, 109.

[482] G. Ullrich (2018): The Law of the International Civil Service, 55.

[483] Ebd., 56.

[484] A. Reinisch in J. K. Cogan et al. (2016): The Oxford Handbook of International Organizations 1048-1068, 1051.

Leitungsorgan der IO sind für das Funktionieren dieser von wesentlicher Bedeutung. In ihrer Position als Leitende des Sekretariats treten die Generalsekretäre nach außen und setzen Handlungen in Vertretung der IO.[485] Die Sicherstellung der Unabhängigkeit und Unbeeinflussbarkeit der Generalsekretäre in ihrem Handeln ist wesentlich, da ihr Handeln direkt auf die IO durchschlägt. Ein wichtiger Grundpfeiler einer IO ist ihr Bestreben, die Interessen aller ihrer Mitgliedstaaten gleichermaßen zu vertreten. Um dies sicherzustellen, muss die Unabhängigkeit hochrangiger Bediensteter, wie der Generalsekretäre, von den Interessen ihrer Heimatstaaten gewährleistet sein.[486]

Der bedeutende Unterschied der persönlichen Immunität von hochrangigen Bediensteten zur funktionsbezogenen Immunität des übrigen Personals einer IO besteht in der Ausweitung der persönlichen Immunität auf alle Handlungen privater Natur.[487] Nach Art 19 UN-Immunity Convention kommt hochrangigen Bediensteten zusätzlich zur Immunität nach Art 18 die Immunität von Diplomaten nach dem WÜD zu. Art 29 WÜD ist für die persönliche Immunität von hochrangigen Bediensteten besonders beachtlich. Demnach sind hochrangige Bedienstete unverletzlich und dürfen nicht festgenommen oder inhaftiert werden. Die Immunität umfasst nach Art 31 Abs 1 WÜD die Strafgerichtsbarkeit, sowie die Zivil- und Verwaltungsgerichtsbarkeit des betreffenden Staates, unter Ausnahme jener in Art 31 Abs 1 lit a bis c genannter Fälle. Grundsätzlich entscheiden nach Art 20 UN-Immunity Convention die Generalsekretäre über die Aufhebung der Immunität, ist allerdings ein Generalsekretär betroffen, kommt dem Sicherheitsrat das Recht zur Aufhebung der Immunität zu.

3. Zusammenspiel der unterschiedlichen Immunitäten mit dem Funktionalen Schutz

Die Immunität der Bediensteten von IOs und der funktionale Schutz sind zwei getrennte Konzepte im Recht der IOs, welche aneinander angrenzen und teilweise auch parallel bestehen können. Die Immunität ist dem funktionalen Schutz grundsätzlich vorgelagert und dient dem Schutz der Bediensteten von IOs vor der Einflussnahme von Staaten in ihre dienstliche Tätigkeit durch behördliche (Zwangs-)Maßnahmen. Im Zusammenhang mit ihrer Tätigkeit für die IO sind Bedienstete von der Gerichtsbarkeit betreffender Staaten ausgenommen, aber auch vor exekutiven Zwangsmaßnahmen geschützt.[488] Bei Verletzung der Immunität von

[485] H.G. Schermers, N.M. Blokker (2018): International Institutional Law, §459.

[486] S. Chesterman in J. K. Cogan et al. (2016): The Oxford Handbook of International Organizations 1048-1068, 835f.

[487] A. Reinisch in J. K. Cogan et al. (2016): The Oxford Handbook of International Organizations 1048-1068, 1052.

[488] R. Bandyopadhyay, T. Iwata in A. Reinisch (eds.) (2016): The Conventions on the Privileges and Immunities of the United Nations and its Specialized Agencies – A Commentary, Oxford University Press, 313-395, Rn 37.

Bediensteten einer IO kommt funktionaler Schutz ins Spiel. Nach Art 30 der ILC Articles on State Responsibility for Internationally Wrongful Acts (ASR) sind Staaten verpflichtet, andauernde Handlungen, welche ein Völkerrechtsvergehen darstellen, einzustellen. Demnach wäre der betreffende Staat hier verpflichtet, die andauernde Verletzung der Immunität der Bediensteten einer IO zu beenden, wozu die behördlichen und gerichtlichen (Zwangs-)Maßnahmen einzustellen wären. Eine IO wird somit die Beendigung der behördlichen und gerichtlichen (Zwangs-)Maßnahmen sowohl auf Basis von Art 30 ASR aufgrund der Verletzung der Immunität ihrer Bediensteten als auch auf Basis ihres Rechts auf Ausübung von funktionalem Schutz[489] fordern können. Die Handlungen im Rahmen der Ausübung von funktionalem Schutz werden darüber noch hinausgehen und zB auch diplomatische Schritte der Organisation oder die Sicherstellung einer geeigneten Prozessvertretung der Bediensteten bei Gerichtsprozessen umfassen.[490]

Das Zusammenspiel von Immunität und funktionalem Schutz lässt sich nach dem Vorangegangenen anhand des folgenden Beispiels darstellen: Ein Bediensteter der VN ist Teil einer Friedensmission und wird in dem Gaststaat für die VN tätig, dessen Behörden ihn ohne Angabe von Gründen verhaften. Dem Bediensteten der VN kommt in dem Gaststaat basierend auf Art 105 Abs 2 VN-Charta und der UN-Immunity-Convention Immunität zu, welche durch die Verhaftung verletzt wird. In Ausübung von funktionalem Schutz würden die VN bspw. die Behörden des Gaststaates kontaktieren, sich nach dem Sachverhalt erkundigen, eigenständig Ermittlungen anstellen, mit dem verhafteten Bediensteten in Kontakt treten und ihm rechtliche Unterstützung leisten. Gleichzeitig kann die Organisation von dem Gaststaat aber weiterhin die Achtung der Immunität des Bediensteten einfordern, da dieser nach Art 30 ASR die Verletzung einzustellen hätte und dabei den Bediensteten freilassen müsste.

Aufgrund der funktionsbezogenen Immunität der Bediensteten von IOs sieht der Fall anders aus, wenn die Festnahme nicht im Zusammenhang mit der dienstlichen Tätigkeit für die VN erfolgt. Ein Bediensteter, welcher am Abend nach Dienstende in einer Bar in eine handgreifliche Auseinandersetzung gerät und daraufhin festgenommen wird, ist mangels Bezuges zu seiner dienstlichen Tätigkeit für die VN nicht durch die Immunität geschützt. Die Behörden des Gaststaates verletzen durch die Festnahme und Verhaftung des Bediensteten auch dessen Immunität nicht, da eine solche nicht besteht. Daraus wird zu schließen sein, dass hier grundsätzlich auch kein Recht und keine Pflicht zur Ausübung von funktionalem Schutz durch

---

489 Für Ausführung zum Bestehen dieses Rechts siehe Kapitel C.VIII.

490 Siehe hierzu die Ausführungen in Kapitel C.VIII.3 bzw. C.VIII.5.

die IO gegeben ist. Nach den Feststellungen des IGH in *Cumaraswamy*[491] muss dem Generalsekretär aber auch hier das Recht zukommen, über das Bestehen der Immunität des Bediensteten zu entscheiden, indem ihm die Beurteilung obliegt, ob eine dienstliche oder private Handlung vorliegt.[492] Um diese Beurteilung vornehmen zu können, kann es notwendig sein, dass der Generalsekretär im Namen der Organisation eigene Ermittlungen anstellt. Hier stellt sich die Frage, ob diese Ermittlungen von dem Recht des Generalsekretärs auf Entscheidung über das Vorliegen einer dienstlichen oder privaten Handlung umfasst sind oder es sich dabei bereits um die Ausübung von funktionalem Schutz handelt. Aufgrund der zuvor dargestellten Möglichkeit der Überlappung beider Rechtskonzpete bleibt eine rechtliche Zuordnung hier unerheblich. Klar ist jedenfalls, dass der Organisation das Recht auf informierte Entscheidung über den Charakter der Handlung, die zur Verhaftung geführt hat, zukommen muss und der Generalsekretär als leitendes Administrativorgan hiervon Gebrauch machen kann, indem er notwendige Nachforschungen anstellt oder auf Basis der Aktenlagen über das Vorliegen einer dienstlichen oder privaten Handlung sowie das Bestehen der Immunität des Bediensteten entscheidet. Handelt es sich nach den Beurteilungen des Generalsekretärs um eine dienstliche Handlung, liegt im Falle von behördlichen (Zwangs-)Maßnahmen eine Verletzung der Immunität der Bediensteten vor und der IO wird ein Recht auf Ausübung von funktionalem Schutz zukommen. Hingegen wird bei Vorliegen einer privaten Handlung der Bediensteten, wie der handgreiflichen Auseinandersetzung des Bediensteten in einer Bar, der IO über ein möglicherweise bestehendes Recht zur Sachverhaltsfeststellung hinaus kein Recht zur Schutzausübung zukommen.

Wie dargelegt, kommt hochrangigen Bediensteten, wie bspw dem Generalsekretär der VN und seinen Stellvertretern, persönliche Immunität zu. Die persönliche Immunität von hochrangigen Bediensteten umfasst auch private Handlungen, welche nicht im Zusammenhang mit der Tätigkeit für die IO stehen. Handelt es sich bei der Person, welche am Abend nach Dienstende in einer Bar in eine handgreifliche Auseinandersetzung gerät und daraufhin von den Behörden des Gaststaates der Friedensmission festgenommen und verhaftet wird, um einen Stellvertreter des Generalsekretärs der VN, kommt diesem in dem Fall trotz Vorliegens einer rein privaten Situation Immunität zu. Aufgrund der Verletzung der Immunität durch den Staat muss den VN wohl auch ein entsprechendes Recht auf Ausübung von funktionalem Schutz trotz der privaten Natur der Handlung zukommen. Auch hier gilt wie eben ausgeführt, dass die Organisation parallel zur Ausübung des Schutzrechts weiterhin die Achtung der persönlichen Immunität des

[491] Difference Relating to Immunity from Legal Process of a Special Rapporteur of the Commission on Human Rights (Cumaraswamy), Advisory Opinion, I.C.J. Reports 1999, p. 62.
[492] Ebd., 60.

hochrangigen Bediensteten fordern und auf Basis von Art 30 ASR die Beendigung der behördlichen (Zwangs-)Maßnahmen verlangen kann.

Fraglich ist allerdings, ob in Fällen der persönlichen Immunität auch eine Pflicht der VN gegenüber dem hochrangigen Bediensteten zur Ausübung des funktionalen Schutzes einhergeht. Unter Heranziehung der Gründe für die Gewährung von persönlicher Immunität für hochrangige Bedienstete wird eine Pflicht von IOs zur Ausübung von funktionalem Schutz im Zusammenhang mit privaten Handlungen wohl grundsätzlich zu verneinen sein. Schließlich liegt der Grund für die Immunität von Bediensteten allein in der Sicherstellung des Funktionierens der IO und der Gewährleistung der unabhängigen Aufgabenerfüllung ihrer Bediensteten.[493] Die persönliche Immunität des Generalsekretärs und seiner Stellvertreter ändert an dieser Einschätzung nichts, da die Immunität niemals den Bediensteten der IO einen Vorteil verschaffen soll, sondern ausschließlich im Interesse der Funktionsfähigkeit der IO besteht.[494]

V. Persönlicher Anwendungsbereich des funktionalen Schutzes

1. Die Person des „Bediensteten" einer Internationalen Organisation – Eröffnung des persönlichen Anwendungsbereiches

Im Kontext des persönlichen Anwendungsbereichs des funktionalen Schutzes stellen sich zwei Fragen: Einerseits, für welche Personen eine IO im Verhältnis zum Staat funktionalen Schutz ausüben *darf* und somit eine entsprechende internationale Rechtsposition besitzt.[495] Andererseits, für welche Personen eine IO funktionalen Schutz ausüben *muss,* weil die Bediensteten ein entsprechendes organisationsinternes Recht gegenüber ihren Organisationen haben. Ersteres wird im Folgenden als Recht der Organisation, letzteres als Pflicht der Organisation bezeichnet. Ein Anwendungsfall der Ausübung von funktionalem Schutz, basierend auf der eingangs festgelegten Definition, liegt also dann vor, wenn eine IO das Recht hat oder ihr die Pflicht obliegt, funktionalen Schutz für ihre Bediensteten auszuüben, zum Beispiel um diese aus einer Gefahrenlage zu befreien oder eine Gefährdungslage abzuwenden. Für den persönlichen Anwendungsbereich kommt es somit darauf an, welche Personen als „Bedienstete" im Sinne dieser Definition zu verstehen sind.

---

[493] S. Chesterman in J. K. Cogan et al. (2016): The Oxford Handbook of International Organizations 1048-1068, 835f..

[494] G. Ullrich (2018): The Law of the International Civil Service, 55.

[495] Ob das Recht nur gegenüber den Mitgliedstaaten einer IO oder auch gegenüber Drittstaaten besteht, wird an anderer Stelle diskutiert. Siehe dazu Kapitel C.VIII.4.

Grundsätzlich wird für die Eröffnung des persönlichen Anwendungsbereichs auf die Ausführungen des IGH in *Reparation for Injuries* zurückgegriffen. Darin sind Elemente, welche ein Recht der IO auf Ausübung von funktionalem Schutz begründen,[496] sowie solche, welche für eine verpflichtende Ausübung durch die IO sprechen, vorzufinden.[497] In dem Gutachten nimmt der IGH Bezug auf den „agent" einer IO und definiert diesen als *„any person who, whether a paid official or not, and whether permanently employed or not, has been charged by an organ of the Organization with carrying out, or helping to carry out, one of its functions"*.[498] Damit ist der persönliche Anwendungsbereich des funktionalen Schutzes grundsätzlich dann eröffnet, wenn es sich um eine Person handelt, durch welche die Organisation tätig wird.[499] Unter Umständen kann bei Heranziehung unterschiedlicher internationaler oder organisationsinterner Regelwerke der Anwendungsbereich von der weiten Definition des IGH abweichen. Wie eingang in Kapitel A.II.3. angesprochen, stellt die *Convention on the Safety of United Nations and Associated Personnel* auf Missionsteilnehmende ab. In Kapitel C.VII.4 zur Frage nach der Pflicht aufgrund der arbeitsrechtlichen Fürsorgepflicht wird auf die Personalstatuten als Teil der organisationsinternen Rechtsordnung der IO vertieft eingegangen. Im Zusammenhang mit dieser arbeitsrechtlichen Fürsorgepflicht einer IO gegenüber ihren Bediensteten wird im IO-Organisationsrecht oft auf die Stellung des IO-Bediensteten als Begünstigten abgestellt, und weniger auf dessen Tätigwerden für die IO.

Der persönliche Anwendungsbereich von funktionalem Schutz kann nicht pauschal festgelegt werden, sondern ist abhängig von verschiedenen Faktoren, insbesondere dem Innenrecht der Organisation, aber auch seiner etablierten Praxis bei der Ausübung des Schutzes. Letztes sollen einige Praxisbeispiele veranschaulichen: Alicja Wesolowska arbeitete als VN-Bedienstete am United Nations Development Programm (UNDP).[500] Sie war auf dem Weg zu einem UNDP-Einsatz in die Mongolei, als sie 1979 in ihrem Heimatstaat Polen von staatlichen Behörden aufgrund von vermuteter Spionage-Tätigkeit festgenommen wurde. Die VN setzten sich über Jahre hinweg für Wsolowska ein, bis es schließlich gelang die Bedienstete zu befreien.[501] Mahmoud Inbeh war als örtlich Bediensteter für die United Nations Disengagement Observer Force (UNDOF) tätig und wurde im Juni 1983 von syrischen Behörden verhaftet. Auch hier

[496] Reparation for injuries Advisory Opinion, 182.
[497] Ebd., 183: "[…] *the Organization must provide them with adequate protection.* […] *he must feel that this protection is assured to him by the Organization, and that he may count on it.*"
[498] Siehe dazu Reparation for injuries Advisory Opinion, 177.
[499] Reparation for injuries Advisory Opinion, 177: "[…] *any person through whom it acts.*"
[500] Für weitere Ausführungen zu diesem Fall siehe Kapitel A.I und Annex ./5.
[501] UN internal documentation on the Case of Alicja Wesolowska, 1979, 1ff.

setzten die VN unverzüglich Schritte, zB durch die Kontaktierung der Ständigen Vertretung der Arabischen Republik Syrien, um deren Unterstützung in der Forderung der Freilassung von Inbeh zu erhalten.[502] Im Mai 1983 wurden fast 90 Missionsmitglieder der United Nations Relief and Works Agency for Palestine Refugees (UNRWA) von israelischen Streitkräften im Libanon festgenommen. Es ist nicht bekannt, ob es sich bei den Missionsmitgliedern um VN-Bedienstete handelte. Unabhängig davon wurden die VN tätig und versuchten, zB durch die Kontaktaufnahme mit dem israelischen Außenministerium sowie mit hochrangigen israelischen Beamten, Zugang zu den inhaftierten Missionsmitgliedern zu erhalten und ihre baldige Freilassung zu erwirken.[503]

Alle Fälle betrafen Bedienstete der VN, der persönliche Anwendungsbereich des funktionalen Schutzes war damit eröffnet. Die VN setzten unabhängig von der konkreten dienstrechtlichen Beziehung (VN-Bedienstete, örtlich Bedienstete oder Missionsmitglieder ohne klare Zuordnung) Schutzmaßnahmen zugunsten der betroffenen Bediensteten. An dieser Stelle zeigt die Praxis bereits, dass es den VN für die Eröffnung des persönlichen Anwendungsbereiches von funktionalem Schutz auf das Tätigwerden für die Organisation und nicht auf die dienstrechtliche Beziehung ankommt. Für die Reichweite von Recht sowie Pflicht zur Ausübung von funktionalem Schutz spielt weiters aber auch die konkrete Position der Bediensteten in der Organisation eine Rolle.[504] Daher werden nachfolgend die dafür relevanten Dienstverhältnisse dargestellt. Die konkrete Position der Bediensteten in der Organisation wirkt sich insbesondere auf die Frage nach der Pflicht der IO gegenüber ihren Bediensteten aus, da bspw. die Anwendbarkeit der Personalstatuten hier eine organisationsinterne Fürsorgepflicht der IO hervorrufen kann. Die Ausführungen in Kapitel C.VII zur Frage nach der Pflicht von IOs auf Ausübung von funktionalem Schutz werden vorerst auf IO-Bedienstete als Regelfall

---

502 Schreiben von James C. Connolly, Chief Administrative Officer an Mr. Ola Husa, Director Office for Field Operational and External Support Activities, 2 May 1984, LS Mahmoud Inbeh - Imprisonment, DOF.84/257; Schreiben von James O.C. Jonah, Assistant Secretary-General, Office for Field Operational and external Support activities an Mr. Clayton C. Timbrell, Assistant Secretary-General for General Services, 10 May 1984, Mr. Mahmoud Inbeh, locally-recruited staff member of UNDOF in Damascus (Spray Painter (G-4) - Detention by the Syrian authorities).

503 Schreiben von H.E. Dr. Yehuda Z. Blum, Ambassador Extraordinary and Plenipotentiary, Permanent Representative to the United Nations, Permanent Mission of Israel to the United Nations, 800 Second Avenue, New York, N.Y. 10017 an den Generalsekretär, 10 May 1983, UNRWA STaff Understood to be Arrested and Detained in Lebanon by the Israeli Armed Forces as at 27 April 1983; ACC Meeting on 30 March 1983: Detained STaff - Lebanon (Background Notes for the Commissioner-General), 28 March 1983, PER/GEN/1 (IDF), PER/GEN/1 (L); Schreiben von Commissioner-General an All Field Office Directors, 18 January 1983, Detention of Staff in the Host Countries and Occupied Territories, PER/GEN/1 (A) or 160/9.

504 V. Brino: International Organizations as Employers Examining the Duty of Care in the Light of the Different Forms of Employment Relationships in A. de Guttry et al. (eds.) (2018): The Duty of Care of International Organizations Towards Their Civilian Personnel 151-164, 158 mit Verweis auf das United Nations Secretariat: Administrative instruction, Consultants and individual contractors, 19 December 2013, No. ST/AI/2013/4.

des Personals von IOs abstellen. Abschließend in Kapitel C.VII.8 wird auf die Besonderheiten der Pflicht zur Ausübung von funktionalem Schutz bei Betrachtung der einzelnen Kategorien der Bediensteten von IOs eingegangen.

2. Dienstverhältnis mit Internationalen Organisationen

a. Rechtliche Grundlagen des Dienstrechts Internationaler Organisationen

Das Dienstrecht von IOs fällt unter den autonomen Regelungsbereich jeder IO. Damit lässt sich für jede IO aus ihrer Organisationshoheit die sogenannte „*Personalhoheit*“ ableiten. Als Teil der internen Verwaltung stellt das Dienstrecht somit einen Ausfluss der Selbstorganisationskompetenz einer IO dar.[505] Die Intention der Gründungsstaaten einer IO ist die Schaffung einer Organisation, welche bestandsfest ist sowie ihr auferlegte Aufgaben eigenständig und unabhängig bewältigen kann. Darauf lässt sich die Selbstorganisationskompetenz einer IO zurückführen. Für das Funktionieren einer IO ist es wesentlich, ihr Dienstrecht losgelöst von den nationalen Bestimmungen der Mitgliedstaaten festlegen zu können. Nichtsdestotrotz sind viele Bestimmungen des Dienstrechts von IOs stark an das nationale Dienstrecht der Mitgliedstaaten angelehnt bzw. werden nationale Arbeitsrechtsbestimmungen für die Ausgestaltung der Personalstatuten einer IO herangezogen.[506] Die IOs sind daran allerdings nicht gebunden. Aus der Personalhoheit von IOs ergibt sich die rechtliche Freiheit, eigenständig die Rahmenbedingungen für die Dienstverhältnisse mit ihren Bediensteten auszugestalten und abzuändern.[507] In den Gründungsdokumenten einiger IOs ist diese Kompetenz auch explizit festgehalten. Art 101 Abs 1 der VN-Charta sieht dazu etwa vor: „*Das Personal wird vom Generalsekretär gemäß den von der Generalversammlung festgesetzten Richtlinien ernannt.*”[508] Art 336 Vertrag über die Arbeitsweise der Europäischen Union (AEUV)[509] und Art 33 Abs 2 b und c Europäisches Patentübereinkommen (EPÜ)[510] etwa beinhalten ähnliche Regelungen.

[505] G. Ullrich (2009): Das Dienstrecht der Internationalen Organisationen, 49.

[506] V. Brino: International Organizations as Employers Examining the Duty of Care in the Light of the Different Forms of Employment Relationships in A. de Guttry et al. (eds.) (2018): The Duty of Care of International Organizations Towards Their Civilian Personnel 151-164, 152f.

[507] G. Ullrich (2009): Das Dienstrecht der Internationalen Organisationen, 38.

[508] Art 101 Abs 1 VN-Charta.

[509] Art 336 Vertrag über die Arbeitsweise der Europäischen Union (kurz „AEUV“) Amtsblatt Nr. C 326/47 vom 26/10/2012: „*Das Europäische Parlament und der Rat erlassen gemäß dem ordentlichen Gesetzgebungsverfahren durch Verordnungen nach Anhörung der anderen betroffenen Organe das Statut der Beamten der Europäischen Union und die Beschäftigungsbedingungen für die sonstigen Bediensteten der Union.*“.

[510] Art 33 Europäisches Patentübereinkommen (kurz „EPÜ“) 17. Auflage, November 2020, Europäisches Patentamt, abrufbar unter: https://www.epo.org/de/legal/epc (zuletzt aufgerufen am 28.04.2024): „*Der*

Eine IO ist somit im Rahmen der internen Verwaltung in der Lage, durch Ausgestaltung der Personalstatuten und der Dienstverträge mit ihren Bediensteten, die dienstrechtlichen Vorgaben eigenständig durch interne Regelungen festzulegen. Bestimmungen im nationalen Arbeitsrecht, bspw. des Sitzstaats der IO, finden auf die IO-Bediensteten keine Anwendung.[511] Eine Ausnahme davon stellt das „abgeordnete Personal"[512] dar, auf welches die jeweiligen nationalen Arbeitsrechtsvorgaben anzuwenden sind.[513] Darauf wird nachfolgend in Kapitel C.V.2.b zur Rechtsnatur des Dienstverhältnisses näher eingegangen.

Wie in allen Bereichen des Rechts von IOs, nehmen allgemeine Rechtsgrundsätze insbesondere im Zusammenhang mit Entscheidungen von internationalen Verwaltungsgerichten eine beachtliche Stellung ein.[514] Ein internationales Verwaltungsgericht kann, etwa bei der Entscheidung über eine dienstrechtliche Klage gegen eine IO, Prinzipien und Grundsätze aus den nationalen Rechtsordnungen heranziehen, wenn sich daraus ein allgemeiner Rechtsgrundsatz ableiten lässt.[515] Die Rechtsprechung der internationalen Verwaltungsgerichte, insbesondere jene des ILOAT, zeigt *Ullrich* zufolge deutlich, dass die Regelungen in den Personalstatuten einzelner IOs durch deren Auslegung immer weiter angeglichen werden. Das ILOAT differenziert in der Anwendung von arbeitsrechtlichen Bestimmungen auch nicht zwischen den einzelnen Organisationen. *Ullrich* klassifiziert das Dienstrecht der IO in vier große Rechtskreise.[516] Durch die Darstellung je einer IO als Repräsentantin für einen Rechtskreis nimmt er eine Systematisierung des Dienstrechts vor. Die Einteilung in Dienstrechtskreise nach *Ullrich* veranschaulicht, dass insbesondere die Regelungen innerhalb der Dienstrechtskreise des „Gemeinsamen Systems" der VN, der

---

Verwaltungsrat ist befugt, in Übereinstimmung mit diesem Übereinkommen zu erlassen und zu ändern: [...] b) das Statut der Beamten und die Beschäftigungsbedingungen für die sonstigen Bediensteten des Europäischen Patentamts, ihre Besoldung sowie die Art der zusätzlichen Vergütung und die Verfahrensrichtlinien für deren Gewährung; c) die Versorgungsordnung und Erhöhungen der Versorgungsbezüge entsprechend einer Erhöhung der Dienstbezüge; [...].".

511 V. Brino: International Organizations as Employers Examining the Duty of Care in the Light of the Different Forms of Employment Relationships in A. de Guttry et al. (eds.) (2018): The Duty of Care of International Organizations Towards Their Civilian Personnel 151-164, 152f.

512 Darunter werden Personen aus einem Mitgliedstaat verstanden, welche zur IO abgeordnet werden, um einen zeitlich begrenzten Auftrag bei einem Organ der IO zu erfüllen, und zwar zu Bedingungen, die von den betroffenen Parteien vereinbart wurden.

513 K. Moloney: International Civil Servant Management: A Personnel-Influenced Research Agenda in D. Stone, K. Moloney (eds.) (2019): The Oxford Handbook of Global Policy and Transnational Administration 671-690, 680.

514 G. Ullrich (2009): Das Dienstrecht der Internationalen Organisationen, 41.

515 M. Dordeska (2020): General Principles of Law Recognized by Civilized Nations (1922-2018), 101.

516 Folgende Dienstrechtskreise werden dabei unterschieden: a) der Rechtskreis der Organisationen der VN, die dem „common-system" angehören; b) der Rechtskreis der EG-Organisationen und Institutionen, die weitgehend demselben Dienstrecht unterliegen; c) der Dienstrechtskreis der koordinierten Organisationen und d) der Rechtskreis der IOs, die über ein eigenständiges Dienstrecht verfügen. Siehe dazu G. Ullrich (2009): Das Dienstrecht der Internationalen Organisationen, 42.

Dienstrechtskreise der EU bzw. der Dienstrechtskreise der Koordinierten Organisationen (COE, ESA, OECD, NATO, WEU, EZMW) über weitestgehend homogene Regelungen verfügen. Aufgrund dieser Homogenität kann daher vom „Dienstrecht der IOs" gesprochen werden. Dabei darf allerdings nicht übersehen werden, dass jede IO über die Kompetenz verfügt, eigenständige Regelungen vorzugeben.[517]

Die Personalhoheit einer IO im Rahmen ihrer internen Verwaltung kommt vor allem im Hinblick auf abweichende nationale Arbeitsrechtsbestimmungen im Sitzstaat zum Vorschein. Das Arbeitsrecht der IO kann vollkommen losgelöst von den nationalen Bestimmungen ausgestaltet werden. Bedienstete einer IO können somit anderen Regelungen unterliegen als etwa nationale Bedienstete im Sitzstaat der IO.[518] Allerdings gibt es hier Einschränkungen, wenn es um Fürsorge- und Sorgfaltsbestimmungen geht. IOs müssen hierfür Maßnahmen vorsehen und haben weiters die menschenrechtlichen Vorgaben zu beachten.[519]

b. Rechtsnatur des Dienstverhältnisses und die einzelnen Kategorien der Bediensteten von Internationalen Organisationen

i. Internationale Organisations-Bedienstete („International Civil Servant" bzw. „Staff member")

IO-Bedienstete bilden den Regelfall des Personals von IOs. IO-Bedienstete stehen in unmittelbarem dienstrechtlichen Vertragsverhältnis mit jener IO, für die sie auch tätig werden. Sie unterliegen den Weisungen des Generalsekretärs bzw. der Generalsekretärin der Organisation. Ihre Rechtsposition innerhalb der IO ist durch ihren Dienstvertrag, sowie durch die Personalstatuten der Organisation geregelt.[520] Die Rechtsposition der IO-Bediensteten ist dem Recht der IO schon seit Beginn des 19. Jahrhunderts bekannt. Mit der Schaffung des

[517] G. Ullrich (2009): Das Dienstrecht der Internationalen Organisationen, 42ff.

[518] K. Moloney: International Civil Servant Management: A Personnel-Influenced Research Agenda in D. Stone, K. Moloney (eds.) (2019): The Oxford Handbook of Global Policy and Transnational Administration 671-690, 680.

[519] V. Brino: International Organizations as Employers Examining the Duty of Care in the Light of the Different Forms of Employment Relationships in A. de Guttry et al. (eds.) (2018): The Duty of Care of International Organizations Towards Their Civilian Personnel 151-164, 152f.

[520] E. Newman, E. J. Ravndal: The International Civil Service in D. Stone, K. Moloney (eds.) (2019): The Oxford Handbook of Global Policy and Transnational Administration 165-181, 166.

Völkerbunds 1919 wurde ihr Status erstmalig in die Satzung einer IO aufgenommen und galt von diesem Zeitpunkt als allgemein anerkannt.[521]

Arbeitsrechtliche Bestimmungen ihres Heimatstaates oder des Sitzstaates der IO finden auf IO-Bedienstete keine Anwendung. Ausgenommen davon sind jene Fälle, in denen aus einer arbeitsrechtlichen Bestimmung ein allgemeiner Rechtsgrundsatz entsteht.[522] Die Besonderheit der Stellung der IO-Bediensteten geht über die Unanwendbarkeit nationaler Arbeitsrechtsbestimmungen hinaus. Im Gegensatz zu Staatsbediensteten sind IO-Bedienstete von ihrem Heimatstaat vollkommen unabhängig, auch wenn sie als Staatsbürger eines Mitgliedstaats der IO faktisch natürlich eine gewisse Verbindung zu ihrem Heimatstaat aufweisen.[523] IO-Bedienstete müssen die Aufgaben, welche ihnen von der IO übertragen werden, losgelöst von den Interessen ihres Heimatstaats, unabhängig, unparteiisch und unbeeinflusst wahrnehmen.[524] Die Loyalität der IO-Bediensteten gegenüber ihrer IO muss der Loyalität gegenüber ihrem Heimatstaat vorgehen.[525] IO-Bedienstete sind somit Personen, welche mit den Aufgaben der IO betraut werden und diese im Interesse der IO, somit gleichzeitig im Interesse aller Mitgliedstaaten der IO, umsetzen.[526] Staatsinterne Belange des Heimatstaates dürfen die Aufgabenerfüllung nicht beeinflussen. Die VN etwa sehen in besonders kritischen Loyalitätskonflikten von IO-Bediensteten vor, dass diese von der Handlung gegen ihren Heimatstaat Abstand nehmen können.[527] Besonders kritische Loyalitätskonflikte können etwa dann vorliegen, wenn die Handlungen für die VN im Widerspruch zu ethischen oder moralischen Grundsätzen des Heimatstaates des Bediensteten stehen und ihn dadurch in einen unauflösbaren Loyalitätskonflikt bringen. Um ihre Unabhängigkeit sicherzustellen, kommt hochrangigen IO-Bediensteten persönliche Immunität

[521] L. L. Koble, C. M. Iordache: Evolution of the International Civil Servant Institution, Academic Journal of Law and Governance, No. 1 (2013) 44-55, 45.
[522] G. Ullrich (2009): Das Dienstrecht der Internationalen Organisationen, 80.
[523] K. Moloney: International Civil Servant Management: A Personnel-Influenced Research Agenda in D. Stone, K. Moloney (eds.) (2019): The Oxford Handbook of Global Policy and Transnational Administration 671-690, 675.
[524] J. S. Bowman, J. P. West, K. Moloney: International Organizations, Civil Servants and Whistleblowing in D. Stone, K. Moloney (eds.) (2019): The Oxford Handbook of Global Policy and Transnational Administration 710-728, 715f.
[525] O. J. Sending: The International Civil Servant, International Political Sociology (2014) 338-340, 339.
[526] J. Troy: The United Nations Secretary-General as an International Civil Servant, The International History Review 43, No. 4 (2021) 906-927, 909.
[527] Staff Regulations and Rules including provisional Staff Rules, of the United Nations (kurz "UN Staff Regulations") Secretary-General's bulletin, ST/SGB/2023/1, United Nations, New York, 2023.

zu.[528] Grundsätzlich genießen alle IO-Bediensteten zumindest „funktionsbezogene" Immunität, wodurch sie im Rahmen ihres amtlichen Handelns für die IO geschützt sind.[529]

Zur Loyalität von IO-Bediensteten gegenüber den VN sieht Art 100 der VN-Charta folgendes vor: „*1. Der Generalsekretär und das Personal dürfen bei Erfüllung ihrer Pflichten keine Weisungen von irgendeiner Regierung oder von irgendeiner Autorität außerhalb der Organisation einholen oder entgegennehmen. Sie sollen jede Handlung vermeiden, die mit ihrer Stellung als internationale, nur der Organisation verantwortliche Beamte unvereinbar wäre. 2. Jedes Mitglied der Vereinten Nationen verpflichtet sich, den ausschließlich internationalen Charakter der Aufgaben des Generalsekretärs und des Personals zu achten und nicht zu versuchen, sie in der Erfüllung ihrer Aufgaben zu beeinflussen.*"[530]. Damit verpflichten die VN ihre Mitgliedstaaten dazu, die Unabhängigkeit der IO-Bediensteten zu achten. Mit dieser Bestimmung wird sichergestellt, dass jeder Heimatstaat von IO-Bediensteten deren Unabhängigkeit und Loyalität gegenüber der IO respektiert. Schließlich wählen die IOs ihre Bediensteten ausschließlich aus ihren Mitgliedstaaten aus.[531]

Die vertragliche Beziehung zur IO, die Pflicht zur Loyalität zu dieser, sowie die notwendige Unabhängigkeit vom Heimatstaat erfordern geeignete Schutzmechanismen und einen speziellen Status der IO-Bediensteten innerhalb des Dienstrechts der IO.[532] Der Schutzmaßstab für die IO-Bediensteten ist besonders hoch und besteht teilweise sogar über die Dauer des Dienstverhältnisses hinfort, wie folgender Fall veranschaulicht: Im Fall T-5/92[533] wandte das Europäische Gericht (EuG) Art 24 des Statuts der Beamten der EU[534] zum Schutz des Bediensteten an. Der Fall handelte von der Beistandsleistung der damaligen Europäischen Gemeinschaft (EG), die demütigenden Handlungen gegen Santo Tallarico, einen Bediensteten des Parlaments, zu unterbinden. Das Gericht wies bei der Würdigung des Falls explizit darauf hin, dass die Intention hinter der Schaffung von Art 24 Abs 1 jene war, die Bediensteten der

---

528 J. S. Bowman, J. P. West, K. Moloney: International Organizations, Civil Servants and Whistleblowing in D. Stone, K. Moloney (eds.) (2019): The Oxford Handbook of Global Policy and Transnational Administration 710-728, 716. Siehe hierzu die Ausführungen in Kapitel C.IV.2.

529 K. Tesfagabir: The State of Functional Immunity of International Organizations and their Officials and Why it Should be Streamlined, Chinese Journal of International Law 10, No. 1 (2011) 97-128, 109. Siehe hierzu die Ausführungen in Kapitel C.IV.1.

530 Art 100 VN-Charta.

531 E. Newman, E. J. Ravndal: The International Civil Service in D. Stone, K. Moloney (eds.) (2019): The Oxford Handbook of Global Policy and Transnational Administration 165-181, 175.

532 O. J. Sending: The International Civil Servant, International Political Sociology (2014) 338-340, 339.

533 EuG, Santo Tallarico gegen Europäisches Parlament, 21 April 1993, T-5/92.

534 Art 24 EU Staff Regulations; EuG, Santo Tallarico gegen Europäisches Parlament, 21 April 1993, T-5/92, para 29.

Gemeinschaft vor Dritten und deren Angriffen schützen zu können.[535] Trotzdem könne die Bestimmung auch auf interne Vorfälle, die einer Beistandspflicht durch die EG bedurften, angewandt werden.[536] Auch der Geltungsbereich der Bestimmung wird von der Rechtsprechung über den Wortlaut hinaus ausgeweitet und somit auch für bereits pensionierte Bedienstete zur Anwendung gebracht. Der Wortlaut „*[...] leistet ihren Beamten Beistand, [...] aufgrund ihrer Dienststellung oder ihres Amtes [...]*" umfasst bei einer engen Auslegung nur die Beistandsleitung für aktuell Bedienstete. Das EuG unterstellt dieser Bestimmung den Zweck, Bedienstete bei Vorkommnissen im Zusammenhang mit ihrer Tätigkeit zu unterstützen. Dieser Zweck könne nicht erreicht werden, wenn der Schutz in Form von Unterstützung durch die IO mit dem Zeitpunkt der Beendigung des Dienstverhältnisses endet.[537]

In der Vergangenheit waren die Rechtsverhältnisse der Bediensteten einer IO in Form von unbefristeten (permanenten) Verträgen, verbunden mit der Stellung als „Beamter" der IO, ausgestaltet.[538] Mittlerweile finden sich im Dienstverhältnis mit IOs kaum noch unbefristete Vertragsbeziehungen.[539] Es ist daher notwendig, die Stellung der Bediensteten einer IO, unabhängig davon, ob sie befristet oder unbefristet ist, durch rechtliche Regelungen zu schützen und damit die Loyalität gegenüber der IO abzugelten.[540]

ii. Auftragnehmer („Contractor")

Die Verwendung des Begriffs „Auftragnehmer" einer IO ist sehr vielfältig. Mit diesem Überbegriff werden für diese Arbeit sowohl abhängige Auftragnehmer als IO-Bedienstete („dependent contractor") als auch unabhängige Auftragnehmer als Nicht-IO-Bedienstete („individual contractor") umfasst. Auftragnehmer stehen mit der IO in einem Vertragsverhältnis, welches die Leistungserbringung für die IO zum Inhalt hat und bei welchem es sich eben nicht um einen klassischen Dienstvertrag handelt.[541]

---

[535] EuG, Santo Tallarico gegen Europäisches Parlament, 21 April 1993, T-5/92, para 30.
[536] Ebd., para 31.
[537] EuG, Sommerlatte v. Commission, 12 June 1986, C-229/84, para 19.
[538] O. J. Sending: The International Civil Servant, International Political Sociology (2014) 338-340, 339.
[539] V. Brino: International Organizations as Employers Examining the Duty of Care in the Light of the Different Forms of Employment Relationships in A. de Guttry et al. (eds.) (2018): The Duty of Care of International Organizations Towards Their Civilian Personnel 151-164, 155f; G. Ullrich (2009): Das Dienstrecht der Internationalen Organisationen, 223.
[540] O. J. Sending: The International Civil Servant, International Political Sociology (2014) 338-340, 339.
[541] K. Moloney: International Civil Servant Management: A Personnel-Influenced Research Agenda in D. Stone, K. Moloney (eds.) (2019): The Oxford Handbook of Global Policy and Transnational Administration 671-690, 681.

Das Vertragsverhältnis zwischen der IO und den Auftragnehmern kann dennoch ähnlich einem Dienstvertrag ausgestaltet sein. In diesem Fall handelt es sich um abhängige Auftragnehmer, welche nur oder zumindest überwiegend für die IO tätig werden und die vereinbarten Leistungen für diese erbringen.[542] Zwischen den abhängigen Auftragnehmern und der IO besteht ein Abhängigkeitsverhältnis zulasten der abhängigen Auftragnehmer, welches als ausschlaggebendes Indiz für die Charakterisierung der Auftragnehmer als IO-Bedienstete angesehen werden kann.[543] Die Personalstatuten sowie die Bestimmungen zur „funktionsbezogenen" Immunität sind auf abhängige Auftragnehmer somit anwendbar.[544] Abhängige Auftragnehmer können zur IO in einem Dienstverhältnis auf Dauer oder einem Dienstverhältnis auf Zeit stehen.[545] Das Dienstverhältnis auf Zeit ist mittlerweile vorherrschend, da es der IO Flexibilität bietet, ihre Personalsituation an geänderte Umstände anzupassen. Für die Bediensteten ist dieses Dienstverhältnis mit deutlich weniger Rechtssicherheit verbunden. als das Dienstverhältnis auf Dauer.[546]

Unabhängige Auftragnehmer hingegen erbringen Leistungen für die IO auf Basis eines Werkvertrages oder einer sonstigen vertraglichen Grundlage. Unabhängige Auftragnehmer sind der Definition der VN zufolge Personen, welche von der Organisation von Zeit zu Zeit im Rahmen eines befristeten Vertrags eingesetzt werden, um gegen Zahlung eines Pauschalhonorars, Fachwissen, Fertigkeiten oder Kenntnisse für die Ausführung einer bestimmten Aufgabe oder Arbeit bereitzustellen, die ihrem Wesen nach kurzfristig ist.[547] Der Arbeitsauftrag kann etwa die Bereitstellung von Übersetzungen, Redaktionsarbeiten, Sprachunterricht, Öffentlichkeitsarbeit, Sekretariats- oder Büroarbeiten und Teilzeit-Wartungsarbeiten oder andere Funktionen beinhalten.[548] Unabhängige Auftragnehmer stehen in keinem Abhängigkeitsverhältnis zur IO und sind somit nicht als IO-Bedienstete

[542] V. Brino: International Organizations as Employers Examining the Duty of Care in the Light of the Different Forms of Employment Relationships in A. de Guttry et al. (eds.) (2018): The Duty of Care of International Organizations Towards Their Civilian Personnel 151-164, 155.

[543] K. Moloney: International Civil Servant Management: A Personnel-Influenced Research Agenda in D. Stone, K. Moloney (eds.) (2019): The Oxford Handbook of Global Policy and Transnational Administration 671-690, 681.

[544] G. Ullrich (2009): Das Dienstrecht der Internationalen Organisationen, 221.

[545] Ebd., 223.

[546] J. S. Bowman, J. P. West, K. Moloney: International Organizations, Civil Servants and Whistleblowing in D. Stone, K. Moloney (eds.) (2019): The Oxford Handbook of Global Policy and Transnational Administration 710-728, 718.

[547] United Nations Secretariat: Administrative instruction, Consultants and individual contractors, 19 December 2013, No. ST/AI/2013/4, 2.

[548] Ebd.

einzuordnen.[549] Die Personalstatuten sowie die Bestimmungen zur Immunität von Bediensteten einer IO finden auf sie keine Anwendung. Die IO ist daher gegenüber unabhängigen Auftragnehmern nicht dazu verpflichtet, Handlungen im Rahmen der Fürsorgepflicht zu setzen, außer die konkrete Vereinbarung sieht diese Pflicht ausdrücklich vor.[550]

iii. Abgeordnetes Personal („Seconded official")

Eine Sonderstellung im Dienstverhältnis mit IOs nimmt das abgeordnete Personal ein. Dabei handelt es sich um Beamte oder Bedienstete eines Mitgliedstaates, welche für kurzfristige Tätigkeiten von der IO in Anspruch genommen und dazu von dem Mitgliedstaat zur IO abgeordnet werden.[551] Im Regelfall bleiben nationale Arbeitsrechtsbestimmungen auf abgeordnetes Personal anwendbar und es unterliegt nicht den Personalstatuten der IO, für welche es tätig wird.[552] Abgeordnetes Personal wird grundsätzlich dann beauftragt, wenn es eine spezielle Expertise in einem bestimmten Gebiet aufweist und der IO damit von Nutzen ist.[553] Experten von IOs, wie sie in den Verwaltungsanweisungen des Sekretariats der VN beschrieben werden, stellen ein Beispiel für abgeordnetes Personal dar. Experten können sowohl abgeordnetes Personal als auch unabhängige Auftragnehmer sein und für die IO auf Auftragsbasis tätig werden. Experten als abgeordnetes Personal stehen in einem Dienstverhältnis mit ihrem Heimatstaat, während Experten als unabhängige Auftragnehmer in ihrer privaten Funktion für die IO tätig werden. Der Beschreibung von Experten in Abschnitt 2 der Verwaltungsanweisungen des Sekretariats der VN zufolge sind darunter Personen zu verstehen, welche als anerkannte Autoritäten oder Spezialisten auf einem bestimmten Gebiet von den VN im Rahmen eines befristeten Vertrags in beratender Funktion für das Sekretariat tätig werden. Experten verfügen demnach über besondere Fähigkeiten oder Kenntnisse, über die das reguläre Personal der Organisation normalerweise nicht verfügt und für die im Sekretariat kein ständiger Bedarf besteht. Die Aufgaben von Experten sind ergebnisorientiert

---

549 K. Moloney: International Civil Servant Management: A Personnel-Influenced Research Agenda in D. Stone, K. Moloney (eds.) (2019): The Oxford Handbook of Global Policy and Transnational Administration 671-690, 681.

550 V. Brino: International Organizations as Employers Examining the Duty of Care in the Light of the Different Forms of Employment Relationships in A. de Guttry et al. (eds.) (2018): The Duty of Care of International Organizations Towards Their Civilian Personnel 151-164, 158 mit Verweis auf United Nations Secretariat: Administrative instruction, Consultants and individual contractors, 19 December 2013, No. ST/AI/2013/4.

551 K. Moloney: International Civil Servant Management: A Personnel-Influenced Research Agenda in D. Stone, K. Moloney (eds.) (2019): The Oxford Handbook of Global Policy and Transnational Administration 671-690, 680.

552 United Nations Secretariat: Administrative instruction, Consultants and individual contractors, 19 December 2013, No. ST/AI/2013/4, 6.

553 V. Brino: International Organizations as Employers Examining the Duty of Care in the Light of the Different Forms of Employment Relationships in A. de Guttry et al. (eds.) (2018): The Duty of Care of International Organizations Towards Their Civilian Personnel 151-164, 158.

und umfassen in der Regel die Analyse von Problemen, die Leitung von Seminaren oder Ausbildungskursen, die Vorbereitung von Dokumenten für Konferenzen und Tagungen oder das Verfassen von Berichten über die Angelegenheiten in ihren Fachgebieten, zu denen ihr Rat oder ihre Unterstützung erbeten wird.[554]

Nicht nur die dienstrechtliche Stellung, sondern auch die geschuldete Loyalität des abgeordneten Personals weicht deutlich von jener der IO-Bediensteten ab. Aufgrund der starken Verbindung des abgeordneten Personals mit ihren Heimatstaaten und die Anwendung des nationalen Arbeitsrechtes, schulden diese neben der IO auch ihren Heimatstaaten Loyalität.[555] Diese Konstellation kann zu Loyalitätskonflikten führen, weshalb in der Vereinbarung zwischen der IO und dem Heimatstaat des abgeordneten Personals klare Regelungen betreffend die Reichweite der Loyalität gegenüber der IO und den Umgang mit Loyalitätskonflikten zu treffen sind.[556] Den Rechtsschutz betreffend, muss die IO für abgeordnetes Personal ebenfalls Sonderregelungen vorsehen. Schließlich führt die Anwendung des nationalen Arbeitsrechts zur Unzuständigkeit organisationsinterner Verwaltungsgerichte für dienstrechtliche Klagen von abgeordnetem Personal.[557] Der Weg vor ein nationales Gericht, um eine dienstrechtliche Klage gegen eine IO einzubringen, ist dem abgeordneten Personal regelmäßig aufgrund der Immunität der IO versperrt.[558] In *Waite and Kennedy* stellte der Europäische Gerichtshof für Menschenrechte (EGMR) die Pflicht von IOs klar, entsprechenden internen Rechtsschutz für ihre Bediensteten vorzusehen, um die Immunität der IO vor nationalen Gerichten aufrecht erhalten zu können.[559] Bei abgeordnetem Personal stellt sich in diesem Zusammenhang allerdings die Frage, ob die Entscheidung *Waite and Kennedy* auf den Fall anwendbar ist, da abgeordnetes Personal nicht als IO-Bedienstete anzusehen ist. Abgeordnetes Personal steht nicht in einem Dienstverhältnis mit der IO, es wird nicht in die organisationsinterne Struktur integriert und die Personalstatuten finden ebenfalls keine Anwendung. All das spricht gegen

[554] United Nations Secretariat: Administrative instruction, Consultants and individual contractors, 19 December 2013, No. ST/AI/2013/4, 1f.

[555] K. Moloney: International Civil Servant Management: A Personnel-Influenced Research Agenda in D. Stone, K. Moloney (eds.) (2019): The Oxford Handbook of Global Policy and Transnational Administration 671-690, 681.

[556] L. L. Koble, C. M. Iordache: Evolution of the International Civil Servant Institution, Academic Journal of Law and Governance, No. 1 (2013) 44-55, 47f.

[557] G. Ullrich (2009): Das Dienstrecht der Internationalen Organisationen, 224.

[558] T. J. O'Toole: Sovereign Immunity Redivivus: Suits against International Organizations, Suffolk Transnational Law Journal 4, No. 1 (1980) 1-16, 14ff.

[559] Waite and Kennedy v. Germany, Application No 26083/94, Judgment of 18 February 1999, EGMR 13 (kurz "Waite and Kennedy"), para 68: "*a material factor in determining whether granting [...] immunity from [...] jurisdiction is permissible is whether the applicants had available to them reasonable alternative means to protect effectively their rights under the Convention.*"

eine Anwendbarkeit von *Waite and Kennedy* auf abgeordnetes Personal. In der Praxis werden in Verträgen mit abgeordnetem Personal meist Schiedsklauseln vereinbart.[560]

iv. Örtlich Bedienstete („Locally recruited personell")

Örtlich Bedienstete sind Personen, welche sich zu Beginn ihres Tätigwerdens für eine IO bereits im Empfangsstaat der Mission aufhalten und von der Organisation für einen begrenzten Zeitraum angestellt werden, um Aufgaben im Rahmen dieser Missionen zu übernehmen.[561] Regelmäßig sind örtlich Bedienstete Staatsangehörige des Empfangsstaates einer Mission, sie müssen es aber nicht zwingend sein. Örtlich Bedienstete werden von der IO meist für manuelle Tätigkeiten oder Hilfsarbeiten eingesetzt. Zu diesem Zweck schließt die IO direkt mit den Personen dienstvertragsähnliche Verträge ab, worin alle rechtlichen Rahmenbedingungen festgelegt werden. Es steht der IO offen, Dienstverträge mit örtlich Bediensteten auf Grundlage des nationalen Arbeitsrechts des Empfangsstaates oder basierend auf ihren organisationsinternen Regelungen abzuschließen.[562]

Die VN bspw. schließen Verträge mit örtlich Bediensteten regelmäßig auf Basis ihrer organisationsinternen Regelungen.[563] Die Schutz- und Fürsorgepflichten einer IO gegenüber den örtlich Bediensteten hängen in diesem Fall von den auf sie anwendbaren organisationsinternen Regelwerken sowie den getroffenen Einzelvereinbarungen ab.[564] Soweit nationales Arbeitsrecht des Empfangsstaates auf das Dienstverhältnis zwischen der IO und den örtlich Bediensteten angewandt wird, sind die organisationsinternen Verwaltungsgerichte für dienstrechtliche Streitigkeiten nicht zuständig, weshalb in diesen Fällen meist Schiedsvereinbarungen getroffen werden.[565] Örtlich Bedienstete nehmen eine besondere Stellung unter den Bediensteten von IOs ein, da trotz dienstvertragsähnlicher Vereinbarungen organisationsintern regelmäßig spezifische Regelwerke bestehen und die Personalstatuten nicht anwendbar sind.[566] Die Tätigkeit für eine IO in ihrem Heimatstaat kann Loyalitätskonflikte hervorrufen und die örtlich Bediensteten in Gefahrenlagen bringen. Unter *„officials of the*

---

[560] G. Ullrich (2009): Das Dienstrecht der Internationalen Organisationen, 224.

[561] V. Brino: International Organizations as Employers Examining the Duty of Care in the Light of the Different Forms of Employment Relationships in A. de Guttry et al. (eds.) (2018): The Duty of Care of International Organizations Towards Their Civilian Personnel 151-164, 160f.

[562] G. Ullrich (2018): The Law of the International Civil Service, 261.

[563] Siehe zB Rule 4.4 UN Staff Regulations.

[564] Als anwendbares organisationsinternes Regelwerk siehe bspw. UNSMS Security Policy Manual: Chapter IV – Security Management, Section C – Security of Locally-Recruited Personnel, 28 September 2018.

[565] G. Ullrich (2018): The Law of the International Civil Service, 261.

[566] V. Brino: International Organizations as Employers Examining the Duty of Care in the Light of the Different Forms of Employment Relationships in A. de Guttry et al. (eds.) (2018): The Duty of Care of International Organizations Towards Their Civilian Personnel 151-164, 157f.

United Nations" in Art 18 der UN-Immunity Convention sind dem Generalsekretär zufolge alle Mitglieder des Personals, unter Ausnahmen von örtlich Bediensteten, zu verstehen.[567] Für örtlich Bedienstete ist daher eine gesonderte Vereinbarung betreffend ihre Immunität zu treffen, andernfalls eine solche nicht besteht. Die VN erkennen das Risko und die Gefahr für örtlich Bedienstete und haben dem Schutz und der Sicherheit dieser in ihrem internen Sicherheitshandbuch einen eigenen Abschnitt gewidmet. Darin wird insbesondere auch der Schutz und die Unterstützung von örtlich Bediensteten im Falle von Festnahmen und Verhaftungen definiert.[568]

v. Experte für Missionen ("Expert on mission")

Experten werden regelmäßig auf Basis eines Beratervertrages für eine IO tätig, welcher die rechtlichen Rahmenbedingungen für diese Tätigkeit schafft und die zu erbringenden Aufgaben definiert. Experten können auch ohne Beratervertrag für eine IO tätig werden, wobei es sich dann regelmäßig um Personal eines Mitgliedstaates handelt, welches zu Organen der IO abgeordnet wird.[569] Die Rolle der Experten wurde bereits thematisiert, weshalb für Experten als unabhängige Auftragnehmer auf die Ausführungen in Kapitel C.V.2.b.ii und für Experten als abgeordnetes Personal auf die Ausführungen in Kapitel C.V.2.b.iii verwiesen wird.

Die VN sehen spezielle Regelungen für Experten vor, wonach diese der Organisation ihre volle Loyalität entgegenbringen müssen und ihre unabhängige Aufgabenerfüllung sicherzustellen ist.[570] Dazu kommt den Experten Immunität und Schutz durch die Organisation zu.[571] Der Generalsekretär ist weiters um die Einrichtung aller erforderlichen Sicherheitsvorkehrungen bemüht.[572]

---

567 A. Orakhelashvili in A. Orakhelashvili (2015): Research Handbook on Jurisdiction and Immunities in International Law 508.

568 UNSMS Security Policy Manual: Chapter IV – Security Management, Section C – Security of Locally-Recruited Personnel, 28 September 2018, 2.

569 Siehe beispielhaft zu den Experten der Missionen der VN Regulations Governing the Status, Basic Rights and Duties of Officials other than Secretariat Officials, and Experts on Mission, ST/SGB/2002/9, United Nations New York, 2002, 1.

570 Regulations Governing the Status, Basic Rights and Duties of Officials other than Secretariat Officials, and Experts on Mission, ST/SGB/2002/9, United Nations New York, 2002, 4.

571 Regulations Governing the Status, Basic Rights and Duties of Officials other than Secretariat Officials, and Experts on Mission, ST/SGB/2002/9, United Nations New York, 2002, 1.

572 Regulations Governing the Status, Basic Rights and Duties of Officials other than Secretariat Officials, and Experts on Mission, ST/SGB/2002/9, United Nations New York, 2002, 3.

vi. Freiwillige ("Volunteers")

Die VN haben zur Förderung und Unterstützung von Entwicklungsländern ein Freiwilligenarbeitsprogramm eingerichtet.[573] Die VN sind bekannt für die Tätigkeit ihrer Freiwilligen und haben auch eigene organisationsinterne Regelwerke für diese Gruppe der Bediensteten geschaffen.[574] Die Ausführungen zu Freiwilligen beschränken sich hier somit auf die Regelungen der VN. Die sogenannten „UN-Volunteers" werden im Rahmen des Freiwilligenarbeitsprogrammes für die VN tätig, ohne ein Entgelt für ihre Tätigkeit zu erhalten. Es handelt sich bei Freiwilligen nicht um VN-Bedienstete, weshalb die Personalstatuten auf Freiwillige nicht anwendbar sind. Freiwillige unterliegen den spezifischen Vorgaben der Bedingungen für den Dienst im Rahmen des Freiwilligenprogrammes der VN sowie den Bestimmungen der Einzelvereinbarungen mit den VN.[575] Die Bedingungen für den Dienst der VN-Freiwilligen sehen vor, dass diesen Immunität im Rahmen ihres Tätigwerdens für die VN zukommen soll.[576]

3. Tätigwerden für Internationale Organisationen

Die Darstellung der unterschiedlichen vertraglichen Beziehungen mit IOs in Kapitel C.V.2.b zeigt, dass sowohl IO-Bedienstete als auch Nicht-IO-Bedienstete an der Aufgabenerfüllung einer IO beteiligt sein können. Da das Personalstatut grundsätzlich nur auf IO-Bedienstete Anwendung findet,[577] stellt sich die Frage, ob es insbesondere für die Ausübung von funktionalem Schutz durch eine IO und die Determinierung der Reichweite dieses Schutzes neben dem unmittelbaren Dienstverhältnis einen weiteren Anknüpfungspunkt gibt. Denkbar ist hier ein Anknüpfen an das Tätigwerden für die IO durch Bedienstete, ohne Differenzierung zwischen IO-Bediensteten und Nicht-IO-Bediensteten.[578] Dies entspricht auch der Definition eines „*agents*" durch den IGH in *Reparation for Injuries* als „*kurz gesagt, jede Person, durch die die Organisation handelt*".[579]

---

[573] Resolution 2659 (XXV) adopted by the General Assembly of the United Nations on 7 December 1970, United Nations Volunteers.

[574] Siehe hierzu International UN Volunteer Handbook, Conditions of Service, United Nations Volunteers programme, 1 October 2021

[575] International UN Volunteer Handbook, Conditions of Service, United Nations Volunteers programme, 1 October 2021, 8.

[576] Ebd.

[577] United Nations Secretariat: Administrative instruction, Consultants and individual contractors, 19 December 2013, No. ST/AI/2013/4, 6.

[578] V. Brino: International Organizations as Employers Examining the Duty of Care in the Light of the Different Forms of Employment Relationships in A. de Guttry et al. (eds.) (2018): The Duty of Care of International Organizations Towards Their Civilian Personnel 151-164, 159.

[579] Siehe dazu Reparation for injuries Advisory Opinion, 177.

Privatpersonen und unabhängige Auftragnehmer[580] sowie abgeordnetes Personal[581] oder Freiwillige[582] werden dienstrechtlich nicht als IO-Bedienstete angesehen und können sich somit nicht auf Schutzbestimmungen in den Personalstatuten berufen.[583] Sie leisten für die IO und die Mission der Organisation allerdings eine bedeutende Arbeit und sind aufgrund ihrer Position meist ähnlichen Gefahren ausgesetzt, wie es IO-Bedienstete sind.[584] Eine Ausweitung bestimmter Schutzbestimmungen auf Nicht-IO-Bedienstete erscheint daher erforderlich. In den Verwaltungsanweisungen des Sekretariats der VN wird für die Kompensation bei tätigkeitsbedingter Tötung, Verletzung oder Krankheit an "*performance of official duties on behalf of the United Nations*" angeknüpft und für Berater und unabhängige Auftragnehmer eine Entschädigung vorgesehen, entsprechend jener gemäß Anhang D der Personalstatuten.[585] Aus der Entschädigungspflicht lässt sich die Notwendigkeit ableiten, Schädigungen von Bediensteten grundsätzlich zu verhindern und diese entsprechend zu schützen. In Anlehung an die Ausführungen des IGH, wonach eine Schutzausübung dann möglich sein soll, wenn sie zur Aufrechterhaltung der Funktionsfähigkeit der IO notwendig ist, muss dieses Prinzip auch hier gelten. Für eine IO tätiges Personal muss gleichermaßen geschützt werden können, soweit die Aufgabenerfüllung und damit das Funktionieren der IO anders nicht sichergestellt werden kann.

Das Tätigwerden für eine IO wird für die Zwecke dieser Arbeit wie folgt definiert:

> *Jede Person, die aufgrund einer vertraglichen Vereinbarung mit der IO, sei es ein Dienstvertrag oder ein sonstiger Vertrag, zur Leistungserbringung bzw. Aufgabenerfüllung für die IO verpflichtet ist und dieser Verpflichtung nachkommt, wird für die IO tätig.*

Grundsätzlich beschränken IOs wie bspw. die VN ihre Schutzpflicht für Mitglieder ihrer Missionen lediglich auf IO-Bedienstete („*Personal mit VN-Verträgen*").[586] Oftmals stellen die VN bei der Entscheidung über das Setzen von Schutzhandlungen für Bedienstete in einer

580 Siehe Kapitel C.V.2.b.ii für die Ausführungen zu abhängigen Auftragenehmenden und insbesondere zu unabhängigen Auftragnehmenden als Nicht-IO-Bedienstete in der Gruppe der Auftragenehmenden.

581 Siehe Kapitel C.V.2.b.iii für die Ausführungen zu abgeordneten Beamten.

582 Siehe Kapitel C.V.2.b.vi für die Ausführungen zu Freiwilligen.

583 United Nations Secretariat: Administrative instruction, Consultants and individual contractors, 19 December 2013, No. ST/AI/2013/4, 6.

584 V. Brino: International Organizations as Employers Examining the Duty of Care in the Light of the Different Forms of Employment Relationships in A. de Guttry et al. (eds.) (2018): The Duty of Care of International Organizations Towards Their Civilian Personnel 151-164, 159.

585 United Nations Secretariat: Administrative instruction, Consultants and individual contractors, 19 December 2013, No. ST/AI/2013/4, 9.

586 Schreiben von Somendu K. Banerjee, Resident Representative an Alice E. Weil, Assistant Secretary-General for General Services, 23 July 1985, Detained UN Staff Members in Afghanistan, Reference: ADM 250/26 No. 1725.

Gefahrensituation aber eben nicht auf die dienstrechtliche Stellung, sondern auf das Tätigwerden für die Organisation ab. So fassten bspw. zwei Entscheidungsträger der VN in einer internen Kommunikation den Entschluss, für alle in Afghanistan festgehaltenen Missionsmitglieder unabhängig von ihrer dienstrechtlichen Position bei den VN einzuschreiten und kollektiv Initiative zu ergreifen.[587] Mehrere Missionsmitglieder (darunter VN-Bedienstete, sowie örtlich Bedienstete und abgeordentes Personal) wurden 1984 in Afghanistan verhaftet und festgehalten. Die VN erfuhren von dem afghanischen Außenministerium, dass fünf Personen verurteilt worden seien, wobei den VN zuvor nicht einmal Anschuldigungen gegenüber diesen Personen kommuniziert wurden. Die VN versuchten durch zahlreiche Handlungen und unter Bezugnahme auf die Verpflichtungen ihrer Mitgliedstaaten nach der General Assembly (GA) Res. 35/212 vom 17. Dezember 1980 die Freilassung der Missionsmitglieder zu erwirken.[588] Klare Zielsetzung dabei war der Einsatz zum Schutz aller Missionsmitglieder. Grund für das Tätigwerden zugunsten aller Missionsmitglieder, ohne Einschränkung auf VN-Bedienstete war, dass eine solche Anstrengung nicht nur den Interessen der festgehaltenen Personen, sondern auch dem Ansehen und der Glaubwürdigkeit des Systems der VN insgesamt zugutekäme. Es wurde für einen kollektiven Einsatz argumentiert und erneut die Interessen aller Missionsmitglieder auf Schutz und Unterstützung in den Mittelpunkt gestellt.[589] Daraus kann die Ausrichtung der VN-Initiativen auf das Schutzinteresse aller Bediensteten, die für die VN tätig werden, abgeleitet werden. In dem eben zitierten Fall nahm sich schlussendlich der Personalvertreter des Generalsekretärs der Sache an und trat direkt mit der Regierung Afghanistans in Verbindung, um sein Personal zu unterstützen und Zugang zu den inhaftierten Personen zu erhalten.[590] Den Ausführungen der Rechtsabteilung der VN in dem Interoffice Memorandum kann unzweifelhaft entnommen werden, dass sich die VN für alle Personen einsetzten, welche für diese tätig werden.[591]

Der Afghanistan-Fall hat gezeigt, dass die VN bei ihren Schutzbemühungen nicht zwischen VN-Bediensteten und sonstigem Personal unterscheiden. Daraus lässt sich die Bedeutung der

[587] Ebd.

[588] Siehe dazu Schreiben von Somendu K. Banerjee, Resident Representative an Alice E. Weil, Assistant Secretary-General for General Services, 10 June 1985, Detained UN Staff Members in Afghanistan, Reference: ADM 250/26 No. 1365.; Document from the United Nations Development Programme, UNDEVPRO, Reference: ADM/250/26 No. 1352, P.O. Box 5 Kabul, Afghanistan, June 1985.; Schreiben von Alice E. Weil, Assistant Secretary-General for General Services an Emilio de Olivares, Executive Assistant to the Secretary-General 21 June 1985, Detained UN staff members in Afghanistan.

[589] Ebd.

[590] Schreiben von John F. Scott, Director and Deputy to the Under-Secretary-General in charge of the Office of Legal Affairs an G. Picco, Senior Officer, Executive Office of the Secretary-General, 23 August 1985, Detained UN Staff Members in Afghanistan.

[591] Ebd.

funktionalen Betrachtung erschließen. Missionsmitglieder leisten im Rahmen ihrer Tätigkeit einen wichtigen Beitrag zur Aufgabenerfüllung der Mission und tragen damit zur Funktionserfüllung der Organisation bei. Auf die Unterscheidung zwischen IO-Bedienstete und Nicht-IO-Bedienstete innerhalb der Missionsmitglieder kommt es hierbei nicht an. Wesentlich ist ausschließlich das Tätigkeitwerden für und im Auftrag der Organisation. Angelehnt an den weiten „*agent*"-Begriff des IGH in *Reparation for Injuries* wird der persönliche Anwendungsbereich des funktionalen Schutzes damit für alle Personen, welche für eine IO tätig werden, als eröffnet angesehen.[592] Demnach gilt: *Jede Person, die aufgrund einer vertraglichen Vereinbarung mit der IO, sei es ein Dienstvertrag oder ein sonstiger Vertrag, zur Leistungserbringung bzw. Aufgabenerfüllung für die IO verpflichtet ist und dieser Verpflichtung nachkommt, wird für die IO tätig*. Sobald die Anforderungen dieser Definition einer für eine IO tätigen Person erfüllt sind, ist der persönliche Anwendungsbereich des funktionalen Schutzes eröffnet. Dies gilt gleichermaßen für den Eintritt einer Gefährdungs- oder einer Gefahrenlage aufgrund der Tätigkeit eines Bediensteten für die Organisation, unabhängig davon ob zwischen der Gefahrenlage und dem Tätigwerden ein unmittelbarer Zusammenhang besteht oder nicht. Die unterschiedlichen dienstrechtlichen Stellungen können aber in der Reichweite des funktionalen Schutzes und den damit konkret einhergehenden Maßnahmen eine differenzierte Betrachtung hervorrufen. Demnach kann eine Person zwar in den persönlichen Anwendungsbereich von funktionalem Schutz fallen, zwischen der IO und der Person muss aber nicht unbedingt eine Fürsorgepflicht bestehen, weil sie sich nicht in einem Dienstverhältnis mit dieser befindet. Es bleibt in den Kapiteln zur Reichweite des funktionalen Schutzes im Detail darauf einzugehen, wie weitreichend die Handlungen unter dem funktionalen Schutz je nach dienstrechtlicher Stellung und Ausmaß der Schutzpflicht der IO sein können.[593]

VI. Sachlicher Anwendungsbereich des funktionalen Schutzes

Während sich der persönliche Anwendungsbereich damit befasst, für welche *Personen* funktionaler Schutz durch IOs ausgeübt werden *kann* und allenfalls werden *muss*, konkretisiert der sachliche Anwendungsbereich in welchen *Fallkonstellationen* funktionaler Schutz ausgeübt werden *kann* und allenfalls werden *muss*.

Der Begriff des sachlichen Anwendungsbereiches wird bei nationalen Gesetzesbestimmungen verwendet, um anzugeben, ob ein bestimmter Fall oder ein bestimmtes Szenario von der

[592] Siehe dazu insbesondere die Ausführungen in Kapitel A.II.3.
[593] Siehe dazu Kapitel C.VII.6. für die Reichweite der Pflicht und C.VIII.3 bzw. C.VIII.5 für die Reichweite des Rechts.

Bestimmung umfasst und somit in ihren sachlichen Anwendungsbereich fällt. Auf die Ausübung von funktionalem Schutz durch IOs wird der sachliche Anwendungsbereich wie folgt übertragen: Vorausgesetzt ist die Eröffnung des persönlichen Anwendungsbereiches von funktionalem Schutz – das Tätigwerden eines Bediensteten – sowie das Vorliegen einer Gefahrenlage bzw. das Drohen einer solchen. Nach der Definition in Kapitel A.II.1 ist unter „*Gefahrenlage*" jede Situation zu verstehen, aus welcher sich die betroffenen Personen nicht problemlos eigenständig befreien können und welche negative Folgen für Leib und Leben dieser hervorrufen kann. Eine solche Situation ergibt sich etwa durch willkürliche Verhaftungen, unrechtmäßige Gefangenschaften, unfundierte Gerichtsprozesse, Verurteilungen oder Zwangsmaßnahmen, welche auf die Niederlegung des Amts durch den Bediensteten abzielen. Die Bediensteten der IO sind dabei einer Gefahr ausgesetzt, wodurch der sachliche Anwendungsbereich der Ausübung von funktionalem Schutz grundsätzlich eröffnet ist. Um von einer Fallkonstellation sprechen zu können, welche unter den sachlichen Anwendungsbereich von funktionalem Schutz fällt, kommt es weiters auf den Umstand der Situation an, welche zur Gefährdungs- bzw. Gefahrenlage der Bediensteten führt. Damit wird die Notwendigkeit einer Differenzierung zwischen dienstlichem und privatem Handeln der Bediensteten angesprochen. Denkbar sind hier vier unterschiedliche Situationen, welche nachfolgend anhand des Beispielfalles in Kapitel C.IV.3 erläutert werden.

Als ersten Schritt ist zwischen einem dienstlichen Aufenthalt, zB im Rahmen einer Friedensmission der VN, und einem privaten Aufenthalt, zB im Rahmen einer Urlaubsreise, zu differenzieren. Der Bedienstete der VN, welcher im Gaststaat der Friedensmission von den Behörden festgenommen und verhaftet wird, hält sich im Gaststaat grundsätzlich in seiner dienstlichen Funktion auf. Anders ist eine Urlaubsreise des Bediensteten der VN zu beurteilen, hier befindet sich dieser grundsätzlich in seiner privaten Funktion. In dieser Unterscheidung liegen die beiden Grundsituationen für eine Einordnung von dienstlich oder privat bedingten Gefährdungs- bzw. Gefahrenlagen.

Als zweiten Schritt ist sowohl für die dienstliche als auch für die private Ausgangssituation auf den Grund für die Entstehung einer Gefährdungs- bzw. Gefahrenlage abzustellen. Der Bedienstete befindet sich im Rahmen der Friedensmission der VN in einer dienstlichen Ausgangssituation. Die Festnahme des Bediensteten während der Erbringung seiner Aufgaben im Rahmen der Friedensmission kann eine situative, speziell gegen ihn gerichtete Amtshandlung der Behörden darstellen, insbesondere soweit ausschließlich der Bedienstete davon betroffen ist und er keinen Grund für eine Festnahme gesetzt hatte [Situation I]. Hingegen stellt die Festnahme des Bediensteten während der Dienstzeit aufgrund der

Involvierung in eine handgreifliche Auseinandersetzung in einer Bar eine klassische Polizeimaßnahme dar, insbesondere wenn diese Polizeimaßnahme alle an der handgreiflichen Auseinandersetzung beteiligten Personen gleichermaßen betrifft. Der Grund für die Festnahme liegt hier in dem privaten Handeln des Bediensteten begründet [Situation II]. Befindet sich der Bedienstete hingegen in seinem Urlaub, liegt eine private Ausgangssituation vor. Eine willkürliche Festnahme des Bediensteten im Rahmen seines Privaturlaubes kann diverse Gründe haben und trotz privater Ausgangssituation mit seiner Position als Bediensteter der VN in Verbindung stehen. Zu denken ist z.B. an eine Verhaftung wegen des Vorwurfs des Landesverrats [Situation III]. Die Festnahme aufgrund der Involvierung in eine handgreifliche Auseinandersetzung in einer Bar stellt im Rahmen der privaten Ausgangssituation ebenfalls eine klassische Polizeimaßnahme dar, welche als nicht situative Handlung keine für den Bediensteten ausschließliche Gefährdungs- bzw. Gefahrenlage darstellt [Situation IV]. Zusammengefasst sind somit folgende vier Situationen denkbar, wobei eine Verhaftung beispielhaft für eine Gefahrenlage herangezogen wird:

I. Es liegt eine dienstliche Ausgangssituation vor und die Verhaftung erfolgt im Zusammenhang mit dieser.

II. Es liegt eine dienstliche Ausgangssituation vor, die Verhaftung ist aber privat bedingt.

III. Es liegt eine private Ausgangssituation vor, die Verhaftung erfolgt aber im Zusammenhang mit der Position als Bediensteter einer IO.

IV. Es liegt eine private Ausgangssituation vor und die Verhaftung ist ebenfalls privat bedingt.

Der Fall der sechs in Afghanistan festgenommenen VN-Missionsmitglieder ist exemplarisch für die eben geschilderte Situation I. Sechs Mitglieder einer VN-Mission, wobei es sich bei allen um VN-Bedienstete handelte, wurden 1985 in Afghanistan festgenommen und ein weiterer verurteilt.[594] Den VN waren keine Hinweise auf die Vorwürfe gegen ihre Bediensteten bekannt. In diesem Fall war ein Tätigwerden der betroffenen Personen für die Mission gegeben, womit eine dienstliche Ausgangssituation vorlag. Die Gefahrensituation der Festnahme bzw. Verurteilung erfolgte im Zusammenhang mit dieser. Trotz mehrmaliger Kontaktaufnahme-Versuche der VN mit den afghanischen Behörden wurde ihnen keine Möglichkeit auf Kommunikation mit den Inhaftierten gegeben. Somendu K. Banerjee, Resident Representative der VN in Afghanistan, zeigte sich besorgt über die fehlende Kommunikationsmöglichkeit. Er erkannte die Gefahrenlage der VN-Bediensteten und wandte sich an Alice Weil, Assistant

[594] Für weitere Ausführungen zu diesem Fall siehe Annex ./5.

Secretary-General for General Services in New York, um das Hauptquartier über die Situation zu informieren und um Unterstützung zu bitten.[595]

Der Fall Wesolowska ist exemplarisch für die eben geschilderte Situation III. Alicja Wesolowska wurde am 10. August 1979 von polnischen Behörden aufgehalten und aufgrund vermuteter Spionage-Tätigkeit festgenommen.[596] Die polnische Staatsbürgerin war seit Jahren als Bedienstete der VN im UNDP tätig und auf dem Weg zu ihrem UNDP-Einsatz in die Mongolei. Der Aufenthalt in Polen, bei welchem es zu ihrer Verhaftung kam, stellte einen Zwischenstopp ihrer Reise dar, um ihre Familie zu besuchen.[597] Der Aufenthalt bei der Familie Wesolowska's in Polen stellt eine private Ausgangssituation dar. Grund für die Verhaftung war allerdings die angebliche Spionage-Tätigkeit im Rahmen ihrer Tätigkeit bei den VN, weshalb die Verhaftung im Zusammenhang mit der Position als Bedienstete der VN erfolgt war. Trotz der privaten Ausgangssituation versuchten die VN über Jahre Frau Wesolowska zu unterstützen und sie aus dem Gefängnis zu holen.[598]

Beide Fälle betreffen Bedienstete der VN, womit der persönliche Anwendungsbereich von funktionalem Schutz eröffnet ist. Unabhängig von dienstlicher oder privater Ausgangssituation wurden die Bediensteten von den VN auch geschützt. Die Gefahrensituation der Verhaftung stand in beiden Fällen im Zusammenhang mit ihrer Position als Bedienstete der VN, womit die Voraussetzungen für den sachlichen Anwendungsbereich von funktionalem Schutz erfüllt sind. Für die Eröffnung des sachlichen Anwendungsbereiches von funktionalem Schutz kommt es grundsätzlich auf das Vorliegen einer Gefahrenlage für Bedienstete einer IO, welche für diese tätig werden, bzw. das Drohen einer solchen an. Für Bedienstete in einer dienstlichen Ausgangssituation, welche aufgrund von privatem Handeln in eine Gefahrenlage geraten, ist der sachliche Anwendungsbereich aufgrund des Tätigwerdens für die IO damit grundsätzlich ebenfalls eröffnet. Das Recht der VN gegenüber dem Gaststaat der Mission und die Pflicht gegenüber dem Bediensteten kann sich aber auf die bloße Feststellung des privaten Sachverhalts beschränken und keine weiteren Handlungen beinhalten.[599] Hingegen bei Vorliegen einer privaten Ausgangssituation und privatem Handeln, welches eine Gefahrensituation hervorruft, ist der sachliche Anwendungsbereich des funktionalen Schutzes

[595] Schreiben von Somendu K. Banerjee, Resident Representative an Alice E. Weil, Assistant Secretary-General for General Services, 10 June 1985, Detained UN Staff Members in Afghanistan, Reference: ADM 250/26 No. 1365.

[596] Für weitere Ausführungen zu diesem Fall siehe Annex ./5.

[597] UN internal documentation on the Case of Alicja Wesolowska, 1979, 1.

[598] Ebd.

[599] Siehe hierzu auch die Ausführungen in Kapitel C.IV.3, wonach dem Generalsekretär aufgrund der Feststellung des IGH in Cumaraswamy das Recht zur Beurteilung des Vorliegens von dienstlichen oder privaten Handlungen zukommt.

mangels Zusammenhanges der Gefahrensituation mit der Tätigkeit für die IO nicht eröffnet. Trotz Eröffnung des persönlichen Anwendungsbereiches – Tätigwerden eines Bediensteten für die IO – können eine private Ausgangssituation (zB Privaturlaub) oder eine private Situation (zB private Involvierung in eine gewalttätige Auseinandersetzung) dazu führen, dass weder ein Recht noch eine Pflicht zur Ausübung von funktionalem Schutz bestehen. Dabei ist stets auch auf den Zusammenhang zwischen dem Tätigwerden des Bediensteten für die IO und der Gefahrenlagen abzustellen. Eine private Ausgangssituation kann in Einzelfällen dienstlich bedingt sein, zB eine Verhaftung im Privaturlaub, aufgrund einer früheren Tätigkeit im Rahmen einer VN-Mission oder aufgrund der Stellung als VN-Bediensteter. Hier ist der sachliche Anwendungsbereich aufgrund des dienstlichen Zusammenhanges eröffnet.

Als leitendes Administrativorgan einer IO spielen der Generalsekretär und seine Stellvertreter im Funktionieren der IO und der Erfüllung ihrer Aufgaben eine bedeutende Rolle. Die permanente Abwesenheit des Generalsekretärs und seiner Stellvertreter kann Auswirkungen auf die Funktionsfähigkeit der IO haben, weshalb ihnen als hochrangige Bedienstete durch die persönliche Immunität auch eine besondere Stellung zukommt. Die besondere Position des Generalsekretärs und seiner Stellvertreter erfordert eine Anpassung des sachlichen Anwendungsbereiches von funktionalem Schutz, sodass es hierfür nicht auf den Umstand der Situation ankommt, welche zur Gefährdungs- bzw. Gefahrenlage der Bediensteten führt. Eine IO muss für den Generalsekretär und seine Stellvertreter somit eine Form von absoluten Schutz ausüben können. Hochrangigen Bediensteten sollen durch die persönliche Immunität aber keine Vorteile zukommen, weshalb sich auch die Absolutheit des Schutzes auf das Recht der IO beschränkt und die Pflicht der IO im Innenverhältnis nicht tangieren wird. Ausschließlich der sachliche Anwendungsbereich des Rechts auf Ausübung von funktionalem Schutz muss daher für den Generalsekretär und seine Stellvertreter als hochrangige Bedienstete einer IO ausgeweitet werden. Der sachliche Anwendungsbereich des Rechts auf Ausübung von funktionalem Schutz ist somit bereits eröffnet, sobald für den Generalsekretär einer IO eine Gefahrenlage vorliegt oder eine solche droht. Die dienstliche oder private Ausgangssituation sowie der Umstand, ob dienstliches oder privates Handeln, die Gefahrenlage hervorgerufen haben, ist somit im Fall des Rechts einer IO auf Ausübung von funktionalem Schutz zugunsten des Generalsekretärs unerheblich.

Bei Vorliegen der Voraussetzungen für den sachlichen Anwendungsbereich von funktionalem Schutz sind IOs verpflichtet und grundsätzlich auch berechtigt, Maßnahmen im Rahmen des funktionalen Schutzes zu setzen. Auf die konkreten Inhalte sowie die Reichweite dieser

Maßnahmen wird in den Kapitel C.VII.6 zur Pflicht und Kapitel C.VIII.3 bzw. C.VIII.5 zum Recht näher eingegangen.

VII. Pflicht zur Ausübung des Schutzes durch Internationale Organisationen

1. Vorüberlegungen zur Pflicht von Internationalen Organisationen

Seit *Reparation for Injuries* im Jahr 1949 gab es viele Fälle, in denen die VN ihren Bediensteten funktionalen Schutz gewährten. Die Fälle Alicja Wesolowska[600], Liviu Bota[601], Maria Zacharski[602], Aidan Walsh[603], Mahmoud Inbeh[604] und Kenneth Marazanye[605] sind beispielhaft für Gefahrensituationen von Bediensteten der VN, in welchen es zu einer Schutzausübung durch die VN gekommen ist. Diese Fälle verdeutlichen den – wenn auch nur teilweise erfolgreichen – Einsatz der VN, ihre Bediensteten vor unrechtmäßigen Verhaftungen zu bewahren sowie sie im Falle daraus zu befreien.[606] Vor ähnlichen Schwierigkeiten stand die OSZE im Zuge ihrer Einsätze in der Ukraine durch die OSZE-Sonderbeobachtungsmission

[600] UN internal documentation on the Case of Alicja Wesolowska, 1979, 1; UN Document, Alicja Wesolowska, chronology of events, actions taken.

[601] Prvoslav Davinic: Note to Mr. V. Daydal, 2 April 1986; Neue Züricher Zeitung vom 14.5.1986: Sorge um einen hohen Uno-Beamten, Genf 12. Mai.; Mr. Liviu Bota / Post of Director of UNIDIR, Questions that may be asked by the Board of Trustees of UNIDIR 5-9 May, and draft answers, 7 May 1986.; Virendra Dayal: Note for the File, 8 May 1986, SG files VD Chron/Bota file.; Prvoslav Davinic: Note to Mr. V. Dayal, Re Liviu Bota, 12 June 1986.; Mary Anne Weaver: UN diplomat mission for six months, 27 June 1986, The Christian Science Monitor International.; Schreiben von P M Maxey, Charge d'Affaires and Javier Parez de Cuellar, Secretary General, UN, 25 July 1986, No. 081/10.; Schreiben von Derek Boothby, DDA, Secretary to Board of Trustees of UNIDIR an Alvaro de Sote, 19 September 1986, The Bota situation and UNIDIR.; Schreiben von Liviu Bota, Director UNIDIR an die UN, 23 September 1986, Bucharest.; Schreiben von Javier Perez de Cuellar an Omran El-Shafel, Chairman Boared of Trustees of the UN Institute for Disarmament Research, 23 September 1986, File: Bota, XRef: UNIDIR.; Schreiben von Chairman Advisory Board on Disarmament Studies and Board of Trustees of UNIDIR and den UN Generalsekretär, 26 September 1986.; Schreiben von Jan Martenson, Under-Secretary-General for Disarmament Affairs and den Generalsekretär, 29 September 1986, Mr. Liviu Bota, the Director of UNIDIR.; Patricio Ruedas: Note for the Secretary-General, Subject: Your meeting with Foreign Minister Totu of Romania - points concerning Mr. Liviu Bota, 30 September 1986.; Schreiben von Carl-August Fleischhauer, The Legal Counsel and den Generalsekretär, 8 December 1986, Subject: Mr. Liviu Bota.; Virendra Dayal: Note for the Secretary-General, Developments regarding Mr. Liviu Bota, 29 December 1986, No. UNA-281111-441.; Schreiben von Anna Frangipani Campino an den Generalsekretär, 4 March 1988, United Nations Staff Union.

[602] UN-internal document (handwritten): Interview at ARESET SLEDCZY UIISA RAKONIECKA, Maria ZACHARSKI, Director Poland, US Trade Co "POIANCO", detained Playa del Rey 1981, Grand Jury sentence, December 1981: Life.

[603] United Nations Press Release: Senior UNRWA Official kidnapped in Lebanon, 15 May 1985, PAL/1577, Department of Public Information Press Section, United Nations, New York.

[604] Schreiben von James C. Connolly, Chief Administrative Officer an Mr. Ola Husa, Director Office for Field Operational and External Support Activities, 2 May 1984, LS Mahmoud Inbeh - Imprisonment, DOF.84/257; Schreiben von James O.C. Jonah, Assistant Secretary-General, Office for Field Operational and external Support activities an Mr. Clayton C. Timbrell, Assistant Secretary-General for General Services, 10 May 1984, Mr. Mahmoud Inbeh, locally-recruited staff member of UNDOF in Damascus (Spray Painter (G-4) - Detention by the Syrian authorities).

[605] Commissioner for Namibia, New York, File No. OCN 3-5, May 9 1984.

[606] Siehe hierzu die Ausführungen in Annex ./5.

(SMM) sowie die darauffolgende Mission auf Grundlage des Moskauer Mechanismus.[607] Eine Darstellung der Fälle der VN, der OSZE und anderer IOs, welche diese IOs in Ausübung von funktionalem Schutz zugunsten ihrer Bediensteten zeigen, kann dem Annex ./5 entnommen werden.

An dieser Stelle der Arbeit wird die Frage nach der verpflichtenden Ausübung von funktionalem Schutz durch eine IO untersucht. Insbesondere für die Pflicht stellt sich die Frage, ob diese für jede IO besteht oder ob es hierbei möglicherweise auf die Art der Tätigkeit dieser Organisation ankommt. Im *Reparation for Injuries* Gutachten verweist der IGH auf die gefahrengeneigte Tätigkeit der VN: „*Many missions, from their very nature, involve the agents in unusual dangers [...]*“,[608] die jedoch nicht auf alle Organisationen zutrifft. Für IOs mit geringer bis keiner gefahrengeneigter Tätigkeit entfällt allerdings damit nicht jegliche Schutzpflicht gegenüber ihren Bediensteten. Eine verpflichtende Ausübung von funktionalem Schutz zugunsten ihrer Bediensteten wird IOs grundsätzlich dann zukommen, wenn eine entsprechende Rechtsgrundlage dafür besteht.[609] Die Reichweite dieser Pflicht kann für IOs mit gefahrengeneigter Tätigkeiten weiter gehen als für andere. Dies betrifft insbesondere die Pflicht zur Setzung von gefährenpräventiver Handlungen und deren konkrete Ausgestaltung. Für die Reichweite von reaktiven Handlungen der IO in Ausübung von funktionalem Schutz kommt es vielmehr auf die konkret bestehende Gefahrenlage an. Eine solche Gefahrenlage, wie z.B. eine unrechtmäßige Festnahme ihrer Bediensteten, kann im Einzelfall jede IO treffen.[610]

Die Verpflichtung zur Schutzausübung wird bei Bestehen einer Rechtsgrundlage jedenfalls für IOs gegenüber ihren Bediensteten gelten. Die Abgrenzung ist bedeutend, da auch Personen welche nicht als Bedienstete einer IO anzusehen sind in eine Gefahrenlage geraten können. Die Pflicht verlangt hier zumindest ein gewisses Naheverhältnis zwischen der betroffenen Person und der IO. Damit wird der persönliche Anwendungsbereich (Kapitel C.V) für die Ausübung von funktionalem Schutz durch eine IO angesprochen. Grundsätzlich ist dieser bereits eröffnet, wenn eine Person für die IO tätig wird und damit an der Aufgabenerfüllung der IO teilnimmt.[611] Die Ausgestaltung der rechtlichen Bindung zwischen IOs und Bediensteten[612] kann sich auf die Reichweite der Pflicht auswirken und eine differenzierte Betrachtung von klassischen IO-Bediensteten und sonstigen Personen, welche lediglich auf werkvertraglicher Basis für die IO

[607] Für eine ausführliche Darstellung dieses Falles siehe Kapitel C.VII.3.
[608] Reparation for injuries Advisory Opinion, 183.
[609] Dies wird in Kapitel C.VII.4. beantwortet.
[610] Darauf wird in Kapitel C.VII näher eingegangen.
[611] Für entsprechende Ausführungen dazu siehe Kapitel C.V.3.
[612] Siehe hierzu die Darstellung der unterschiedlichen Kategorien der Bediensteten von IOs in Kapitel C.V.2.b.

tätig werden, ergeben.[613] In Bezug auf den Eintritt einer Gefahrensituation aufgrund privater oder dienstlicher Handlungen ist ebenfalls eine differenzierte Betrachtungsweise denkbar. Hiermit wird der sachliche Anwendungsbereich (Kapitel C.VI) von funktionalem Schutz angesprochen. Die Festnahme von IO-Bediensteten im Rahmen ihres privaten Urlaubs wird in aller Regel keine Pflicht zur Ausübung von funktionalem Schutz durch die IO hervorrufen. Besteht allerdings eine Verbindung zwischen der Festnahme der IO-Bediensteten und ihrer Stellung als solche, oder der Handlungen, welche sie für die IO setzten, wird sich die Beurteilung different gestalten. Eine Trennung zwischen privaten und dienstlichen Handlungen als Grundlage für eine Festnahme oder sonstige Gefahrensituation für die Bediensteten ist meist aber nur schwer möglich. Bei differenzierter Betrachtung stellt sich die Frage, wie nachgewiesen werden soll, ob die Gefahrensituation im Zusammenhang mit der Tätigkeit für eine IO entstanden ist oder nicht. In der Umsetzung wird dies praktisch nicht möglich sein. Denkbar sind etwa Verhaftungsfälle im Rahmen einer privaten Reise der Bediensteten, wie bspw. der Fall Wesolowska (siehe Kapitel VI). Im September 1979, kurz nach der Verhaftung, richtete ein VN-Rechtsvertreter ein formelles Ansuchen an die polnische Regierung, um eine Besuchserlaubnis bei der Inhaftierten zu erhalten. Im Oktober 1979 fand ein Treffen zwischen dem stellvertretenden Außenminister Polens und dem Generalsekretär der VN statt, um die Situation von Wesolowska zu diskutieren. Diese Handlungen und weitere Kontaktversuche der VN blieben jedoch ohne Erfolg. Aus diesem Grund wurde entschieden, dass Generalsekretär Waldheim den Fall vor die Generalversammlung bringt.[614] Trotz erheblicher diplomatischer Bemühungen der VN wurde Alicja Wesolowska in Warschau der Spionage für die Central Intelligence Agency (CIA) überführt und zu sieben Jahren Haft verurteilt. Die anhaltenden Bemühungen um ihre vorzeitige Freilassung blieben vorerst erfolglos. Erst ein Jahr später durften VN-Bedienstete sie besuchen.[615] Hier lag mit dem Aufenthalt im Heimatstaat zwar eine private Ausgangssituation vor, der Verdacht der CIA-Tätigkeit bezog sich aber auf das VN-Dienstverhältnis bzw. die Tätigkeit von Wesolowska für die VN und eben nicht auf ihr privates Handeln während des Aufenthalts. Dieser Fall verdeutlicht die Schwierigkeit der Abgrenzung zwischen dienstlichen und privaten Ursachen für eine Gefahrensituation und die außergewöhnliche Bedeutung der Schutzausübung durch die IO für die betroffenen Bediensteten. Mangels klarer Abgrenzbarkeit von dienstlichen und privaten Situationen wird es im Zusammenhang mit der Reichweite der Pflicht auf Ausübung von funktionalem Schutz

[613] Darauf wird in Kapitel C.VII.8 näher eingegangen.
[614] UN Document, Alicja Wesolowska, chronology of events, actions taken.
[615] Ebd.

zumindest notwendig sein, dass die IO tätig wird und den Ausgangssachverhalt einer näheren Untersuchung unterzieht.[616]

Sollten die Untersuchungen zum Recht einer IO auf Ausübung von funktionalem Schutz in Kapitel C.VIII zu dem Ergebnis gelangen, dass ein solches sowohl im Zusammenhang mit privaten als auch mit dienstlichen Handlungen besteht, geht damit nicht automatisch eine verpflichtende Ausübung durch die IO einher. Für das Recht der IO ist denkbar, dass eine Differenzierung zwischen privaten und dienstlichen Handlungen der Bediensteten nicht von Bedeutung ist, wenn als Kriterium für das Bestehen des Rechts die Aufrechterhaltung der Funktionsfähigkeit der IO heranzuziehen ist.[617] Die Beurteilung, ob eine Ausübung dieses Rechts, in Form des Tätigwerdens für die Bediensteten, im konkreten Einzelfall für die Sicherstellung der Funktionsfähigkeit der IO notwendig ist, kann an dieser Stelle im Ermessen der Organisation liegen und damit nicht verpflichtend sein.[618] Dies wird insbesondere hochrangige Bedienstete wie den Generalsekretär einer IO und seine Stellvertreter betreffen, wo in Kapitel C.VI bereits eine Ausweitung des sachlichen Anwendungsbereiches auf Basis der Stellung als hochrangige Bedienstete argumentiert wurde.

2. Pflicht aufgrund eines Arbeitsvertrages der Internationalen Organisation mit ihren Bediensteten

IO-Bedienstete gemäß Kapitel C.V.2.b.i sind durch ihre unmittelbare arbeitsrechtliche Verbindung mit der IO die am stärksten geschützte Gruppe bei Betrachtung der Bediensteten nach der Rechtsnatur ihrer Dienstverhältnisse.[619] Das organisationsinterne Dienstrecht ist Teil des internen Sekundärrechts einer IO und wird in Form von Personalstatuten durch die IO geschaffen.[620] Die Bestimmungen des organisationsinternen Dienstrechts werden durch allgemeine Rechtsgrundsätze des nationalen Arbeitsrechts komplementiert.[621] Der Arbeitsvertrag bildet die rechtliche Grundlage für das Verhältnis zwischen der IO und ihren Bediensteten. Als Basis für die Ausgestaltung des Arbeitsvertrages dienen grundsätzlich die

[616] Darauf wird in Kapitel C.VII näher eingegangen.
[617] H. G. Schermers und N. M. Blokker (2018): International Institutional Law, §209.
[618] Siehe zur Argumentation des IGH über die Aufrechterhaltung der Funktionsfähigkeit der IO: Reparation for injuries Advisory Opinion, 183; siehe dazu außerdem: M. B. Carabot, M. Ubèda-Saillard: Functional Protection in J. Crawford, A. Pellet, S. Olleson (eds.) (2010): The Law of International Responsibility 1074-1083, 1074f.
[619] O. J. Sending: The International Civil Servant, International Political Sociology (2014) 338-340, 339.
[620] A. Reinisch (2006): Contracts between International Organizations and Private Law Persons, Rn 13; G. Ullrich (2009): Das Dienstrecht der Internationalen Organisationen, 49.
[621] A. Reinisch (2006): Contracts between International Organizations and Private Law Persons, Rn 13.

Personalstatuten einer IO.[622] Neben der Rechtsposition des IO-Bediensteten schließt die Organisation auch mit Dritten Verträge über die Erbringung von Leistungen (bspw. Beratungsleistungen, Lieferleistungen, Behandlungsleistungen etc.).[623] Auch diese Verträge können eine Zusicherung der IO zur Ausübung von funktionalem Schutz gegenüber den Auftragnehmenden beinhalten. Die Fürsorgepflicht ist allerdings gegenüber klassischen IO-Bediensteten grundsätzlich stärker ausgeprägt als gegenüber Dritten.[624]

Im Kapitel über die Rechtspersönlichkeit einer IO wurde bereits ausgeführt, dass jede IO – die OSZE nur mit Einschränkungen – gegenüber ihren Mitgliedern über internationale sowie innerstaatliche Rechtspersönlichkeit verfügt.[625] Dadurch ist eine IO grundsätzlich in der Lage, Dienst-, Arbeits- und Werkverträge mit Individuen einzugehen, die dem nationalen Recht unterliegen.[626] Art 1 Sec 1 UN-Immunity Convention sieht in diesem Zusammenhang etwa vor: „*The United Nations shall possess juridical personality. It shall have the capacity: (a) to contract; [...]*“.[627]

Grundsätzlich kann für Verträge zwischen einer IO und einer Privatperson nationales oder internationales Recht gewählt werden. Oftmals kommt das nationale Recht des Heimatstaates der Privatperson, welche das Vertragsverhältnis mit der IO eingeht, zur Anwendung.[628] Anders gestaltet sich dies bei Arbeitsverträgen zwischen der IO und einer Privatperson. Hier kommt in der Regel das interne Recht der IO zur Anwendung.[629] IOs verfügen im Gegensatz zu Staaten nicht über eine „nationale Rechtsordnung“. Das interne Recht einer IO ist mit der nationalen Rechtsordnung im Ansatz aber vergleichbar, da es der internen Selbstverwaltungskompetenz der IO entspringt.[630] Auf dieser internen Selbstverwaltungskompetenz basiert das organisationsinterne Arbeitsrecht, welches die Grundlage für die Arbeitsverträge mit IO-Bediensteten bildet.[631]

---

[622] E. Newman, E. J. Ravndal: The International Civil Service in D. Stone, K. Moloney (eds.) (2019): The Oxford Handbook of Global Policy and Transnational Administration 165-181, 166.

[623] A. Reinisch (2006): Contracts between International Organizations and Private Law Persons, Rn 6.

[624] A. de Guttry et al.: Guiding Principles on the Implementation by International Organizations of Their Duty of Care Obligations Towards Their Civilian Personnel in A. de Guttry et al. (eds.) (2018): The Duty of Care of International Organizations Towards Their Civilian Personnel, 485-500, 495.

[625] Siehe dazu Kapitel C.III.

[626] A. Reinisch (2006): Contracts between International Organizations and Private Law Persons, Rn 3.

[627] Art 1 UN-Immunity Convention.

[628] A. Reinisch (2006): Contracts between International Organizations and Private Law Persons, Rn 11.

[629] V. Brino: International Organizations as Employers Examining the Duty of Care in the Light of the Different Forms of Employment Relationships in A. de Guttry et al. (eds.) (2018): The Duty of Care of International Organizations Towards Their Civilian Personnel 151-164, 155ff.

[630] A. Reinisch (2006): Contracts between International Organizations and Private Law Persons, Rn 11.

[631] Ebd.

Arbeitsverträge der IO mit ihren Bediensteten stellen einen möglichen Ansatzpunkt für die Pflicht einer IO auf Ausübung von funktionalem Schutz gegenüber ihren Bediensteten dar. Durch den Abschluss eines Arbeitsvertrages werden die Bestimmungen der organisationsinternen Personalstatuten konkretisiert und teilweise ergänzt. Eine Zusicherung der IO, für ihre Bediensteten funktionalen Schutz auszuüben, in Form von individuellen Vereinbarungen ist somit denkbar. Die Frage über das Bestehen einer Pflicht zur Ausübung von funktionalem Schutz durch eine IO lässt sich problemlos für den Einzelfall beantworten, soweit eine Bestimmung in den Arbeitsverträgen der IO-Bediensteten diese Pflicht vorsieht.[632] Die einzelnen Arbeitsverträge zwischen IOs und ihren Bediensteten sind der Öffentlichkeit nicht zugänglich. Daher kann nicht beurteilt werden, ob IOs ihren Bediensteten tatsächlich die Ausübung von funktionalem Schutz in Arbeitsverträgen zusichern bzw. welche IOs eine solche Regelung in ihren Arbeitsverträgen vorsehen. Abrufbar war lediglich ein Vertragsmuster von UN Volunteers zur Beauftragung eines unabhängigen Auftragnehmers.[633]

Contract for the services of an Individual Contractor

No___________

This Contract is entered into on [insert date] between United Nations Volunteers, administered by United Nations Development Programme (hereinafter referred to as "UNV") and ________(hereinafter referred to as "the Individual Contractor") whose address is ____.

WHEREAS UNV desires to engage the services of the Individual Contractor on the terms and conditions hereinafter set forth, and:

WHEREAS the Individual Contractor is ready and willing to accept this Contract with UNV on the said terms and conditions,

NOW, THEREFORE, the Parties hereby agree as follows:

Wie in Kapitel C.V.2.b.ii bereits erläutert, handelt es sich bei einem Auftragnehmer nicht um einen IO-Bediensteten. Mit diesem wird damit auch kein Dienstvertrag, sondern vielmehr ein Werkvertrag abgeschlossen.[634] Das abrufbare Vertragsmuster kann somit bereits aus diesem Grund nicht herangezogen werden. Weiters beinhaltet das Vertragsmuster auch keine Festlegungen betreffend eine Pflicht der IO auf Ausübung von funktionalem Schutz, weshalb diesem hier keine Relevanz zukommt.

---

[632] Beispielhaft für die Festlegung bestimmter Pflichten in Dienstverträgen kann auf die Ausführungen von *A.-T. Norodom* zur datenschutzrechtlichen Schutzbestimmungen in Dienstverträgen verwiesen werden. Siehe hierzu A.-T. Norodom: Protection Des Donnees Personnelles Et Contrats Des Organisations Internationales: Une Question De Choix Et D'Equilibre, Revue Gènèrale de Droit International Public, A. Pedone, Paris (2024) 295-311.

[633] UN Volunteers: Contract for the services of an Individual Contractor, Stand: Februar 2012, abrufbar unter: https://www.unv.org/sites/default/files/Sample%20IC%20Contract-UNV.pdf.

[634] United Nations Secretariat: Administrative instruction, Consultants and individual contractors, 19 December 2013, No. ST/AI/2013/4, 2.

Für die Zwecke dieser Arbeit bleibt festzuhalten, dass sich IOs mit einer solchen Bestimmung ihren Bediensteten gegenüber verpflichten können.[635] Liegt eine solche Bestimmung vor, müssen die nachfolgend dargestellten Rechtsgrundlagen für den konkreten Fall nicht mehr untersucht werden. Allenfalls ist für die Reichweite des Schutzes darauf zurückzugreifen, sofern diese in dem Arbeitsvertrag nicht abschließend geregelt sein sollte. Das Fehlen einer Bestimmung zum funktionalen Schutz bedeutet jedoch nicht automatisch, dass dieser von der IO nicht geleistet werden muss, Bedienstete benötigen eine alternative Rechtsgrundlage, um sich darauf stützen zu können.

Abschließend kann zur Pflicht aufgrund eines Arbeitsvertrages der IO mit ihren Bediensteten festgehalten werden, dass sich daraus nur dann eine verpflichtende Ausübung von funktionalem Schutz durch die IO ergeben kann, wenn dies explizit im Arbeitsvertrag festgelegt ist oder aus anderen Quellen eine Pflicht in den Arbeitsvertrag hineingelesen werden kann. In den Arbeitsvertrag hineingelesen könnte eine solche Pflicht etwa dann werden, wenn dieser explizite Vorgaben betreffend einer Fürsorgepflicht der IO enthält, wovon auch eine Pflicht zur Ausübung von funktionalem Schutz umfasst ist.[636] Für jene Rechtsverhältnisse zwischen Bediensteten einer IO und der IO, welche über eine Bestimmung zur verpflichtenden Ausübung von funktionalem Schutz im Arbeitsvertrag verfügen, kann eine Untersuchung aller weiteren Rechtsgrundlagen unterbleiben. Sind die konkreten Handlungen, welche unter dem funktionalen Schutz von der IO erwartet werden können, nicht im Arbeitsvertrag definiert, muss für die Reichweite der Pflicht auf andere Grundlagen zurückgegriffen werden.

3. Pflicht aufgrund einer expliziten Bestimmung zum funktionalen Schutz in den Personalstatuten

Auf Basis der Satzung enthält eine IO von ihren Mitgliedstaaten die Befugnis übertragen, den internen Rechtsbereich des Personalrechts eigenständig auszugestalten.[637] Dazu werden von IOs die sogenannten Personalstatuten erlassen. Die Personalstatuten der VN etwa werden von der Generalversammlung festgeschrieben und durch den Generalsekretär bzw. die Generalsekretärin umgesetzt.[638] Darin werden allgemeine sowie administrative Festlegungen getroffen und Rechte sowie Pflichten zwischen IOs und ihren Bediensteten definiert.[639] Für die

[635] IOs regeln in dienstvertraglichen Vereinbarungen mit ihrem Personal regelmäßig auch den Schutz dieser. Siehe dazu etwa A.-M. Thèvenot-Werner: Le Droit Applicable Aux Agents Non Prequalifies De Membres Du Personnel, Revue Gènèrale de Droit International Public, A. Pedone, Paris (2024) 243-257, 256.
[636] Siehe dazu die Kapitel B.IV und C.VII.4.
[637] G. Ullrich (2009): Das Dienstrecht der Internationalen Organisationen, 49.
[638] UN Staff Regulations.
[639] Siehe UN Staff Regulations.

Frage nach der Pflicht einer IO auf Ausübung von funktionalem Schutz ist besonders relevant, ob dazu Regelungen in den Personalstatuten getroffen wurden. Beinhalten die Personalstatuten einer IO eine verpflichtende Bestimmung, mit welcher sie ihren Bediensteten die Ausübung von funktionalem Schutz zusichern, können sich IO-Bedienstete darauf berufen und diese Handlungen einfordern. Die Personalstatuten können somit eine Grundlage für die Pflicht der IO auf Ausübung von funktionalem Schutz zugunsten ihrer Bediensteten darstellen.

Um Aussagen über das Bestehen expliziter Bestimmungen zum funktionalen Schutz in den Personalstatuten treffen zu können, wurde eine Auswahl an 24 Regelwerken von IOs untersucht.[640] Dabei sollte für dieses Kapitel beantwortet werden, ob die untersuchten Personalstatuten eine explizite Bestimmung beinhalten, wodurch sich die IO zur Ausübung von funktionalem Schutz für ihre Bediensteten verpflichtet und bejahendenfalls, wie diese Bestimmung ausgestaltet ist.

Von den untersuchten Personalstatuten konnte bei einer IO eine explizite Bestimmung aufgefunden werden, wodurch sich diese IO zur Ausübung von funktionalem Schutz zugunsten ihrer Bediensteten verpflichtet. Einzig die Personalstatuten der OSZE enthalten eine, mit „*funktionaler Schutz*" betitelte, Regelung zugunsten der Bediensteten dieser IO.[641] Auch außerhalb der untersuchten Organisationen wird in der Literatur zum funktionalen Schutz, neben der OSZE, keine Organisation genannt, welche eine derartige Regelung in ihren internen Dienstrechtsbestimmungen vorsehen würde.[642]

Regulation 2.07 der Personalstatuten der OSZE gewährt ihren Bediensteten Anspruch auf den Schutz der OSZE bei der Wahrnehmung ihrer Aufgaben, innerhalb der darin festgelegten Grenzen.[643] Die Bestimmung wurde ausdrücklich mit „*funktionaler Schutz*" betitelt,[644] ist

[640] Dazu wurden 35 IOs herangezogen, von welchen bei 24 davon die Personalstatuten online abrufbar waren. Diese 24 Personalstatuten wurden daher ausgewählt und für die Analyse herangezogen. Eine Übersicht über die IOs und die relevanten Bestimmungen in den Personalstatuten kann Annex ./3 entnommen werden.

[641] Details zur Untersuchung der einzelnen Personalstatuten kann der Excel-Auswertung in Annex ./3 entnommen werden.

[642] Vgl. dazu etwa A. Creta: Implementation of the Duty of Care by the United Nations, 167-209; S. Saluzzo: Implementation of the Duty of Care by the European Union, 209-243; L. Vierucci and P. Korotkikh: Implementation of the Duty of Care by NATO, 243-265; L. Magi: Implementation of the Duty of Care by the Council of Europe, 293-311; L.S. Nader and S.I. Dutra: Implementation of the Duty of Care by the Organization of American States, 311-337; L.A. Opongmaa Darkwa: Implementation of the Duty of Care by the African Union, 337-357; A. Viterbo: Implementation of the Duty of Care by the World Bank, 357-381; alle in A. de Guttry et al. (eds.) (2018): The Duty of Care of International Organizations Towards Their Civilian Personnel. Jeder dieser Beiträge setzt sich im Ansatz zumindest auch mit der Frage auseinander, ob die IO eine Bestimmung zur Ausübung von funktionalem Schutz vorsieht. Bei keiner dieser IOs wird dies bejaht.

[643] Regulation 2.07 OSCE Staff Regulations: „*OSCE officials shall be entitled to the protection of the OSCE in the performance of their duties within the limits specified in the Staff Rules.*".

[644] Siehe den Titel der Regulation 2.07 Personalstatuten der OSCE „Functional Protection".

allerdings allgemein gehalten. Die Formulierung „*innerhalb der in der Dienstordnung festgelegten Grenzen*" lässt eine Konkretisierung erwarten. Die Regelungen 2.07.1 und 2.07.2 treffen weitere Vorgaben, indem sie das Verfahren im Falle der Festnahme oder Inhaftierung von OSZE-Bediensteten,[645] sowie den Übergang von Ansprüchen gegenüber Dritten auf die OSZE[646] näher regeln. Funktionaler Schutz wurde eingangs definiert als der *Schutz, den eine IO im Rahmen ihrer Möglichkeiten zugunsten ihrer Bediensteten ausübt, um eine Gefährdungslage der Bediensteten abzuwenden oder sie aus einer Gefahrenlage zu befreien.*[647] Die Regel 2.07.1 spricht den zweiten Fall dieser Definition „*oder ihn aus einer Gefahrenlage zu befreien*" an. Ein *Verfahren im Falle der Festnahme oder Inhaftierung eines OSZE-Bediensteten* kommt zur Anwendung, wenn sich Bedienstete in einer Gefahrenlage, hier Festnahme oder Inhaftierung, befinden und Unterstützung durch die Organisation benötigen. Bemerkenswert an dieser Bestimmung ist der klare Fokus auf den Schutz der Bediensteten. Einem inhaftierten Bediensteten wird mit dem Tag seiner Verhaftung Sonderurlaub gewährt, wodurch sein Gehaltsanspruch inklusive aller dienstrechtlichen Leistungen weiter besteht.[648] Durch den Verbleib in der Stellung als IO-Bedienstete gelingt es der OSZE einen rechtlichen Rahmen zu schaffen, durch welchen diese weiterhin ihrem Schutz unterliegen. In weiterer Folge hängt das Vorgehen der Generalsekretärin als Vertreterin der OSZE von den Umständen der Festnahme ab. Bedienstete bleiben grundsätzlich bis zur Aufklärung des Sachverhaltes unter dem Schutz der IO, indem ihnen Sonderurlaub gewährt wird und ihr Dienstverhältnis damit aufrecht bleibt. Gegebenenfalls kann der Auftrag, unter welchem Bedienstete für eine Mission tätig werden, verlängert werden.[649] Soweit sich im Zuge der Aufklärung des Sachverhalts ein Zusammenhang zwischen dem Tätigwerden der Bediensteten für die IO und der Festnahme oder Inhaftierung ergibt, bleibt der Schutz jedenfalls aufrecht. Die Regel 2.07.1 c) bietet dem Generalsekretär bzw. der Generalsekretärin die Möglichkeit durch das Erlassen einer Dienstanweisung die Bediensteten auch dann zu unterstützen, wenn ihre Festnahme nicht im Zusammenhang mit der Tätigkeit für die IO stand.[650]

---

[645] Rule 2.07.1 OSCE Staff Regulations: "*Procedure Applicable in case of Arrest or Detention of an OSCE Official der Regulation*".

[646] Rule 2.07.2 OSCE Staff Regulations: "*Subrogation to the OSCE of Rights to Claim against Third Parties der Regulation*".

[647] Hergeleitet wurde diese Definition aus Reparation for injuries Advisory Opinion, 183: „*Both to ensure the efficient and independent performance of these missions and to afford effective support to its agents, the Organization must provide them with adequate protection. […] In order that the agent may perform his duties satisfactorily, he must feel that this protection is assured to him by the Organization, and that he may count on it.*".

[648] Rule 2.07.1 a) OSCE Staff Regulations.

[649] Rule 2.07.1 b) OSCE Staff Regulations.

[650] Rule 2.07.1 c).

Regel 2.07.1 und ihre Anwendungspraxis sind für diese Arbeit besonders relevant. In Ausübung ihrer Pflichten nach der Regel 2.07.1 setzte sich die Organisation 2014 erfolgreich für die Freilassung von Missionsmitglieder ein.[651] Als weiteres erwähnenswertes Ereignis, im Zusammenhang mit der Ausübung von funktionalem Schutz, wird auf die Entführung von OSZE-Missionsmitgliedern im Jahr 2022[652] eingegangen.

Die kritische Situation in der Ukraine Anfang *2014*, die gewalttätigen Proteste in Kiew sowie die politischen Spannungen zwischen der Ukraine und der Russischen Föderation zeigten Bedarf an einer Sonderbeobachtungsmission.[653] Trotz bestehender politischer Differenzen gelang es den 57 OSZE-Teilnehmerstaaten am 21. März 2014 den Beschluss des Ständigen Rates (StR) Nr. 11171 über die Entsendung der OSZE-Sonderbeobachtermission in die Ukraine (SMM) im Konsens zu verabschieden.[654] Wenige Monate später, im Mai 2014 wurden zwei Gruppen von Beobachtern der SMM (vier in der Region Donezk und vier in der Region Luhansk) von nichtstaatlichen, bewaffneten Gruppen entführt und für knapp einen Monat gefangen gehalten.[655] Unmittelbar nach Bekanntwerden der Entführung leistete die OSZE beachtliche Anstrengungen für die Befreiung der Missionsmitglieder: Kontakte der OSZE in Kiew und vor Ort in Donezk wurden genutzt, um mit den bewaffneten Formationen in Verbindung zu treten. Über diplomatische Kanäle wurde Unterstützung erlangt und darüber hinaus mediale Aufmerksamkeit erregt. Zudem wurde eine eigene Task Force eingerichtet, deren Aufgabe die Leitung der Verhandlungsführung mit den Entführern und der Kontaktaufnahme mit ukrainischen Behörden war.[656] Weiters koordinierte die Task Force die Berichterstattung an die Medien, den Ständigen Rat sowie die Teilnehmerstaaten der OSZE und bereitete die medizinische Betreuung der Inhaftierten nach ihrer Freilassung vor.[657] Die Anstrengungen der OSZE waren erfolgreich und rund 30 Tage nach der Entführung wurden die beiden SMM-Beobachtergruppen freigelassen.[658]

---

[651] A Peaceful Presence – The First Five Years of the OSCE Special Monitoring Mission to Ukraine, 29 June 2021, abrufbar unter: https://www.osce.org/secretariat/491220 (zuletzt aufgerufen am 17.04.2024), 23.

[652] K. Manchester, F. Schmid: Gestohlene Fahrzeuge, entführte Mitarbeiter: Die OSZE hadert mit Russland, Der Standard, 13.2.2023 abrufbar unter: https://www.derstandard.at/story/2000143461680/gestohlene-fahrzeuge-entfuehrte-mitarbeiter-die-osze-hadert-mit-russland (zuletzt aufgerufen am 28.4.2024).

[653] A Peaceful Presence – The First Five Years of the OSCE Special Monitoring Mission to Ukraine, 29 June 2021, abrufbar unter: https://www.osce.org/secretariat/491220 (zuletzt aufgerufen am 17.04.2024), 7.

[654] Organization for Security and Co-operation in Europe, Permanent Council: Decision No. 1117 Deployment of an OSCE Special Monitoring Mission to Ukraine, 991st Plenary Meeting, PC Journal No. 991, Agenda item 1, No. PC.DEC/1117, 21 March 2014.

[655] A Peaceful Presence – The First Five Years of the OSCE Special Monitoring Mission to Ukraine, 29 June 2021, abrufbar unter: https://www.osce.org/secretariat/491220 (zuletzt aufgerufen am 17.04.2024), 23.

[656] Ebd., 23.

[657] Ebd., 19.

[658] Ebd., 19.

Anlass zu weiterem Tätigwerden der OSZE gaben die Verhaftungsfälle der vier OSZE-Missionsmitglieder, ukrainischer Staatsangehörigkeit, durch russische Vertretungsbehörden in Luhansk im April 2022. Lukaschewitsch, ständiger Vertreter Russlands bei der OSZE, zufolge wurde gegen sie ein Strafverfahren wegen Spionage eingeleitet und in weiterer Folge wurden zwei Missionsmitglieder von dem "*Hohen Gericht der Republik Luhansk*" wegen Hochverrats verurteilt.[659] Vor diesem Ereignis war das Mandat der OSZE-Sonderbeobachtungsmission in der Ukraine mit 31. März 2022, mangels Konsens für eine Verlängerung bei den Beratungen im Ständigen Rat der OSZE, beendet worden. Für die Verlängerung des Mandates fehlte die Zustimmung der Russischen Föderation als Teilnehmerstaat der OSZE. Mit 1. April musste die SMM daher in einen administrativen Modus übergehen und konnte keine mandatierte Aktivität mehr ausführen.[660] Der administrative Modus erlaubt lediglich für die Beendigung der SMM unbedingt notwendige Handlungen sowie solche, die auf die Gewährleistung der Sicherheit ihrer Missionsmitglieder, Vermögenswerte und Räumlichkeiten ausgerichtet sind.[661] Die OSZE unternahm große Anstrengungen, um ihren inhaftierten Bediensteten funktionalen Schutz zu gewähren. Die Organisation versuchte dazu ständig mit den russischen Vertretern in Luhansk über den Fall, den Aufenthaltsort und den Status der Bediensteten in Kontakt zu bleiben, sowie die Teilnehmerstaaten einzubeziehen, um auf diplomatischer Ebene intervenieren zu können.[662] Bereits mit der ersten Presseaussendung im Zusammenhang mit der Entführung der OSZE-Missionsmitglieder hielt OSZE-Generalsekretärin Helga Schmid fest, dass Missionsmitglieder „*OSZE-Bedienstete*" bleiben werden und ihnen Immunität zukommen muss.[663] In der Ankündigung des unverzüglichen Rückzugs der SMM vom 28. April 2022 führte die Generalsekretärin neuerlich aus, weiterhin alle verfügbaren Kanäle nutzen zu werden, um die Freilassung der Missionsmitglieder zu erreichen.[664] In den Presseberichten vom 25. Mai 2022

[659] K. Manchester, F. Schmid: Gestohlene Fahrzeuge, entführte Mitarbeiter: Die OSZE hadert mit Russland, Der Standard, 13.2.2023 abrufbar unter: https://www.derstandard.at/story/2000143461680/gestohlene-fahrzeuge-entfuehrte-mitarbeiter-die-osze-hadert-mit-russland (zuletzt aufgerufen am 28.4.2024).

[660] OSCE Press Release: OSCE Chairman-in-Office and Secretary General announce upcoming closure of Special Monitoring Mission to Ukraine, 28 April 2022.

[661] Ebd.

[662] Vindobona: Russia Hides Its Operations in Ukraine from the OSCE, Vindobona Vienna International News, 2.05.2022, abrufbar unter: https://www.vindobona.org/article/russia-hides-its-operations-in-ukraine-from-the-osce (zuletzt aufgerufen am 12.02.2024); S. Liechtenstein: Four national OSCE mission members detained in eastern Ukraine, Security and Human Rights Monitor, 23.4.2022, abrufbar unter: https://www.shrmonitor.org/four-national-osce-mission-members-detained-in-eastern-ukraine/ (zuletzt aufgerufen am 12.02.2024).

[663] OSCE Press Release: OSCE Chairman-in-Office and Secretary General call for immediate release of detained OSCE officials in areas of Donetsk and Luhansk, 24 April 2022: "*All of our national mission members remain OSCE officials and should be afforded functional immunity, including during this period when the mandate has lapsed,*".

[664] OSCE Press Release: OSCE Chairman-in-Office and Secretary General announce upcoming closure of Special Monitoring Mission to Ukraine, 28 April 2022.

sowie vom 19. Juli 2022 wurde je auf die *Fürsorgepflicht* der OSZE Bezug genommen und ausgeführt, dass diese auch nach Beendigung der SMM für alle Bediensteten aufrecht besteht. Die OSZE sicherte darin außerdem zu, für die Achtung der Immunität aller Missionsmitgliedern einzustehen und forderte diese ein.[665] Am 25. Juli 2022 nahm die Leiterin der SMM, Antje Grawe, zu der Situation ihrer Missionsmitglieder Stellung. Sie verurteilte die Anschuldigungen gegen die Mitglieder der Mission und forderte ihre sofortige Freilassung.[666] Der mangelnde Erfolg dieser Bemühungen bedingt nicht automatisch eine Pflichtverletzung der OSZE gegenüber ihren inhaftierten Bediensteten. Die Gewährung von funktionalem Schutz stellt eine organisatorische Fürsorgepflicht dar, weshalb von der Organisation eine Verhaltens- und keine Ergebnispflicht verlangt wird.[667] Die organisatorische Fürsorgepflicht ist begrenzt, denn ohne die Kooperation einer inhaftierenden Behörde können sich die Bemühungen um funktionalen Schutz schnell erschöpfen bzw. auf eine Reihe von (oft unwirksamen) diplomatischen Maßnahmen reduzieren. Dies kann etwa gelten, wenn sich der unkooperative Staat hinter "*autonomen*" Vertretern versteckt, auf die er angeblich nur begrenzten Einfluss hat.[668]

Am Beispiel der OSZE zeigt sich, dass eine Regelung besteht, die den Bediensteten das Recht auf Unterstützung durch die Organisation zusichert[669] und konkretisierende Bestimmungen dieses Recht näher definieren.[670] Die OSZE legte sich damit selbst eine Verpflichtung zugunsten ihren Bediensteten auf. Funktionaler Schutz wurde von der OSZE nicht nur

[665] OSCE Press Release: OSCE Chairman-in-Office and Secretary General condemn intimidation and detention of OSCE staff in Donetsk and Luhansk, 25 May 2022; OSCE Press Release: OSCE Chairman-in-Office and Secretary General call for immediate release of detained OSCE staff in Donetsk and Luhansk, 19 July 2022.

[666] OSCE Press Release: OSCE SMM Acting Head of Mission refutes claims and denounces persecution of national Mission members, demands immediate and unconditional release of those deprived of their liberty, 25 July 2022: "*I denounce in the strongest terms the unfounded claims and fabricated accusations brought against our national Mission members and demand the immediate release of our staff deprived of their liberty in non-government-controlled areas of Donetsk and Luhansk. They have performed their duties with dedication and the highest level of professionalism and impartiality, providing objective information critical to the security and humanitarian situation in Ukraine.*".

[667] Dies entspricht auch den Ausführungen zur Sorgfaltspflicht in Kapitel C.VII.6.h.

[668] Das war beim konkret geschilderten Fall der inhaftierten Missionsmitglieder der OSZE der Fall. Siehe dazu K. Manchester, F. Schmid: Gestohlene Fahrzeuge, entführte Mitarbeiter: Die OSZE hadert mit Russland, Der Standard, 13.2.2023 abrufbar unter: https://www.derstandard.at/story/2000143461680/gestohlene-fahrzeuge-entfuehrte-mitarbeiter-die-osze-hadert-mit-russland (zuletzt aufgerufen am 28.4.2024).

[669] Regulation 2.07 Staff Regulation and Staff Rules of the OSCE.

[670] Rule 2.07.1 und Rule 2.07.2.

theoretisch in ihr internes Recht integriert, sondern wird auch tatsächlich praktiziert,[671] wie der Sonderbeobachtungsmissionsfall in der Ukraine gezeigt hat.[672]

Der Bericht über das vierte Treffen im Rahmen der BDIMR-Menschenrechts-Diskussionsreihe für Vertreter des Forums für Sicherheitskooperation ist für die Ausübung von funktionalem Schutz ebenfalls beachtlich. Die Teilnehmerstaaten der OSZE hatten dieser dort zugesichert, das eingesetzte Personal zu schützen und ihre Menschenrechte zu verteidigen.[673] Dieser Schutz ist auf den Verhaltenskodex zu politisch-militärischen Aspekten der Sicherheit zurückzuführen, wodurch militärischen und nicht militärischen Truppen, sowie den Sicherheitskräften ein grundlegender Schutz ihrer Menschenrechte und die Sicherheit auf Ausübung ihrer fundamentalen Freiheiten zugesichert wird. Die Teilnehmerstaaten der OSZE sollen dies gewährleisten, indem dem eingesetzten Personal angemessene rechtliche und administrative Verfahren zur Verfügung gestellt werden.[674] Dieser Verhaltenskodex verdeutlicht neuerlich, dass die OSZE Handlungen im Rahmen des funktionalen Schutzes setzt.

Abschließend kann zur Pflicht aufgrund der Personalstatuten der IO festgehalten werden, dass sich daraus eine verpflichtende Ausübung von funktionalem Schutz durch die IO ergeben kann, wenn eine solche Pflicht darin explizit festgelegt ist. Dies ergibt sich aus der Selbstverwaltungskompetenz jeder IO, ihre inneren Angelegenheiten (wie bspw. arbeitsrechtliche Vorgaben) eigenständig festzulegen.[675] Für Bedienstete einer IO, welche in ihren Personalstatuten keine Bestimmung zum funktionalen Schutz vorsieht, muss auf eine andere Rechtsgrundlage zurückgegriffen werden. Die OSZE sieht als einzige IO die verpflichtende Ausübung von funktionalem Schutz zugunsten ihrer Bediensteten in ihren Personalstatuten vor. Für die Gruppe der OSZE-Bediensteten kann eine Untersuchung aller

---

671 Zur Praxis siehe Organization for Security and Co-operation in Europe, Permanent Council: Decision No. 1117 Deployment of an OSCE Special Monitoring Mission to Ukraine, 991st Plenary Meeting, PC Journal No. 991, Agenda item 1, No. PC.DEC/1117, 21 March 2014; Organisation für Sicherheit und Zusammenarbeit in Europa, Ständiger Rat: 1143 Plenarsitzung des Ständigen Rates, No. PC.DOC/1/17, 27 April 2017 und Executive Summary of the Report of the Independent Forensic Investigation in relation to the Incident affecting an OSCE Special Monitoring Mission to Ukraine (SMM) Patrol on 23 April 2017, PC.DEL/519/17.

672 Organization for Security and Co-operation in Europe, Permanent Council: Decision No. 1117 Deployment of an OSCE Special Monitoring Mission to Ukraine, 991st Plenary Meeting, PC Journal No. 991, Agenda item 1, No. PC.DEC/1117, 21 March 2014 und Organisation für Sicherheit und Zusammenarbeit in Europa, Ständiger Rat: 1143 Plenarsitzung des Ständigen Rates, No. PC.DOC/1/17, 27 April 2017.

673 Report of the Fourth Meeting in the ODIHR Human Rights Discussion Series for Representatives of the Forum for Security Co-operation Civil and Political Rights of Armed Forces Personnel, 23 October 2014, Vienna, p. 2 (5).

674 Code of Conduct on Politico-Military Aspects of Security, Organization for Security and Co-operation in Europe (kurz "OSCE Politico-Military Code of Conduct") 3 December 1994, adopted at the 91st Plenary Meeting of the Special Committee of the CSCE Forum for Security Co-operation in Budapest on 3 December 1994, paras 32-33.

675 G. Ullrich (2009): Das Dienstrecht der Internationalen Organisationen, 49.

weiteren Rechtsgrundlagen unterbleiben. Für die Determinierung der konkreten, von der Organisation zu setzenden, Handlungen in Ausübung des funktionalen Schutzes kann ergänzend auf andere Rechtsgrundlagen zurückzugreifen sein.

4. Pflicht aufgrund der arbeitsrechtlichen Fürsorgepflicht

Mangels expliziter Bestimmung zur verpflichtenden Ausübung von funktionalem Schutz in den meisten Personalstatuten müssen Bedienstete von IOs – abgesehen jener der OSZE – auf alternative Rechtsgrundlagen zurückgreifen. Während die Personalstatuten im Fall der OSZE explizit eine Bestimmung zum „funktionalen Schutz" vorsehen, muss für Bedienstete aller übrigen IOs auf die organisationsinterne Fürsorgepflicht[676] zurückgegriffen werden. Dieses Kapitel befasst sich mit der Frage, ob die Personalstatuten von IOs grundsätzlich eine Fürsorgepflicht beinhalten und ob „funktionaler Schutz" als Teilaspekt dieser Fürsorgepflicht angesehen werden kann. Denkbar ist sodann eine verpflichtende Ausübung von funktionalem Schutz als Teilbereich der Fürsorgepflicht einer IO. Demnach sind Handlungen im Rahmen des funktionalen Schutzes für die IO verpflichtend, um der Fürsorgepflicht gegenüber ihren Bediensteten zu entsprechen. In weiterer Folge bleibt zu determinieren, wie weitreichend die Handlungen im Rahmen des funktionalen Schutzes sein müssen, um den Anforderungen der Fürsorgepflicht Genüge zu tun. Die zugrundeliegenden Rechtsquellen sind in diesem Fall – wie auch für die explizite Bestimmung zum funktionalen Schutz – die Personalstatuten der IO.[677] Eine verpflichtende Ausübung von funktionalem Schutz als Teilbereich der Fürsorgepflicht einer IO nach ihren Personalstatuten kann somit nur dann bestehen, wenn in den Personalstatuten der IO eine entsprechende Fürsorgepflicht auch vorgesehen ist. Andernfalls können die Personalstatuten der IO nicht als Grundlage für eine verpflichtende Ausübung von funktionalem Schutz herangezogen werden.

Um Aussagen über den funktionalen Schutz als Teilbereich der Fürsorgepflicht in den Personalstatuten treffen zu können, wurde eine Auswahl an 24 Regelwerken von IOs untersucht.[678] Dabei sollte für dieses Kapitel beantwortet werden, ob die untersuchten

[676] Siehe für die grundlegenden Ausführungen zur organisationsinternen Fürsorgepflicht Kapitel B.IV.

[677] Wie in Kapitel B.IV bereits ausgeführt, kann auch eine sonstige vertragliche Vereinbarung zwischen der IO und ihren Bediensteten eine Fürsorgepflicht der IO vorsehen. Die Fürsorgepflicht auf Basis der Personalstatuten von IOs stellt aber den Regelfall dar, weshalb hierauf nun weiter eingegangen wird.

[678] Dazu wurden 35 IOs herangezogen, von welchen bei 24 davon die Personalstatuten online abrufbar waren. Diese 24 Personalstatuten wurden daher ausgewählt und für die Analyse herangezogen. Eine Übersicht über die IOs und die relevanten Bestimmungen in den Personalstatuten kann Annex ./4 entnommen werden.

Personalstatuten eine Bestimmung zur Beachtung der Fürsorgepflicht gegenüber ihren Bediensteten beinhalten und bejahendenfalls, wie diese Bestimmung ausgestaltet ist.

Von den 24 untersuchten Personalstatuten beinhalten 22 davon, Regelungen zur Fürsorgepflicht der IO gegenüber ihren Bediensteten.[679] Die explizite Regelung der OSZE zum funktionalen Schutz stellt eine davon dar.[680] In 10 Personalstatuten davon ist die Fürsorgepflicht ganz klar festgelegt, während diese bei den übrigen 11 lediglich impliziert wird (zB durch Regelung einer Entschädigungspflicht im Falle der Verletzung der Bediensteten). Eine ganz konkrete Verpflichtung zur Achtung der Fürsorgepflicht gegenüber ihren Bediensteten kann den Personalstatuten der VN[681], der Internationalen Seeschifffahrtsorganisation (IMO)[682], des Weltpostvereins (UPU)[683], der NATO[684], der Organisation für wirtschaftliche Zusammenarbeit und Entwicklung (OECD)[685], der Internationalen Kriminalpolizeilichen Organisation (INTERPOL)[686], der Welthandelsorganisation (WTO)[687], der CERN[688], der EU[689] und des COE[690] entnommen werden.[691] Beispielhaft werden für diese Arbeit – wie eingangs bereits festgehalten – die VN, die EU und die OSZE herangezogen. Auf die Personalstatuten der OSZE und deren explizite Bestimmung zum funktionalen Schutz wurde bereits in Kapitel C.VII.3 gerade eben detailiert eingegangen.

Die Fürsorgepflicht in den Personalstatuten der VN ist bemerkenswert, da sie explizit eine Handlungspflicht der VN vorsieht, um den Bediensteten ein sicheres Arbeitsumfeld zu gewähren: „*[...] In exercising this authority, the Secretary-General shall seek to ensure, having*

[679] Siehe dazu die Excel Datei in Annex ./4.
[680] Siehe dazu die umfassenden Ausführungen in Kapitel C.VII.3.
[681] Regulation 1.2 General rights and obligations (c) UN Staff Regulations.
[682] Section 2 - 2.2 Staff Regulations and Rules of the International Maritime Organization (kurz "IMO Staff Regulations") September 2022.
[683] Constitution and General Regulations Manual, Rules of procedure Legal status of the UPU, Universal Postal Union, Berne 2018, Regulation 1.6 2.
[684] Civilian Personnel Regulations of the North Atlantic Treaty Organization, April 2005 (amdt. 18 October 2014), Art 90 Competences 90.1.
[685] Regulation 5bis a) Staff Regulations, Rules and Instructions applicable to Officials of the Organization for Economic Cooperation and Development (kurz "OECD Staff Regulations") September 2022.
[686] Regulation 1.9 (1) Staff Manual of the International Criminal Police Organization (kurz "INTERPOL Staff Regulations") II.C/SREG/GA/1987(2006)] [II.C/SRUL/EC/1988(2021).
[687] Regulation 1.2 Staff Regulations of the World Trade Organization (kurz "WTO Staff Regulations") WT/BFA/9 L/7636, 25 September 1995.
[688] Art S I 4.03 Staff Regulations and Rules of the European Organization for Nuclear Research (kurz "CERN Staff Regulations") CERN/412, 7 November 1961.
[689] Art 24 (1) Staff Regulations of Officials and the Conditions of Employment of Other Servants of the European Economic Community and the European Atomic Energy Community (kurz "EU Staff Regulations") Regulation No. 31 (EEC), 11 (EAEC), (OJ P 045 14.6.1962, p. 1385).
[690] Art 40 1) Staff Regulations and Rules of the Council of Europe (kurz "COE Staff Regulations") 1 January 2023, adopted by Resolution CM/Res (2021) of the Committee of Ministers on 22 September 2021.
[691] Eine Aufstellung aller untersuchten Organisationen sowie der relevanten Bestimmungen für die Fürsorgepflicht kann Annex ./4 entnommen werden.

regard to the circumstances, that all necessary safety and security arrangements are made for staff carrying out the responsibilities entrusted to them."[692] Diese Bestimmung umfasst das gesamte Personal der VN, welches für die Organisation tätig wird und legt fest, dass in deren Interesse Schutz- und Sicherheitsmaßnahmen durch die VN zu ergreifen sind. Dabei wird in Zusammenhang mit dem Schutz der Bediensteten insbesondere auf das Setzen vorbeugender Maßnahmen, sowie auf die Anwendung effektiver Mittel abgestellt, sofern die Abwehr fehlgeschlagen sein sollte.

Die Personalstatuten der Europäischen Union, insbesondere Art 24, schaffen das rechtliche Rahmenwerk des Verhältnisses zwischen den Bediensteten und der Union. Die EU sichert ihren Bediensteten mit Art 24 ein Tätigwerden im Rahmen der Fürsorgepflicht zu.[693] Dazu werden in den Vorschriften Rechte und Pflichten niedergelegt.[694] Der Fall *Santo Tallarico gegen Europäisches Parlament* [695] stellt einen Anwendungsfall dieser Bestimmung dar.[696] Der Fall handelt von Beistandsleistungen der Europäischen Gemeinschaft (EG) im Vorgehen gegen die Urheber der böswilligen Handlungen (konkret der Mobbing-Handlungen) gegen den Bediensteten des Parlaments, Herrn Santo Tallarico. Das Gericht wies bei der Würdigung des Falles explizit auf die Intention hinter Art 24 – die Bediensteten der Gemeinschaft vor Angriffen Dritter zu schützen – hin.[697] Weiters führte das Gericht aus, dass die Bestimmung außerdem auf interne Vorfälle anzuwenden sei und eine Beistands- und Unterstützungspflicht begründe.[698] Aus Art 24 der Personalstatuten der EU und der damit verbundenen Praxis geht hervor, dass auch die Union eine umfassende Fürsorge für ihre Bediensteten vorsieht und sich intern zur Wahrung dieser verpflichtet.

Neben der dargestellten expliziten Fürsorgepflicht sehen einige Personalstatuten Vorschriften vor, welche zwar auf den Schutz der Bediensteten schließen lassen, aber in ihrem Wortlaut weit offener gehalten wurden.

---

[692] Regulation 1.2 General rights and obligations (c) UN Staff Regulations.

[693] Art 24 (1) EU Staff Regulations: "*The Communities shall assist any official, in particular in proceedings against any person perpetrating threats, insulting or defamatory acts or utterances, or any attack to person or property to which he or a member of his family is subjected by reason of his position or duties.*"

[694] EuG, Livio Missir Mamachi di Lusignano v. European Commission, 10 September 2015, C-417/14 RX-II, para 31; siehe dazu außerdem EuG Jutta Johannes v. Hartmund Johannes, 10 June 1999, C-430/97, para 19.

[695] EuG, Santo Tallarico gegen Europäisches Parlament, 21 April 1993, T-5/92.

[696] Art 24 EU Staff Regulations; EuG, Santo Tallarico gegen Europäisches Parlament, 21 April 1993, T-5/92, para 29.

[697] EuG, Santo Tallarico gegen Europäisches Parlament, 21 April 1993, T-5/92, para 30.

[698] Ebd., para 31.

In den Personalstatuten der folgenden IOs wird eine Fürsorgepflicht zumindest implizit angesprochen: der Internationalen Atomenergie-Behörde (IAEA)[699], der Internationalen Zivilluftfahrtorganisation (ICAO)[700], der ILO[701], der ITU[702], der Weltgesundheitsorganisation (WHO)[703], der Weltorganisation für geistiges Eigentum (WIPO)[704], der Panamerikanischen Gesundheitsorganisation (PAHO)[705], der Internationalen Hydrographischen Organisation (IHO)[706], der Internationalen Organisation für Migration (IOM)[707], der Internationalen Tropenholzorganisation (ITTO)[708] und der Organisation für das Verbot von Chemiewaffen (OPCW)[709]. Die *Regulation 8.04* der Personalstatuten der IAEA bestimmt etwa eine Entschädigungspflicht der Bediensteten durch die Organisation: „*The Director General shall, with the approval of the Board of Governors, draw up a scheme for the compensation of staff members in the event of their suffering, accident, illness or death attributable to the performance of official duties on behalf of the Agency.*"[710] Die Regelungen der eben genannten IOs treffen überwiegend Festlegungen zur Schaffung von sozialer Sicherheit der Bediensteten. Dennoch kann ihnen ein bestimmter Schutzmaßstab entnommen und somit im Ansatz jedenfalls die Implikation einer Fürsorgepflicht zugeschrieben werden. Die Bestimmungen sehen regelmäßig Kompensationszahlungen im Falle von Verletzung, Tötung oder Gesundheitsschädigung der Bediensteten vor, wenn diese der Tätigkeit für die IO zurechenbar sind. Diesen Verpflichtungen lässt sich grundsätzlich eine Fürsorgepflicht von IOs gegenüber ihren Bediensteten entnehmen, weil die Entschädigungspflicht üblicherweise eine primäre

[699] Art 8.04Staff Regulations of the International Atomic Energy Agency (kurz "IAEA Staff Regulations") INFCIRC/612, 30 August 2002.

[700] Art 6.5 Service Code of the International Civil Aviation Organisation – The ICAO Service Code (kurz "ICAO Staff Regulations") Doc 7350/9, Ninth Edition 2011.

[701] Annex II, Art 2 Staff Regulations and Rules of the International Labour Organisation (kurz "ILO Staff Regulations") July 2023.

[702] Art 6.2 Staff Regulations and Rules of the International Telecomunication Union (kurz "ITU Staff Regulations") Edition of 2014.

[703] Art VI, 6.2 Staff Regulations and Rules of the World Health Organisation (kurz "WHO Staff Regulations") 1 January 2022.

[704] Art 6.2.6 Staff Regulations and Rules of the International Bureau of the World Intellectual Property Organisation (kurz "WIPO Staff Regulations") Edition of 1 October 2022.

[705] Art 6.2 Staff Rules and Staff Regulations of the Pan American Health Organisation (kurz "PAHO Staff Regulations") July 2015.

[706] Art 7.1 Staff Regulations of the International Hydrographic Organisation (kurz "IHO Staff Regulations") Edition of 8 January 2017, IHO Publication M-7.

[707] Art 6.2 Staff Regulations of the International Organisation for Migration (kurz "IOM Staff Regulations") C/108/INF/2, 14 February 2018.

[708] Art 505 Staff Regulations and Rules of the International Tropical Timber Organisation (kurz "ITTO Staff Regulations") Third Edition, Revised in November 2018.

[709] Regulation 6.2 Staff Regulations and Interim Staff Rules of the Technical Secretariat of the Organisation for the Prohibition of Chemical Weapons (kurz "OPCW Staff Regulations") as published in the Director-General's Bulletins OPCW-S/DGB/26, dated 12 December 2017 and as amended by OPCW-S/DGB/28, dated 21 December 2018.

[710] Art 8.04 IAEA Staff Regulations.

Rechtspflicht voraussetzt, die verletzt worden ist. Das wäre konkret die Pflicht, Verletzung und Todesfälle zu verhindern. Es wird daher argumentiert, dass eine Entschädigungspflicht auch eine Schadensverhinderungspflicht auf Seiten des Entschädigungspflichtigen bedingt und damit eine Fürsorgepflicht der IO impliziert.

Die Verpflichtungen zur arbeitsrechtlichen Fürsorge durch die IO gegenüber ihren Bediensteten sind in den untersuchten Personalstatuten unterschiedlich stark ausgeprägt. Allen 22 Bestimmungen der 24 untersuchten Personalstatuten kann aber dasselbe Ziel, den Schutz der Bediensteten sicherzustellen, entnommen werden. Wie eingangs zu diesem Kapitel dargestellt, kommt eine verpflichtende Ausübung von funktionalem Schutz basierend auf der Fürsorgepflicht einer IO nur dann in Frage, wenn diese IO in ihren internen Personalstatuten auch tatsächlich eine Fürsorgepflicht vorsieht.

Besonders beachtlich für die Fürsorgepflicht der IO sind die Ausführungen des ILOAT in A. v. Internationaler Strafgerichtshof vom 26. Juni 2018.[711] Auf den Inhalt des Falles, die Festnahme einer Dolmetscherin des IStGH während einer offiziellen Mission in Libyen, wurde in Kapitel C.I.3 bereits näher eingegangen. Die Dolmetscherin erhob Beschwerde an das Verwaltungsgericht der Internationalen Arbeitsorganisation aufgrund einer Verletzung der Fürsorgepflicht durch den IStGH. Das Gericht folgte der Beschwerdeführerin und erkannte die, durch die Beschwerdeführerin in Libyen erlittene, Tortur als direkte Folge des Versäumnisses des IStGH sich ordnungsgemäß auf die Mission vorzubereiten an. Der IStGH habe demnach die erforderlichen Vorbereitungshandlungen nicht oder nur unzureichend getroffen.[712] Auch in *Judgement No. 2768* bezieht sich das ILOAT auf die Fürsorgepflicht von IOs und ihre Pflicht den Bediensteten mit solcher Sorgfalt zu begegnen, dass Verletzungen dieser möglichst verhindert werden.[713] Die Ausführungen der Gerichte untermauern die Bedeutung der Fürsorgepflicht von IOs gegenüber ihren Bediensteten und zeigen darüber hinaus bestimmte Handlungen als Teil des funktionalen Schutzes auf, welche in Vorbereitung einer Mission zur Abwehr von Gefahrensituationen für die Missionsmitglieder zu setzen sind.

---

[711] International Labour Organization Administrative Tribunal (ILOAT), A. v. ICC, 126th Session, Judgment No. 4003, 26 June 2018.

[712] Ebd., para 16: „*The Tribunal recognizes that the complainant's ordeal in Libya was a direct result of the ICC's failure to properly prepare for the mission, specifically, its failure to: (a) establish a diplomatic basis by ensuring that a Memorandum of Understanding was established and/or Notes Verbales were exchanged with the Libyan authorities prior to the mission's initiation; (b) establish a mission plan which identified the objectives of the mission, the locations to visit and persons to be met, as well as naming the Head of Mission and clarifying the specific responsibilities of the team members; and (c) ensure that all security protocols were followed and advice was implemented to guarantee the safety and security of the staff members on mission.*"

[713] International Labour Organization Administrative Tribunal (ILOAT), Judgment No. 2768, 4 February 2009, para 4.

Das Schutzkonzept der organisationsinternen Fürsorgepflicht wurde bereits eingangs in Kapitel B.IV vorgestellt. Wie an der Stelle bereits erläutert, kann der funktionale Schutz einen Teilbereich der Fürsorgepflicht einer IO darstellen. Auch in den zehn Leitprinzipien nach *de Guttry et al.* zur Fürsorgepflicht von IOs gegenüber ihren Bediensteten wird mit Grundsatz 9 die Pflicht der IO, funktionalen Schutz für ihre Bediensteten auszuüben, als Teilbereich der Fürsorgepflicht angesehen. Auf *Grundsatz 9*[714], die verpflichtende Gewährung von funktionalem Schutz, sowie auf weitere Grundsätze, aus welchen ein bestimmter Mindeststandard der Fürsorgepflicht von IOs gegenüber ihren Bediensteten identifiziert werden kann, wird an dieser Stelle weiter eingegangen.[715] Ein bestimmter Mindeststandard der Fürsorgepflicht kann wiederum die Grundlage für eine verpflichtende Ausübung von funktionalem Schutz durch die IO bilden. *Grundsatz 9* über die verpflichtende Ausübung von funktionalem Schutz durch IOs im Rahmen der Fürsorgepflicht gegenüber den Bediensteten der IO baut auf dem Fürsorgemaßstab der Personalstatuten vieler IOs auf.[716] Die VN sehen bpsw. in ihren Personalstatuten unter Regulation 1.2 c) folgendes vor: „*[...] the Secretary-General shall seek to ensure, having regard to the circumstances, that all necessary safety and security arrangements are made for staff carrying out the responsibilities entrusted to them.*"[717] Durch die Formulierung "*all necessary safety and security arrangements*" wird der Fürsorgemaßstab der Organisation festgelegt. Die Formulierung geht sehr weit und verpflichtet die VN somit im Rahmen der Fürsorgepflicht alle Handlungen zu setzen, welche notwendig sind, um die Sicherheit ihrer Bediensteten zu gewährleisten. In der Kommentierung zu Grundsatz 9 führen *de Guttry et al.* ähnlich streng zur Verpflichtung der IO aus, eine IO müsse alles in ihren Kräften Stehende tun, um ihre Bediensteten zu schützen. Werden Bedienstete durch den Empfangsstaat der Mission, in welchem Bedienstete ihre offizielle Tätigkeit ausüben, in ihren Rechten verletzt, habe die Organisation entsprechenden Schutz auszuüben.[718] Die Pflicht schränken *de Guttry et al.* aber dahingehend ein, als IOs nur jene Handlungen setzen müssen, zu welchen sie vernünftigerweise in der Lage sind. Eine IO muss demnach bei der verpflichtenden Ausübung von funktionalem Schutz jene Handlungen setzen, die ihr möglich

---

714 *Grundsatz 9*: IOs sind verpflichtet, funktionalen Schutz für ihre Bediensteten auszuüben. Siehe Ebd., 498f.

715 Für eine Darstellung aller zehn Leitprinzipien wird auf Kapitel B.IV verwiesen.

716 Siehe dazu die Excel Datei zur Fürsorgepflicht in den unterschiedlichen Staff Regulations and Rules der IO und den darin analysierten Bestimmungen im Annex ./4.

717 UN Staff Regulations.

718 A. de Guttry et al.: Guiding Principles on the Implementation by International Organizations of Their Duty of Care Obligations Towards Their Civilian Personnel in A. de Guttry et al. (eds.) (2018): The Duty of Care of International Organizations Towards Their Civilian Personnel, 485-500, 498: "*International organizations must do whatever is reasonably possible to protect, directly or in coordination with the State of nationality, their staff suffering violations of their rights perpetrated by the State of the territory where they are performing their official activities.*".

und zumutbar sind.[719] Nach *Grundsatz 1*[720] und *Grundsatz 2*[721] obliegt den Organisationen die Pflicht, ein sicheres Arbeitsumfeld für ihre Bediensteten zu schaffen sowie aktiv Schutz zu gewähren. Auch daraus lässt sich eine verpflichtende Ausübung von funktionalem Schutz ableiten. Eine Gefahrenlage für die Bediensteten zu verhindern oder sie daraus zu befreien, entspricht der Schaffung eines sicheren Arbeitsumfeldes und der aktiven Schutzgewährung. Da die Grundsätze auf Regelungen in Personalstatuten von IOs basieren, kann diese Verpflichtung darin identifiziert werden. Weiters ergab die Untersuchung der 24 Personalstatuten, dass 22 davon eine Bestimmung zur arbeitsrechtlichen Fürsorge enthalten. Diesen Bestimmungen kann ein einheitliches Ziel, den Schutz der Bediensteten sicherzustellen, entnommen werden. Die Ausübung von funktionalem Schutz durch die IO, um eine Gefährdungslage der Bediensteten abzuwenden oder diese aus einer Gefahrenlage zu befreien, kann im Sinne dieser Zielsetzung jedenfalls als Bestandteil der Fürsorgepflicht angesehen werden. Das Wesen der Fürsorgepflicht ist die Sicherstellung von Schutz und Sicherheit der Bediensteten. Somit muss diese jedenfalls auch Situationen umfassen, in denen Bedienstete etwa telefonisch bedroht, zum Beenden ihrer Tätigkeit gedrängt oder unrechtmäßig verhaftet werden. Diese demonstrativen Anwendungsfälle für funktionalen Schutz verdeutlichen, dass dieser jedenfalls von der Fürsorgepflicht der IO gegenüber ihren Bediensteten umfasst sein muss. Die IO kommt ihrer Fürsorgepflicht daher nur dann ordnungsgemäß nach, wenn die Handlungen zum Schutz und der Sicherheitsgewährleistung für die Bediensteten bei Notwendigkeit auch Maßnahmen im Rahmen des funktionalen Schutzes beinhalten.[722] Demnach lässt sich festhalten, dass IOs in Erfüllung ihrer Fürsorgepflicht jedenfalls ein Mindestmaß an funktionalem Schutz zugunsten ihrer Bediensteten ausüben müssen. Die verpflichtende Ausübung von funktionalem Schutz stellt somit einen Teilaspekt der arbeitsrechtlichen Fürsorgepflicht des organisationsinternen Rechts von IOs dar, welche klar auf den Schutz ihrer Bediensteten abzielt. Die Fürsorgepflicht der IOs beinhaltet somit auch die Ausübung von funktionalem Schutz, wobei die Fürsorgepflicht als das weitere Schutzkonzept auch dann greifen kann, wenn Probleme von Bediensteten der IO das Funktionieren dieser nicht behindern. Eine verpflichtende Ausübung von funktionalem Schutz im Rahmen der Fürsorgepflicht einer IO gilt allerdings nur für jene

[719] Ebd.

[720] *Grundsatz 1*: IOs sind verpflichtet, ein sicheres Arbeitsumfeld für ihre Bediensteten zu schaffen. Siehe Ebd., 486f.

[721] *Grundsatz 2*: IOs sind verpflichtet, ihren Bediensteten aktiv Schutz zu gewähren. Darunter fällt insbesondere die Betreuung und Zurverfügungstellung von Schutz während eines Einsatzes. Siehe Ebd., 487f.

[722] So insbesondere A. de Guttry et al.: Guiding Principles on the Implementation by International Organizations of Their Duty of Care Obligations Towards Their Civilian Personnel in A. de Guttry et al. (eds.) (2018): The Duty of Care of International Organizations Towards Their Civilian Personnel, 485-500, 498f.

IO, die eine verpflichtende Fürsorgeobliegenheit in ihren Personalstatuten (oder in sonstigen vertraglichen Vereinbarungen) auch tatsächlich vorsehen.[723]

Abschließend kann zur Pflicht aufgrund der arbeitsrechtlichen Fürsorge der IO festgehalten werden, dass sich daraus eine verpflichtende Ausübung von funktionalem Schutz durch die IO ergeben kann, wenn in den Personalstatuten eine Bestimmung zur Fürsorgepflicht festgelegt ist. Bediensteten einer IO können damit Handlungen der IO in Ausübung von funktionalem Schutz gemäß ihrer arbeitsrechtlichen Fürsorgepflicht fordern, soweit die Voraussetzungen dafür vorliegen. Besonders relevant ist diese Möglichkeit für jene Bediensteten, welche sich weder auf eine explizite Bestimmung in ihrem Arbeitsvertrag noch in den auf sie anwendbaren Personalstatuten, über die verpflichtende Ausübung von funktionalem Schutz stützen können. Zahlreiche organisationsinterne Regelwerke sehen eine Fürsorgepflicht der IO gegenüber ihren Bediensteten vor. Aufgrund ihrer Fürsorgepflicht muss die IO Handlungen setzen, um ihr Personal zu schützen. Maßnahmen im Rahmen des funktionalen Schutzes sind davon umfasst.[724] Es bleibt noch zu klären, welche konkreten Maßnahmen von der IO gesetzt werden müssen, um ihrer Pflicht nachzukommen. Abstrakt formuliert muss die IO jedenfalls Maßnahmen ergreifen, um ihre Bediensteten vor Gefahrenlagen zu schützen oder sie aus solchen zu befreien.[725]

Soweit die Personalstatuten einer IO allerdings keine Fürsorgepflicht vorsehen, ist für Bedienstete das Bestehen einer rechtlichen Grundlage für die Pflicht dieser IO, zu ihren Gunsten funktionalen Schutz auszuüben, weiterhin unklar. Dies gilt gleichermaßen für die Gruppe der Nicht-IO-Bediensteten, auf welche die Personalstatuten einer IO regelmäßig erst gar nicht anwendbar sind. Eine Pflicht der IO auf Ausübung von funktionalem Schutz zugunsten von Nicht-IO-Bediensteten kann sich aus der Fürsorgepflicht einer IO somit nicht ergeben, es sei denn, eine einzelvertragliche Vereinbarung sieht eine solche vor.

5. Pflicht aufgrund eines allgemeinen Rechtsgrundsatzes für das Innenrecht einer Internationalen Organisation

Im Kontext des funktionalen Schutzes sind die allgemeinen Rechtsgrundsätze des öffentlichen Dienstrechts von besonderer Bedeutung, wie sie zB in *Jurado* vom ILOAT als „*general*

[723] Eine etwaige Verpflichtung zur Achtung der Fürsorgepflicht und deren Ausgestaltung basierend auf einem allgemeinen Rechtsgrundsatzes wird in Kapitel 0 diskutiert.

[724] A. de Guttry et al.: Guiding Principles on the Implementation by International Organizations of Their Duty of Care Obligations Towards Their Civilian Personnel in A. de Guttry et al. (eds.) (2018): The Duty of Care of International Organizations Towards Their Civilian Personnel, 485-500, 498f.

[725] Ebd.

principle concerning the rights of international civil service" herangezogen wurden.[726] Diese Art der allgemeinen Rechtsgrundsätze findet ihren Ursprung nicht im nationalen Recht, sondern ergibt sich vielmehr aus dem Ursprung bzw. der Funktionalität von IOs.[727] Allgemeine Rechtsgrundsätze des öffentlichen Dienstrechts werden regelmäßig von internationalen Verwaltungsgerichten bei der Entscheidung über Arbeitsrechtsstreitigkeiten zwischen der IO und ihren Bediensteten identifiziert, indem sich diese in ihren Entscheidungen darauf stützen.[728] Den Ursprung oder den Weg ihrer Herleitung legen auch die internationalen Verwaltungsgerichte meist nicht offen, sondern stellen schlichtweg die Existenz eines allgemeinen Rechtsgrundsatzes des öffentlichen Dienstrechts fest.[729] Jenseits dieser methodisch zweifelhaften Herleitung stellt sich die Frage, ob allgemeine Rechtsgrundsätze des öffentlichen Dienstrechts als allgemeine Rechtsgrundsätze des internationalen Rechts anzusehen sind und diesen damit organisationsübergreifende Geltung zukommt.[730] Vorerst wird zu diesem Zweck auf allgemeine Rechtsgrundsätze des internationalen Rechts eingegangen, um in weiterer Folge aufzuzeigen, dass allgemeine Rechtsgrundsätze des öffentlichen Dienstrechts unter diese Kategorie einzuordnen sind.

Anfangs bestand bei einigen Mitgliedern der Völkerrechtskommission eine abneigende Haltung gegenüber dem grundsätzlichen Bestehen von allgemeinen Rechtsgrundsätzen des internationalen Rechts.[731] Mittlerweise hat sich die Völkerrechtskommission einheitlich für deren Existieren ausgesprochen.[732] Art 38 Abs 1 lit c IGH-Statut wird dahingehend ausgelegt, dass sein Wortlaut neben den in *foro domestico* gebildeten allgemeinen Rechtsgrundsätzen auch allgemeine Rechtsgrundsätze des internationalen Rechts umfasst.[733] Die

---

[726] International Labour Organization Administrative Tribunal (ILOAT), In re JURADO Judgment No. 70, 7 July 2000, 5.

[727] G. Ullrich (2018): The Law of the International Civil Service, 82; K. Schmalenbach: The Great Unknown: General Principles Governing the Law of International Organizations, Liber Amicorum (2024) ♦, 4f. [*noch nicht publizierte Version im Privatbesitz der Autorin*]

[728] G. Ullrich (2018): The Law of the International Civil Service, 199.

[729] Ebd., 214f.

[730] General Assembly, Report of the International Law Commission, Seventy-fourth Session, 24 April–2 June and 3 July–4 August 2023, A/78/10, draft conclusion 7, para 1.

[731] General Assembly, Second report on general principles of law by Marcelo Vázquez-Bermúdez, Special Rapporteur, International Law Commission, Seventy-second session, Geneva, 27 April–5 June and 6 July–7 August 2020, A/CN.4/741, para 114; siehe dazu außerdem die Statements von: Mr. Argüello Gómez (A/CN.4/SR.3492, p. 4); Mr. Hmoud (A/CN.4/SR.3489, pp. 14–15); Mr. Murase (A/CN.4/SR.3489, p. 8); Mr. Murphy (A/CN.4/SR.3490, p. 14); Mr. Park (A/CN.4/SR.3489, pp. 16–17); Mr. Rajput (A/CN.4/SR.3490, p. 19); Mr. Šturma (A/CN.4/SR.3493, p. 16); Mr. Wood (A/CN.4/SR.3490, pp. 4 and 9).

[732] General Assembly, Second report on general principles of law by Marcelo Vázquez-Bermúdez, Special Rapporteur, International Law Commission, Seventy-second session, Geneva, 27 April–5 June and 6 July–7 August 2020, A/CN.4/741, paras 113ff.

[733] Ebd., paras 117f.; siehe auch General Assembly, Report of the International Law Commission, Seventy-fourth Session, 24 April–2 June and 3 July–4 August 2023, A/78/10, draft conclusion 3, commentary, para 3 und draft conclusion 7 commentary para 2: "*nothing in the text of Article 38, paragraph 1 (c), of the Statute of the*

Völkerrechtskommission unterteilte die Indentifikationsmethoden allgemeiner Rechtsgrundsätzen des internationalen Rechts ursprünglich in drei Gruppen: "*(1) Principles widely recognized in treaties and other international instruments (2) Principles underlying general rules of conventional or customary international law (3) Principles inherent in the basic features and fundamental requirements of the international legal system*".[734] Im März 2023 veröffentlichte die Völkerrechtskommission durch Special Rapporteur Marcelo Vázquez-Bermúdez den dritten Bericht zu diesem Thema, sowie eine Liste mit 11 Draft Conclusions, wobei sich Draft Conclusion 7 mit der „*Identification of general principles of law formed within the international legal system*" befasst.[735] Darin findet sich eine deutlich weitere Formulierung der Identifizierung der allgemeinen Rechtsgrundsätze des internationalen Rechts: „*To determine the existence and content of a general principle of law that may be formed within the international legal system, it is necessary to ascertain that the community of nations has recognized the principle as intrinsic to the international legal system.*"[736]

Es kommt somit nach der Rechtsauffassung der Völkerrechtskommission auf die Anerkennung durch die „*community of nations*" als dem internationalen Rechtssystem intrinsisches Prinzip an. Als „*dem internationalen Rechtssystem intrinsisch*" ist, der Kommentierung durch die Völkerrechtskommission zufolge, ein Prinzip dann anzusehen, wenn dieses für das internationale Rechtssystem spezifisch ist und dessen Grundzüge regelt.[737] Für ein besseres Verständnis von „*community of nations*" kann auf Draft Conclusion 2 sowie deren Kommentierung durch die Völkerrechtskommission zurückgegriffen werden. Dabei wird für die Notwendigkeit der Anerkennung zur Entstehung eines allgemeinen Rechtsgrundsatzes auf jene durch die „*community of nations*" abgestellt. In Absatz 5 der Kommentierung stellt die Völkerrechtskommission klar, dass unter bestimmten Umständen auch IOs an der Entstehung eines allgemeinen Rechtsgrundsatzes mitwirken können.[738] Darin kann eine „*community of IOs*" als Sub-Kategorie der „*community of nations*" gesehen werden.[739] Unter bestimmten Voraussetzungen können allgemeine Rechtsgrundsätze des öffentlichen Dienstrechts damit als

International Court of Justice or in its drafting history limits general principles of law to those derived from national legal systems".

734 Ebd., para 121.

735 General Assembly, Report of the International Law Commission, Seventy-fourth Session, 24 April–2 June and 3 July–4 August 2023, A/78/10., Conclusion 7.

736 Ebd., Conclusion 7, para 1.

737 Ebd., Conclusion 7, commentary, para 4.

738 Ebd., Conclusion 2, commentary, para 5: „*The use of the term "community of nations" does not preclude that, in certain circumstances, international organizations may also contribute to the formation of general principles of law.*".

739 K. Schmalenbach: The Great Unknown: General Principles Governing the Law of International Organizations, Liber Amicorum (2024) ♦, 8. [*noch nicht publizierte Version im Privatbesitz der Autorin*]

besondere Ausprägung der allgemeinen Rechtsgrundsätze des internationalen Rechts angesehen werden. Die Anerkennung dieser, durch die „*community of IOs*" – deren Vorliegen im Einzelfall zu prüfen ist – kann sodann der Rechtfertigung ihrer organisationsübergreifenden Anwendbarkeit dienen.[740]

Auch in Draft Conclusion 7 nimmt die Völkerrechtskommission unter Verweis auf die „*community of nations*" Bezug zu IOs und den von ihnen erlassenen Resolutionen als Nachweis der Anerkennung eines konkreten Prinzips.[741] Die Aufzählung ist demonstrativ („*such as*"[742]), weshalb argumentiert werden kann, dass neben Resolutionen auch weitere Akte von IOs – wie bspw. Entscheidungen internationaler Verwaltungsgerichte – einen Nachweis der Anerkennung eines bestimmten Prinzips darstellen können.

Weiters werden in Draft Conclusion 8 Entscheidungen internationaler Gerichte und Tribunale, insbesondere des IGH, als subsidiäre Mittel zur Determinierung von Existenz und Inhalt eines allgemeinen Rechtsgrundsatzes genannt.[743] Internationale Verwaltungsgerichte sind hiervon – auch unter Berücksichtigung der Kommentierung zu Draft Conclusion 8 – nicht ausdrücklich umfasst. Ihre Entscheidungen können als subsidiäre Mittel zur Identifikation eines allgemeinen Rechtsgrundsatzes aber zumindest im Ansatz Beachtung finden, wenn sie in ihrer Entscheidung auf einen allgemeinen Rechtsgrundsatz Bezug nehmen, welcher der Judikatur eines internationalen Gerichts oder Tribunals entspringt. Das Referenzieren des ILOAT auf das Gutachten des IGH in *Reparation for Injuries* zur Pflicht der Internationalen Arbeitsorganisation zur Ausübung von funktionalem Schutz als „*general principle concerning the rights of international civil service*" kann einen solchen Fall darstellen.[744] Damit lässt sich dieser allgemeine Rechtsgrundsatz des öffentlichen Dienstrechts – die Pflicht zur Ausübung von funktionalem Schutz – als allgemeiner Rechtsgrundsatz des internationalen Rechts argumentieren, womit ihm organisationsübergreifende Geltung zukommt.

Es liegt auf der Hand, dass die Gewährleistung und Einhaltung des funktionalen Schutzes für Bedienstete in Gefahrensituationen von großer Bedeutung ist. Als der IGH 1949 mit der

---

[740] Ebd.

[741] General Assembly, Report of the International Law Commission, Seventy-fourth Session, 24 April–2 June and 3 July–4 August 2023, A/78/10, draft conclusion 7, commentary, para 3: "*This analysis must take into account all available evidence of the recognition of the principle in question by the community of nations, such as international instruments reflecting the principle, resolutions adopted by international organizations or at intergovernmental conferences, and statements made by States.*".

[742] Ebd.

[743] Ebd., draft conclusion 8, para 1.

[744] International Labour Organization Administrative Tribunal (ILOAT), In re JURADO Judgment No. 70, 7 July 2000, 5.

Formulierung dieses Konzepts begann, sah er sich jedoch mit der Tatsache konfrontiert, dass die Statuten und internen Vorschriften der IOs zu diesem Thema schweigen.[745] Dies hielt den Gerichtshof nicht davon ab, das Konzept des funktionalen Schutzes als eines der Rechte der VN gegenüber ihren Mitgliedern, aber auch als Pflicht der VN gegenüber ihren Bediensteten einzuführen.[746] Das *Reparation for Injuries* Gutachten des IGH legt daher eine wichtige Grundlage für die Ausübung des funktionalen Schutzes durch IOs.[747] Besonders beachtlich ist die klare Ausrichtung der Formulierung dieses Konzeptes als Verpflichtung der IO ihren Bediensteten gegenüber. Demnach müsse die IO ihren Bediensteten einen angemessenen Schutz gewähren. Im Sinne der Sicherheit der Bediensteten und ihrer Fähigkeit, Aufgaben als Teil der Mission zu erfüllen, habe die IO diesen weiters das Gefühl zu vermitteln, sie können auf die Unterstützung der IO vertrauen.[748] Die VN-Generalversammlung greift diese Verantwortung der Organisation in Res. 36/232 auf und verpflichtet die Mitgliedstaaten zur entsprechenden Achtung der Rechte der VN-Bediensteten.[749]

IOs können Missionen ausrichten, Personal dafür einsetzen und ihr arbeitsrechtliches Innenrecht eigenständig ausgestalten. Damit geht ein bestimmter Fürsorgestandard einher, unabhängig davon, ob ein solcher in den Personalstatuten vorgesehen ist.[750] Wie der IGH ausführte, müssen sich Bedienstete sicher und geschützt fühlen können.[751] Die Argumentation des IGH lässt ist auf die in der Satzung explizit festgeschriebenen Funktionen einer IO zurückführen. Beispielsweise sind die Ziele bzw. Funktionen der VN dem Art 1 der Charta zu entnehmen und umfassen: „*die Aufrechterhaltung des Weltfriedens und der internationalen Sicherheit, die Entwicklung freundschaftlicher Beziehungen zwischen den Nationen, die internationale Zusammenarbeit und die Schaffung eines Zentrums für die Harmonisierung der Maßnahmen der Nationen zur Erreichung dieser gemeinsamen Ziele*“[752]. Der IGH hat in seinem

[745] Auch heute ist die OSZE die einzige IO, welche in ihren Personalstatuten eine explizite Bestimmung über die Ausübung von funktionalem Schutz durch die IO zugunsten ihrer Bediensteten vorsieht. Siehe dazu Kapitel C.VII.3.

[746] Reparation for injuries Advisory Opinion, 183.

[747] Ebd., 183.

[748] Ebd., 183: "“[…] *the Organization must provide them with adequate protection.*"; […] *he must feel that this protection is assured to him by the Organization, and that he may count on it.*"

[749] General Assembly Resolution 36/232, Respect for the privileges and immunities of officials of the United Nations and the specialized agencies and related organizations, 105th plenary meeting, 18 December 1981: „*Appeals to any Member State which has placed under arrest or detention a staff member of the United Nations or of a specialized agency or related organization to enable the Secretary-General or the executive head of the organization concerned, […], to visit and converse with the staff member, to apprise the main facts and formal charges, to enable him also to assist the staff member in arranging for legal counsel and to recognize the functional immunity of a staff member […]*".

[750] So auch das UNAT in United Nations Administrative Tribunal (UNAT), Mwangi v. Secretary-General of the United Nations, Judgement No. 1125, 30 September 2003, 10.

[751] Reparation for injuries Advisory Opinion, 183.

[752] Die Ziele und Funktionen der VN wurden gekürzt wiedergegeben.

Gutachten von 1949 die Funktionen und Ziele der VN herangezogen und festgehalten, dass der Schutz der Bediensteten der VN unerlässlich ist, um ein ordnungsgemäßes Funktionieren der IO zu erreichen.[753] Diese Rechtfertigung des IGH für ein Schutzrecht der VN kann grundsätzlich auf alle anderen IOs angewandt werden.[754] Einer IO werden durch die Zustimmung zur Satzung zahlreiche Funktionen übertragen und Ziele aufgetragen. Die Organe und Bediensteten einer IO setzen Handlungen in Ausübung der Funktionen der IO, um ihre Ziele zu erreichen. Solche Handlungen können bspw. die Teilnahme an Friedensmissionen der Organisation sein. Ohne ihre Organe und Bediensteten wäre die IO nicht in der Lage, ihre Funktionen auszuüben und ihre Ziele zu verfolgen.[755] Damit geht die Kompetenz der IO einher, eigenständig Bedienstete anzustellen oder sonstige Personen werkvertraglich zu beauftragen. Andernfalls würde die Festlegung der Funktionen und Ziele völlig ins Leere gehen, was nicht der Intention der Gründungsstaaten der IO entsprechen kann. Das Prinzip der Funktionalität wurde bereits in Kapitel C.II erläutert, wonach bspw. bei der Zuerkennung impliziter Rechte und Pflichten einer IO auf die Erreichung bestimmter Ziele dieser IO abzustellen ist.[756]

Ein allgemeiner Rechtsgrundsatz des öffentlichen Dienstrechts kann sich aus dem Ursprung bzw. der Funktionalität von IOs ergeben.[757] Der Schutz der Bediensteten einer IO steht in direktem Zusammenhang mit der erfolgreichen Ausführung der Ziele und Funktionen dieser IO gemäß ihrer Satzung. Mit oben zitierten Worten führte der IGH das Grundprinzip des funktionalen Schutzes als Pflicht einer IO ein und stützte dieses auf den Ursprung bzw. die Funktionalität der Organisation.[758] Das *Reparation for Injuries* Gutachten des IGH bildet damit die Grundlage für die Pflicht von IOs auf Ausübung von funktionalem Schutz als allgemeiner Rechtsgrundsatz des öffentlichen Dienstrechts. Obwohl IOs ihr organisationsinternes Dienstrecht (die Personalstatuten) selbst ausgestalten können und dieses somit von IO zu IO unterschiedlich ist, sind allgemeine Rechtsgrundsätze des öffentliche Dienstrechts

[753] Reparation for injuries Advisory Opinion, 183.

[754] Siehe hierzu die Ausführungen in den Kapiteln C.VIII.2.a bzw. C.VIII.2.b.

[755] So auch General Assembly Resolution 35/212, Respect for the privileges and immunities of officials of the United Nations and the specialized agencies, 99th plenary meeting, 17 December 1980: "*Aware of the absolute necessity that staff members be enabled to discharge their tasks as assigned to them by the Secretary-General without interference on the part of any Member State or any other authority external to the Organization*".

[756] Siehe dazu auch T. Kleinlein (2012): Konstitutionalisierung im Völkerrecht, 52.

[757] G. Ullrich (2018): The Law of the International Civil Service, 82 und 199; K. Schmalenbach: The Great Unknown: General Principles Governing the Law of International Organizations, Liber Amicorum (2024) ♦, 4f. [*noch nicht publizierte Version im Privatbesitz der Autorin*]

[758] Reparation for injuries Advisory Opinion, 183; K. Schmalenbach: The Great Unknown: General Principles Governing the Law of International Organizations, Liber Amicorum (2024) ♦, 4f. [*noch nicht publizierte Version im Privatbesitz der Autorin*]

organisationsübergreifend entstanden.[759] Regelmäßig werden solche allgemeinen Rechtsgrundsätze von internationalen Verwaltungsgerichten bei der Entscheidung über Arbeitsrechtsstreitigkeiten zwischen der IO und ihren Bediensteten identifiziert.[760] Auch hier ist dies der Fall, denn das ILOAT identifizierte in *Jurado* die Pflicht der IO auf Ausübung von funktionalem Schutz als „*general principle concerning the rights of international civil service*".[761]

Obwohl internationale Gerichte die angewandte Methode zur Identifizierung eines allgemeinen Rechtsgrundsatzes selten offenlegen, greifen sie ein solches selbstverständlich nicht aus der Luft, sondern verweisen regelmäßig auf andere Gerichte bzw. den IGH für dessen Rechtfertigung.[762] Dies ergbit sich auch aus *Rodríguez* Worten „*There is a burden of proof for appealing to general principles of law.*".[763] Auch im Fall *Jurado* verwies das ILOAT für die Pflicht der Organisation auf Ausübung von funktionalem Schutz als „*general principle concerning the rights of international civil service*" auf die Worte des IGH in *Reparation for Injuries* und führte diesen allgemeinen Rechtsgrundsatz des öffentlichen Dienstrechts somit auf das Gutachten des IGH zurück.[764]

Internationale Verwaltungsgerichte finden mit organisationsinternen Regelungen oft kein Auslangen in ihren Entscheidungen. Insbesondere im Zusammenhang mit Dienstrechtsstreitigkeiten ziehen die Gerichte daher regelmäßig allgemeine Rechtsgrundsätze des öffentlichen Dienstrechts heran.[765] Eingangs in diesem Kapitel wurde bereits dargelegt, dass allgemeine Rechtsgrundsätze des öffentlichen Dienstrechts unter bestimmten Voraussetzungen als allgemeine Rechtsgrundsätze des internationalen Rechts klassifiziert werden können und damit organisationsübergreifende Geltung erlangen können.[766] Die

---

[759] F. Knur (2020): Individuelle Rechtspositionen gegenüber internationalen Organisationen, Schriften zum Völkerrecht, 62f.; sowie G. Ullrich (2018): The Law of the International Civil Service, 199.

[760] G. Ullrich (2018): The Law of the International Civil Service, 199.

[761] International Labour Organization Administrative Tribunal (ILOAT), In re JURADO Judgment No. 70, 7 July 2000, 5.

[762] Ebd.

[763] J. A. Moreno Rodríguez: Private (And Public) International Law in Investment Arbitration, Collected Courses of the Hague Academy of International Law, Vol. 429 (2023) 9-702, 192.

[764] International Labour Organization Administrative Tribunal (ILOAT), In re JURADO Judgment No. 70, 7 July 2000, 5: "*While by virtue of a general principle concerning the rights of the international civil service (Cf. International Court of Justice: Reparation for Injuries Suffered in the Service of the United Nations, Advisory Opinion, I.C.J. Reports, 1949, p.174) it is the duty of the ILO to protect and assist its officials in the performance of their functions or in connection therewith*".

[765] C. F. Amerasinghe (1994): The Law of the International Civil Service (as Applied by International Administrative Tribunals), Second Revised Edition, Vol. 1, 151.

[766] Siehe dazu insbesondere K. Schmalenbach: The Great Unknown: General Principles Governing the Law of International Organizations, Liber Amicorum (2024) ♦, 8f. [*noch nicht publizierte Version im Privatbesitz der Autorin*]

Herleitung eines allgemeinen Rechtsgrundsatzes des öffentlichen Dienstrechts von den Worten des IGH kann als Erfüllung dieser Voraussetzungen angesehen werden.[767] *Amerasinghe* weist auf die Autorität des IGH als Referenz für internationale Verwaltungsgerichte in der Identifikation von allgemeinen Rechtsgrundsätzen hin.[768] Auch im Kontext des funktionalen Schutzes wird die Autorität des IGH als Ursprung der Pflicht von IOs auf Ausübung von funktionalem Schutz zugunsten ihrer Bediensteten als allgemeiner Rechtsgrundsatz des öffentlichen Dienstrechts herangezogen, um den organisationsübergreifenden Charakter dieses allgemeinen Rechtsgrundsatzes zu betonen.

Diese Ansicht findet in der Anwendungspraxis eines allgemeinen Rechtsgrundsatzes durch die internationalen Verwaltungsgerichte Bestätigung.[769] Während die Pflicht von IOs auf Ausübung von funktionalem Schutz zugunsten ihrer Bediensteten als allgemeiner Rechtsgrundsatz des öffentlichen Dienstrechts in *Jurado* von dem ILOAT ausdrücklich als solcher hervorgehoben wurde, geht dies aus anderen Entscheidungen nicht in dieser Deutlichkeit hervor. *Amerasinghe* spricht der fehlenden Bezeichnung eines bestimmten allgemeinen Rechtsgrundsatzes aber keine Bedeutung zu: „*A general principle of law may not always be identified by that name, when it is applied by a tribunal, but the underlying assumption in such a case is that what is being applied is a general principle of law.*"[770]

In *re STULZ* stellte das Verwaltungsgericht fest, dass die United Nations Educational, Scientific and Cultural Organization (UNESCO) verpflichtet gewesen wäre, die befristete Ernennung von Herrn Stulz während, sowie nach seiner Gefangenschaft für die Zeit, in welcher er das Land nicht verlassen durfte, zu verlängern.[771] Dem Gericht zufolge sei UNESCO nach den allgemeinen Rechtsgrundsätzen, welche die Unabhängigkeit Bediensteter von IOs sicherstellen, zur Unterstützungsleistung verpflichtet. Als Ausprägung dieser Unabhängigkeit ist sicherzustellen, dass Dienstverhältnisse mit Bediensteten nicht aufgrund des Verlangens von Mitgliedstaaten beendet werden.[772] In *Judgement No. 2232* verweist das ILOAT ebenfalls auf die Notwendigkeit der Unabhängigkeit der Bediensteten einer IO, sowohl für die Bediensteten

---

[767] So zB In re JURADO Judgment No. 70, 7 July 2000, 5.

[768] C. F. Amerasinghe (1994): The Law of the International Civil Service (as Applied by International Administrative Tribunals), Second Revised Edition, Vol. 1, 158.

[769] Siehe etwa De Merode, WBAT Reports (1981), Decision No. 1 at p. 12, para 25: "*Another source of the rights and duties of the Staff of the Bank consists of certain general principles of law*"; und weiters C. F. Amerasinghe (1994): The Law of the International Civil Service (as Applied by International Administrative tribunals), Second Revised Edition, Vol. 1, 151f.

[770] C. F. Amerasinghe (1994): The Law of the International Civil Service (as Applied by International Administrative Tribunals), Second Revised Edition, Vol. 1, 152.

[771] International Labour Organization Administrative Tribunal (ILOAT), In re STULZ Judgment No. 1232, 10 February 1993, para 5.

[772] Ebd., para 4.

selbst, als auch für das effiziente Funktionieren der IO.[773] Im *Fall Grasshoff* stellte das Verwaltungsgericht eine Verletzung der Pflicht zur Schaffung eines sicheren Arbeitsumfeldes durch die WHO fest.[774] Es sei ein fundamentales Grundprinzip jedes Arbeitsvertrages von Bediensteten keine Tätigkeit an Orten zu verlangen, welche nach Kenntnis des Dienstgebenden unsicher sind. Diesen treffe auch die Pflicht, entsprechende Nachforschungen anzustellen, um eine informierte Entscheidung über die Sicherheit des Tätigkeitsgebiets seiner Bediensteten treffen zu können, worauf sich die Bediensteten auch verlassen können. Bei Anwendung dieses Grundsatzes sei die Art der Beschäftigung zu berücksichtigen.[775] In *Mwangi v. Secretary-General of the United Nations* hielt das United Nations Appeals Tribunal (UNAT) ausdrücklich fest, dass die Pflichten von IOs die Festlegungen in den organisationsinternen Regelwerken überschreiten können, und verwies dabei auf allgemeine Rechtsgrundsätze: „*even were such obligation not expressly spelled out in the Regulations and Rules, general principles of law would impose such an obligation, as would normally be expected of every employer*".[776] Der Fall handelte von einem ehemaligen Bediensteten des United Nations Children's Fund (UNICEF), dessen Ansuchen um Versetzung und später um frühzeitige Pensionierung, aufgrund Drohungen und Angriffen gegen seine Person, von UNICEF nicht gehört wurde. Das Gericht sah darin eine Verletzung der Dienstgeberpflichten, die Bediensteten zu schützen und diese keinen gefährlichen Situationen auszusetzen, wenn solche vermieden werden können.[777] Das United Nations Dispute Tribunal (UNDT) schrieb den VN in *Bekele v. Secretary-General of the United Nations* ausdrücklich die Pflicht zur Unterstützung ihrer Bediensteten bei Verhaftung und Festnahme zu: „*the organization has an obligation to the said staff or agent and itself, to inquire as to the reasons for the detention and the charge, assist with legal representation and appear in legal proceedings to defend any of its interests affected by the arrest or detention*".[778] Auch das UNAT griff in *Tarjouman v. Secretary-General of the United Nations* die Pflichten einer IO im Falle der willkürlichen Festnahme und Inhaftierung ihrer Bediensteten auf. Dem Gericht zufolge müssen die Bediensteten sich auf den Schutz durch die

[773] International Labour Organization Administrative Tribunal (ILOAT), Judgment No. 2232, 16 July 2003, para 16.
[774] International Labour Organization Administrative Tribunal (ILOAT), In re Grasshoff (Nos 1 and 2), 24 April 1980, Judgment No. 402, para 1.
[775] Ebd., para 1 und 2.
[776] United Nations Administrative Tribunal (UNAT), Mwangi v. Secretary-General of the United Nations, Judgement No. 1125, 30 September 2003, 10.
[777] Ebd., 8ff.
[778] United Nations Dispute Tribunal (UNDT), Bekele v. Secretary-General of the United Nations, Judgement No. UNDT/2010/175, 8 October 2010, para 35.

IO vor willkürlicher Festnahme und Inhaftierung sowie ihre Unterstützung bei Eintreten solcher Fälle verlassen können.[779]

Eben dargestellte Entscheidungen der internationalen Verwaltungsgerichte stellen lediglich einen Ausschnitt aus der Rechtsprechung dieser dar und dienen der Demonstration der Anwendungspraxis eines allgemeinen Rechtsgrundsatzes durch die Verwaltungsgerichte. Die Entscheidungen der internationalen Verwaltungsgerichte zeigen eine starke Bezugnahme auf die Pflicht von IOs auf Ausübung von funktionalem Schutz zugunsten ihrer Bediensteten als allgemeiner Rechtsgrundsatz des öffentlichen Dienstrechts. Zwar mag dies nicht direkt *expressis verbis* aus den Worten der Gerichte hervorgehen, doch verbindet die dargestellten Fälle die klare Ausrichtung hin zu einer Pflicht von IOs auf Schutz und Unterstützung ihrer Bediensteten. In *re STULZ* etwa bezeichnete das Verwaltungsgericht die Pflicht der UNESCO zur Sicherstellung der Unabhängigkeit ihrer Bediensteten und der damit verbundenen Unterstützungspflicht ausdrücklich als allgemeinen Rechtsgrundsatz.[780] Dieser Grundsatz wurde auch in *Judgement No. 2232* – ohne explizite Bezeichnung als allgemeinen Rechtsgrundsatz – von dem ILOAT herangezogen.[781] Dem Verwaltungsgericht in *Grasshoff* zufolge sei die Schaffung eines sicheren Arbeitsumfeldes, sowie die entsprechende Überprüfung des Arbeitsortes vor Tätigwerden der Bediensteten ein fundamentales Grundprinzip jedes Arbeitsvertrages.[782] Das Gericht sprach zwar nicht ausdrücklich von einem allgemeinen Rechtsgrundsatz, aufgrund der Verwendung der Bezeichnungen „fundamentales Grundprinzip" und der späteren Bezugnahme auf diesen „Grundsatz" kann davon ausgegangen werden, dass es sich auch hier um einen allgemeinen Rechtsgrundsatz handelt.[783] In *Mwangi v. Secretary-General of the United Nations* bezog sich das UNAT ausdrücklich auf allgemeine Rechtsgrundsätze und verwies auf die Dienstgeberpflicht, den Schutz der Bediensteten entsprechend sicherzustellen und diese in Gefahrenlagen zu unterstützen.[784] Ähnliche Handlungen wären von den VN in *Bekele v. Secretary-General of the United Nations* und in

[779] United Nations Administrative Tribunal (UNAT), Tarjouman v. Secretary-General of the United Nations, Judgement No. 579, 18 November 1992, para X: "*Staff must be able to rely on efforts by the Organization to assure their protection against arbitrary arrest and detention and on assistance to staff members subjected to it.*"

[780] International Labour Organization Administrative Tribunal (ILOAT), In re STULZ Judgment No. 1232, 10 February 1993, para 4.

[781] International Labour Organization Administrative Tribunal (ILOAT), Judgment No. 2232, 16 July 2003, para 16.

[782] International Labour Organization Administrative Tribunal (ILOAT), In re Grasshoff (Nos 1 and 2), 24 April 1980, Judgment No. 402, para 1 und 2.

[783] Siehe dazu C. F. Amerasinghe (1994): The Law of the International Civil Service (as Applied by International Administrative Tribunals), Second Revised Edition, Vol. 1, 152.

[784] United Nations Administrative Tribunal (UNAT), Mwangi v. Secretary-General of the United Nations, Judgement No. 1125, 30 September 2003, 10.

Tarjouman v. Secretary-General of the United Nations im Falle der willkürlichen Festnahme und Inhaftierung ihrer Bediensteten erforderlich gewesen.[785] Für diese Schutzpflicht verwiesen die Gerichte zwar nicht ausdrücklich auf einen allgemeinen Rechtsgrundsatz, griffen aber die Worte des IGH in *Reparation for Injuries* auf,[786] indem sie betonten, die Bediensteten müssen sich bei Eintritt solcher Fälle (willkürlicher Festnahme und Inhaftierung) auf die Unterstützung durch die IO verlassen können.[787] Die Verwaltungsgerichte griffen somit das – vom IGH entwickelte – Prinzip der Pflicht von IOs auf Ausübung von funktionalem Schutz auf. Daher kann davon ausgegangen werden, dass es sich bei diesem Prinzip auch um einen allgemeinen Rechtsgrundsatz handelt.[788] Anders als das ILOAT im Fall *Jurado* verweisen die Gerichte hier nicht explizit auf den IGH und bezeichnen diese Pflicht der IO meist auch nicht als allgemeinen Rechtsgrundsatz.[789] Nach *Amerasinghe* kommt es für die Entstehung eines allgemeinen Rechtsgrundsatzes nicht auf die Bezeichnung als solchen an, sondern lediglich auf die Erfüllung der rechtlichen Voraussetzungen.[790] Dies ist hier aufgrund der engen Verbindung zu dem vom IGH entwickelten Prinzip – der Pflicht von IOs auf Ausübung von funktionalem Schutz – jedenfalls der Fall.

Die Funktion von allgemeinen Rechtsgrundsätzen ist es, geschriebenes Recht auszulegen, zu ergänzen und Lücken zu füllen.[791] Die Pflicht von IOs auf Ausübung von funktionalem Schutz als allgemeiner Rechtsgrundsatz des öffentlichen Dienstrechts dient hier daher der Ergänzung organisationsinterner Bestimmungen[792] und Individualvereinbarungen mit den Bediensteten der IO[793]. Dieser allgemeine Rechtsgrundsatz des öffentlichen Dienstrechts findet seinen Ursprung in dem *Reparation for Injuries* Gutachten des IGH, weshalb auch die weite „*agent*"-Definition Anwendung findet.[794] Die Pflicht auf Ausübung von funktionalem Schutz als

[785] United Nations Dispute Tribunal (UNDT), Bekele v. Secretary-General of the United Nations, Judgement No. UNDT/2010/175, 8 October 2010, para 35; United Nations Administrative Tribunal (UNAT), Tarjouman v. Secretary-General of the United Nations, Judgement No. 579, 18 November 1992, para X.

[786] Siehe dazu Reparation for injuries Advisory Opinion, 182: "[…] *he must feel that this protection is assured to him by the Organization and that he may count on it […]"*.

[787] Siehe dazu United Nations Dispute Tribunal (UNDT), Bekele v. Secretary-General of the United Nations, Judgement No. UNDT/2010/175, 8 October 2010, para 35: *"[…] of the Organization to safeguard its interest and that of its staff […]"*; United Nations Administrative Tribunal (UNAT), Tarjouman v. Secretary-General of the United Nations, Judgement No. 579, 18 November 1992, para X: "*Staff must be able to rely on efforts by the Organization to assure their protection […]*".

[788] So die Argumentation von C. F. Amerasinghe (1994): The Law of the International Civil Service (as Applied by International Administrative Tribunals), Second Revised Edition, Vol. 1, 152.

[789] Im Gegensatz dazu siehe International Labour Organization Administrative Tribunal (ILOAT), In re JURADO Judgment No. 70, 7 July 2000, 5.

[790] C. F. Amerasinghe (1994): The Law of the International Civil Service (as Applied by International Administrative Tribunals), Second Revised Edition, Vol. 1, 152.

[791] Ebd., 155.

[792] Siehe dazu die Ausführungen in Kapitel C.VII.3 und C.VII.4.

[793] Siehe dazu die Ausführungen in Kapitel C.VII.2.

[794] Siehe dazu Reparation for injuries Advisory Opinion, 177.

allgemeiner Rechtsgrundsatz des öffentlichen Dienstrechts besteht für IOs somit grundsätzlich gegenüber jeder Person, welche für sie tätig wird.[795]

Abschließend kann zur Pflicht auf Ausübung von funktionalem Schutz als allgemeiner Rechtsgrundsatz des öffentlichen Dienstrechts festgehalten werden, dass eine solche besteht und aufgrund ihrer Einordnung als allgemeiner Rechtsgrundsatz des internationalen Rechts organisationsübergreifende Wirkung entfaltet. Damit sind alle IOs zur Ausübung von funktionalem Schutz zugunsten ihrer Bediensteten verpflichtet. Auf Basis des weiten persönlichen Anwendungsbereiches der Schutzpflicht, wie er vom IGH definiert wurde, sind IOs grundsätzlich verpflichtet, funktionalen Schutz zugunster aller Personen auszuüben, welche für diese tätig werden.

6. Reichweite der Pflicht zur Ausübung von funktionalem Schutz

a. Bedarf einer Konkretisierung der Reichweite

Basierend auf den zuvor getroffenen Ausführungen ergibt sich aus einer Zusammenschau von Arbeitsverträgen, Personalstatuten, sowie einem allgemeinen Rechtsgrundsatz des öffentlichen Dienstrechts eine grundsätzliche Pflicht von IOs zur Ausübung von funktionalem Schutz zugunsten ihrer Bediensteten. Unberührt davon bleiben die Reichweite dieser Pflicht in den einzelnen Anwendungsfällen, sowie die davon konkret umfassten Handlungspflichten der IO. Funktionaler Schutz kann in einer Vielzahl von unterschiedlichen Szenarien tragend werden. Die Spannbreite der Szenarien reicht etwa von Bediensteten einer IO im Hauptquartier der Organisation, welche Drohanrufe erhalten, über Bedienstete, welche von ihrem Heimatstaat zur Beendigung ihrer Tätigkeit bei der IO gezwungen werden, bis hin zu jenen, welche als Missionsmitglieder in einem Empfangsstaat der Mission entführt und festgehalten werden. Diese Vielfalt an Anwendungsfällen verdeutlicht die Herausforderung, konkrete Handlungen für die Ausübung von funktionalem Schutz organisationsübergreifend als verpflichtend zu identifizieren.

Das *Reparation for Injuries* Gutachten bietet keine Anhaltspunkte für konkrete, verpflichtend zu treffende Maßnahmen der IO. In den prominenten Worten des IGH,

> "*Both to ensure the efficient and independent performance of these missions and to afford effective support to its agents, the Organization must provide them with adequate*

---

795 Ausnahmen von der Pflicht trotz Tätigwerdens für die IO können sich aus dem Vorliegen einer rein privaten Situation ergeben, wie die Ausführungen zum sachlichen Anwendungsbereich in Kapitel C.VI zeigten.

protection. [...] In order that the agent may perform his duties satisfactorily, he must feel that this protection is assured to him by the Organization and that he may count on it".[796]

lässt sich zwar eine bestimmte Verpflichtung der IO zum Setzen von Maßnahmen im Rahmen des funktionalen Schutzes erkennen, konkrete Handlungen und eine Reichweite dieser Pflicht gehen daraus allerdings nicht hervor. Dem ersten Satz dieses Zitates lässt sich eine klar funktionale Begründung der Schutzpflicht einer IO entnehmen. Die Sicherstellung der Fähigkeit des Bediensteten, effektiv und unabhängig arbeiten und seine Pflichten für die IO erfüllen zu können, wurde als Begründung herangezogen. Aus dem zweiten Satz des Zitats geht hervor, dass von einer IO Maßnahmen zu ergreifen sind, damit sich die Bediensteten in ihrer Position sicher fühlen. Welche dies sind, würde damit im Ermessen der IO liegen. Ein gänzlich freies Ermessen der IO kann allerdings nicht als legitim angesehen werden, zumal dies mit enormer Rechtsunsicherheit auf Seiten der Bediensteten verbunden wäre. Bei den eingangs geschilderten Schutzkonzepten im internationalen Recht kommt dem Staat aber regelmäßig Ermessen und keine Handlungspflicht zu,[797] weshalb auch ein Ermessen der IO argumentiert werden könnte. Bedeutende Unterscheidungspunkte sind hier allerdings die starke Bindung des Bediensteten einer IO zu dieser, insbesondere aufgrund der Loyalitätsverpflichtung sowie der Unabhängigkeit von dem Heimatstaat. Dazu kommt die Tätigkeit von Missionsmitgliedern in besonderes gefahrengeneigtem Arbeitsumfeld, als der am stärksten von Situationen betroffenen Gruppe, welche die Ausübung von funktionalem Schutz erfordern. Bei gänzlich freiem Ermessen der IO in der Wahl der konkreten Maßnahmen in Ausübung von funktionalem Schutz stünde wiederum das Gefühl von Sicherheit der Bediensteten in Frage. Dies spiegelt sich auch in der Funktionsfähigkeit der IO wider, da jede IO zum Funktionieren auf die unabhängige Aufgabenerfüllung ihrer Bediensteten angewiesen ist. Die Organisation soll solche Handlungen setzen, welche ihren bestehenden und potenziellen Bediensteten zeigen, dass sie sich bei der IO in ihrer Tätigkeit geschützt und sicher fühlen können. Dies beschreibt die psychologische Komponente des funktionalen Schutzes.

Der Bedarf nach einem Mindeststandard der Ausübung von funktionalem Schutz lässt sich in einer Zusammenschau der funktionalen und der psychologischen Komponente des funktionalen Schutzes identifizieren, wobei von der IO aber nur eine Erfüllung ihrer Sorgfaltspflicht erwartet

---

[796] Ebd., 182.

[797] Siehe dazu die Ausführungen zum diplomatischen Schutz in Kapitel B.II.1, zum Schutz nach dem WÜD in Kapitel B.II.2 und zum Schutz nach dem WÜK in Kapitel B.II.3.

werden kann.[798] IOs kommt bei ihrem Handeln eine grundsätzliche Sorgfaltspflicht zu, welche sich auch auf die zu setzenden Maßnahmen in Ausübung von funktionalem Schutz erstreckt. Demnach müssen IOs gegeben der konkreten Umstände ein vernünftigerweise erwartbares Maß an Vorsicht, Aktivität oder Sorgfalt anlegen sowie zumindest ein Mindestmaß an Bemühung aufbringen.[799] Führen Maßnahmen trotz Achtung der Sorgfaltspflicht nicht zum gewünschten Erfolg, liegt darin keine Pflichtverletzung durch die IO. Die Erwartung der Erfüllung ihrer Sorgfaltspflicht bedingt, dass eben keine Erfolgspflicht gegeben ist.[800]

In diesem Kapitel werden potenziell verpflichtende Handlungen für IOs in Ausübung von funktionalem Schutz analysiert. Die nachfolgend dargestellte Untersuchung beginnt mit Rechtsgrundlagen, welchen organisationsübergreifende Geltung zukommt (Kapitel C.VII.6.b, C.VII.6.c und C.VII.6.e), bespricht aber auch jene, deren Geltung auf eine spezifische IO beschränkt ist (Kapitel C.VII.6.d und C.VII.6.f). In der Untersuchung wird sich die Herausforderung zeigen, konkrete und organisationsübergreifend verpflichtende Handlungen in der Ausübung von funktionalem Schutz zu identifizieren.

b. Verpflichtende Handlungen auf Basis eines in *foro domestico* gebildeten allgemeinen Rechtsgrundsatzes

Das nationale Arbeitsrecht zahlreicher Rechtsordnungen trifft umfassende Vorgaben zu Präventions- und Schutzpflichten für Dienstgebende gegenüber ihren Arbeitnehmenden.[801] Die sich daraus ergebenden, verpflichtenden Handlungen wurden eingangs dieser Arbeit im Rahmen eines Rechtsvergleichs dargestellt. Die Ergebnisse dieser Analyse (siehe auch Annex ./ 1) werden an dieser Stelle für die Untersuchung der Reichweite der Pflicht herangezogen.

Wichtig bei der Identifikation von Prinzipien aus dem nationalen Recht ist die Zusammenschau unterschiedlicher nationaler Rechtsordnungen. Für allgemeine Regeln über Mindeststandards der Ausübung von funktionalem Schutz ist es notwendig, auf die Rechtsordnungen einer Vielzahl von Staaten verweisen zu können.[802] Um diesem Erfordernis Genüge zu tun, wird auf

---

[798] E. Campbell, et al: Due Diligence Obligations of International Organizations under International Law, International Law and Politics 50 (2017) 541-604, 584.

[799] H. Krieger, A. Peters, L. Kreuzer: Due Diligence in International Law: Dissecting the Leitmotif of Current Accountability Debates, in: H. Krieger, A. Peters, L. Kreuzer (eds.) (2020): Due Diligence in the International Legal Order, 1-19, 5.

[800] Für weitere Ausführungen zur Sorgfaltspflicht von IOs siehe Kapitel C.VII.6.h.

[801] Siehe für eine umfassende Auseinandersetzung Annex ./1.

[802] H. Thirlway (2019): The Sources of International Law, Second Edition, 109; General Assembly, Second report on general principles of law by Marcelo Vázquez-Bermúdez, Special Rapporteur, International Law Commission, Seventy-second session, Geneva, 27 April–5 June and 6 July–7 August 2020, A/CN.4/741, 36ff.

die rechtsvergleichende Analyse in Kapitel B.III zurückgegriffen.[803] Darin wurde ein Vergleich unterschiedlicher nationaler Rechtssysteme angestrengt, wobei der Fokus dieses Rechtsvergleiches auf der Identifizierung der Fürsorgepflicht der Dienstgebenden gegenüber den Bediensteten, als gemeinsamer Kern der untersuchten Regelungen,[804] lag. Es wurde herausgearbeitet, welche Handlungen und Maßnahmen Dienstgebende ergreifen müssen, um ihrer Fürsorgepflicht nachzukommen. Insbesondere setzen sich die Ausführungen mit verpflichtenden Präventivmaßnahmen zur Verhinderung eine Gefährdung oder Verletzung der Bediensteten auseinander. Die Pflicht zur Setzung von Präventivmaßnahmen als Teil der nationalen Fürsorgepflicht ist deshalb besonders relevant, weil diese Maßnahmen dem Wesen des funktionalen Schutzes am nächsten kommen. Nach der Definition von funktionalem Schutz als der *Schutz, den eine IO im Rahmen ihrer Möglichkeiten zugunsten ihrer Bediensteten ausübt, um eine Gefährdungslage der Bediensteten abzuwenden oder sie aus einer Gefahrenlage zu befreien*, kommt es auf den Aspekt der Gefahrenprävention an. Das präventive Element des funktionalen Schutzes stellt darauf ab, eine bereits vorhandene oder zumindest erkennbare Gefährdungslage von Bediensteten vor Eintritt der Gefahr abzuwenden. Hier kommen die Präventivmaßnahmen als Teil der Fürsorgepflicht ins Spiel und können als Anhaltspunkt für konkrete Handlungen dienlich sein.

Die nationale Rechtsordnung ist auf innerstaatliche Sachverhalte ausgelegt, weshalb die Fürsorgepflicht der Dienstgebenden im nationalen Arbeitsrecht auf Verhaftungsfälle, wie jener des Liviu Bota,[805] nicht ausgerichtet ist. Dennoch sehen einige Rechtsordnungen das Erstrecken der Schutzpflichten der Dienstgebenden über die nationalen Grenzen hinaus explizit vor. Teilweise kommt im Ausland tätigen Bediensteten sogar ein verstärkter Schutz zu. Die nationalen Fürsorgepflichten stellen allerdings kaum auf die Befreiung aus einer Gefahrensituation ab. Vielmehr kommt verpflichtenden Präventionsmaßnahmen zur Vorbeugung von Verletzungs- und Unfallgefahren ein hoher Stellenwert zu. Der Rechtsvergleich spricht mit den, im Rahmen der Fürsorgepflicht der Dienstgebenden, verpflichtenden Präventivmaßnahmen zur Verhinderung einer Gefährdung oder Schädigung

[803] Siehe dazu Kapitel B.III.

[804] Staubach spricht von einem „*common core*“ als Anforderung, um Prinzipien des nationalen Rechts auf die internationale Ebene zu übertragen. Siehe dazu P. G. Staubach (2018): The Rule of unwritten International Law – Customary Law, General Principles, and World Order, 192.

[805] Der VN Bedienstete Liviu Bota verschwand in seinem Heimatstaat Rumänien und wurde dort von den Behörden festgehalten. Siehe dazu etwa UN document, Mr. Liviu Bota/Post of Director of UNIDIR, Questions that may be asked by the Board of Trustees of UNIDIR 5-9 May, and draft answers, 7 May 1986, 1f; siehe dazu außerdem Neue Züricher Zeitung vom 14.5.1986: Sorge um einen hohen Uno-Beamten, Genf 12. Mai; oder UN document, Cable Nr. ZCZC DAL 1216 NCL 3227 PCMO159 RR NYK. Geneva (disarm) 091552 GVA 1304. Davinic department for disarmament affairs from komatina. 9 April 1986. Auf den Fall des Liviu Bota wurde im Detail in Kapitel A.I bzw. C.VII.6.f sowie in Annex ./5 eingegangen.

der Bediensteten eindeutig Elemente des funktionalen Schutzes an. Aus der eingangs vorgenommenen Systematisierung der nationalen Fürsorgebestimmungen lässt sich als primäre Erkenntnis festhalten, dass jede der untersuchten Rechtsordnungen eine Fürsorgepflicht der Dienstgebenden gegenüber den Bediensteten vorsieht. Bemerkenswert ist zudem die Verpflichtung zur Setzung von umfassenden Gefahrenpräventionsmaßnahmen zum Schutz der Bediensteten, welche jeder der untersuchten Rechtsordnungen entnommen werden kann. Die Ausgestaltung der einzelnen nationalen Regelungen divergiert zwar zum Teil, die verpflichtende Sicherstellung eines sicheren Arbeitsortes und das Treffen aller dafür erforderlichen Maßnahmen ist dennoch immanent. Zudem werden Dienstreisende und ins Ausland Entsandte oftmals explizit von der Fürsorgepflicht und den damit verbundenen Maßnahmen mitumfasst. In einigen Rechtsordnungen, wie bspw den Niederlanden, ist für Bedienstete, welche ihre Tätigkeit im Ausland verrichten, aufgrund der schwierigeren Kontrollierbarkeit des Tätigkeitsfelds, ein höherer Sorgfaltsmaßstab vorgesehen.[806] Den Bediensteten sind daher, vor Antritt der Tätigkeit im Ausland, entsprechende Informationen über den Ort und den Inhalt der Tätigkeit, potenzielle Gefahren und Kontaktpersonen im Falle des Eintritts einer Gefahrensituation bereitzustellen. Weiters müssen Schulungen oder Trainings für den konkreten Tätigkeitsbereich der Bediensteten angeboten werden. In den südafrikanischen Arbeitsrechtsbestimmungen wird für ins Ausland Entsandte zudem speziell auf gefahrengeneigte Tätigkeiten bzw Tätigkeitsfelder eingegangen. Aufgrund des damit verbundenen Risikos sind für die Entsandten spezifische Schutzvorschriften vorgesehen.[807]

In den nationalen Fürsorgepflichten, insbesondere den Gefahrenpräventionsmaßnahmen, kann ein allgemeines Prinzip *der verpflichtenden Setzung von präventiven Schutzmaßnahmen zugunsten der Bediensteten* erkannt werden.

Für die Identifikation eines allgemeinen Rechtsgrundsatzes kommt es nach der Zwei-Schritt Analyse der Völkerrechtskommission darauf an, „*to ascertain the existence of a principle common to the various legal systems of the world*“[808] und „*to ascertain its transposition to the*

[806] L. Claus (2009): Duty of Care of Employers for Protecting International Assignees, their Dependents and International Business Travelers, Annex Table 1-F.

[807] Werkmans Attorneys (South Africa): Duty of Care in South Africa, A legal perspective, International SOS Foundation, abrufbar unter: https://www.internationalsos.co.id/-/media/international-sos-foundation/files/resources/europe/south-africa/docsouth_africa.pdf?la=en (zuletzt aufgerufen am 28.04.2024) 2.

[808] In ihrem zweiten Bericht zu allgemeinen Rechtsgrundsätzen sprach die Völkerrechtskommission noch von "*to determine the existence of a principle common to the principal legal systems of the world*". Siehe dazu General Assembly, Second report on general principles of law by Marcelo Vázquez-Bermúdez, Special Rapporteur, International Law Commission, Seventy-second session, Geneva, 27 April–5 June and 6 July–7 August 2020, A/CN.4/741, para 19.

international legal system".[809] Dies wäre zu untersuchen und bei Vorliegen der Voraussetzungen ein allgemeiner Rechtsgrundsatz *der verpflichtenden Setzung von präventiven Schutzmaßnahmen zugunsten der Bediensteten* zu identifizieren. Durch die Untersuchung einer Vielzahl an unterschiedlichen Rechtssystemen, wovon jedes Rechtssystem eine Verpflichtung der Dienstgebenden zur Setzung von präventiven Schutzmaßnahmen enthält, kann von dem *Vorliegen eines in unterschiedlichen Rechtsordnungen der Welt verbreiteten Prinzips* gesprochen werden. Die Fürsorgepflicht gegenüber den Bediensteten spielt auch international, insbesondere im Recht der IOs, eine bedeutende Rolle. So zeigte die Untersuchung in Kapitel C.VII.4, dass 22 der 24 untersuchten Personalstatuten eine Fürsorgepflicht der IO gegenüber ihren Bediensteten enthalten. Dazu kommen Gerichtsentscheidungen, welche sich mit einer verpflichtenden Schutzausübung zugunsten von Bediensteten einer IO auseinandersetzten.[810] Damit bestehen zahlreiche Anhaltspunkte der Feststellung einer Umsetzung in die internationale Rechtsordnung.

Die Identifikation eines allgemeinen Rechtsgrundsatzes *der verpflichtenden Setzung von präventiven Schutzmaßnahmen zugunsten der Bediensteten* dient lediglich der Konkretisierung von Präventivmaßnahmen im Rahmen des funktionalen Schutzes. Daraus kann aber nur entnommen werden, dass alle Dienstgebenden – so auch IOs – ihre Bediensteten entsprechend auf eine Tätigkeit vorbereiten und sie vor potenziellen Gefahren warnen und vorbeugende Maßnahmen setzen müssen. Konkrete Handlungen hierbei können etwa die Sicherstellung eines sicheren Arbeitsortes, die Bereitstellung entsprechender Informationen über den Ort und Inhalt der Tätigkeit, die Warnung vor bestimmten Gefahren, die Bereitstellung einer Kontaktperson im Falle des Eintritts einer Gefahrensituation, sowie das Anbieten von Schulungen oder Trainings für den konkreten Tätigkeitsbereich sein. Aus dieser Aufzählung ist allerdings nicht zu schließen, dass es sich hierbei um den verpflichtend zu erfüllenden Mindeststandard in der Ausübung von funktionalem Schutz handelt. Vielmehr hängt es von dem konkreten Einzelfall ab, welche der genannten Handlungen zur Prävention einer Gefahrensituation zu setzen sind.

---

[809] General Assembly, Report of the International Law Commission, Seventy-fourth Session, 24 April–2 June and 3 July–4 August 2023, A/78/10, draft conclusion 4 (a).

[810] Siehe dazu bspw. International Labour Organization Administrative Tribunal (ILOAT), A. v. ICC, 126th Session, Judgment No. 4003, 26 June 2018; International Labour Organization Administrative Tribunal (ILOAT), In re STULZ Judgment No. 1232, 10 February 1993; International Labour Organization Administrative Tribunal (ILOAT), Judgment No. 2232, 16 July 2003; International Labour Organization Administrative Tribunal (ILOAT), In re Grasshoff (Nos 1 and 2), 24 April 1980, Judgment No. 402; United Nations Administrative Tribunal (UNAT), Mwangi v. Secretary-General of the United Nations, Judgement No. 1125, 30 September 2003; uvm.

c. Verpflichtende Handlungen auf Basis der Pflicht einer Internationalen Organisation zur Ausübung von funktionalem Schutz als allgemeiner Rechtsgrundsatz des öffentlichen Dienstrechts

Die Pflicht einer IO zur Ausübung von funktionalem Schutz zugunsten ihrer Bediensteten in einer existenten Gefahrenlage als allgemeiner Rechtsgrundsatz des öffentlichen Dienstrechts wurde in Kapitel C.VII.5 klargestellt. Es stellt sich nun die Frage, ob diesem allgemeinen Rechtsgrundsatz des öffentlichen Dienstrechts auch konkrete Handlungen in Erfüllung dieser Pflicht entnommen werden können. Die Fälle *Stulz*[811], *Grasshoff*[812], *Mwangi*[813], *Bekele*[814] und *Tajouman*[815] wurden unter anderen in Kapitel C.VII.5 als Nachweis des Bestehens der Pflicht einer IO zur Ausübung von funktionalem Schutz als allgemeiner Rechtsgrundsatz des öffentlichen Dienstrechts herangezogen. In all diesen genannten Fällen wurde der allgemeine Rechtsgrundsatz von den Verwaltungsgerichten, teilweise unter Bezugnahme auf konkrete Inhalte dieser Pflicht von IOs, in ihren Entscheidungen herangezogen. Die konkreten Inhalte, welche von den Verwaltungsgerichten thematisiert wurden, helfen dabei, die Pflicht von IOs zur Ausübung von funktionalem Schutz zu konkretisieren.

Inhalt des *Falles Grasshoff* ist die Pflicht einer IO, unter Berücksichtigung der Art der Tätigkeit ihrer Bediensteten, ein sicheres Arbeitsumfeld zu schaffen und Nachforschungen im Hinblick auf die zielführendsten Mittel zur Sicherstellung des Schutzes der Bediensteten anzustellen.[816] Der Fall *Mwangi* weist einen ähnlichen Inhalt auf, wobei es konkret um die Pflicht der IO geht, auf drohende Gefahren des Bediensteten zu reagieren und Abhilfe zu schaffen. Bei Bedrohung eines Bediensteten müsse die IO dem Ansuchen um Versetzung zum Schutz des Bediensteten unverzüglich nachkommen.[817] Es gibt Hinweise auf die Praxis von IOs, keine Kündigungsschreiben von Bediensteten zu akzeptieren, welche diese nicht persönlich bei der Verwaltung der IO abgegeben haben.[818] Dies wird im *Fall Stulz* thematisiert, wo die UNESCO

---

811 International Labour Organization Administrative Tribunal (ILOAT), In re STULZ Judgment No. 1232, 10 February 1993.

812 International Labour Organization Administrative Tribunal (ILOAT), In re Grasshoff (Nos 1 and 2), 24 April 1980, Judgment No. 402.

813 United Nations Administrative Tribunal (UNAT), Mwangi v. Secretary-General of the United Nations, Judgement No. 1125, 30 September 2003.

814 United Nations Dispute Tribunal (UNDT), Bekele v. Secretary-General of the United Nations, Judgement No. UNDT/2010/175, 8 October 2010.

815 United Nations Administrative Tribunal (UNAT), Tarjouman v. Secretary-General of the United Nations, Judgement No. 579, 18 November 1992.

816 International Labour Organization Administrative Tribunal (ILOAT), In re Grasshoff (Nos 1 and 2), 24 April 1980, Judgment No. 402, para 1 und 2.

817 United Nations Administrative Tribunal (UNAT), Mwangi v. Secretary-General of the United Nations, Judgement No. 1125, 30 September 2003, 8ff.

818 Siehe dazu auch die Ausführungen zu Liviu Bota in Annex ./5.

die Annahme der Kündigungsschreiben des Herrn Stulz verweigerte, jedoch später den schriftlichen Antrag auf vorzeitigen Ruhestand akzeptierte. Auf Basis einer Beschwerde des Herrn Stulz entschied das Verwaltungsgericht, dass die UNESCO verpflichtet gewesen wäre, die befristete Ernennung von Herrn Stulz während, sowie nach seiner Gefangenschaft für die Zeit, die dieser das Land nicht verlassen durfte, zu verlängern.[819] Als Teilaspekt ihrer Pflicht zur Ausübung von funktionalem Schutz obliegt es IOs damit, Kündigungsschreiben von inhaftierten Bediensteten, welche unter unklaren Umständen ausgestellt und von diesen nicht persönlich übergeben wurden, nicht zu akzeptieren. Auch die Fälle *Bekele* und *Tarjouman* stehen im Zusammenhang mit Festnahmen und Verhaftungen von Bediensteten. In *Tarjouman* formulierte das Verwaltungsgericht eine eher allgemeine Pflicht von IOs, ihre Bediensteten vor willkürlichen Festnahmen und Inhaftierungen zu schützen, sowie sie bei Eintritt solcher Fälle entsprechend zu unterstützen.[820] In *Bekele* hingegen nannte das Verwaltungsgericht konkrete Handlungen, zu welchen die VN verpflichtet seien: „*the organization has an obligation to the said staff or agent and itself, to inquire as to the reasons for the detention and the charge, assist with legal representation and appear in legal proceedings to defend any of its interests affected by the arrest or detention*".[821] Das Verwaltungsgericht spricht in diesem Zusammenhang sogar von „*ersten Mindestmaßnahmen*".[822] Demnach muss eine IO im Fall der Festnahme ihrer Bediensteten die Gründe für die Festnahme und die Anschuldigungen erfragen, bei der rechtlichen Vertretung behilflich sein und vor Gericht erscheinen, um die Interessen ihrer, von der Festnahme oder Inhaftierung betroffenen, Bediensteten zu verteidigen. Das Verwaltungsgericht nimmt dabei allerdings Bezug auf VN-spezifische Vorgaben[823], weshalb die organisationsübergreifende Geltung dieser Inhalte fraglich ist. Außerdem ist (auch für die VN) immer einzelfallspezifisch festzustellen, welche Handlungen konkret erforderlich sind: daher kann grundsätzlich nicht von einer indisponiblen Mindestmaßnahme gesprochen werden.

---

819 International Labour Organization Administrative Tribunal (ILOAT), In re STULZ Judgment No. 1232, 10 February 1993, para 5: "*So as soon as he was able to show that he had acted under duress UNESCO had the duty, according to the general principles that guarantee the independence of international civil servants, to grant relief. Such independence means that a staff member may not be put on early retirement where a member state has ordered him to apply for it. That indeed is the very reason why UNESCO refused the resignation he tendered against his will in 1980 and 1981.*"

820 United Nations Administrative Tribunal (UNAT), Tarjouman v. Secretary-General of the United Nations, Judgement No. 579, 18 November 1992, para X: "*Staff must be able to rely on efforts by the Organization to assure their protection against arbitrary arrest and detention and on assistance to staff members subjected to it.*"

821 United Nations Dispute Tribunal (UNDT), Bekele v. Secretary-General of the United Nations, Judgement No. UNDT/2010/175, 8 October 2010, para 35.

822 Ebd.: "*minimum initial steps required*".

823 ST/AI/299 – *Reporting of Arrest or Detention of Staff Members, other Agents of the United Nations and Members of their Families.*

d. Verpflichtende Handlungen auf Basis einer expliziten Bestimmung zum funktionalen Schutz in den Personalstatuten

Als einzige IO sieht die OSZE in ihren Personalstatuen eine explizite Bestimmung zum funktionalen Schutz vor, worauf in Kapitel C.VII.3 bereits eingegangen wurde. Es bleibt zu untersuchen, ob dieser internen Selbstverpflichtung konkrete verpflichtende Inhalte bei der Ausübung von funktionalem Schutz entnommen werden können.

Die organisationsinternen Bestimmungen der OSZE, betreffend den Schutz ihrer Bediensteten, sind grundsätzlich als verpflichtende Vorgaben, teilweise jedoch lediglich als unverbindliche Richtlinien ausgestaltet. In Regulation 2.07 des OSZE-Personalstatuts wird das Recht des Personals auf funktionellen Schutz ausdrücklich als verbindliche Vorschrift festgelegt. Demnach haben OSZE-Bedienstete, bei der Ausübung ihres Dienstes, Anspruch auf den Schutz der OSZE innerhalb jener in den Personalstatuten festgelegten Grenzen.[824] Genauer auf den Inhalt dieses Schutzrechtes wird mit der Regelung 2.07.1, *Verfahren im Falle der Festnahme oder Inhaftierung eines OSZE-Bediensteten*[825] und der Regelung 2.07.2, *Übergang von Ansprüchen gegen Dritte an die OSZE*[826] eingegangen. Das *Verfahren im Falle der Festnahme oder Inhaftierung eines OSZE-Bediensteten* kommt dann zur Anwendung, wenn sich Bedienstete bereits in einer Gefahrenlage, zB einer Verhaftung oder Gefangenschaft, befinden und Unterstützung durch die Organisation benötigen. Die Regelung 2.07.1 betrifft daher das reaktive Element von funktionalem Schutz, als zweiten Teil dessen Definition, konkret *die Befreiung der Bediensteten aus einer Gefahrenlage.*[827] Auf die Inhalte der Regelung 2.07.1 wurde in Kapitel C.VII.3 näher eingegangen. Demnach ist die OSZE verpflichtet, ihre Bediensteten im Falle einer Festnahme auf Sonderurlaub mit aufrechtem Entgeltsanspruch zu senden, wodurch ihre Stellung als Bedienstete der OSZE sichergestellt wird. Bei Bestehen einer Verbindung zwischen der Festnahme und der Tätigkeit der Bediensteten für die OSZE, muss die Organisation weitere Schritte setzen und auch ohne eine solche Verbindung verfügt die

[824] Regulation 2.07 OSCE Staff Regulations.

[825] Regelung 2.07.1 — Verfahren im Falle der Festnahme oder Inhaftierung eines OSZE-Bediensteten der Regulation 2.07 OSCE Staff Regulations.

[826] Regelung 2.07.2 – Subrogation to the OSCE of Rights to Claim against Third Parties der Regulation 2.07 OSCE Staff Regulations: "*In so far as the OSCE compensates OSCE officials for damages suffered in the performance of their duties or by virtue of their position, they shall subrogate the OSCE in respect of their rights to claim against parties responsible for the damage or against any third party assuming responsibility for repairing the damage.*"

[827] Für die Zwecke dieser Arbeit wird funktionaler Schutz definiert als der Schutz, den eine IO im Rahmen ihrer Möglichkeiten zugunsten ihrer Bediensteten ausübt, um eine Gefährdungslage der Bediensteten abzuwenden oder sie aus einer Gefahrenlage zu befreien. Für die Herleitung dieser Definition siehe Kapitel C.I.

Generalsekretärin nach dem Personalstatut über die Möglichkeit, weiterhin Schutz zu gewähren.[828]

Neben diesen Bestimmungen können auch unverbindliche, organisationsinterne Dokumente und Richtlinien über den Umgang mit dem Personal Anhaltspunkte für Handlungen bieten. In Kapitel 10 des Handbuchs *„Individuelle Menschenrechtsbeschwerden - Ein Handbuch für OSZE-Feldpersonal"* der OSZE wird das Einschreiten dieser ausführlich behandelt.[829] Darin ist beschrieben, wie im Falle von Beschwerden durch Bedienstete der Organisation über Verletzungen ihrer Rechte während der Tätigkeit bei einer Mission vorzugehen ist. Es werden Schritte dargelegt, welche die Organisation zum Schutz der Interessen ihrer Bediensteten setzen soll. Außerdem wird darauf eingegangen, wie mit der Regierung des Gastlandes in Kontakt zu treten ist, wie der Prozess des Einschreitens gestaltet werden soll und welche sonstigen Schritte von der OSZE gesetzt werden können, um ihr Interesse und ihre Bedenken anzubringen. Das Handbuch beinhaltet eine Darlegung von Handlungen, welche notwendig für eine erfolgreiche Unterstützung der Bediensteten sind. Die Liste der Tätigkeiten, welche der Organisation als mögliche Unterstützungsleistungen für ihre Bediensteten zur Wahl stehen, umfasst unter anderem:

- die Kontaktaufnahme mit der Regierung des Empfangsstaates der Mission, in welcher sich die Bediensteten befinden;[830]
- das Ansuchen bei der Regierung des Empfangsstaates der Mission, einen Einzelfall zu prüfen, einen Vorfall zu untersuchen oder Gefangene freizulassen;[831]
- das Verfolgen von Gerichtsprozessen, das Aufsuchen von Gefängnissen, Flüchtlingsstätten, Lagern von Verletzten und Behandlungsstätten von Folteropfern;[832]
- die Einbeziehung anderer OSZE-Organe und[833]
- die Erregung von Aufmerksamkeit durch öffentliche Erklärungen oder Pressemitteilungen.[834]

Neben dem Handbuch, welches sich primär an OSZE-Organe beim Schutz ihrer Bediensteten richtet, stellt die Organisation auch ihren Bediensteten optionale Richtlinien

[828] Rule 2.07.1 a) bis c) OSCE Staff Regulations.
[829] OSCE: Individual Human Rights complaints – A handbook of OSCE field personnel, 2003, Chapter 10 OSCE Interventions.
[830] Ebd., 89.
[831] Ebd., 90f f.
[832] Ebd., 94.
[833] Ebd., 94ff.
[834] Ebd., 96.

(„*Arbeitsrichtlinien für Arbeiten in einer potenziell gefährlichen Umgebung*")[835] zur Verfügung. Darin wird auf die Fürsorgepflicht der OSZE gegenüber ihren Bediensteten Bezug genommen und den Bediensteten als Vorbereitung für mögliche Verhaftungsfälle eine Auflistung aller zu setzenden Schritte bereitgestellt. Den Bediensteten wird darin nahegelegt, im Falle einer Verhaftung unverzüglich Repräsentanten der OSZE zu kontaktieren sowie zu verlangen, diese zu sehen.[836]

e. Verpflichtende Handlungen auf Basis der Fürsorgepflicht von Internationalen Organisationen

In Kapitel C.VII.4 wird die Pflicht von IOs zur Ausübung von funktionalem Schutz als Teilaspekt der Fürsorgepflicht von IOs argumentiert. Für IOs, welche in ihren Personalstatuten eine Fürsorgepflicht vorsehen, kann darauf auch für die Bestimmung der Reichweite von funktionalem Schutz zurückgegriffen werden. *De Guttry et al.* identifizieren zehn Leitprinzipien der Fürsorgepflicht von IOs gegenüber ihren Bediensteten.[837] In der Aufzählung dieser zehn Leitprinzipien wird der funktionale Schutz als Grundsatz 9 ausdrücklich erwähnt. Gemäß der Kommentierung von d*e Guttry et al.* zu Grundsatz 9 sind IOs zum Schutz ihres Personals verpflichtet, sollte dieses durch den Empfangsstaat der Mission in seinen Rechten verletzt werden.[838] Von einer IO werden dabei all jene Handlungen erwartet, welche dieser im konkreten Einzelfall vernünftigerweise möglich sind. Genannt werden in diesem Zusammenhang etwa der Versuch einer Klärung oder das Auffordern zur Beendigung der mutmaßlich rechtwidrigen bzw. schädigenden Handlung.[839] Die Kommentierung ermöglicht damit eine ansatzweise Konkretisierung jener, von IOs zu erwartenden, Handlungen in Ausübung von funktionalem Schutz.

Die übrigen von *de Guttry et al.* identifizieren Leitprinzipien stehen mit der Verpflichtung zur Ausübung von funktionalem Schutz auf einer Ebene und stellen ebenfalls einen Teilaspekt der Fürsorgepflicht von IOs dar. Es wird dennoch untersucht, ob ihrem Inhalt für den funktionalen Schutz relevante Handlungen entnommen werden können.

---

[835] OSCE: Operations Guidelines for Working in a Potentially Hazardous Environment, 2010.
[836] Ebd.
[837] A. de Guttry et al.: Guiding Principles on the Implementation by International Organizations of Their Duty of Care Obligations Towards Their Civilian Personnel in A. de Guttry et al. (eds.) (2018): The Duty of Care of International Organizations Towards Their Civilian Personnel, 485-500, 485ff.
[838] Ebd., 498.
[839] Ebd.

Neben dem *Grundsatz 9*, der Gewährung von funktionalem Schutz, können folgende weitere Leitprinzipien zur Konkretisierung der zuvor festgestellten Pflicht zur Ausübung von funktionalem Schutz herangezogen werden: *Grundsatz 1* über die Pflicht von IOs, ein sicheres Arbeitsumfeld für ihre Bediensteten zu schaffen,[840] *Grundsatz 2* über die Pflicht von IOs, ihren Bediensteten aktiv Schutz zu gewähren, worunter insbesondere die Betreuung und Zurverfügungstellung von Schutz während eines Einsatzes fällt,[841] *Grundsatz 5* über die Pflicht von IOs, ihren Bediensteten vor jedem Einsatz entsprechende sowie gründliche Information über den konkreten Einsatz und die damit verbundenen Gefahren zur Verfügung zu stellen[842] und *Grundsatz 10* über die Pflicht von IOs, Trainings für ihre Bediensteten bereitzustellen, worunter insbesondere die Vorbereitung auf einen Einsatz verstanden wird.[843] Diese Grundsätze als Teil der Fürsorgepflicht beinhalten gefahrenpräventive sowie reaktive Handlungen. Die Pflicht der IO zur Schaffung eines sicheren Arbeitsumfeldes (Grundsatz 1), verbunden mit entsprechender Informationsgewährung vor Antritt des Einsatzes (Grundsatz 5) und Vorbereitung auf den Einsatz durch Trainings (Grundsatz 10) findet sich als gefahrenpräventive Handlung in dem ersten Teil der Definition von funktionalem Schutz wieder. Bei der Gewährung von Schutz während eines Einsatzes (Grundsatz 2) handelt es sich indes um eine reaktive Handlung nach Eintritt einer Gefahrensituation gemäß dem zweiten Teil der Definition von funktionalem Schutz. Diese Handlungen können somit zur Konkretisierung der Pflicht von IOs zur Ausübung von funktionalem Schutz herangezogen werden.

Indikationen für die Determinierung der Reichweite von funktionalem Schutz im Zusammenhang mit der Fürsorgepflicht von IOs bietet auch das Urteil des ILOAT in *A. v. Internationaler Strafgerichtshof* vom 26. Juni 2018.[844] Der Fall behandelt die Verhaftung einer Dolmetscherin des IStGH in Libyen und den damit verbundenen Verpflichtungen des IStGH gegenüber seinen Bediensteten. Das Verwaltungsgericht folgte der Beschwerdeführerin und stellte eine Verletzung der Fürsorgepflicht durch den IStGH fest. Dabei führte es explizit aus, der IStGH hätte präventiv, um den Eintritt von Gefahren für die Mitglieder der Mission in Libyen zu verhindern, entsprechende Vorkehrungen treffen müssen. Dieser Verpflichtung war der IStGH nicht ordnungsgemäß nachgekommen. Nach Ansicht des Verwaltungsgerichtes sei es für eine ordnungsgemäße Vorbereitung der Mission erforderlich (a) eine diplomatische Basis zu schaffen (zB durch die Erstellung eines Memorandum of Understandings und / oder den

[840] Ebd., 486f.
[841] Ebd., 487ff.
[842] Ebd., 492f.
[843] Ebd., 499f.
[844] International Labour Organization Administrative Tribunal (ILOAT), A. v. ICC, 126th Session, Judgment No. 4003, 26 June 2018. Für nähere Ausführungen zu dem Urteil siehe Kapitel C.I.

Austausch von Verbalnoten mit den Behörden des Empfangsstaates) (b) einen Missionsplan zu erstellen (welcher die Ziele der Mission, die zu besuchenden Orte und die zu treffenden Personen enthält), den Missionsleiter zu benennen und die spezifischen Zuständigkeiten der Teammitglieder zu klären und außerdem (c) sicherzustellen, dass alle Sicherheitsprotokolle eingehalten und Ratschläge umgesetzt werden, um die Sicherheit der Missionsmitglieder zu gewährleisten.[845]

Aus eben Gesagtem lässt sich für Präventivmaßnahmen zumindest eine abstrakt-generelle Konkretisierbarkeit schließen. Sowohl die hier relevanten Leitprinzipien der organisationsinternen Fürsorgepflicht der IOs als auch die Entscheidung des ILOAT nennen Maßnahmen zur Verhinderung des Gefahreneintritts für Bedienstete einer IO. Diese Maßnahmen sind auf ihre Anwendbarkeit als Präventivmaßnahmen für einen konkreten Einzelfall zu prüfen und ggf entsprechend zu adaptieren. Für Reaktivmaßnahmen hingegen ist eine Konkretisierung nur schwer möglich, da sich die einzutretenden Gefahrensituationen stark unterscheiden können. Es kommt damit insbesondere bei Reaktivmaßnahmen auf den Einzelfall an. Für Präventiv- und Reaktivmaßnahmen gilt, dass aus diesen Ausführungen keine generelle Pflicht für IOs geschlossen werden kann. Somit hängen die zu setzenden Maßnahmen jedenfalls von den individuellen organisationsinternen Regelungen ab.

f. Verpflichtende Handlungen auf Basis von etablierter Praxis als Regeln der Internationalen Organisation

Bei Betrachtung der Praxis von IOs in Ausübung von funktionalem Schutz zugunsten ihrer Bediensteten zeigt sich ein diverses Bild der von IOs ergriffenen Maßnahmen.[846] Die Handlungen der OSZE zum Schutz ihrer Bediensteten können zusammengefasst werden als das Setzen von Kontaktversuchen, die Einleitung diplomatischer Schritte, die Einbeziehung der Teilnehmerstaaten, die Nutzung diplomatischer Kanäle, die Erregung medialer Aufmerksamkeit, die Einrichtung einer Task Force zur Verhandlungsführung mit den

---

[845] International Labour Organization Administrative Tribunal (ILOAT), A. v. ICC, 126th Session, Judgment No. 4003, 26 June 2018, para 16: „*The Tribunal recognizes that the complainant's ordeal in Libya was a direct result of the ICC's failure to properly prepare for the mission, specifically, its failure to: (a) establish a diplomatic basis by ensuring that a Memorandum of Understanding was established and/or Notes Verbales were exchanged with the Libyan authorities prior to the mission's initiation; (b) establish a mission plan which identified the objectives of the mission, the locations to visit and persons to be met, as well as naming the Head of Mission and clarifying the specific responsibilities of the team members; and (c) ensure that all security protocols were followed and advice was implemented to guarantee the safety and security of the staff members on mission.*"

[846] Eine Übersicht aller im Zuge dieser Arbeit untersuchten Praxisfälle kann dem Annex ./5 entnommen werden.

Entführern und die Kontaktierung der Behörden des Empfangsstaates.[847] Im Zusammenhang mit der EU identifizierte Praxis bezieht sich auf den organisationsinternen Kontext und damit verbundene Belästigungsfälle. Die EU geht dabei gegen die Verursacher der schädigenden Handlungen vor, klärt die Fälle auf und versucht auch vermittelnd tätig zu sein.[848] Auch von der NATO konnten Handlungen zum Schutz ihrer Bediensteten identifiziert werden, so etwa das Überwachen der Missionsmitglieder im Empfangsstaat, die Forderung regelmäßiger Berichte durch den Empfangsstaat und das In-Sicherheitbringen von Bediensteten und ihren Angehörigen aus Gefahrensituationen.[849] Die Praxis der VN beim Schutz ihrer Bediensteten stellt einen wesentlichen Teil der hier angestellten Untersuchung dar. Die identifizierte Praxis der VN ist umfassend und beinhaltet etwa die Anstrengung um Kontaktaufnahme mit inhaftierten Bediensteten, das Stellen von Vertretungsersuchen, das Ansuchen um Besuchserlaubnis, die Einbeziehung der Generalversammlung durch den Generalsekretär in besonders heiklen Situationen, die Forderung der Bekanntgabe der Gründe für eine Inhaftierung, die Kontaktaufnahme mit hochrangigen Beamten zur Erwirkung der Freilassung der Bediensteten, die Nutzung diplomatischer Kanäle zur Erwirkung der Freilassung der Bediensteten, die präventive Abhaltung von Trainings und Nennung von Kontaktpersonen vor Ort, das Intervenieren auf höchster politischer Ebene, die Forderung der Bereitstellung von Informationen über den Aufenthalt und das Wohlergehen der Bediensteten, die Forderung der Übermittlung einer Kopie des Urteils im Falle einer Verurteilung von Bediensteten, die Verlängerung eines befristeten Dienstverhältnisses zur weiteren Bereitstellung von Unterstützungsleistungen, die Nicht-Akzeptanz einer (angeblichen) Kündigung durch Bedienstete, die Entsendung von Sonderbeauftragten zur Herstellung von persönlichem Kontakt mit inhaftierten Bediensteten und die Bereitstellung von rechtlicher Vertretung.[850]

---

[847] Siehe Annex ./5 sowie u.a. K. Manchester, F. Schmid: Gestohlene Fahrzeuge, entführte Mitarbeiter: Die OSZE hadert mit Russland, Der Standard, 13.2.2023 abrufbar unter: https://www.derstandard.at/story/2000143461680/gestohlene-fahrzeuge-entfuehrte-mitarbeiter-die-osze-hadert-mit-russland; F. Tanner: OSZE Friedensmissionen: Bilanz und Zukunftsperspektiven, OSCE Insights 4 (2021) Nomos, Baden-Baden, 6; A Peaceful Presence – The First Five Years of the OSCE Special Monitoring Mission to Ukraine, 29 June 2021, abrufbar unter: https://www.osce.org/secretariat/491220; Executive Summary of the Report of the Independent Forensic Investigation in relation to the Incident affecting an OSCE Special Monitoring Mission to Ukraine (SMM) Patrol on 23 April 2017, PC.DEL/519/17.

[848] Siehe Annex ./ 5 sowie u.a. EuG, Santo Tallarico gegen Europäisches Parlament, 21 April 1993, T-5/92.

[849] Siehe Annex ./ 5 sowie u.a. Judgement Case No. 2017/1106 AM appelant v. NATO internatinoal staff respondent; NATO Security Committee, Security of personnel of NATO International Agencies, Memorandum prepared by the Working Group, AC/35-D/73, 25 May 1954; SACEUR Paris France, USNMR Paris France, LOSTAN 1359, NATO Secret, 8 September 1955; PO/55/872, NATO Confidential, Supreme Headquarters allied powers europe, Grand Quartier General Des Puissances Alliees en Europe, 15 October 1955.

[850] Siehe Annex ./ 5 sowie u.a. N.Y. Times, Oct. 30, 1979, p. 12, col.2.; UN Document, Alicja Wesolowska, chronology of events, actions taken; Schreiben von H.E. Dr. Yehuda Z. Blum, Ambassador Extraordinary and Plenipotentiary, Permanent Representative to the United Nations, Permanent Mission of Israel to the United Nations, 800 Second Avenue, New York, N.Y. 10017 an den Generalsekretär, 10 May 1983, UNRWA STaff

Understood to be Arrested and Detained in Lebanon by the Israeli Armed Forces as at 27 April 1983; ACC Meeting on 30 March 1983: Detained STaff - Lebanon (Background Notes for the Commissioner-General), 28 March 1983, PER/GEN/1 (IDF), PER/GEN/1 (L); Schreiben von Commissioner-General an All Field Office Directors, 18 January 1983, Detention of Staff in the Host Countries and Occupied Territories, PER/GEN/1 (A) or 160/9; United Nations Press Release: Senior UNRWA Official kidnapped in Lebanon, 15 May 1985, PAL/1577, Department of Public Information Press Section, United Nations, New York; Schreiben von James C. Connolly, Chief Administrative Officer an Mr. Ola Husa, Director Office for Field Operational and External Support Activities, 2 May 1984, LS Mahmoud Inbeh - Imprisonment, DOF.84/257; Schreiben von James O.C. Jonah, Assistant Secretary-General, Office for Field Operational and external Support activities an Mr. Clayton C. Timbrell, Assistant Secretary-General for General Services, 10 May 1984, Mr. Mahmoud Inbeh, locally-recruited staff member of UNDOF in Damascus (Spray Painter (G-4) - Detention by the Syrian authorities); Schreiben von Alice E. Weil, Assistant Secretary-General for General Services an Mr. Qais G. Noaman, Chairman UNDP Staff Council, 26 April 1985, Security of UN Staff in Iraq; Commissioner for Namibia, New York, File No. OCN 3-5, May 9 1984; Schreiben von Somendu K. Banerjee, Resident Representative an Alice E. Weil, Assistant Secretary-General for General Services, 10 June 1985, Detained UN Staff Members in Afghanistan, Reference: ADM 250/26 No. 1365.; Document from the United Nations Development Programme, UNDEVPRO, Reference: ADM/250/26 No. 1352, P.O. Box 5 Kabul, Afghanistan, June 1985.; Schreiben von Alice E. Weil, Assistant Secretary-General for General Services an Emilio de Olivares, Executive Assistant to the Secretary-General 21 June 1985, Detained UN staff members in Afghanistan; Schreiben von Somendu K. Banerjee, Resident Representative an Alice E. Weil, Assistant Secretary-General for General Services, 23 July 1985, Detained UN Staff Members in Afghanistan, Reference: ADM 250/26 No. 1725.; Schreiben von John F. Scott, Director and Deputy to the Under-Secretary-General in charge of the Office of Legal Affairs an G. Picco, Senior Officer, Executive Office of the Secretary-General, 23 August 1985, Detained UN Staff Members in Afghanistan; Prvoslav Davinic: Note to Mr. V. Daydal, 2 April 1986; Neue Züricher Zeitung vom 14.5.1986: Sorge um einen hohen Uno-Beamten, Genf 12. Mai.; Mr. Liviu Bota / Post of Director of UNIDIR, Questions that may be asked by the Board of Trustees of UNIDIR 5-9 May, and draft answers, 7 May 1986.; Virendra Dayal: Note for the File, 8 May 1986, SG files VD Chron/Bota file.; Prvoslav Davinic: Note to Mr. V. Daydal, Re Liviu Bota, 12 June 1986.; Mary Anne Weaver: UN diplomat mission for six months, 27 June 1986, The Christian Science Monitor International.; Schreiben von P M Maxey, Charge d'Affaires and Javier Parez de Cuellar, Secretary General, UN, 25 July 1986, No. 081/10.; Schreiben von Derek Boothby, DDA, Secretary to Board of Trustees of UNIDIR an Alvaro de Sote, 19 September 1986, The Bota situation and UNIDIR.; Schreiben von Liviu Bota, Director UNIDIR an die UN, 23 September 1986, Bucharest.; Schreiben von Javier Perez de Cuellar an Omran El-Shafel, Chairman Board of Trustees of the UN Institute for Disarmament Research, 23 September 1986, File: Bota, XRef: UNIDIR.; Schreiben von Chairman Advisory Board on Disarmament Studies and Board of Trustees of UNIDIR and den UN Generalsekretär, 26 September 1986.; Schreiben von Jan Martenson, Under-Secretary-General for Disarmament Affairs and den Generalsekretär, 29 September 1986, Mr. Liviu Bota, the Director of UNIDIR.; Patricio Ruedas: Note for the Secretary-General, Subject: Your meeting with Foreign Minister Totu of Romania - points concerning Mr. Liviu Bota, 30 September 1986.; Schreiben von Carl-August Fleischhauer, The Legal Counsel an den Generalsekretär, 8 December 1986, Subject: Mr. Liviu Bota.; Virendra Dayal: Note for the Secretary-General, Developments regarding Mr. Liviu Bota, 29 December 1986, No. UNA-281111-441.; Schreiben von Anna Frangipani Campino an den Generalsekretär, 4 March 1988, United Nations Staff Union; Summary of Arrest and Detention Case in Chad, Staff Members: Ahmat ZAKARIA (UNDP), Alkaris ABISSO (WMO), 25 January 1988; Schreiben von Carl-August Fleischhauer, The Legal Counsel an Kofi Annan, Assistant Secretary General, Office for Human Resources and Management, 4 February 1988, Subject: Chad; Schreiben von Clayton C. Timbrell, Assistant Secretary-General for General Services an Ali B. Tall, Chief Administration & Conference Services Division, Economic Commission for Africa, 9 March 1984.; Schreiben von Clayton C. Timbrell, Assistant Secretary-General for General Services an Emilio de Olivare, Executive Assistant to the Secretary-General, 4 June 1984, Subject: Staff members under arrest or detention.; Schreiben von Michael H. K. Irwin, M.D., Medical Director, Medical Service an A. Adedeji, Executive Secretary, Economic Commission for Africa, 8 February 1985.; Schreiben von George Irving, President Staff Committee an Javier Perez de Cuellar, Secretary-General UN, 7 March 1985, United Nations Staff Union.; Schreiben von Anna Frangipani Campino an Javier Perez de Cuellar, Secretary-General UN, 31 March 1989, United Nations Staff Union.; Schreiben von Sandro Calvani an Prof. Adebayo ADEDEJI, Executive Secretary, Economic Commission for Africa, 13 November 1989, No. EPR/ADD/ECA/1195/89.; Schreiben von Lowell Flanders, President Staff Committee an Javier Perez de Cuellar, Secretary-General UN, 5 December 1989, United Nations Staff Union.; Schreiben von M. Zejjari, Director OP/WFP Rome an Ciss, UN Security Coord., Painter/Ellis/Ulin, WTOE, Zacklin, Office of the Legal Counsel, Tomlinson, WFP Liaison Officer, 4 June 1991, Facsimile Transmission.; Cable von Charles-Eduard Bourbonniere, OIC/OGS an UNDEVPRO, 18 May 1984, Immediate; Schreiben von Raymonde Martineau, Association for the Security and Independence of International Civil Servants an den Generalsekretär der VN, 25 May 1988, Telegram, No. GVA-2955.

Nähere Ausführungen zu genannten Handlungen können dem Annex ./5 entnommen werden. Es bleibt weiters festzuhalten, dass es sich bei genannten Handlungen lediglich um demonstrative Aufzählung regelmäßig von diesen IOs gesetzter Praxis handelt, die Aufzählung nicht abschließend ist und in gekürzter Form wiedergegeben wurde. Aus dargestellter Praxis ergibt sich ein bemerkenswerter Einsatz von IOs zugunsten ihrer Bediensteten in Ausübung des funktionalen Schutzes. Die Handlungen werden von den Generalsekretären als Leitung des Administrativorgans der IO oder diesen unterstellten Personen gesetzt. An dieser Stelle wird daher untersucht, ob die Praxis von Generalsekretären oder diesen unterstellten Personen, in Ausübung von funktionalem Schutz zugunsten ihrer Bediensteten, die Anforderungen an „*etablierte Praxis*" nach Art 2 Abs 1 lit j WVK-IO erfüllen und daraus „*Regeln der Organisation*" entstehen können.[851] Auf Basis von Organpraxis des Sekretariats durch den Generalsekretär als Leitung des Administrativorgans der IO soll hierbei die Reichweite der Pflicht konkretisiert werden. Dieselbe Praxis in Ausübung von funktionalem Schutz wird in Kapitel C.VIII.3.a auf die Erfüllung der Voraussetzungen für *subsequent practice* untersucht, womit das implizite Recht von IOs auf Ausübung von funktionalem Schutz durch Auslegung der Satzung konkretisiert werden soll. *Subsequent practice* nach Art 31 Abs 3 lit b WVK schafft keine neuen Regelungen, sondern dient der Vertragsauslegung – hier konkret der Auslegung der Satzungen von IOs.[852] Die Satzungen von IOs werden bei der Frage nach dem Recht einer IO gegenüber ihren Mitgliedstaaten als primäre Rechtsgrundlage herangezogen. An dieser Stelle wird daher *subsequent practice* relevant, um eine Konkretisierung des Rechts im Sinne einer interpretativen Erweiterung der Regeln gemäß der Satzung zu erzielen. Während *subsequent practice* im Wege der Satzungsauslegung ein bestehendes Recht der IO gegenüber ihren Mitgliedstaaten konkretisiert und dadurch zulässige Handlungen identifizieren soll, stellt sich hier die Frage, ob auf Basis von etablierter Praxis Regeln der IO entstehen und für die IO verpflichtende Handlungen zugunsten ihrer Bediensteten vorgeben. Der Unterschied zwischen etablierter Praxis und *subsequent practice* besteht somit in der Fähigkeit von etablierter Praxis, neue Regeln der IO zu schaffen, während *subsequent practice* darauf beschränkt ist, bestehende Regeln in völkerrechtlichen Verträgen wie der Satzung einer IO auszulegen. *Subsequent practice* kommt durch ihre Funktion, die Satzung der IOs zu konkretisieren, eine Außenwirkung gegenüber den Mitgliedstaaten dieser IO zu, während sich die etablierte Praxis des Sekretariats

[851] Siehe dazu K. Schmalenbach: Art 5 in O. Dörr, K. Schmalenbach (Hrsg.) (2018): Vienna Convention on the Law of Treaties: A Commentary, Second Edition, 99-110, Rz 15; sowie M. E. Villiger (2009): Art 5, Commentary on the 1969 Vienna Convention on the Law of Treaties, 115-121, Rz 7; je unter Verweis auf Art 2 Abs 1 lit j WVK-IO. Zur Bedeutung von etablierter Praxis für die Beziehung zwischen IO und ihren Bediensteten siehe N. Blokker: Legal Facets of the Practice of International Organizations in Recueil des Cours 435 (2024) Brill/Nijhoff, Leiden/Boston, 72-317, 113.

[852] N. Blokker: Legal Facets of the Practice of International Organizations in Recueil des Cours 435 (2024) Brill/Nijhoff, Leiden/Boston, 72-317, 195.

als Organ der IO gegenüber den Bediensteten hier im Innenverhältnis der Organisation abspielt und dieser somit nur organisationsinterne Wirkung zukommen kann. Darin liegt auch der Grund, weshalb hier für die Reichweite der organisationsinternen Pflicht nur auf etablierte Praxis abgestellt wird. Durch diesen Unterschied wird besonders deutlich, dass derselben Praxis des Generalsekretärs und ihm unterstellter Personen in Ausübung von funktionalem Schutz sowohl Innen- als auch Außenwirkung zukommen kann, wenn die Handlungen wie hier organisationsintern zugunsten der Bediensteten ausgeübt und gegenüber Staaten im Außenverhältnis der IO gerichtet werden.

Gemäß Art 2 Abs 1 lit j WVK-IO sind unter dem Ausdruck „*Regeln der Organisation*" die konstituierenden Dokumente, Entscheidungen und Resolutionen, welche in Übereinstimmung mit diesen angenommen wurden, und die etablierte Praxis der Organisation zu verstehen.[853] Diese Definition von „*Regeln der Organisation*" ist auch im Zusammenhang mit der WVK heranzuziehen. Nach Art 5 WVK sind die „*Regeln der Organisation*" als *leges speciales* anzusehen und gehen damit bei Konflikten mit den Bestimmungen der WVK diesen vor.[854] Damit wird den „*Regeln der Organisation*" eine eigenständige Bedeutung zugesprochen. Sie sind jedoch von Organisation zu Organisation unterschiedlich und erlangen folglich keine organisationsübergreifende Wirkung.[855] Zur Art dieser Regeln der Organisation führt *Villiger* aus „*The „rules" may be written, they may also be unwritten customary law and comprise „practices" to the extent that these are mandatory.*"[856] Die Bedeutung von ungeschriebenen Regeln als „*established practices*" im Zusammenhang mit Art 5 WVK ergibt sich auch aus den Anmerkungen der britischen Delegation im Rahmen der United Nations Conference on the Law of Treaties 1969 in Wien.[857] Von der britischen Delegation wurde die Ergänzung des

[853] Art. 2 Abs. 1 lit. j WVK-IO: „"*rules of the organization" means, in particular, the constituent instruments, decisions and resolutions adopted in accordance with them, and established practice of the organization.*"; siehe auch Art 2 lit b DARIO für eine ganz ähnliche Definition: „ "*rules of the organization" means, in particular, the constituent instruments, decisions, resolutions and other acts of the international organization adopted in accordance with those instruments, and established practice of the organization*". Siehe dazu auch die Ausführungen in N. Blokker: Legal Facets of the Practice of International Organizations in Recueil des Cours 435 (2024) Brill/Nijhoff, Leiden/Boston, 72-317, 99.

[854] K. Schmalenbach: Art 5 in O. Dörr, K. Schmalenbach (Hrsg.) (2018): Vienna Convention on the Law of Treaties: A Commentary, Second Edition, 99-110, Rz 15.

[855] M. E. Villiger (2009): Art 5, Commentary on the 1969 Vienna Convention on the Law of Treaties, 115-121, Rz 8.

[856] Ebd.

[857] United Nations Conference on the Law of Treaties, Second session, Vienna, 9 April-22 May 1969, Official Records, Summary records of the plenary meetings and the meetings of the Committee of the Whole, A/CONF.39/11/Add.1, 4 (Art 4 [nunmehr 5]): "*The United Kingdom delegation would accordingly wish to emphasize the significance it attached to the phrase "without prejudice to any relevant rules of the organization". At the first session of the Conference his delegation had proposed (A/CONF.39/C.1/L.39) the addition of the words "and established practices" after the word "rules" in order to make it clear that the term "rules" was not to be understood in too restrictive a sense. His delegation had not pressed that amendment to the vote because, as the Chairman of the Drafting Committee had pointed out at the 28th meeting of the*

Ausdrucks „*and established practices*" nach „rules" in der Formulierung „*without prejudice to any relevant rules of the organization*" in Art 5 WVK vorgeschlagen. Ein Abgehen davon wurde nur aufgrund der Zusicherung akzeptiert, dass die Ergänzung von „*and established practices*" nicht notwendig sei, da sie dem Verständnis von „*rules of the organization*" innewohne.[858]

Etablierter Praxis kommt somit als Teil der „*Regeln der Organisation*" beachtliche Bedeutung zu.[859] *Blokker* beschreibt etablierte Praxis als die dynamische Komponente der „*Regeln der Organisation*" und spricht ihr damit auch eine besondere Bedeutung in der notwendigen Entwicklung einer IO zu.[860] Damit stellt sich die Frage der Entstehung von etablierter Praxis und den damit verbundenen Anforderungen.

Nach *Peters* kann etablierte Praxis ihre Grundlage in unterschiedlichen Erklärungen der Organisation oder ihrer Mitgliedstaaten, wie etwa Resolutionen, Organbeschlüssen, Erklärungen, Verzichtserklärungen, Notifikationen, Protesten, Erklärungen vor internationalen Gremien, innerstaatlichen Rechtsakte und der Organpraxis, finden.[861] Diese Aufzählung und insbesondere die Aufnahme von Organpraxis in der Aufzählung kann auf *Yasseen*, den Vorsitzenden des Drafting Committees, zurückgeführt werden, welcher klarstellt: „*the term „rules" applies both to written rules and to unwritten customary rules*".[862] Nach *Peters* bestehen keine Gründe, relevante Handlungen der Organe von IOs auf ihre formalen Akte (zB Resolutionen) zu beschränken. Auch informale Handlungen sind davon umfasst, wobei formalen Akten für etablierte Praxis aber vorrangige Bedeutung zukommt.[863]

Etablierte Praxis wird teilweise als „*innenrechtliches Gewohnheitsrecht*" bezeichnet und damit als Quasi-Völkergewohnheitsrecht von IOs angesehen, ist jedoch nicht zu verwechseln mit

---

Committee of the Whole, the Drafting Committee had taken the view that the term "rules" applied both to written rules and to unwritten customary rules. It was in the light of that understanding of the concluding phrase of article 4 that the United Kingdom delegation would vote in favour of the article."

[858] Ebd.

[859] N. Blokker: Legal Facets of the Practice of International Organizations in Recueil des Cours 435 (2024) Brill/Nijhoff, Leiden/Boston, 72-317, 95.

[860] Ebd., 121f.

[861] C. Peters: Subsequent Practice and Established Practice of International Organizations: Two Sides of the Same Coin?, Goettingen Journal of International Law 3, No. 2 (2011) 617-642, 629f.

[862] United Nations Conference on the Law of Treaties, Second session, Vienna, 9 April-22 May 1969, Official Records, Summary records of the plenary meetings and the meetings of the Committee of the Whole, A/CONF.39/11/Add.1, 4 (Art 4 [nunmehr 5]), para 22.

[863] C. Peters: Subsequent Practice and Established Practice of International Organizations: Two Sides of the Same Coin?, Goettingen Journal of International Law 3, No. 2 (2011) 617-642, 630.

Gewohnheitsrecht nach Art 38 IGH-Statut.[864] Im Gegensatz zu Völkergewohnheitsrecht nach Art 38 IGH-Statut basiert das innenrechtliche Gewohnheitsrecht auf der Praxis einer bestimmten Organisation und kann sich auch rechtlich nur für diese Organisation auswirken.[865] Daraus lässt sich entnehmen, dass für die Entstehung von etablierter Praxis *„opinio juris and consistent usage“* erforderlich sind.[866] Nach *Blokker* kann auch auf andere Kriterien zurückgegriffen werden, um *„etablierte“* Praxis zu identifizieren, solang die Voraussetzung der allgemeinen Anerkennung der Praxis als Regel gegeben ist.[867] *Peters* legt Art 2 Abs 1 lit j WVK-IO dahingehend aus, dass *etablierte Praxis der Organisation* nicht im Einklang mit den bestehenden Regeln der Organisation stehen muss. Die Formulierung *„adopted in accordance with them“* in Art 2 Abs 1 lit j WVK-IO umfasst die *etablierte Praxis der Organisation* auch nicht explizit, worauf diese Ansicht basiert.[868] Die Anforderungen an *etablierte Praxis* – als Grundlage für die Entstehung von *„Regeln der Organisation“* – sind allerdings hoch. Die Völkerrechtskommission verweist dabei auf die Besonderheit jeder IO. Unter Berücksichtigung ihrer Aufgaben und Funktionen kann die tatsächliche Praxis der IO für die *etablierte Praxis* innerhalb der einzelnen Organisationen unterschiedlichen Stellenwert einnehmen. Eine unsichere oder umstrittene Praxis kann der Völkerrechtskommission zufolge keinesfalls zu *etablierter Praxis* führen.[869] Einmalige Praxis ist nicht ausreichend, um als *etabliert* angesehen zu werden. Außerdem muss die Praxis konsistent und frei von Widersprüchen sein.[870]

Peters nennt Organpraxis als möglichen Akt von IOs für die Entstehung von *etablierter Praxis*.[871] *Amerasinghe* nennt zahlreiche Entscheidungen internationaler Verwaltungsgerichte, betreffend Beschäftigungsverhältnisse zwischen einer IO und ihren Bediensteten, welche einen

---

[864] Ebd., 626; siehe auch United Nations Conference on the Law of Treaties, First session, Vienna, 26 March-24 May 1968, Official Records, Summary records of the plenary meetings and the meetings of the Committee of the Whole, A/CONF.39/11, 52, (Art 4 [nunmehr 5]) Rz 71.

[865] C. Peters (2016): Praxis Internationaler Organisationen – Vertragswandel und völkerrechtlicher Ordnungsrahmen, 176f.

[866] C. F. Amerasinghe (1994): The Law of the International Civil Service (as Applied by International Administrative Tribunals), Second Revised Edition, Vol. 1, 161; C. Peters (2016): Praxis Internationaler Organisationen – Vertragswandel und völkerrechtlicher Ordnungsrahmen, 180.

[867] N. Blokker: Legal Facets of the Practice of International Organizations in Recueil des Cours 435 (2024) Brill/Nijhoff, Leiden/Boston, 72-317, 125ff.

[868] Siehe dazu Art 2 Abs 1 lit j WVK-IO: *„"rules of the organization" means, in particular, the constituent instruments, decisions and resolutions adopted in accordance with them, and established practice of the organization".*

[869] United Nations, Yearbook of the International Law Commission, 1982, Vol. II, Part Two, Report of the Commission to the General Assembly on the work of the thirty-fourth session, A/CN.4/SER.A/1982/Add.l (Part 2), 21. Darin führt die ILC aus: *„Similarly, by referring to "established" practice, the Commission seeks only to rule out uncertain or disputed practice [...].“*

[870] C. Peters (2016): Praxis Internationaler Organisationen – Vertragswandel und völkerrechtlicher Ordnungsrahmen, 179.

[871] C. Peters: Subsequent Practice and Established Practice of International Organizations: Two Sides of the Same Coin?, Goettingen Journal of International Law 3, No. 2 (2011) 617-642, 629f.

Nachweis dafür darstellen, dass durch Verwaltungspraxis von IOs, für diese bindende Regeln entstehen können.[872] In einem solchen Fall sind die, aus der Verwaltungspraxis entstandenen, Regelungen zu einer der Bedingungen für die Beschäftigung geworden.[873] Auch das World Bank Administrative Tribunal (WBAT) etwa verweist in *de Merode* auf die Praxis von IOs als Rechtsquelle für die Dienstrechtsbeziehungen dieser IO.[874] Die Relevanz von Verwaltungspraxis für das Verhältnis zwischen einer IO und ihren Bediensteten bestätigt auch der IGH in *„Judgments of the I.L.O. Administrative Tribunal Case“* durch Bezugnahme auf *„a body of practice“* als beachtlichen Faktor bei Auslegung der relevanten Verträge.[875] Das ILOAT führt *In re LEGER* dazu aus: *"It has held that a statement by the Director of a practice which he intends to follow can under certain conditions create such an obligation."*[876]

Bezugnehmend auf die Ausführungen des Verwaltungsgerichts *In re LEGER* stellt sich daher die Frage, ob die in diesem Kapitel eingangs dargestellte Praxis von IOs, welche von den Generalsekretären als Leitung des Administrativorgans der IO oder diesen unterstellten Personen in Ausübung von funktionalem Schutz zugunsten ihrer Bediensteten gesetzt werden, als Organpraxis anzusehen sind und die Anforderungen an die Entstehung von *etablierter Praxis* als Teil der *„Regeln der Organisation“* erfüllen.

Hierzu wird begründend auf das, im Rahmen dieser Arbeit bereits mehrfach herangezogene, Prinzip der Funktionalität Bezug genommen.[877] Eine IO wird von ihren Mitgliedstaaten durch

---

[872] C. F. Amerasinghe (1994): The Law of the International Civil Service (as Applied by International Administrative Tribunals), Second Revised Edition, Vol. 1, 159f. und 164; so etwa International Labour Organization Administrative Tribunal (ILOAT), In re LEGER, Judgment No. 486, 3 June 1982, para 7: "*The question is therefore whether it is within the competence of the Tribunal to enforce a rule of policy or practice.*"; International Labour Organization Administrative Tribunal (ILOAT), In re DESGRANGES, Judgment No. 11, 12 August 1953, 2: "*[...] the Director-General has himself stated that this is the procedure normally followed in all the Branch Offices*"; International Labour Organization Administrative Tribunal (ILOAT), In re SADEGHIAN, Judgment No. 577, 20 December 1983, para 6: "*It is conceded on behalf of the Centre that the practice is to give at least one month's, and up to two months', notice.*"; United Nations Administrative Tribunal (UNAT), Belchamber, Judgment No. 236, 20 October 1978, para XXIII: "*The Tribunal finds that, though there was a uniform practice of consultations with the staff representatives prior to revision of the salary scales of the staff in the General Service category at Geneva [...]*"; uvm.

[873] C. F. Amerasinghe (1994): The Law of the International Civil Service (as Applied by International Administrative Tribunals), Second Revised Edition, Vol. 1, 162.

[874] De Merode, WBAT Reports (1981), Decision No. 1 at p. 12, para 98: *"[...] the practice of an international organization may under certain conditions be an independent source of rights and duties in the legal relationship between an organization and its staff"*.

[875] Ebd., 159f.; sowie Judgements of the Administrative Tribunal of the I.L.O. upon complaints made against the U.N.E.S.C.O., Advisory Opinion of 23 October 1956, I.C. J. Reports 1956, p. 77, 91: *„The fact is that there has developed in this matter a body of practice to the effect that holders of fixed-term contracts, although not assimilated to holders of permanent or indeterminate contracts, have often been treated as entitled to be considered for continued employment, consistently with the requirements and the general good of the organization, in a manner transcending the strict wording of the contract.“*

[876] International Labour Organization Administrative Tribunal (ILOAT), In re LEGER, Judgment No. 486, 3 June 1982, para 7.

[877] Siehe Kapitel C.II.

ein konstituierendes Element geschaffen, wobei dieser bestimmte Funktionen übertragen werden. Gleichzeitig werden Organe eingerichtet und diese mit Kompetenzen ausgestattet, damit die IO als solche funktionieren kann. Beispielhaft werden die VN herangezogen, welche über ein Sekretariat als Administrativorgan verfügen, welches durch den Generalsekretär vertreten wird. Die zu Beginn dargestellte Praxis der VN wurde von dem Generalsekretär als Leiter des Sekretariats der VN oder diesem unterstellten Personen gesetzt. Als Leiter des Sekretariats ist der Generalsekretär auch für die Einstellung von Personal und die Achtung deren Rechte zuständig. Nach dem Personalstatut der VN obliegt es dem Generalsekretär, Regelungen betreffend das Personal zu erlassen und diese nach seinem Ermessen durchzusetzen.[878] Darin enthalten sind organisationsinterne Selbstverpflichtungen der VN zum Schutz und zur Achtung ihrer Fürsorgepflicht gegenüber den Bediensteten. Die Einhaltung dieser Selbstverpflichtungen ist erforderlich, um die notwendige Unabhängigkeit der Bediensteten sicherzustellen.[879] Dies ist wiederrum erforderlich für das effiziente, unabhängige Funktionieren der VN und ihre erfolgreiche Funktionserfüllung. Daraus ergibt sich, dass die eingangs dargestellten Handlungen in Ausübung von funktionalem Schutz grundsätzlich als Organpraxis angesehen werden können, da diese Praxis für die Sicherstellung der Funktionsfähigkeit der VN notwendig ist. Das WBAT in *de Merode* gibt aber zurecht zu bedenken, dass nicht aus jeder Praxis einer IO bindende Regeln erwachsen können,[880] dazu müssen bestimmte Anforderungen gegeben sein. Solche Anforderungen sind eben das Vorhandensein von „*opinio juris and consistent usage*“,[881] was sich auch der Entstehungsgeschichte von Art 5 WVK entnehmen lässt.[882]

Der oben dargestellten Praxis der VN sowie dem Annex ./5 kann Organpraxis entnommen werden, vor allem durch den VN-Generalsekretär als Leiter des Sekretariats. Für die Frage der

[878] UN Staff Regulations, Präambel: „*The Secretary-General is required by the staff regulations to provide and enforce such staff rules, consistent with these principles, as the Secretary-General considers necessary.*“.

[879] M. B. Carabot, M. Ubèda-Saillard: Functional Protection in J. Crawford, A. Pellet, S. Olleson (eds.) (2010): The Law of International Responsibility 1074-1083, 1073; E. Newman, E. J. Ravndal: The International Civil Service in D. Stone, K. Moloney (eds.) (2019): The Oxford Handbook of Global Policy and Transnational Administration 165-181, 175.

[880] C. F. Amerasinghe (1994): The Law of the International Civil Service (as Applied by International Administrative Tribunals), Second Revised Edition, Vol. 1, 160 unter Verweis auf De Merode, WBAT Reports (1981), Decision No. 1 at p. 12, para 23: "*Obviously, the organization would be discouraged from taking measures favorable to its employees on an ad hoc basis if each time it did so it had to take the risk of initiating a practice which might become legally binding upon it.*"

[881] C. F. Amerasinghe (1994): The Law of the International Civil Service (as Applied by International Administrative Tribunals), Second Revised Edition, Vol. 1, 161.

[882] United Nations Conference on the Law of Treaties, First session, Vienna, 26 March-24 May 1968, Official Records, Summary records of the plenary meetings and the meetings of the Committee of the Whole, A/CONF.39/11, 52, (Art 4 [nunmehr 5]) Rz 71: "*[...] article 4 did not distinguish between written and unwritten rules, and established practices, provided that the relevant longus usus was accompanied by the necessary opinio juris, seemed to be covered by the term "any relevant rules".*".

Entstehung von etablierter Praxis werden die VN daher exemplarisch herangezogen. Die VN setzen in Verhaftungsfällen von Bediensteten regelmäßig Handlungen, wie Kontaktaufnahmen mit inhaftierten Bediensteten, Vertretungsersuchen, Ansuchen um Besuchserlaubnis, Kontaktierung hochrangiger Beamte, Nutzung diplomatischer Kanäle oder Bereitstellung von rechtlicher Vertretung und Ähnliche.[883] Für die Entstehung von etablierter Praxis ist fraglich, ob jede dieser Handlungen konsistent gesetzt wird. Aus der untersuchten Praxis ergibt sich jedenfalls, dass eine bestimmte Form der Kontaktaufnahme von den VN durchwegs versucht wird. Im Fall Alicja Wesolowska wurde von Seiten der VN mehrfach versucht mit der Bediensteten in Kontakt zu treten und auch an die polnische Regierung wurde ein formelles Ansuchen gerichtet.[884] Auch im Fall der Festnahme von 87 UNRWA-Missionsmitglieder im Libanon durch israelische Streitkräft wurde von den VN versucht mit dem israelischen Außenministerium in Kontakt zu treten.[885] Im Fall Aidan Walsh starteten die VN den sofortigen Versuch über diplomatische Kanäle die Freilassung des Bediensteten zu erwirken.[886] Diese sowie die Fälle Mahmoud Inbeh[887], Kenneth Marazanye[888], Mir Zaman u.a.[889], Liviu Bota[890] und zahlreiche weitere[891] zeigen, dass die VN bei Festnahmen und Verhaftungen ihrer Bediensteten regelmäßig versucht mit den Betroffenen sowie mit den Behörden vor Ort in Kontakt zu treten. Diese Kontaktversuche werden regelmäßig mit Ansuchen um Bekanntgabe der Gründe für die Festnahme sowie der Forderung nach einer sofortigen Freilassung der

[883] Siehe Annex ./5 sowie die anfangs in diesem Kapitel genannten Handlungen.

[884] N.Y. Times, Oct. 30, 1979, p. 12, col.2.; UN Document, Alicja Wesolowska, chronology of events, actions taken.

[885] Schreiben von Commissioner-General an All Field Office Directors, 18 January 1983, Detention of Staff in the Host Countries and Occupied Territories, PER/GEN/1 (A) or 160/9.

[886] United Nations Press Release: Senior UNRWA Official kidnapped in Lebanon, 15 May 1985, PAL/1577, Department of Public Information Press Section, United Nations, New York.

[887] Schreiben von James C. Connolly, Chief Administrative Officer an Mr. Ola Husa, Director Office for Field Operational and External Support Activities, 2 May 1984, LS Mahmoud Inbeh - Imprisonment, DOF.84/257; Schreiben von James O.C. Jonah, Assistant Secretary-General, Office for Field Operational and external Support activities an Mr. Clayton C. Timbrell, Assistant Secretary-General for General Services, 10 May 1984, Mr. Mahmoud Inbeh, locally-recruited staff member of UNDOF in Damascus (Spray Painter (G-4) - Detention by the Syrian authorities).

[888] Commissioner for Namibia, New York, File No. OCN 3-5, May 9 1984.

[889] Schreiben von Somendu K. Banerjee, Resident Representative an Alice E. Weil, Assistant Secretary-General for General Services, 23 July 1985, Detained UN Staff Members in Afghanistan, Reference: ADM 250/26 No. 1725.; Schreiben von John F. Scott, Director and Deputy to the Under-Secretary-General in charge of the Office of Legal Affairs an G. Picco, Senior Officer, Executive Office of the Secretary-General, 23 August 1985, Detained UN Staff Members in Afghanistan.

[890] Schreiben von Javier Perez de Cuellar an Omran El-Shafel, Chairman Boared of Trustees of the UN Institute for Disarmament Research, 23 September 1986, File: Bota, XRef: UNIDIR.; Schreiben von Chairman Advisory Board on Disarmament Studies and Board of Trustees of UNIDIR and den UN Generalsekretär, 26 September 1986.; Schreiben von Jan Martenson, Under-Secretary-General for Disarmament Affairs and den Generalsekretär, 29 September 1986, Mr. Liviu Bota, the Director of UNIDIR.; Patricio Ruedas: Note for the Secretary-General, Subject: Your meeting with Foreign Minister Totu of Romania - points concerning Mr. Liviu Bota, 30 September 1986.

[891] Siehe hierzu die Ausführungen in Annex ./5.

Bediensteten verbunden.[892] Weiters gilt es ständige Praxis der VN zu sein, den Generalsekretär zu involvieren, sobald vorgelagerte Schritte erfolglos geblieben sind oder poltisch besonders heikle Situationen vorliegen. Der Generalsekretär wurde bspw. mit dem Fall Alicja Wesolowska befasst und entschied sogar den Fall vor die Generalversammlung zu bringen, um dadurch alle Mitgliedstaaten einzubinden.[893] Auch im Fall Liviu Bota setzte sich der Generalsekretär der VN persönlich intensiv in mehrfachen Kommunikationsversuchen dafür ein, dass die rumänische Regierung eine Reise Bota's nach Genf oder New York erlaubte.[894] Als es in Ethiopien zu zahlreichen Verhaftungsfällen von Bediensteten der VN gekommen war, beschloss der Generalsekretär die Entsendung eines Sonderbeauftragten.[895] Durch die Entscheidung des Generalsekretärs forciert ist auch die Praxis, die Amtsniederlegung eines inhaftierten Bediensteten nicht zu akzeptieren, wie sich bspw. in den Fällen Liviu Bota und Ju Wang Zhu zeigt.[896]

Mit Sicherheit kann jedenfalls gesagt werden, dass die VN konsistent für ihre Bediensteten tätig werden und Handlungen setzen. Klar ist somit, dass sich die Organpraxis des „für die Bediensteten Tätigwerden und für den Einzelfall entsprechende Handlungen zu setzen" etabliert hat. Als konkrete Handlungen dieser Praxis haben sich das Setzen von Kontaktaufnahmeversuchen, die Involvierung des Generalsekretärs sowie die Nicht-Akzeptanz der Amtsniederlegung von inhaftierten Bediensteten etabliert. Die konkrete Ausgestaltung dieser Handlungen sowie weitere einzelfallspezifische Maßnahmen hängen stets vom Einzelfall ab, wie auch die Darstellung in Annex ./5 verdeutlicht.

---

892 Auch diese Praxis kann den eben zitierten Fällen sowie dem Annex ./5 entnommen werden.

893 N.Y. Times, Oct. 30, 1979, p. 12, col.2.; UN Document, Alicja Wesolowska, chronology of events, actions taken.

894 Schreiben von Javier Perez de Cuellar an Omran El-Shafel, Chairman Boared of Trustees of the UN Institute for Disarmament Research, 23 September 1986, File: Bota, XRef: UNIDIR.; Schreiben von Chairman Advisory Board on Disarmament Studies and Board of Trustees of UNIDIR and den UN Generalsekretär, 26 September 1986.; Schreiben von Jan Martenson, Under-Secretary-General for Disarmament Affairs and den Generalsekretär, 29 September 1986, Mr. Liviu Bota, the Director of UNIDIR.; Patricio Ruedas: Note for the Secretary-General, Subject: Your meeting with Foreign Minister Totu of Romania - points concerning Mr. Liviu Bota, 30 September 1986.

895 Schreiben von George Irving, President Staff Committee an Javier Perez de Cuellar, Secretary-General UN, 7 March 1985, United Nations Staff Union.; Schreiben von Anna Frangipani Campino an Javier Perez de Cuellar, Secretary-General UN, 31 March 1989, United Nations Staff Union.

896 Siehe hierzu die Ausführungen in Annex ./5; sowie Schreiben von Javier Perez de Cuellar an Omran El-Shafel, Chairman Boared of Trustees of the UN Institute for Disarmament Research, 23 September 1986, File: Bota, XRef: UNIDIR.; Schreiben von Chairman Advisory Board on Disarmament Studies and Board of Trustees of UNIDIR and den UN Generalsekretär, 26 September 1986.; Schreiben von Jan Martenson, Under-Secretary-General for Disarmament Affairs and den Generalsekretär, 29 September 1986, Mr. Liviu Bota, the Director of UNIDIR.; Patricio Ruedas: Note for the Secretary-General, Subject: Your meeting with Foreign Minister Totu of Romania - points concerning Mr. Liviu Bota, 30 September 1986 und Schreiben von Raymonde Martineau, Association for the Security and Independence of International Civil Servants an den Generalsekretär der VN, 25 May 1988, Telegram, No. GVA-2955.

Im Zusammenhang mit der *opinio juris* könnte hierbei problematisch sein, dass diese Form der Organpraxis nicht explizit von der Zustimmung der Mitgliedstaaten gedeckt ist, wie dies bspw. bei Resolutionen der Generalversammlung der Fall ist. Wie zuvor bereits ausgeführt, liegt die Zustimmung der Mitgliedstaaten zur Organpraxis des Sekretariats unter der Leitung des Generalsekretärs implizit in der Errichtung dieses Organs begründet. Schließlich ist die Errichtung und die Ausstattung des Sekretariats mit bestimmten Kompetenzen auf die Intention der Mitgliedstaaten zurückzuführen, dass die VN eigenständig handeln und als IO ihren Funktionen nachkommen sollen. Es kommt somit vielmehr darauf an, dass sich die Organisation als solche zu bestimmten Handlungen verpflichtet fühlt und eben nicht auf die Ansicht einzelner Mitgliedstaaten. Auch nach *Peters* ist für etablierte Praxis als Organpraxis eine implizite Unterstützung von bzw. Zustimmung zu dieser Praxis ausreichend.[897] Auch den Zustimmungsakt setzt der Generalsekretär als Leitung des Sekretariats, da dieser die Organisation nach außen vertritt und damit die *opinio juris* der VN zum Ausdruck bringt. Die Missionen der VN führen oftmals in Länder mit instabilen politischen und unklaren rechtlichen Verhältnissen. Es kommt nicht selten vor, dass Missionsmitglieder dabei entführt oder von den Behörden des Empfangsstaates unrechtmäßig inhaftiert werden.[898] Beispielsweise wurden zwei Missionsmitglieder der VN, beide tschadische Staatsangehörige, am 30. November 1987 im Tschad verhaftet und beschuldigt, Agenten im Dienste Libyens zu sein. Der Rechtsberater der VN betonte gegenüber der tschadischen Regierung, dass es darum gehe, Informationen und Zugang zu erhalten, damit der Generalsekretär seiner Verantwortung in Bezug auf die Sicherheit der VN-Beamten im Einklang mit den einschlägigen Gesetzen und Verwaltungsanweisungen gerecht werden könne.[899] Daraus lässt sich entnehmen, dass die VN sich dazu verpflichtet fühlen, für ihre Bediensteten tätig zu werden und ein Mindestmaß an funktionalem Schutz auszuüben.

Weiters verstärkt wird die *opinio juris* durch die Resolutionen der Generalversammlung zum Schutz der Bediensteten.[900] Die Generalversammlung der VN anerkennt mit den Worten

[897] C. Peters: Subsequent Practice and Established Practice of International Organizations: Two Sides of the Same Coin?, Goettingen Journal of International Law 3, No. 2 (2011) 617-642, 633.

[898] Die hohe Anzahl an Gefangenschaften von VN-Personal wird in dem UN document A/C.5/39/17, 15 October 1984, Report of the Secretary General, Personell Questions dargestellt. Siehe außerdem UN document A/C.5/38/18, 25 October 1983 UNRWA staff detained in Lebanon by the Israeli authorities, Report of the Secretary General, Personnel Questions. Darin berichtet der VN-Generalsekretär über die große Zahl an UNRWA Bediensteten, die im Lebanon von den israelischen Behörden festgehalten wurden.

[899] Summary of Arrest and Detention Case in Chad, Staff Members: Ahmat ZAKARIA (UNDP), Alkaris ABISSO (WMO), 25 January 1988; Schreiben von Carl-August Fleischhauer, The Legal Counsel an Kofi Annan, Assistant Secretary General, Office for Human Resources and Management, 4 February 1988, Subject: Chad.

[900] Siehe dazu etwa General Assembly Resolution 35/212, Respect for the privileges and immunities of officials of the United Nations and the specialized agencies, 99th plenary meeting, 17 December 1980; General Assembly Resolution 36/232, Respect for the privileges and immunities of officials of the United Nations and

„*Noting also the position consistently upheld by the United Nations in the event of the arrest and detention of United Nations staff members by government authorities*."[901] in Res. 36/232 die konsistenten Handlungen der VN im Schutz ihrer Bediensteten. Das Stimmverhalten der damals 157 stimmberechtigten Mitgliedstaaten der VN verstärkt diese Argumentation weiter, schließlich stimmten 117 Mitgliedstaaten für die Res. 36/232, kein Mitgliedstaat dagegen, 17 Mitgliedstaaten enthielten sich ihrer Stimme und 23 Mitgliedstaaten nahmen an dem Abstimmungsprozess nicht teil.[902] In, auf dieser basierenden, Res. 37/236 greift die Generalversammlung mit „*Welcomes the measures approved by the Secretary General to enhance the safety and protection of international civil servants* [...]"[903] insbesondere die Handlungen des Generalsekretärs auf. In ST/SGB/198 legt das Sekretariat der VN 1982 umfassende Handlungen im Interesse ihrer Bediensteten für den Fall ihrer Verhaftung oder Festnahme fest. Demnach soll es dem Generalsekretär in solchen Fällen möglich sein, „*to visit and converse with the arrested staff member, to apprise himself of the grounds for the arrest or detention, including the main facts and formal charges, and to assist the staff member in arranging for legal counsel*".[904] Einen bindenden Charakter erhalten die Inhalte des ST/SGB/198 durch die Formulierung „*The Secretary-General will continue to intervene personally with the Government concerned in appropriate cases*."[905] Nach Annex I, Section 2 in ST/AI/299 kommen den VN ebenfalls die in ST/SGB/198 bereits genannten Rechte bei Verhaftung oder Festnahme ihrer Bediensteten zu.[906] Das UNDT in *Bekele* sieht diese Bestimmung allerdings nicht nur als Recht, sondern gleichermaßen als Pflicht der VN zum Tätigwerden für ihre Bediensteten an. Die entsprechenden Handlungen sind bei deren Bedarf von den VN auch zu setzen.[907]

---

the specialized agencies and related organizations, 105th plenary meeting, 18 December 1981 und General Assembly Resolution 37/236, Respect for the privileges and immunities of officials of the United Nations and the specialized agencies and related organizations, 114th plenary meeting, 21 December 1982.

[901] General Assembly Resolution 36/232, Respect for the privileges and immunities of officials of the United Nations and the specialized agencies and related organizations, 105th plenary meeting, 18 December 1981.

[902] General Assembly Resolution 36/232, Respect for the privileges and immunities of officials of the United Nations and the specialized agencies and related organizations: resolution / adopted by the general assembly, Meeting record A/36/PV.105, 18 December 1981 (voting date).

[903] General Assembly Resolution 37/236, Respect for the privileges and immunities of officials of the United Nations and the specialized agencies and related organizations, 114th plenary meeting, 21 December 1982.

[904] Article 3 Security, Safety and Independence of the International Civil Service, Secretary-General's bulletin, ST/SGB/198, United Nations, New York, 10 December 1982.

[905] Article 6 Security, Safety and Independence of the International Civil Service, Secretary-General's bulletin, ST/SGB/198, United Nations, New York, 10 December 1982.

[906] Administrative Instruction, Reporting of Arrest or Detention of Staff Members, other Agents of the United Nations and Members of their Families, Secretary-General's bulletin, ST/AI/299, United Nations, New York, 10 December 1982, Annex I, Section 2.

[907] United Nations Dispute Tribunal (UNDT), Bekele v. Secretary-General of the United Nations, Judgement No. UNDT/2010/175, 8 October 2010, para 34 und 35.

Damit lässt sich abschließend unter beispielhafter Heranziehung der VN festhalten, dass etablierte Praxis dahingehend vorliegt, als die VN verpflichtet sind, für ihre Bediensteten tätig zu werden. Die Folgen von etablierter Praxis wirken sich sehr schlüssig auf das Organ aus, welches diese Praxis auch in der Vergangenheit gesetzt hat, nämlich das Sekretariat durch den Generalsekretär. Dieses wird durch konsistente Praxis verbunden mit *opinio juris* verpflichtet, weiterhin im Interesse der Bediensteten tätig zu werden und konkrete Handlungen zu setzen. Hingegen in dem Fall von *subsequent practice* (Kapitel C.VIII.3.a) wirkt sich diese Praxis nicht nur auf das Organ, welches die Praxis setzt, selbst aus, sondern hat darüber hinaus auch Auswirkungen auf das Außenverhältnis der IO gegenüber ihren Mitgliedstaaten. Das Recht der IO auf Ausübung von funktionalem Schutz gegenüber ihren Mitgliedstaaten wird durch *subsequent practice* ausgelegt und konkretisiert, worin ein bedeutender Unterschied zu etablierter Praxis besteht. Etablierte Praxis schlägt eben nicht auf das Außenverhältnis durch, sondern schafft durch konsistente Praxis verbunden mit *opinio juris* Regeln, welche organisationsintern von der IO gegenüber ihren Bediensteten zu beachten sind.

Das Tätigwerden der VN muss bei Bedarf zumindest den Versuch einer Kontaktaufnahme mit den Betroffenen sowie mit den Behörden des Aufenthaltsstaates, das Einschreiten des Generalsekretärs und die Nicht-Akzeptanz einer Amtsniederlegung durch den betroffenen Bediensteten umfassen. Die konkrete Form dieser Handlungen sowie weitere Maßnahmen hängen von den Umständen des Einzelfalles ab. Im Fall der Verhaftung oder Festnahme von Bediensteten lässt sich weiters die Pflicht der VN zum Setzen jener in ST/SGB/198 bzw. ST/AI/299 genannten Handlungen erschließen. Demnach obliegt es den VN den festgenommenen Bediensteten aufzusuchen, Informationen über die Gründe für die Festnahme oder Inhaftierung, einschließlich der wichtigsten Fakten und der formellen Anschuldigungen, zu erfragen sowie den Bediensteten bei der Inanspruchnahme eines Rechtsbeistands zu unterstützen.

g. Einzelfallspezifische Handlungen in Ausübung der Pflicht zur Gewährung von funktionalem Schutz

Aus der bestehenden Pflicht der IOs, funktionalen Schutz für ihre Bediensteten auszuüben, kann jedenfalls eine Handlungspflicht dieser abgeleitet werden. Wie sich aus den bisherigen Ausführungen ergibt, besteht kein organisationsübergreifender Standard für konkrete Handlungspflichten. Dies ist insbesondere auf die zahlreichen und sehr unterschiedlichen, organisationsinternen Vorgaben sowie die damit verbundene fehlende Zustimmung zu einem einheitlichen Standard zurückzuführen. Jede IO ist in ihrer Funktion, ihrem Aufgabenbereich, ihrem Tätigkeitsfeld und ihrer internen Organisationsstruktur einzigartig. Gleichermaßen einzigartig ist das Spektrum an Fallkonstellationen, welches zu einer verpflichtenden Ausübung von funktionalem Schutz durch die IO zugunsten ihrer Bediensteten führen kann. Wie in Kapitel C.VI zum sachlichen Anwendungsbereich dargelegt wird, geht dieses Spektrum von Drohanrufen, über die Verpflichtung zur Beendigung der Tätigkeit für die IO durch den Heimatstaat bis hin zu Entführungs- und Verhaftungsfällen im Missionsstaat. Die Spezifika einer IO, ihrer Missionen und der Anlassfälle bedingen die Unmöglichkeit organisationsübergreifender Handlungspflichten. Dem Wortlaut des IGH in *Reparation for Injuries* lässt sich dennoch klar der Bedarf nach einem Mindeststandard entnehmen.[908] Dieser Mindeststandard für Handlungen im Rahmen der Ausübung von funktionalem Schutz existiert zwar, die konkreten Handlungen sind aber stets einzelfallspezifisch zu identifizieren. Von jeder IO kann die Achtung der Sorgfaltspflicht erwartet werden. Danach definieren sich auch die konkreten Handlungen, welche von der IO zu setzen sind.[909]

h. Die Sorgfaltsplicht Internationaler Organisationen[910]

i. Das Konzept der Sorgfaltspflicht

Im internationalen Recht werden Sorgfaltspflichten primär mit Verpflichtungen von Staaten in Verbindung gebracht. Insbesondere bei der Frage der Verantwortlichkeit von Staaten für die Handlungen nicht-staatlicher Akteure wird auf die angemessene Sorgfalt zurückgegriffen.[911] Aufgrund der wachsenden Bedeutung von IOs im internationalen Recht ist angemessene Sorgfalt mittlerweile auch für IOs ein anerkanntes Prinzip. Um angemessene Sorgfalt und ihre Bedeutung für diese Arbeit besser zu verstehen, werden vorab unterschiedliche Definitionen dieses Begriffs dargestellt. *McDonald* zieht in seiner Untersuchung der Rolle der angemessenen Sorgfalt im internationalen Recht die Definition des Collins Wörterbuchs heran, wonach angemessene Sorgfalt als das Maß an Sorgfalt anzusehen sei, das vernünftigerweise erwartet werden kann oder das gesetzlich vorgeschrieben ist. Insbesondere von Personen, welche Ratschläge erteilen oder eine Beurteilung abgeben, sei ein solches Maß an Sorgfalt zu

[908] Reparation for injuries Advisory Opinion, 182.

[909] E. Campbell, et al: Due Diligence Obligations of International Organizations under International Law, International Law and Politics 50 (2017) 541-604, 584.

[910] Für die Arbeit wird dieser, in der Literatur anerkannte, Begriff verwendet, welcher als *„angemessene Sorgfalt“* übersetzt werden kann. Darunter wird die Anwendung der, für eine konkrete Einzelsituation angemessene bzw. erforderliche, Sorgfalt verstanden.

[911] J. A. Hessbruegge unterscheidet zwei Prinzipien der Verantwortlichkeit: Staatenverantwortlichkeit für Handlungen von ihm zurechenbaren Akteuren und Verantwortlichkeit durch Verletzung der Due-Dilligence bei der Verhinderung von Handlungen nichtstaatlicher Akteure. Siehe dazu J. A. Hessbruegge: The Historical Development of the Doctrines of Attribution and Due Diligence in International Law, New York University Journal of International Law and Politics 36, No. 4 (2004) 265-306, 268.

erwarten.[912] *Kulesza* bezieht ihre Ausführungen auf die Verantwortlichkeit und angemessene Sorgfalt von Staaten. In diesem Kontext sei angemessene Sorgfalt die Verpflichtung der Staaten, alle erforderlichen Maßnahmen zu ergreifen, um erhebliche grenzüberschreitende Schäden zu verhindern.[913] Unter Bezugnahme auf das Blacks Law Wörterbuch sei *Campbell et al* zufolge angemessene Sorgfalt zu definieren als *„die Sorgfalt, die vernünftigerweise von einer Person erwartet werden kann, die einer gesetzlichen Vorschrift oder einer Verpflichtung nachkommen will, und die diese Person üblicherweise anwendet“.*[914] Darüber hinaus ist auf die Beschreibung von angemessener Sorgfalt (*„due-diligence“*) in dem Onlinewörterbuch *„The Law Dictionary“* hinzuweisen, welches das Maß an Vorsicht, Aktivität oder Sorgfalt nicht an einem absoluten Standard, sondern abhängig von den relativen Tatsachen des speziellen Falles misst.[915].

ii. Die Anwendbarkeit des Konzeptes der Sorgfaltspflicht auf Internationale Organisationen

Lange Zeit bestanden Verpflichtungen zur Anwendung von angemessener Sorgfalt im internationalen Recht einzig für Staaten und wurden zur Determinierung deren Verantwortung herangezogen.[916] Daher beziehen sich zahlreiche Werke zur angemessenen Sorgfalt im internationalen Recht auf Verpflichtungen von Staaten und behandeln IOs in diesem Zusammenhang nicht.[917] Es ist daher zu untersuchen, inwieweit Verpflichtungen zur angemessenen Sorgfalt im internationalen Recht für IOs bestehen. *Barnidge* deklarierte angemessene Sorgfalt als Grundprinzip des internationalen Rechts, welches für unterschiedliche Situationen und Umstände angewandt werden kann.[918] Trotz expliziter Bezugnahme auf die Verantwortlichkeit von Staaten, werden diese Ausführungen auch für die

---

912 Unter Verweis auf das Collins Dictionary, N. McDonald: The Role of Due Diligence in International Law, Cambridge University Press 68, No. 4 (2019) 1041-1054, 1041.

913 J. Kulesza (2017): Due Diligence in International Law, 181.

914 E. Campbell, et al: Due Diligence Obligations of International Organizations under International Law, International Law and Politics 50 (2017) 541-604, 558. Text unter Bezugnahme auf das Black's Law Dictionary, Eight Edition (2006).

915 The Law Dictionary, Second Edition, Powered by Black's Law Dictionary, "due diligence", abrufbar unter: https://thelawdictionary.org/due-diligence/ (zuletzt aufgerufen am 16.04.2024).

916 Siehe dazu etwa J. Kulesza (2017): Due Diligence in International Law, Brill Nijhoff, Leiden / Boston, Queen Mary Studies in International Law, Vol 26, 262ff. J. Kulesza befasst sich in Kapitel 4 mit der Sorgfaltspflicht im Internationalen Recht, geht dabei allerdings nur auf die Sorgfaltspflicht für Staaten ein.

917 So etwa J. Kulesza (2017): Due Diligence in International Law; N. McDonald: The Role of Due Diligence in International Law, Cambridge University Press 68, No. 4 (2019) 1041-1054; R. Mackenzie-Gray Scott: Due diligence as a secondary rule of general international law, Leiden Journal of International Law 34, No. 2 (2021) 343-372; oder R. P. Barnidge: The Due Diligence Principle Under International Law, International Community Law Review 8, No. 1 (2006) 81-122.

918 R. P. Barnidge: The Due Diligence Principle Under International Law, International Community Law Review 8, No. 1 (2006) 81-122, 121.

Analyse der Verpflichtungen von IOs herangezogen. Es wird schließlich argumentiert, dass sich angemessene Sorgfalt mittlerweile nicht mehr auf Staaten beschränkt. Mit wachsender Bedeutung der IOs im internationalen Recht und spätestens seit Anerkennung ihrer internationalen Rechtspersönlichkeit durch *Reparation for Injuries*[919] ist klar, dass IOs auch Rechte und Pflichten im internationalen Recht zukommen.[920] *White* befasst sich mit der Frage der Anwendbarkeit von angemessener Sorgfalt auf die VN, insbesondere im Zusammenhang mit ihren Friedensmissionen.[921] Die International Law Association (ILA) bejaht bei Beauftragung oder unterlassener Verhinderung bestimmter Handlungen die Anwendbarkeit von angemessener Sorgfalt auf Intergovernmental Organizations (IGO).[922] In Anlehnung daran argumentiert *White*, dass dies auf IOs – konkret auf die VN – ebenfalls zutrifft, zumal insbesondere im Rahmen von Friedensmissionen *Handlungen in Auftrag gegeben werden.*[923] Angemessene Sorgfalt soll somit auch für die Friedensmissionen der VN zur Anwendung kommen.[924] In diesem Zusammenhang wird insbesondere auf den Schutz und die Achtung der Menschenrechte von Zivilisten durch die Friedensmission der VN und den damit verbundenen Handlungen im Empfangsstaat der Mission eingegangen. Durch ordnungsgemäße Ausstattung der Mission und Kontrolle der Tätigkeiten zur Funktionserfüllung haben die VN dabei ihre Handlungs- und Überwachungspflichten zu achten, um ihrer Sorgfaltspflicht zu entsprechen.[925]

Die allgemeinen Handlungs- und Überwachungspflichten einer IO erstrecken sich über die bereits thematisierte organisationsinterne Fürsorgeflicht von IO[926] auf Bedienstete der IO.[927] Die weite „agent"-Definition des IGH in *Reparation for Injuries* – kurz als *jede Person, durch die die Organisation handelt* – indiziert eine Ausweitung der Verpflichtung zur angemessenen Sorgfalt.[928] Diese Verpflichtung umfasst somit das gesamte Personal, welches für die IO tätig

[919] Reparation for injuries Advisory Opinion, 174f.
[920] Für detaillierte Ausführungen siehe Kapitel C.III über die Rechtspersönlichkeit von IOs.
[921] N. D. White: Due Diligence, The UN and Peacekeeping, in: H. Krieger, A. Peters, L. Kreuzer (eds.) (2020): Due Diligence in the International Legal Order 217-233, 217ff.
[922] International Law Association (ILA), Study Group on Due Diligence in International Law, Second Report by T. Stephens (Rapporteur) and D. French (Chair), 12 July 2016, 2.
[923] N. D. White: Due Diligence, The UN and Peacekeeping, in: H. Krieger, A. Peters, L. Kreuzer (eds.) (2020): Due Diligence in the International Legal Order, 217-233, 218.
[924] Ebd.
[925] Ebd., 220.
[926] Für nähere Ausführungen dazu siehe Kapitel B.IV.
[927] Für die Verbindung zwischen der Sorgfaltspflicht und der dieser zugrundeliegenden Fürsorgepflicht als Ausgangspunkt siehe H. Krieger, A. Peters, L. Kreuzer: Due Diligence in International Law: Dissecting the Leitmotif of Current Accountability Debates, in: H. Krieger, A. Peters, L. Kreuzer (eds.) (2020): Due Diligence in the International Legal Order, 1-19, 2.
[928] Siehe dazu Reparation for injuries Advisory Opinion, 177.

wird und damit auch *entsandtes Personal*[929] und *Auftragnehmer*.[930] Diese Ausweitung erscheint auch in Anbetracht des für die IO eingegangenen Risikos der Einzelpersonen sinnvoll.[931]

Die Anwendbarkeit des Konzeptes der angemessenen Sorgfalt auf IOs gilt mittlerweile als generell anerkannt.[932] Angemessene Sorgfalt wird als profundes, weitverbreitetes Prinzip im internationalen Recht angesehen, worin ein allgemeiner Rechtsgrundsatz des internationalen Rechts gesehen werden kann.[933] Anhaltspunkte für angemessene Sorgfalt können in unterschiedlichen Quellen gefunden werden. Besonders relevant für IOs sind deren Satzungen als völkerrechtlicher Vertrag oder organisationsinterne Bestimmungen. Konkret können hierfür die Personalstatuten der IOs beachtlich sein. Obwohl nicht explizit auf angemessene Sorgfalt verwiesen wird, sind darin oftmals Formulierungen zu finden, welche eine Verpflichtung zur angemessenen Sorgfalt erschließen lassen. Wie im Kapitel C.VII.4 über die Pflicht aufgrund der arbeitsrechtlichen Fürsorgepflicht bereits dargelegt wurde, finden sich in den Personalstatuten einzelner IOs Formulierungen wie *„alle erforderlichen Sicherheitsvorkehrungen treffen“*[934] oder *„alle geeigneten Maßnahmen ergreifen“*[935]. Daraus lassen sich eindeutig Ansätze einer Verpflichtung zur angemessenen Sorgfalt ableiten.[936] Diese Verpflichtungen in den organisationsinternen Bestimmungen sind wiederum Nachweis für das Bestehen eines allgemeinen Rechtsgrundsatzes des internationalen Rechts zur Achtung der angemessenen Sorgfalt.[937] *Samuel* und *Venier* führen die Entwicklung des Prinzips der angemessenen Sorgfalt zwar auf die Praxis der Staaten zurück, halten gleichzeitig aber explizit

---

929 United Nations Secretariat: Administrative instruction, Consultants and individual contractors, 19 December 2013, No. ST/AI/2013/4, 6.

930 V. Brino: International Organizations as Employers Examining the Duty of Care in the Light of the Different Forms of Employment Relationships in A. de Guttry et al. (eds.) (2018): The Duty of Care of International Organizations Towards Their Civilian Personnel 151-164, 158 mit Verweis auf United Nations Secretariat: Administrative instruction, Consultants and individual contractors, 19 December 2013, No. ST/AI/2013/4.

931 Siehe dazu etwa UN document A/C.5/38/18, 25 October 1983 UNRWA staff detained in Lebanon by the Israeli authorities, Report of the Secretary General, Personnel Questions. Darin berichtet der VN-Generalsekretär über die große Zahl an UNRWA Bediensteten, die im Lebanon von den israelischen Behörden festgehalten wurden.

932 Siehe dazu etwa H. Krieger, A. Peters, L. Kreuzer: Due Diligence in International Law: Dissecting the Leitmotif of Current Accountability Debates, in: H. Krieger, A. Peters, L. Kreuzer (eds.) (2020): Due Diligence in the International Legal Order, 1-19, 4.

933 J. Kulesza (2017): Due Diligence in International Law, 262ff; K. L. H. Samuel, S. Venier: The due diligence obligations of international organisations engaged in disaster management in S. Sayapin, et al. (eds.) (2022): International Conflict and Security Law, A Research Handbook 527-551, 529.

934 Regulation 1.2 (c) UN Staff Regulations.

935 Sektion 2 - 2.2 IMO Staff Regulations.

936 Siehe hierzu auch die Ausführungen in H. Krieger, A. Peters, L. Kreuzer: Due Diligence in International Law: Dissecting the Leitmotif of Current Accountability Debates, in: H. Krieger, A. Peters, L. Kreuzer (eds.) (2020): Due Diligence in the International Legal Order, 1-19, 9f.

937 K. L. H. Samuel, S. Venier: The due diligence obligations of international organisations engaged in disaster management in S. Sayapin, et al. (eds.) (2022): International Conflict and Security Law, A Research Handbook 527-551, 537.

fest, dass diese gleichermaßen auf IOs anzuwenden sind.[938] Seit Zuerkennung ihrer Rechtspersönlichkeit kommen IOs schließlich jedenfalls Rechte und Pflichten im internationalen Recht zu, wovon die Sorgfaltspflicht umfasst ist.[939] Dazu führte auch der IGH in seinem Gutachten zu WHO und Ägypten 1980 aus: „*International organizations are subjects of international law and, as such, are bound by any obligations incumbent upon them under general rules of international law, under their constitutions or under international agreements to which they are parties.*“[940]. Es kann somit festgehalten werden, dass die Sorgfaltspflicht nicht nur für Staaten, sondern auch für IOs verbindlich ist.[941]

iii. Die Pflicht von Internationalen Organisationen zur Achtung angemessener Sorgfalt

Mangels organisationsübergreifend anwendbarer Bestimmungen, welche eine Grundlage für einen Mindeststandard an Verantwortung gegenüber den Bediensteten der IO bieten, wird auf einen Standard der angemessenen Sorgfalt abgestellt. Von IOs kann somit erwartet werden, dass sie ein solches Maß an Vorsicht, Aktivität oder Sorgfalt anlegen, wie es von ihnen vernünftigerweise unter den gegebenen Umständen erwartet werden kann und üblicherweise ausgeübt wird. Das Maß an Vorsicht, Aktivität oder Sorgfalt misst sich dabei nicht an einem absoluten Standard, sondern bestimmt sich nach den relativen Tatsachen des Einzelfalles.[942]

Diverse Umstände können IOs daran hindern, funktionalen Schutz zugunsten ihrer Bediensteten erfolgreich auszuüben und die Gefährdungssituation abzuwenden oder zu beenden. Solche Umstände können beispielsweise mangelnde Information über bestehende Gefährdungssituationen der Bediensteten, mangelnde Kooperation des Empfangsstaates oder mangelnde Kenntnis über den Aufenthaltsort der Bediensteten darstellen. Ein Misserfolg der Ausübung von funktionalem Schutz führt dazu, dass sich die Bediensteten weiterhin in einer Gefahrensituation befinden. Es muss damit aber nicht automatisch eine Pflichtverletzung der IO gegenüber diesen Bediensteten einhergehen. Angemessene Sorgfalt wird schließlich als Ansatz angesehen, von Haftung abzugehen und verstärkt auf Verantwortung abzustellen.[943] Damit konkretisiert die Sorgfaltspflicht eine bestehende Handlungspflicht, hier etwa die Pflicht

[938] Ebd., 530.
[939] Ebd.
[940] Interpretation of the Agreement of 25 March 1951 between the WHO and Egypt, Advisory Opinion, I.C.J. Reports 1980, p. 73, 89f.
[941] E. Campbell, et al: Due Diligence Obligations of International Organizations under International Law, International Law and Politics 50 (2017) 541-604, 545ff.
[942] In Anlehnung an die Definition zu "*due-diligence*" in The Law Dictionary, Second Edition, Powered by Black's Law Dictionary, "due diligence", abrufbar unter: https://thelawdictionary.org/due-diligence/ (zuletzt aufgerufen am 16.04.2024).
[943] H. Krieger, A. Peters: Due Diligence and Structural Change in the International Legal Order, in: H. Krieger, A. Peters, L. Kreuzer (eds.) (2020): Due Diligence in the International Legal Order, 351-390, 352f.

von IOs zur Ausübung von funktionalem Schutz, dahingehend, dass ein sorgfältiges Bemühen aber eben keine Erfolgspflicht geschuldet wird.[944] Die IOs sind somit verantwortlich für ihr sorgfältiges Handeln in Erfüllung ihrer Pflichten und haften bei Achtung dieser Sorgfaltspflicht eben nicht für einen Misserfolg.[945] Eine Pflichtverletzung der IO liegt somit nur dann vor, wenn der Misserfolg der Ausübung von funktionalem Schutz unter Missachtung ihrer Sorgfaltspflicht eingetreten ist.

Es wird hier argumentiert, dass die Ausführungen *Cassels* in „*Ein Plädoyer für eine gewohnheitsrechtliche Sorgfaltspflicht der Unternehmen für die Einhaltung der menschenrechtlichen Sorgfaltspflicht*"[946] für die Verantwortlichkeit eines Unternehmens zur Achtung der angemessenen Sorgfalt, im Zusammenhang mit Menschenrechten, auf die Situation der IO gegenüber ihren Bediensteten übertragen werden kann. Demnach haftet ein Unternehmen für die Verletzung seiner Fürsorgepflicht nicht, wenn es nachweislich in angemessener Weise der, in den VN-Leitprinzipien für Wirtschaft und Menschenrechte[947] festgelegten, Sorgfaltspflicht nachgekommen ist. Wird hingegen die Sorgfaltspflicht nicht beachtet und fahrlässig gehandelt, indiziert dies Kausalität und Schuld.[948] Auch für IOs gilt, dass sie der Achtung ihrer Fürsorgepflicht – hier der Ausübung von funktionalem Schutz als Teilaspekt der Fürsorgepflicht – nachgekommen sind, wenn angemessene Sorgfalt geübt wurde. Oftmals sind die größten Anstrengungen nicht ausreichend, um das ultimative Ziel von funktionalem Schutz – die Bediensteten zu schützen oder zu befreien – zu erreichen. Dies ist etwa in Situationen der Fall, in welchen eine notwendige Mitwirkung des Empfangsstaates einer Mission verweigert wird. IOs ist es dann bspw. nicht möglich, funktionalen Schutz so auszuüben, dass die Bediensteten befreit werden. Wie von *Cassel* für Unternehmen beschrieben wird, muss in diesen Fällen ebenfalls gelten, dass die Achtung einer angemessenen Sorgfalt ausreichend für die Erfüllung der Pflicht der IO ist. Die Nicht-Achtung einer angemessenen

[944] N. D. White: Due Diligence, The UN and Peacekeeping, in: H. Krieger, A. Peters, L. Kreuzer (eds.) (2020): Due Diligence in the International Legal Order, 217-233, 220.

[945] H. Krieger, A. Peters: Due Diligence and Structural Change in the International Legal Order, in: H. Krieger, A. Peters, L. Kreuzer (eds.) (2020): Due Diligence in the International Legal Order, 351-390, 360f.

[946] D. Cassel: Outlining the Case for a Common Law Duty of Care of Business to Exercise Human Rights Due Diligence, Business and Human Rights Journal 1 (2016) 179-202.

[947] UN Guiding Principles on Business and Human Rights, UN Human Rights Council by Resolution 17/4 on 16 June 2011.

[948] D. Cassel: Outlining the Case for a Common Law Duty of Care of Business to Exercise Human Rights Due Diligence, Business and Human Rights Journal 1 (2016) 179-202, 180.

Sorgfalt wird aber, bei Entstehen eines Schadens, wiederum die Kausalität und Schuld der IO vermuten lassen.[949]

iv. Der Inhalt der Sorgfaltspflicht und die sich daraus ergebenen Pflichten für Internationale Organisationen

Unter Bezugnahme auf die Ausführungen zur Definition von angemessener Sorgfalt lässt sich deren Inhalt herleiten. Demnach ist ein solches Maß an Vorsicht, Aktivität oder Sorgfalt anzulegen, wie es von IOs vernünftigerweise unter den gegebenen Umständen erwartet werden kann und üblich ist, wobei ein Mindestmaß an Bemühung gegeben sein muss.[950] Für die eingangs in diesem Kapitel geschilderten Fälle – wie Drohanrufe, Zwang zur Beendigung der Tätigkeit oder Gefangenschaft – sollte das Mindestmaß jedenfalls bei dem Tätigwerden gemäß der Sorgfaltspflicht der IO liegen. Trotz Unmöglichkeit intensiver Unterstützung der Bediensteten durch die IO, etwa aufgrund fehlender Kooperationsbereitschaft des Empfangsstaates, müssen zumindest entsprechende Bemühungen der IO dahingehend vorhanden sein, dies dennoch zu erreichen.

Das erforderliche Maß an Vorsicht, Aktivität oder Sorgfalt misst sich nicht an einem absoluten Standard, sondern an den relativen Tatsachen des Einzelfalles.[951] Für die Determinierung der konkreten Sorgfaltspflicht im Einzelfall kommt es auf Aspekte wie Vorhersehbarkeit und Intensität des Risikos, sowie Kontroll- und Steuerungsmöglichkeiten durch die IO an. Daneben ist auf die Wichtigkeit des zu schützenden Gutes und die Kapazitäten des zur Schutzausübung Verpflichteten abzustellen.[952] Demnach ist eine Interessenabwägung vorzunehmen, wonach Leib und Leben jedenfalls schutzwürdiger sind als Vermögen. Um ihre Sorgfaltspflicht zu achten, werden IOs daher verpflichtet sein, finanzielle Mittel zum Schutz von Leib und Leben ihrer Bediensteten einzusetzen, nicht aber Personen zur Sicherstellung von Vermögen der Bediensteten in Gefahr zu bringen.

---

[949] Diese Argumentation basiert auf den Ausführungen in D. Cassel: Outlining the Case for a Common Law Duty of Care of Business to Exercise Human Rights Due Diligence, Business and Human Rights Journal 1 (2016) 179-202, 180.

[950] H. Krieger, A. Peters, L. Kreuzer: Due Diligence in International Law: Dissecting the Leitmotif of Current Accountability Debates, in: H. Krieger, A. Peters, L. Kreuzer (eds.) (2020): Due Diligence in the International Legal Order, 1-19, 5.

[951] In Anlehnung an die Definition zu "*due-diligence*" in The Law Dictionary, Second Edition, Powered by Black's Law Dictionary, "due diligence", abrufbar unter: https://thelawdictionary.org/due-diligence/ (zuletzt aufgerufen am 16.04.2024).

[952] K. L. H. Samuel, S. Venier: The due diligence obligations of international organisations engaged in disaster management in S. Sayapin, et al. (eds.) (2022): International Conflict and Security Law, A Research Handbook 527-551, 529.

Bei der Determinierung der angemessenen Sorgfalt spielen für IOs neben allgemeinen Aspekten wie Vorhersehbarkeit, Intensität oder Kontrollmöglichkeit der Gefahrensituation, insbesondere ihre satzungsgemäßen Funktionen, sowie die Einzelheiten der konkreten Missionen eine Rolle.[953] Zweck und Funktion einer IO, gemäß ihrer Satzung, bilden den rechtlichen Rahmen für IOs und ihr Tätigwerden. Eine IO ist nur befugt, jene Handlungen zu setzen, welche in Verbindung mit der Erfüllung ihres Zweckes bzw. der Ausübung ihrer Funktion stehen. Die Sorgfaltspflicht einer IO richtet sich demnach ebenfalls nach dem ihr zugeschriebenen Zweck und ihrer Funktion.[954] Für eine IO, deren Zweck bspw. in der Errichtung von Friedensmissionen in politisch instabilen Staaten liegt und für eine IO, deren Zweck in der Regelung der internationalen Zusammenarbeit der Postunternehmen liegt, wird die Achtung ihrer Sorgfaltspflicht von IOs regelmäßig nicht dieselben Handlungen erfordern. Die VN senden ihre Missionsmitglieder in politisch instabile Staaten, in denen die IO selbst Gefahren und Risiken nur schwer kontrollieren und steuern kann. In der Abwendung von Gefahrensituationen oder der Behebung eingetretener Gefahren werden von den VN – in Achtung ihrer Sorgfaltspflicht – weitreichendere Handlungen erwartet werden können als von anderen IOs. Hingegen steuern die Bediensteten der Weltpostunion die internationale Zusammenarbeit von Postunternehmen überwiegend von der Niederlassung aus. Die Bediensteten dieser IO werden kaum in eine, mit jener der VN-Bediensteten vergleichbare, Gefahrensituation, wie bspw. einer Festnahme in einem fremden Staat, kommen. Dieses Beispiel veranschaulicht, wie Zweck und Funktion jeder IO eine individuelle Festsetzung der Handlungen in Achtung ihrer Sorgfaltspflicht bedingen und zeigt, dass die erforderlichen Handlungen stark voneinander abweichen können. Ähnlich gestaltet sich die Differenzierung auch innerhalb einer IO, zwischen den einzelnen Bediensteten-Gruppen danach, welche Aufgaben ihnen konkret zukommen. Für Bedienstete mit Dienststätte im Hauptquartier der VN in New York werden zu deren Schutz andere Handlungen als angemessen anzusehen sein, als etwa für Missionsmitglieder im Kongo. Die angemessene Sorgfalt ergibt sich somit aus einer Zusammenschau der rechtlichen und tatsächlichen Situation der IO und dem konkreten Risiko auf Seiten der Bediensteten.[955] Darin zeigt sich die Erwartung an IOs, situationsbedingt die entsprechenden Handlungen zu setzen, um ihrer Sorgfaltspflicht zu entsprechen. Der Sorgfaltsmaßstab, welcher in dem Bemühen mit gewisser Intensität besteht, wird durch Zweck und Funktion einer IO nicht verändert. Dieser ist konstant und bedingt, dass in vergleichbaren

[953] E. Campbell, et al: Due Diligence Obligations of International Organizations under International Law, International Law and Politics 50 (2017) 541-604, 547.

[954] Ebd.

[955] H. Krieger, A. Peters, L. Kreuzer: Due Diligence in International Law: Dissecting the Leitmotif of Current Accountability Debates, in: H. Krieger, A. Peters, L. Kreuzer (eds.) (2020): Due Diligence in the International Legal Order, 1-19, 5f.

Gefahrensituationen von beiden IOs dasselbe Maß an Sorgfalt angewandt werden muss. Durch Unterschiede in Zweck und Funktion einzelner IOs ist aber das Auftreten unterschiedlicher Gefahrensituationen für Bedienstete einer IO nicht gleich wahrscheinlich, wodurch sich Bedarf an unterschiedlich intensiven Präventiv- und Reaktivmaßnahmen ergibt.

i. Tätigwerden von Internationalen Organisationen zugunsten ihrer Bediensteten – Beurteilungs- und Ermessensspielraum

IOs obliegt die Pflicht für ihre Bediensteten in Gefahrensituationen tätig zu werden und ein gewisses Maß an funktionalen Schutz auszuüben. Diese Pflicht besteht zumindest dann, wenn die Gründe für das Drohen oder Bestehen einer Gefahrensituation der Bediensteten mit ihrer Tätigkeit in einem Zusammenhang steht.[956] Ein solcher Zusammenhang wird bei dienstlichen Ausgangssituationen (Dienstreisen, Friedensmissionen) grundsätzlich so lange angenommen, bis aus den eigenen Ermittlungen der IO eine rein private Ursache für die Gefahrensituation bekannt wird. Bei einer privaten Ausgangssituation liegt dann ein dienstlicher Zusammenhang vor, wenn die Gründe für die Gefahrensituation mit der Tätigkeit für die IO in Verbindung gebracht werden können (Verhaftung aufgrund der Tätigkeit für eine IO).[957] Die Tätigkeit der IO oder ihre konkrete Mission kann zumindest mitursächlich für eine Verhaftung sein.[958] IOs kommt hier kein Beurteilungsspielraum zu, bei Drohen oder Bestehen einer Gefahrensituation aufgrund dienstlicher Zusammenhänge muss die Organisation zugunsten ihrer Bediensteten tätig werden.

Private Handlungen stehen regelmäßig mit der IO und ihren Funktionen nicht im Zusammenhang.[959] Treten Bedienstete der IO bspw. eine Urlaubsreise an, steht diese Reise nicht in Verbindung mit ihrer Tätigkeit für die IO und ist somit privater Natur. Werden

---

956 Siehe hierzu die Ausführungen zum sachlichen Anwendungsbereich in Kapitel C.VI.

957 Siehe dazu etwa den Fall *Bota*: Neue Züricher Zeitung vom 14.5.1986: Sorge um einen hohen Uno-Beamten, Genf 12. Mai; oder UN document, Cable Nr. ZCZC DAL 1216 NCL 3227 PCMO159 RR NYK. Geneva (disarm) 091552 GVA 1304. Davinic department for disarmament affairs from komatina. 9 April 1986.

958 Hierzu ist wiederum beispielhaft auf den Fall *Bota* zu verweisen. Liviu Bota war auf Heimatsbesuch in Rumänien, als er von den lokalen Behörden festgehalten wurde. Die Reise war zwar privater Natur, die Festnahme stand allerdings im Zusammenhang mit seiner Tätigkeit für die VN. Die VN haben unverzüglich reagiert und Handlungen im Rahmen des funktionalen Schutzes für Bota gesetzt. Siehe dazu etwa UN document, Mr. Liviu Bota/Post of Director of UNIDIR, Questions that may be asked by the Board of Trustees of UNIDIR 5-9 May, and draft answers, 7 May 1986, 1f; siehe dazu außerdem Neue Züricher Zeitung vom 14.5.1986: Sorge um einen hohen Uno-Beamten, Genf 12. Mai; oder UN document, Cable Nr. ZCZC DAL 1216 NCL 3227 PCMO159 RR NYK. Geneva (disarm) 091552 GVA 1304. Davinic department for disarmament affairs from komatina. 9 April 1986.

959 Siehe hierzu ebenfalls den Fall *Jurado*, wo ausdrücklich festgehalten wurde, dass das Scheidungsverfahren von Herrn Jurado in die private Sphäre fällt und der IO damit keine Pflicht zur Ausübung von funktionalem Schutz zugekommen war. International Labour Organization Administrative Tribunal (ILOAT), In re JURADO Judgment No. 70, 7 July 2000, 5. Für die Darstellung der Entscheidung siehe Kapitel C.VII.5.

Bedienstete während dieser Reise oder während eines privaten Aufenthaltes in ihrem Heimatstaat aus rein privaten Gründen von Behörden verhaftet oder festgehalten, kann dies Auswirkungen auf die Funktionsfähigkeit der Organisation haben.[960] Hier stellt sich somit die Frage nach einer differenzierten Betrachtung zwischen dienstlich und privat bedingten Gefahrensituationen. Der IGH gab in seinem Gutachten dazu keine abschließende Antwort, knüpfte aber für den Schutz der Bediensteten durch die Organisation an der Ausübung ihres Amtes an.[961] In den Personalstatuten der IO wird die Fürsorgepflicht meist mit der Tätigkeit für die Organisation oder mit Folgehandlungen daraus in Verbindung gesetzt.[962] Vereinzelt finden sich allerdings auch anderslautende Formulierungen, die wiederum an die Stellung der Person anknüpfen und keine Abgrenzung zwischen dienstlichen und privaten Handlungen vornehmen.[963] In Kapitel C.VI über den sachlichen Anwendungsbereich von funktionalem Schutz wurde für hochrangige Bedienstete wie den Generalsekretär einer IO und seine Stellvertreter aufgrund seiner Bedeutung für die Aufrechthaltung des Funktionierens der Organisation argumentiert, dass IOs hier auch bei rein privat bedingten Gefahrensituationen ein Recht auf Ausübung von funktionalem Schutz zukommen muss.[964] Diese Argumentation basiert auf den Gründen für die persönliche Immunität von hochrangigen Bediensteten.[965] Durch die weite Immunität soll hochrangigen Bediensteten aber kein persönlicher Vorteil zukommen, weshalb diesem Recht der Organisation keine Pflicht gegenübersteht. Hier kommt der Organisation somit ein Beurteilungsspielraum zu. Abhängig von der Wichtigkeit des hochrangigen Bediensteten für das Funktionieren der IO kann sich diese für oder gegen ein Tätigwerden entscheiden.[966]

Den Ausführungen des IGH in *Reparation for Injuries* lässt sich bei Bestehen einer Handlungspflicht der IO auch ein Bedarf nach Mindeststandards entnehmen,[967] organisationsübergreifend können diese allerdings nicht identifiziert werden. Wie eben

[960] Siehe dazu etwa den Fall *Bota*: Neue Züricher Zeitung vom 14.5.1986: Sorge um einen hohen Uno-Beamten, Genf 12. Mai; oder UN document, Cable Nr. ZCZC DAL 1216 NCL 3227 PCMO159 RR NYK. Geneva (disarm) 091552 GVA 1304. Davinic department for disarmament affairs from komatina. 9 April 1986.

[961] Reparation for injuries Advisory Opinion, 183.

[962] Siehe dazu bspw. Regulation 2.07 OSCE Staff Regulations: „*OSCE officials shall be entitled to the protection of the OSCE in the performance of their duties within the limits specified in the Staff Rules.*".

[963] So wird etwa in Art 5.02 ESA Staff Regulations ausdrücklich auch auf Konsequenzen aus der Tätigkeit für die Europäische Weltraumorganisation Bezug genommen.

[964] Für weitere Ausführungen dazu und zur grundsätzlichen Frage nach dem Recht von IOs auf Ausübung von funktionalem Schutz siehe Kapitel C.VIII.3.c.

[965] Siehe hierzu Kapitel C.IV.2.

[966] Reparation for injuries Advisory Opinion, 184: "*Upon examination of the character of the functions entrusted to the Organization and of the nature of the missions of its agents, it becomes clear that the capacity of the Organization to exercise a measure of functional protection of its agents arises by necessary intendment out of the Charter.*"

[967] Reparation for injuries Advisory Opinion, 182.

dargestellt, obliegt IOs eine Verpflichtung zur Achtung ihrer Sorgfaltspflicht. Solange diese erfüllt wird, ist die IO für Misserfolge in der Ausübung von funktionalem Schutz den Bediensteten gegenüber nicht rechtlich verantwortlich. Die verpflichtenden Handlungen, welche sich aus der Sorgfaltspflicht der IO ergeben, werden je nach Intensität der Gefahrengeneigtheit der Tätigkeiten dieser IO unterschiedlich ausfallen. In *Reparation for Injuries* verweist der IGH auf die gefahrengeneigte Tätigkeit der VN, indem er auf die vielen Einsätze Bezug nimmt, welche die Bediensteten naturgemäß in ungewöhnliche Gefahren bringen.[968] Das Gutachten ließ aber offen, ob es zu einer differenzierten Betrachtung von IOs nach der Gefahrengeneigtheit ihrer Tätigkeit kommen soll. Für IOs ohne jegliche gefahrengeneigte Tätigkeiten sind insbesondere Handlungen in der *Situation vor Eintritt der Gefahrenlage*[969] deutlich weniger bedeutend als für IOs mit hoher Gefahrengeneigtheit ihrer Tätigkeiten. Hier werden umfangreiche Vorbereitungs- und Gefahrenabwehrhandlungen verpflichtend zu setzen sein, während bei nicht-gefahrengeneigten Tätigkeiten mit Schutz- und Warnhinweisen ein Auslangen zu finden sein wird. Die Wahl der konkreten Handlungen der IO, um ihre Bediensteten gemäß ihrer Sorgfaltspflicht zu schützen, liegt im Ermessen dieser Organisation. Weiters liegt es im Ermessen jeder IO, ob sie Handlungen setzt, die über das hinausgehen, was nach der Sorgfaltspflicht geboten wäre.[970]

7. Handlungsempfehlungen für Internationale Organisationen in Achtung ihrer angemessenen Sorgfalt

Die Pflicht zur Ausübung von funktionalem Schutz erfordert die Berücksichtigung einer Vielzahl unterschiedlicher Szenarien und rechtlicher Rahmenbedingungen.[971] Es ist daher schlichtweg unmöglich, pauschal Mindeststandards für alle denkbaren Anwendungsfälle zu identifizieren. Vielmehr bildet die Pflicht zur Sorgfalt den Rahmen für die IOs. Nachfolgend wird ein Katalog an demonstrativen Handlungen vorgestellt, welche von den IOs zu setzen sind, soweit es in dem konkreten Kontext möglich, zielführend, zumutbar und im Rahmen der angemessenen Sorgfalt angebracht ist. Dieser Katalog beginnt bei Handlungen, welche für IOs mit geringem Aufwand verbunden sind und in der Regel am Beginn der Ausübung von

[968] Ebd., 183.
[969] Siehe dazu Kapitel C.VII.7.a.
[970] Siehe hierzu etwa den Fall *Jurado*, wo ausdrücklich festgehalten wurde, dass das Scheidungsverfahren von Herrn Jurado in die private Sphäre fällt und der IO damit keine Pflicht zur Ausübung von funktionalem Schutz zugekommen war, diese aber dennoch tätig geworden ist. International Labour Organization Administrative Tribunal (ILOAT), In re JURADO Judgment No. 70, 7 July 2000, 5. Für die nähere Darstellung der Entscheidung siehe Kapitel C.VII.5.
[971] Darunter fallen etwa die dienstrechtliche Stellung des Betroffenen, die Gefahrengeneigtheit der Tätigkeit der IO, die spezifischen Umstände der Mission, die rechtlichen Rahmenbedingungen innerhalb jeder IO und vieles mehr.

funktionalem Schutz stehen. Darauf aufbauend werden Handlungen mit steigendem Aufwand und damit verbunden regelmäßig auch steigenden Erfolgsaussichten im Stufensystem definiert. Kommt einer IO die Pflicht zur Ausübung von funktionalem Schutz zu, bewegt sie sich innerhalb dieses Systems. Es bleibt für jeden Einzelfall anhand der angemessenen Sorgfalt zu determinieren, Handlungen welcher Stufen gesetzt werden müssen, um die Pflicht der IO zu erfüllen.[972]

Als ultimatives Ziel der Ausübung von funktionalem Schutz ist grundsätzlich der erfolgreiche Schutz der Bediensteten vor und in Gefahrensituationen wie einer Gefangenschaft z.B. durch die erfolgreiche Befreiung der Bediensteten.[973] Gegeben dem konkreten Einzelfall werden von der IO einzelne oder alle Schritte gemäß dem Stufensystem zu setzen sein, um dieser Bemühungspflicht zu entsprechen. Funktionaler Schutz sieht zwei Szenarien als Anwendungsfälle vor: Einerseits umfasst er die Verhinderung des Eintrittes einer Gefahrensituation für Bedienstete und andererseits die Beendigung einer Gefahrenlage, sollte eine Gefahrensituation bereits eingetreten sein. Abhängig davon, ob sich Bedienstete in einer Situation vor Eintritt der Gefahrenlage oder danach befinden, sind von der IO unterschiedliche Handlungen zu setzen.

a. Präventive Handlungen vor Eintritt der Gefahrenlage

IOs sind im Rahmen der Ausübung von funktionalem Schutz verpflichtet, Maßnahmen zur Verhinderung oder Abwehr von Gefahren für ihre Bediensteten zu setzen.[974] Ein Spektrum an möglichen Maßnahmen wird nachfolgend dargestellt. Abhängig von der spezifischen rechtlichen Situation[975] zwischen IO und den Bediensteten, sowie der konkreten Mission, sind einzelne oder alle Handlungen innerhalb dieses Systems zu setzen, um ihrer Sorgfaltspflicht im Rahmen der Ausübung von funktionalem Schutz zu entsprechen.[976]

---

[972] Im Stufensystem werden alle denkbar möglichen und sinnvollerweise von der IO zu setzenden Maßnahmen erfasst, welche im Zusammenhang mit der Ausübung von funktionalem Schutz von Bedeutung sein können. Allerdings wird daran kein Anspruch auf Vollständigkeit gestellt. Aufgrund der Vielzahl an möglichen Handlungen können die hier genannten nicht als abschließend betrachtet werden.

[973] Dieses Ziel kann auch den Ausführungen des IGH im *Reparation for Injuries* Gutachten entnommen werden: Reparation for injuries Advisory Opinion, 182.

[974] Siehe dazu die Kapitel C.VII.2, C.VII.3, C.VII.4 und C.VII.5.

[975] Hier wird auf die unterschiedlichen dienstrechtlichen Ausgestaltungsformen Bezug genommen, auf welche in Kapitel C.V.2.b. näher eingegangen wurde.

[976] Der Schutzmaßstab für „Bedienstete“ einer IO ist etwa höher als bspw. jener von „entsandtem Personal“ oder „Auftragnehmern“. Für die unterschiedliche Klassifizierung siehe Kapitel C.V.2.b.

Stufe 1	Bereitstellung allgemeiner Informationen und Trainings

- Bereitstellung von Informationen über Ort und Inhalt der Tätigkeit bzw. über Aufgaben und den Ablauf einer Mission
- Bereitstellung von Informationen über allgemeine Gefahrenquellen im Zuge einer Mission, Abhaltung von Unterweisungen
- Bereitstellung von Informationen über gesundheitliche Gefahren
- Ausdauertraining und Testverfahren, um sicherzustellen, dass die Missionsmitglieder den körperlichen Anforderungen entsprechen und Extremsituationen überstehen können
- Durchführung von physischen und psychischen Tests
- Durchführung von Trainings und Vorbereitung auf Extremsituationen wie andauernde Stromausfälle vor Ort, prekäre Wohn- und Lebenssituationen im Empfangsstaat der Mission, Fortschreiten von Unruhen und Kriegshandlungen
- Trainings im Umgang mit Waffen (im Falle von bewaffneten Einsätzen)

Stufe 2	Zurverfügungstellung von Schutzausrüstung und -ausstattung

- Zurverfügungstellung von Schutzkleidung
- Zurverfügungstellung von medizinischen Mitteln
- Zurverfügungstellung von Werkzeug und sonstigen denkbar hilfreichen Geräten
- Zurverfügungstellung von Waffen und ausreichend Munition (im Falle von bewaffneten Einsätzen)
- Bereitstellung von sicheren Unterkünften

Stufe 3	Spezifische Vorbereitung der Mission sowie auf den Missionseinsatz

- Zurverfügungstellung von spezifischen Informationen im Zusammenhang mit der Mission
- Bereitstellung von konkreten Informationen über die Art des Einsatzes, den Einsatzort, Gefahren und Risiken
- Bereitstellung von Informationen über zu meidende Gegenden des Einsatzortes und sichere Fortbewegungsmöglichkeiten
- Bereitstellung von Informationen über sichere Orte und Zufluchtsstätten
- Bereitstellung einer Kontaktperson für den Fall des Eintritts einer Gefahrensituation; Information über organisationsinterne Kontaktpersonen für Gefahrensituationen im Ausland
- Vermittlung von weiteren Kontaktpersonen vor Ort; Benennung des Missionsleiters; Klärung der spezifischen Zuständigkeiten der Missionsmitglieder

- Bereitstellung von relevanten Informationen zu landesüblichen Gebräuchen, Sitten, kulturellen Unterschieden zum Heimatstaat und damit verbundenen Gefahren für die Sicherheit der Missionsmitglieder
- Spezifische Zusammenstellung der Missionsteams (Abstimmung der einzelnen Mitglieder untereinander und Abstimmung der Mitglieder auf den spezifischen Missionseinsatzort)
- Spezifisches Training angepasst an den Einsatzort der Mission
- Anstellen von Nachforschungen im Hinblick auf die zielführendsten Mittel zur Sicherstellung des Schutzes der Bediensteten
- Schaffung einer diplomatischen Basis (zB durch die Erstellung eines Memorandum of Understandings und / oder den Austausch von Verbalnoten mit den Behörden des Empfangsstaates)
- Erstellung eines Missionsplanes (welcher die Ziele der Mission, die zu besuchenden Orte und die zu treffenden Personen enthält)

Stufe 4 Überwachung der Mission

- Überwachung des Einsatzortes der Mission
- Beobachtung der politischen Situation des Landes
- Warnung bei Unruhen und Auseinandersetzungen, Warnung bei Bestehen von Gefahrenquellen
- Kontakthaltung mit den Behörden des Empfangsstaates der Mission
- Forderung regelmäßiger Berichte durch den Empfangsstaat der Mission
- Wahrung von ständigem Kontakt mit den Missionsmitgliedern
- Gewährung von Personenschutz vor Ort durch Sicherheitsunternehmen
- Sicherstellung der Einhaltung aller Sicherheitsprotokolle, sowie der Umsetzung aller Empfehlungen, um die Sicherheit der Missionsmitglieder zu gewährleisten

Stufe 5 Abbruch der Mission und Rückholaktion

- Reaktion auf drohende Gefahren der Bediensteten und Schaffung von Abhilfe
- Rückzug der Mission bei potenziellem Gefahreneintritt
- Abbruch der Mission bei Fortbestehen der Gefahrensituation
- Unterstützung der Missionsmitglieder bei dem Abbau der Mission im Empfangsstaat und der Rückkehr in den Heimatstaat
- Einleitung von Rückholaktionen bei Unmöglichkeit anderweitiger sicherer Rückkehr

b. Reaktive Handlungen nach Eintritt der Gefahrenlage

Auch bei Umsetzung aller vorgesehenen Präventionshandlungen – von der Bereitstellung allgemeiner Informationen und Trainings, der Zurverfügungstellung von Schutzausrüstung und -ausstattung, über die spezifische Vorbereitung des Missionseinsatzes und die Überwachung der Mission bis hin zum Abbruch der Mission und der Durchführung von Rückholaktionen – ist der Eintritt einer Gefahrensituation für Bedienstete der IO nicht ausgeschlossen (bspw. durch eine Festnahme, Entführung oder Gefangenschaft).[977] Die präventiven Maßnahmen der IO im Rahmen des funktionalen Schutzes zielen auf eine Verhinderung des Eintrittes einer Gefahrensituation ab, können dies aber nicht immer vollends sicherstellen. Bei den Einsatzorten der Mission handelt es sich schließlich regelmäßig um Staaten in politisch und rechtlich instabilen Situationen, wodurch es rasch zu unvorhersehbaren Ereignissen – wie einer plötzlichen Festnahme eines Missionsmitgliedes – kommen kann. Dem IGH in *Reparation for Injuries* zufolge müssen sich Bedienstete einer IO in ihrer Stellung sicher und geschützt fühlen.[978] Diese Anforderung ist nur dann erfüllt, wenn die IO auch verpflichtet ist, Maßnahmen zu setzen, um ihre Bediensteten aus einer unmittelbaren Gefahrenlage zu befreien und dieser Pflicht auch tatsächlich nachkommt. Somit werden nachfolgend jene Handlungen genannt, welche für die Situation nach Eintritt der Gefahrenlage denkbar sind. Auch hier hängt es wiederum von dem rechtlichen Verhältnis zwischen Bediensteten und IO, sowie von der Art des Missionseinsatzes ab, welche Maßnahmen verpflichtend zu setzen bzw. von der IO in Erfüllung ihrer Sorgfaltspflicht erwartet werden können.[979]

Stufe 1	Kontaktaufnahme und Abklärung des Falles

- Kontaktaufnahme mit dem Empfangsstaat der Mission
- Kontaktaufnahme mit den festhaltenden Behörden; Forderung der Bekanntgabe der Gründe für eine Inhaftierung; Ansuchen um Besuchserlaubnis
- Kontaktaufnahme mit dem Außenministerium, der Botschaft oder dem Konsulat des Heimatstaates des Gefangenen
- Kontaktaufnahme mit den Ermittlungsbehörden
- Kontaktaufnahme direkt mit dem inhaftierten Bediensteten
- Informationseinholung zum Sachverhalt des Falles

[977] Hierfür ist neuerlich auf den, in Kapitel C.III.4 geschilderten, Fall der OSZE zu verweisen.
[978] Reparation for injuries Advisory Opinion, 182.
[979] In den geschilderten Handlungen wird überwiegend beispielhaft auf Verhaftungsfälle von Bediensteten einer IO abgestellt. Grund hierfür ist, dass dies einerseits eine häufigste Ursache für die Ausübung von funktionalem Schutz ist und andererseits die Notwendigkeit von Handlungen der IO besonders gut verdeutlichen lässt. Viele der Handlungen können auch auf andere Fälle, wie zB. Drohanrufe, Drohungen an sich, Verfolgungen etc. angewandt werden.

- Sachverhaltsabklärungen und Beantwortung der Frage, ob die Festnahme mit der Tätigkeit bei der IO in Verbindung steht
- Entscheidung über die weiteren Schritte und Bericht an die inhaftierten Bediensteten

Stufe 2	Sicherstellung von aufrechtem Kontakt

- Weitere Verfolgung des Falles
- Aufrechthalten des Kontaktes mit der Regierung des Empfangsstaates der Mission
- Aufrechthalten des Kontaktes mit den festhaltenden Behörden bzw. Stellen
- Aufrechthalten des Kontaktes mit dem Auswärtigen Amt, der Botschaft oder dem Konsulat des Heimatstaates des Gefangenen
- Aufrechthalten des Kontaktes mit den Ermittlungsbehörden
- Aufrechthalten des Kontaktes direkt mit dem Gefangenen; regelmäßiges Erkundigen nach dem Zustand und Wohlergehen bei dem Gefangenen
- Herstellung und Aufrechterhaltung von Kontakt zwischen dem Gefangenen und seinen Angehörigen

Stufe 3	Achtung des Wohlergehens des Gefangenen

- Forderung der Bereitstellung von Informationen über den Aufenthalt und das Wohlergehen der Bediensteten
- Sicherstellung von humanen Festhaltebedingungen
- Sicherstellung von Wohlbefinden und Wohlergehen
- Verhinderung menschenunwürdiger Bedingungen und Behandlungen
- Zurverfügungstellung einer Vertrauensperson für den Gefangenen

Stufe 4	Leistung von rechtlichem Beistand

- Gewährung von Sonderurlaub mit aufrechtem Entgeltanspruch, Schutz der Stellung als Bedienstete der IO
- Nicht-Akzeptanz von Kündigungsschreiben der Bediensteten, welche nicht persönlich bei der Verwaltung der IO abgegeben wurden
- Nicht-Akzeptanz von Kündigungsschreiben der Bediensteten, welche unter kuriosen Umständen übermittelt wurden
- Setzung von eigenen Ermittlungshandlungen (zusätzlich zu jenen, die bereits notwendig waren, um festzustellen, ob die Festnahme mit der Tätigkeit bei der IO in Verbindung steht)
- Sachverhaltsfeststellungen über jene der lokalen Ermittlungsbehörden hinaus

- Ermittlung und Identifikation von falsch vermittelten Tatsachenberichten der lokalen Ermittlungsbehörden und ggf. Richtigstellung dieser Tatsachenberichte
- Einrichtung einer Task Force zur Verhandlungsführung mit den Entführern
- Rechtliche Begleitung der Gefangenen im Verfahren; Rechtliche Beratung ab der Festnahme sowie auch nach einer möglichen Verurteilung hinweg
- Durchführung von Beratungsgesprächen vor Ort
- Rechtliche Vertretung der Beschuldigten im Verfahren; Entsendung von Sonderbeauftragten zur Herstellung von persönlichem Kontakt mit inhaftierten Bediensteten und die Bereitstellung von rechtlicher Vertretung
- Vollumfängliche rechtliche Unterstützung der Beschuldigten beim Kampf um die Freilassung
- Forderung der Übermittlung einer Kopie des Urteils im Falle einer Verurteilung von Bediensteten

Stufe 5	Vornahme weiterer Maßnahmen

- Setzung von allen weiteren Maßnahmen, welche denkbar sinnvoll sind, um das Ziel der Freilassung der Gefangenen zu erreichen. Achtung der rechtlichen Grenzen, bspw. kein gewaltsames Befreien des Gefangenen, keine Ausübung von militärischer Gewalt.
- Setzen diplomatischer Schritte; Nutzung aller zur Verfügung stehenden diplomatischen Kanäle; Intervenieren auf höchster politischer Ebene
- Einbeziehung anderer Organe der IO; Einbeziehung der Generalversammlung durch den Generalsekretär in besonders heiklen Situationen
- Einschaltung von Mitgliedstaaten und Setzung diplomatischer Schritte dieser
- Kontaktaufnahme mit hochrangigen Beamten zur Erwirkung der Freilassung der Bediensteten
- Nutzung diplomatischer Kanäle zur Erwirkung der Freilassung der Bediensteten
- Vornahme politischer Statements
- Verhängung von wirtschaftlichen, finanziellen Sanktionen (soweit möglich und erlaubt)
- Erweckung von medialer Aufmerksamkeit und Vornahme umfassender Berichterstattung (soweit für den laufenden Fall nicht schädlich)

Ziel der Ausübung von funktionalem Schutz ist der erfolgreiche Schutz der Bediensteten vor Gefahrensituationen bzw. die erfolgreiche Befreiung der Bediensteten aus einer solchen.[980] Wie

[980] Dieses Ziel kann auch den Ausführungen des IGH im *Reparation for Injuries* Gutachten entnommen werden: Reparation for injuries Advisory Opinion, 182.

eingangs in diesem Kapitel beschrieben, können unterschiedlichste Szenarien eine Gefahrensituation für die Betroffenen darstellen. Bedienstete im Hauptquartier der Organisation können Drohanrufe erhalten, sie können von ihrem Heimatstaat zur Beendigung ihrer Tätigkeit bei der IO gezwungen werden und im schlimmsten Fall als Missionsmitglieder in einem Empfangsstaat der Mission entführt und festgehalten werden. Je nachdem, welche Situation vorliegt, wie fortgeschritten diese ist und welche Möglichkeiten der IO in dem Fall zukommen, wird ihre Pflicht basierend auf der angemessenen Sorgfalt unterschiedliche Handlungen umfassen. Besteht z.B. lediglich die Gefahr von Drohanrufen bei Bediensteten, können entsprechende Vorkehrungen durch die IO, wie die Bereitstellung von Informationen über einen Umgang damit oder die technische Blockierung der Anrufer, bereits Abhilfe schaffen und den Gefahreneintritt verhindern. Über Stufe 1 der Handlungen vor Eintritt der Gefahrensituation muss die IO in diesem Fall nicht hinausgehen und wird dennoch dem Ziel der Ausübung von funktionalem Schutz – dem erfolgreichen Schutz der Bediensteten – gerecht. In einem Verhaftungsfall eines Missionsmitgliedes der IO werden hingegen umfassendere Handlungen notwendig sein. Da die Gefahr, die unrechtmäßige Festnahme von Bediensteten, bereits eingetreten ist, sind präventive Handlungen nicht mehr zielführend. Bestenfalls führen die Kommunikation mit den Behörden des Empfangsstaates und unterstützende Aufklärungsversuche zum Erfolg, der Freilassung der Bediensteten. Auch der Rückgriff auf diplomatische Kanäle, mediale Berichterstattung und sonstige Druckmittel gegenüber dem Empfangsstaat können notwendig werden. Hierbei ist zu beachten, dass von der IO nur jene Handlungen zu erwarten sind, welche dieser in dem konkreten Szenario möglich sowie zumutbar sind. Im Falle der gänzlichen Verweigerung von Kommunikation und Kooperation durch die Behörden des Empfangsstaates, kann die IO rasch an die Grenzen ihrer Möglichkeiten stoßen. Hat die IO alle ihr möglichen und denkbar zielführenden Maßnahmen ergriffen, wird sie ihrer Sorgfaltspflicht dennoch nachgekommen sein. Es wird von der IO unter der Pflicht zur Ausübung von funktionalem Schutz nicht erwartet, dass die Handlungen tatsächlich erfolgreich sind, auch wenn dies das Ziel jeder Ausübung von funktionalem Schutz ist. Da die IO nicht in jedem Fall über Einfluss auf die Kooperation des Empfangsstaates der Mission verfügt, wird im Rahmen der Sorgfaltspflicht der Versuch aller zumutbaren Handlungen ausreichend sein.

8. Besonderheiten der Pflicht zur Ausübung von funktionalem Schutz bei Betrachtung der einzelnen Kategorien der Bediensteten von Internationalen Organisationen

IOs kennen eine Vielzahl unterschiedlicher (dienst)rechtlicher Stellungen.[981] IO-Bedienstete [C.V.2.b.i], abhängige sowie unabhängige Auftragnehmer [C.V.2.b.ii], abgeordnetes Personal [C.V.2.b.iii], örtlich Bedienstete [C.V.2.b.iv], Experten für Missionen [C.V.2.b.v] und Freiwillige [C.V.2.b.vi] stellen die für diese Arbeit relevanten Kategorien der Bediensteten von IOs dar. Während sich die Ausführungen betreffend die Pflicht zur Ausübung von funktionalem Schutz bisher auf IO-Bedienstete konzentrierten, betrachtet dieses Kapitel die Pflicht im Lichte der einzelnen Kategorien der Bediensteten von IOs. Diese Kategorien können weitestgehend in „IO-Bedienstete"[982] und „Nicht-IO-Bedienstete"[983] unterteilt werden. Der Unterschied zwischen diesen beiden Gruppen liegt darin, dass IO-Bedienstete mit der IO in einem Dienstvertragsverhältnis stehen, während Nicht-IO-Bedienstete Leistungen für die IO auf werkvertraglicher Basis oder einer sonstigen rechtlichen Grundlage erbringen.[984] Diese Unterteilung kann Unterschiede in der Schutzpflicht der IO gegenüber den Bediensteten mit sich bringen, zB bei (Nicht-)Anwendbarkeit der Personalstatuten. Bei IO-Bediensteten und abhängigen Auftragnehmern handelt es sich um klassische „IO-Bedienstete" mit dienstvertraglicher Beziehung zur IO.[985] Unabhängige Auftragnehmer und Experten für Missionen stellen den Standardfall von „Nicht-IO-Bediensteten" dar, indem sie Leistungen für die Organisation zB auf Basis eines Werk- oder Beratervertrages erbringen.[986] Auch bei abgeordnetem Personal handelt es sich um Nicht-IO-Bedienstete, welches mit der IO jedoch in keiner Vertragsbeziehung steht.[987] Die vertragliche Vereinbarung besteht zwischen dem Heimatstaat des abgeordneten Personals und der IO. Das abgeordnete Personal steht in einem Dienstverhältnis mit dem Heimatstaat, weshalb dieser im Rahmen seiner Fürsorgepflicht entsprechende Schutzpflichten mit der Organisation vereinbaren müsste. Örtlich Bedienstete

---

[981] Für nähere Ausführungen zu den nachfolgend genannten Kategorien der Bediensteten wird auf die entsprechenden Kapitel verwiesen.

[982] Darunter werden Bedienstete von IOs verstanden, welche mit diesen unmittelbar in einem dienstrechtlichen Verhältnis stehen. Auf IO-Bedienstete sind die Regelungen des Personalstatuts der entsprechenden IOs anzuwenden. Nationale arbeitsrechtliche Bestimmungen finden keine Anwendung.

[983] Darunter werden Bedienstete von IOs verstanden, welche mit der IO nicht unmittelbar in einem dienstrechtlichen Verhältnis stehen. Auf Nicht-IO-Bedienstete sind die Regelungen des Personalstatuts der entsprechenden IOs idR nicht anzuwenden. Organisationsinterne Sonderregelungen oder nationale arbeitsrechtliche Bestimmungen können alternativ Anwendung finden.

[984] V. Brino: International Organizations as Employers Examining the Duty of Care in the Light of the Different Forms of Employment Relationships in A. de Guttry et al. (eds.) (2018): The Duty of Care of International Organizations Towards Their Civilian Personnel 151-164, 155ff.

[985] Ebd., 155.

[986] Ebd., 157.

[987] Ebd.

und Freiwillige werden ebenfalls als Nicht-IO-Bedienstete angesehen, nehmen aber eine Sonderstellung ein, indem sie mit IOs regelmäßig über eine dienstvertragsähnliche Vereinbarung verfügen.[988] Für die Rechtsgrundlage des Vertrages mit örtlich Bediensteten kann zwischen organisationsinternen Regelungen und nationalem Recht des Heimatstaates gewählt werden. Organisationen ziehen regelmäßig ihr internes Recht heran, wobei sie über Sonderregelungen für örtlich Bedienstete verfügen und die Personalstatuten damit nicht zur Anwendung kommen. Freiwillige stehen ebenfalls in einem Vertragsverhältnis mit der IO, es handelt sich dabei aber nicht um einen klassischen Dienstvertrag, weshalb auch hier die Personalstatuten nicht anwendbar sind. Die VN bspw. sehen für Freiwillige Sonderregelungen vor.

Abhängig von der dienstrechtlichen Klassifizierung kann es zu Unterschieden in der Pflicht der IO auf Ausübung von funktionalem Schutz und der Reichweite dieser Pflicht kommen. Die Definition eines „*agent*" der IO geht mit der Formulierung des IGH „*any person through whom it acts*" über klassische IO-Bedienstete hinaus und umfasst alle Personen, welche für die IO tätig werden.[989] Für die Pflicht als solche kann an dieser Stelle somit bereits festgehalten werden, dass es hier nur zu Unterschieden bezüglich der anwendbaren Rechtsgrundlage kommt. Es besteht für IOs eine Pflicht auf Ausübung von funktionalem Schutz gegenüber allen Bediensteten, welche für sie tätig werden. Für IO-Bedienstete kann sich die Pflicht unmittelbar aus dem Dienstvertrag mit der IO, aus einer expliziten Bestimmung in den Personalstatuten oder als Teil der Fürsorgepflicht auf Basis einer Festlegung in den Personalstatuten ergeben.[990] Darüber hinaus besteht die Pflicht von IOs auf Ausübung von funktionalem Schutz als allgemeiner Rechtsgrundsatz des öffentlichen Dienstrechts. Dieser Pflicht kommt aufgrund der Einordnung als allgemeiner Rechtsgrundsatz des internationalen Rechts organisationsübergreifende Wirkung zu und sie umfasst basierend auf dem weiten persönlichen Anwendungsbereich alle Personen, welche für die IO tätig werden. Demnach obliegt einer IO die Pflicht zur Ausübung von funktionalem Schutz gegenüber IO-Bediensteten und Nicht-IO-Bediensteten, soweit sie für die Organisation tätig werden.[991] In Bezug auf die Reichweite der Pflicht kann es unter Umständen zu Differenzierungen kommen, zB wenn die Personalstatuten einer IO (durch explizite Bestimmung oder im Rahmen der Fürsorgepflicht) umfassendere Schutzpflichten vorsehen. Auf Nicht-IO-Bedienstete finden die Personalstatuten idR keine

[988] Ebd., 157f.
[989] Siehe dazu Reparation for injuries Advisory Opinion, 177.
[990] Siehe dazu auch V. Brino: International Organizations as Employers Examining the Duty of Care in the Light of the Different Forms of Employment Relationships in A. de Guttry et al. (eds.) (2018): The Duty of Care of International Organizations Towards Their Civilian Personnel 151-164, 155ff.
[991] Siehe dazu Reparation for injuries Advisory Opinion, 177.

Anwendung, weshalb für diese Gruppe der Bediensteten auf andere Rechtsgrundlagen zurückzugreifen ist. Konkrete Handlungspflichten auf Basis von Dienstverträgen oder den Personalstatuten von IOs sind für die IO gegenüber Nicht-IO-Bediensteten damit nicht verpflichtend. Die untersuchte Praxis von IOs in Ausübung von funktionalem Schutz zeigt ein vielschichtiges Bild: Sowohl IO-Bedienstete als auch Nicht-IO-Bedienstete sind zB als Missionsmitglieder von Verhaftungen oder ähnlichen Gefahrensituationen betroffen, welche ein Einschreiten der IO erfordern. Die Organisationen differenzieren in der Praxis grundsätzlich nicht zwischen IO-Bediensteten und Nicht-IO-Bediensteten, sondern werden für alle Bediensteten gleichermaßen tätig.[992] Konkrete Handlungspflichten auf Basis von etablierter Praxis einer IO gelten somit grundsätzlich gegenüber IO-Bediensteten und Nicht-IO-Bediensteten, wobei hier aber auf die etablierte Praxis jeder IO gesondert abzustellen ist und es daher zu unterschiedlicher Praxis in Bezug auf Nicht-IO-Bedienstete kommen kann. Durch in *foro domestico* gebildete allgemeine Rechtsgrundsätze und allgemeine Rechtsgrundsätze des öffentlichen Dienstrechts konnten Handlungspflichten nur im Ansatz, in sehr allgemeiner Form identifiziert werden. Es kommt hierbei insbesondere auf die Umstände des Einzelfalles und die Regelungen der einzelnen Organisationen an. Die Sorgfaltspflicht von IOs gilt sowohl gegenüber IO-Bediensteten als auch gegenüber Nicht-IO-Bediensteten und verpflichtet die Organisation gegenüber allen Bediensteten damit zur Anwendung eines den Umständen des Einzelfalles entsprechenden Maßes an Vorsicht, Aktivität und Sorgfalt. Hier liegt es im Ermessen der IO, welche Handlungen diese für erforderlich hält, um das Ziel – den Schutz der Bediensteten – zu erreichen. Für Nicht-IO-Bedienstete kann es hier mangels Geltung der Personalstatuten und Anwendbarkeit der darin festgelegten Fürsorgepflicht zu einem niedrigeren Schutzstandard im Vergleich zu IO-Bediensteten kommen.

Auf eine unterschiedliche Behandlung der Bediensteten in Bezug auf ihr privates Handeln wird an dieser Stelle nicht eingegangen, da der Organisation in rein privat bedingten Gefahrensituationen keine Schutzpflicht obliegt. Unabhängig von der dienstrechtlichen Klassifizierung der Bediensteten liegt es im Beurteilungsspielraum der Organisation dennoch tätig zu werden, ohne aber dazu verpflichtet zu sein.[993]

[992] Siehe Annex ./5.
[993] Siehe hierzu die Ausführungen in Kapitel C.VII.6.i.

VIII. Recht zur Ausübung durch Internationale Organisationen

1. Spannungsverhältnis zwischen Recht und Pflicht

Wie eben festgehalten, obliegt einer IO gegenüber allen Bediensteten, die Pflicht zur Ausübung von funktionalem Schutz entsprechend einem Sorgfaltsmaßstab.[994] Das Bestehen einer Pflicht zur Ausübung von funktionalem Schutz gegenüber ihren Bediensteten im Innenverhältnis garantiert noch keine tatsächliche Ausübung. Zur Erfüllung ihrer internen Pflicht muss die IO schließlich im Außenverhältnis über ein entsprechendes Recht verfügen und dieses Recht auch faktisch ausüben können. Die unterschiedlichen Ebenen von organisationsinterner Pflicht und organisationsexternem Recht öffnen Raum für ein Spannungsverhältnis.[995]

Die Problematik dieses Spannungsverhältnisses wird besonders deutlich durch die Schwierigkeiten der OSZE, funktionalen Schutz für ihre, in der Ukraine durch russische Vertretungsbehörden im April 2022 verhafteten, Missionsmitglieder auszuüben.[996] Ihre unklare rechtliche Stellung birgt für die OSZE im Außenverhältnis große Schwierigkeiten.[997] Eine dieser Schwierigkeiten ist darauf zurückzuführen, dass das Recht einer IO auf Ausübung von funktionalem Schutz primär als Konsequenz ihrer Völkerrechtspersönlichkeit angesehen wird.[998] Das Fehlen der Völkerrechtspersönlichkeit erleichtert es Staaten, der IO Handlungen zum Schutz ihrer Bediensteten unter Berufung auf ihr Recht auf Ausübung von funktionalem Schutz zu verweigern. Die Bediensteten der OSZE bringt dies in eine rechtlich besonders unsichere Lage.[999]

Wie dieses Kapitel zeigen wird, bestehen aber kaum rechtliche Unterschiede zwischen der Pflicht und dem Recht von IOs sowie deren Reichweite. Die Herausforderungen sind vielmehr faktischer Natur und liegen in der Nicht-Duldung des Rechts von IOs durch die betroffenen Staaten. Auf Basis der Satzungen von IOs wird diesen nach den Worten des IGH in *Reparation for Injuries* zumindest gegenüber ihren Mitgliedstaaten ein entsprechendes Recht zukommen [C.VIII.2.a], wobei die OSZE hier mangels Satzung eine Sonderstellung einnimmt [C.VIII.2.b]. Die rechtlichen Unterschiede liegen in der Rechtsgrundlage von Pflicht und Recht der IOs. Während die Pflicht von IOs auf Bestimmungen in Dienstverträgen [C.VII.2], ihren

---

[994] Siehe dazu Kapitel C.VII.6.h.

[995] Dieses Spannungsverhältnis wurde bereits in Kapitel A.I aufgegriffen.

[996] Für eine ausführliche Darstellung des Falles der OSZE siehe Kapitel C.VII.3.

[997] S. Brander: Glaubwürdige Argumentation zugunsten einer Rechtspersönlichkeit für die OSZE, OSZE Magazin (2009) 18-21, 19.

[998] M. B. Carabot, M. Ubèda-Saillard: Functional Protection in J. Crawford, A. Pellet, S. Olleson (eds.) (2010): The Law of International Responsibility 1074-1083, 1074. Für nähere Ausführungen zu diesem Thema siehe die Kapitel C.III und C.VIII.2.b.

[999] Siehe dazu auch die Ausführungen zur Sorgfaltspflicht der IOs in Kapitel C.VII.6.h.

Personalstatuten [C.VII.3 bzw. C.VII.4] oder einen allgemeinen Rechtsgrundsatz des öffentlichen Dienstrechts [C.VII.5] zurückzuführen ist, ergibt sich das Recht von IOs gegenüber ihren Mitgliedstaaten grundsätzlich als notwendigerweise beabsichtigt aus ihrer Satzung [C.VIII.2.a]. Bei der Reichweite von Pflicht und Recht kann es zu Abweichungen kommen, da das Recht einer IO auf Ausübung von funktionalem Schutz primär der Sicherstellung ihrer effizienten und unabhängigen Aufgabenerfüllung dient und somit nur jene Handlungen umfasst, welche dazu auch erforderlich sind.[1000] Eine Pflicht im Innenverhältnis kann weiter gehen, zB wenn in den Dienstverträgen oder Personalstatuten entsprechende Bestimmungen dies vorsehen. Es kommt hier jedenfalls zu einer Einzelfallbetrachtung, abhängig von der konkreten Gefahrensituation, der dienstrechtlichen Stellung der Bediensteten sowie den damit einschlägigen Regelungen. Im Innenverhältnis zwischen IOs und ihren Bediensteten ist auf die angemessene Sorgfalt abzustellen, während es im Außenverhältnis zwischen IOs und ihren Mitgliedstaaten auf die funktionale Notwendigkeit ankommt. Mangels Geltung der Satzung einer IO gegenüber Drittstaaten kann sich das Recht hier nur auf Basis vertraglicher Vereinbarungen [C.VIII.4.a] oder völkergewohnheitsrechtsrechtlicher Bestimmungen [C.VIII.4.b] ergeben.

Trotz Bestehen eines Rechts auf Ausübung von funktionalem Schutz akzeptieren auch Mitgliedstaaten einer IO diese Handlungen teilweise nicht. Dies ergibt sich neben dem eben geschilderten Fall der OSZE auch aus einer Vielzahl der in Annex ./5 dargestellten Fälle. So folgte ua in den Fällen Alicja Wesolowska[1001], Aidan Walsh[1002], Kenneth Marazanye[1003], Liviu Bota[1004] und Ju Wang Zhu[1005] auf die Handlungen der VN in Ausübung von funktionalem Schutz keine entsprechende Reaktion und damit auch keine Duldung der betroffenen Staaten. Im Fall der Festnahme von 87 UNRWA-Missionsmitglieder im Libanon durch israelische Streitkräfte wurde die Kontaktaufnahme und der Zugang zu den Bediensteten von den

[1000] Reparation for injuries Advisory Opinion, 183.

[1001] N.Y. Times, Oct. 30, 1979, p. 12, col.2.; UN Document, Alicja Wesolowska, chronology of events, actions taken.

[1002] United Nations Press Release: Senior UNRWA Official kidnapped in Lebanon, 15 May 1985, PAL/1577, Department of Public Information Press Section, United Nations, New York.

[1003] Commissioner for Namibia, New York, File No. OCN 3-5, May 9 1984.

[1004] Schreiben von Javier Perez de Cuellar an Omran El-Shafel, Chairman Boared of Trustees of the UN Institute for Disarmament Research, 23 September 1986, File: Bota, XRef: UNIDIR.; Schreiben von Chairman Advisory Board on Disarmament Studies and Board of Trustees of UNIDIR and den UN Generalsekretär, 26 September 1986.; Schreiben von Jan Martenson, Under-Secretary-General for Disarmament Affairs and den Generalsekretär, 29 September 1986, Mr. Liviu Bota, the Director of UNIDIR.; Patricio Ruedas: Note for the Secretary-General, Subject: Your meeting with Foreign Minister Totu of Romania - points concerning Mr. Liviu Bota, 30 September 1986.

[1005] Schreiben von Raymonde Martineau, Association for the Security and Independence of International Civil Servants an den Generalsekretär der VN, 25 May 1988, Telegram, No. GVA-2955.

staatlichen Behörden aktiv verweigert.[1006] Hier handelt es sich somit mehr um ein faktisches und weniger ein rechtliches Problem. Grundsätzlich wären IOs bei fehlendem Gleichklang zwischen Pflicht und Recht verpflichtet, entsprechende Vereinbarungen mit den Staaten zu treffen, um ihrer Sorgfaltspflicht nachzukommen. Das faktische Hindernis, dass Staaten trotz Bestehen eines Rechts von IOs die Ausübung von funktionalem Schutz nicht dulden, lässt sich dadurch allerdings nicht überwinden. Nach dem anzuwendenden Sorgfaltsmaßstab bei verpflichtender Ausübung von funktionalem Schutz sind IOs lediglich verpflichtet, alle ihr möglichen und zumutbaren Handlungen zu setzen.[1007] IOs schulden somit keinen Erfolg, sondern lediglich ein Bemühen mit gewisser Intensität. Dies versperrt ihren Bediensteten die rechtliche Möglichkeit, die IO wegen Erfolglosigkeit in der Ausübung von funktionalem Schutz zur Verantwortung zu ziehen.[1008]

Das Recht von IOs kann auch weitreichender als die organisationsinterne Pflicht sein, wie es zB bei privat bedingten Gefahrensituationen von hochrangigen Bediensteten der Fall ist.[1009] Hier kommt den IOs ein Beurteilungsspielraum zu: Soweit die Ausübung von funktionalem Schutz für die Sicherstellung ihrer Funktionsfähigkeit notwendig ist, kommt ihr in Anlehnung an die persönliche Immunität von hochrangigen Bediensteten ein entsprechendes Recht zu. Mangels dienstlichen Bezugs der Gefahrensituation des Bediensteten ist die IO allerdings nicht verpflichtet von ihrem Recht Gebrauch zu machen. Das Tätigwerden von IOs in privaten Situationen zeigt sich bspw. im Fall *JURADO,* welcher von dessen Scheidungsprozess und dem Ansuchen an die ILO um rechtliche Unterstützung im Verfahren handelt. Obwohl das Verwaltungsgericht später die Eröffnung des sachlichen Anwendungsbereiches von funktionalem Schutz aufgrund der rein privaten Natur des Scheidungsverfahrens von Herrn Jurado verneinte, hatte die ILO zuvor gewisse Unterstützungshandlungen zugunsten ihres Bediensteten gesetzt.[1010] Hier lag mangels Bezugs zur dienstlichen Tätigkeit von Herrn Jurado keine Pflicht der IO und mangels Stellung als hochrangiger Bediensteter auch kein Recht gegenüber dem betroffenen Staat vor. Der Fall zeigt somit, dass IOs auch in privaten

[1006] Schreiben von H.E. Dr. Yehuda Z. Blum, Ambassador Extraordinary and Plenipotentiary, Permanent Representative to the United Nations, Permanent Mission of Israel to the United Nations, 800 Second Avenue, New York, N.Y. 10017 an den Generalsekretär, 10 May 1983, UNRWA STaff Understood to be Arrested and Detained in Lebanon by the Israeli Armed Forces as at 27 April 1983; ACC Meeting on 30 March 1983: Detained STaff - Lebanon (Background Notes for the Commissioner-General), 28 March 1983, PER/GEN/1 (IDF), PER/GEN/1 (L); Schreiben von Commissioner-General an All Field Office Directors, 18 January 1983, Detention of Staff in the Host Countries and Occupied Territories, PER/GEN/1 (A) or 160/9.

[1007] H. Krieger, A. Peters, L. Kreuzer: Due Diligence in International Law: Dissecting the Leitmotif of Current Accountability Debates, in: H. Krieger, A. Peters, L. Kreuzer (eds.) (2020): Due Diligence in the International Legal Order, 1-19, 5.

[1008] Auf die Rechtsfolgen einer Untätigkeit der IO wird in Kapitel D eingegangen.

[1009] Für nähere Ausführungen hierzu siehe Kapitel C.VIII.3.c.

[1010] Für nähere Ausführungen zu diesem Fall siehe Kapitel C.VII.5.

Situationen für Bedienstete unterstützend tätig werden können, soweit die betroffenen Staaten die Ausübung dulden. Der betroffene Staat ist grundsätzlich berechtigt das Tätigwerden der IO abzulehnen, es sei denn, die Handlungen werden zugunsten eines hochrangigen Bediensteten gesetzt.

2. Das Recht einer Internationalen Organisation auf Ausübung von funktionalem Schutz gegenüber ihren Mitgliedstaaten

a. Recht aufgrund der Satzung der Internationalen Organisation

Unter Zugrundelegung der Art der Aufgaben, welche der Organisation übertragen und von ihren Bediensteten ausgeführt werden, ergibt sich aus der Satzung der VN das Recht, ein gewisses Maß an funktionalem Schutz für ihre Bediensteten auszuüben.[1011] Dieses Recht hält auch die Generalversammlung der VN in Res. 36/232 mit den Worten „[*Recalling that*] *the International Court of Justice has held that international organizations have the power and responsibility to protect members of their staff.*" ausdrücklich fest.[1012]

Mit der Zustimmung der Gründungsstaaten zur Satzung einer IO wird der Errichtungsakt vollzogen und der IO in der Satzung festgeschriebene Funktionen, Kompetenzen bzw. Aufgaben übertragen. Durch Übertragung (oder Akzeptanz im Falle des späteren Beitritts eines Staates) dieser Funktionen, Kompetenzen bzw. Aufgaben stimmen die Mitgliedstaaten implizit auch dem Recht der IO auf Sicherstellung ihrer Funktionsfähigkeit – und der damit verbundenen Ausübung von funktionalem Schutz – zu.[1013] Durch die Formulierung „*arises by necessary intendment out of the Charter*" wird das Recht der VN auf Ausübung von funktionalem Schutz implizit ihrer Satzung entnommen und damit die Satzung als rechtliche Grundlage für dieses Recht bestimmt.[1014] Die nachfolgende Untersuchung wird zeigen, dass die implizite Zuerkennung dieses Rechts auf Basis der Satzung nicht auf die VN beschränkt ist, sondern grundsätzlich für jede IO gilt.[1015] Aufgrunddessen bilden die Satzungen von IOs die

[1011] Reparation for injuries Advisory Opinion, 184: "*Upon examination of the character of the functions entrusted to the Organization and of the nature of the missions of its agents, it becomes clear that the capacity of the Organization to exercise a measure of functional protection of its agents arises by necessary intendment out of the Charter.*"

[1012] General Assembly Resolution 36/232, Respect for the privileges and immunities of officials of the United Nations and the specialized agencies and related organizations, 105th plenary meeting, 18 December 1981.

[1013] H.G. Schermers, N.M. Blokker (2018): International Institutional Law, §209.

[1014] Reparation for injuries Advisory Opinion, 184. Für Ausführungen im Zusammenhang mit der „implied-powers-theory" siehe zuvor in Kapitel C.II.

[1015] Ausgenommen hiervor ist die OSZE, für welche diese Argumentation mangels Satzung nicht gelten kann. Darauf wird nachfolgend in Kapitel C.VIII.2.b näher eingangen.

wichtigste rechtliche Grundlage für ihr Recht auf Ausübung von funktionalem Schutz gegenüber den Mitgliedstaaten.

Implizite Rechte sind nur bei Fehlen einer ausdrücklichen Regelung heranzuziehen. Beinhalten Satzungen eine explizite Regelung über das Recht der IO auf Ausübung von funktionalem Schutz, ist die Heranziehung eines impliziten Rechts nicht erforderlich. Daher werden die Satzungen in einem ersten Schritt auf das Vorhandensein eines expliziten Rechts auf Ausübung von funktionalem Schutz untersucht [Untersuchungsschritt I.]. Erst im Falle eines negativen Ergebnisses dieser Untersuchung, wird auf implizite Rechte zurückgegriffen und das Bestehen der Voraussetzungen hierfür geprüft. Dazu soll die Frage beantwortet werden, ob die Satzungen eine Bestimmung beinhalten, womit bestimmte Organe eingerichtet (zB Generalversammlung, Sekretariat, ...) und diesen Organen Kompetenzen übertragen werden [Untersuchungsschritt II.]. Um Aussagen darüber treffen zu können, in welcher Form die Satzungen von IOs eine rechtliche Grundlage für die Ausübung von funktionalem Schutz durch IOs darstellen können (zB durch ausdrückliche Regelungen oder Anhaltspunkte für implizite Bestimmungen), wurden diese einer Analyse unterzogen.[1016]

Als Grundlage der Untersuchung wurden 70 IOs herangezogen. Von allen ausgewählten IOs, mit Ausnahme der OSZE, welche über keine Satzung verfügt, konnten ihre Satzungen online abgerufen werden.[1017]. Diese 69 Satzungen bilden die Ausgangsbasis der Untersuchung. Die ausgewählten Organisationen lassen sich in folgende Kategorien unterteilen: *Organisationen der VN,*[1018] *Sonderorganisationen der VN und verwandte Organisationen,*[1019] *internationale Finanzinstitutionen,*[1020] *Inter-Amerikanische Organisationen,*[1021] *andere regionale*

[1016] Für die Ergebnisse dieser Analyse sowie alle untersuchten IOs siehe Annex ./2.

[1017] Für die EU wurden neben dem Gründungsvertrag, dem Vertrag über die Europäische Union (kurz „EUV") Amtsblatt Nr. C 191 vom 29/07/1992, folgende Verträge als Grundlage herangezogen: Vertrag von Amsterdam, Amtsblatt Nr. C 340 vom 10/11/1997, Vertrag von Nizza, Amtsblatt Nr. C 080 vom 10/03/2001 und Vertrag von Lissabon, Amtsblatt Nr. C 306/01 vom 17/12/2007 sowie der Vertrag über die Arbeitsweise der Europäischen Union (kurz „AEUV") Amtsblatt Nr. C 326/47 vom 26/10/2012.

[1018] Folgende Organisationen der VN wurden für die Untersuchung herangezogen: Vereinte Nationen (VN) und Welternährungsprogramm (WFP).

[1019] Folgende Sonderorganisationen der VN und verwandte Organisationen wurden für die Untersuchung herangezogen: Welternährungsorganisation (FAO), Internationale Atomenergie-Behörde (IAEA), Internationale Zivilluftfahrtorganisation (ICAO), Internationaler Fonds für landwirtschaftliche Entwicklung (IFAD), Internationale Arbeitsorganisation (ILO), Internationale Seeschifffahrtsorganisation (IMO), Internationale Fernmeldeunion (ITU), Weltpostverein (UPU), Weltgesundheitsorganisation (WHO), Weltorganisation für geistiges Eigentum (WIPO) und Weltorganisation für Meteorologie (WMO).

[1020] Folgende internationale Finanzinstitutionen wurden für die Untersuchung herangezogen: Bank für Internationalen Zahlungsausgleich (BIZ), Internationaler Währungsfonds (IWF) und Inter-Amerikanische Entwicklungsbank (IDB),

[1021] Folgende Inter-Amerikanische Organisationen wurden für die Untersuchung herangezogen: Inter-Amerikanisches Zentrum für Steuerverwaltung (CIAT), Inter-Amerikanisches Institut für Zusammenarbeit in der Landwirtschaft (IICA), Inter-Amerikanisches Institut für die Erforschung des globalen Wandels (IAI), Inter-Amerikanische Kommission für tropischen Thunfisch (IATTC), Organisation Amerikanischer Staaten

Organisationen[1022] und *andere internationale Organisationen*[1023]. Die Auswahl der IOs und ihre Kategorisierung basiert auf den Daten des *US Department of State for International Organization Affairs*. Diese Daten liefern keine vollständige Aufzählung aller IOs, sondern beinhalten jene Organisationen, welche vom US-Department als „*approved International Organizations*" eingestuft wurden und an welche die Bundesbehörde daher Bedienstete übermitteln kann.[1024] Die Aufzählung beinhaltet zahlreiche bedeutende Organisationen, weshalb für die Untersuchung darauf zurückgegriffen wurde. Die Aufzählung des US-Departments wurde einerseits auf IOs mit einer online abrufbaren Satzung eingeschränkt, sowie andererseits um weitere, für diese Untersuchung als relevant erachtete, IOs ergänzt.[1025] Die getroffene Auswahl an IOs zielt keinesfalls auf die Erstellung einer vollständigen Liste aller IOs ab, sondern auf die Schaffung einer Grundlage mit einer Vielzahl an Satzungen von IOs zur Verdeutlichung der Verallgemeinerungsfähigkeit des ursprünglich vom IGH auf die VN angewandten Grundprinzips des funktionalen Schutzes.

(OAS), Pan Amerikanische Gesundheitsorganisation (PAHO) und Pan Amerikanisches Institut für Geographie und Geschichte (PAIGH).

[1022] Folgende andere regionale Organisationen wurden für die Untersuchung herangezogen: Colombo-Plan Rat, Nordatlantische Vertragsorganisation (NATO), Kommission für die Fischerei der Großen Seen (GLFC), Forschungszentrum für Entsalzung im Nahen Osten (MEDRC) und Organisation für wirtschaftliche Zusammenarbeit und Entwicklung (OECD).

[1023] Folgende andere internationale Organisationen wurden für die Untersuchung herangezogen: Kommission für Umweltzusammenarbeit (CEC), Organisation des Vertrags über ein umfassendes Verbot von Nuklearversuche (CTBTO), Energiecharta-Konferenz (ECC), Internationales Büro für den Schutz des gewerblichen Eigentums, Internationales Büro für Maß und Gewicht (BIPM), Internationales Zentrum für Agrarforschung in den Trockengebieten (ICARDA), Internationale Studienzentrale für die Erhaltung und Restaurierung von Kulturgut (ICCROM), Internationale Kaffeeorganisation (ICO), Internationaler Beratungsausschuss für Baumwolle (ICAC), Internationaler Rat für Meeresforschung (ICES), Internationale Kriminalpolizeiliche Organisation (INTERPOL), Internationales Institut für Nutzpflanzenforschung der semi-ariden Tropen (ICRISAT), Internationale Organisation für Entwicklungsrecht (IDLO), Sekretariat des Internationalen Energieforums (IEFS), Internationale Organisation für Fusionsenergie (ITER), Internationale Hydrographische Organisation (IHO), Internationales Institut für die Vereinheitlichung des Privatrechts (UNIDROIT), Internationale Mobilfunksatelliten-Organisation (IMSO), Internationale Organisation für gesetzliches Messwesen (OIML), Internationale Organisation für Migration (IOM), Internationale Fernmeldesatelliten Organisation (ITSO), Internationale Tropenholzorganisation (ITTO), Internationale Walfangkommission (IWC), Inter-Parlamentarische Union (IPU), Organisation für die Entwicklung der Energiewirtschaft auf der koreanischen Halbinsel (KEDO), Multinationale Truppe und Beobachter (MFO), Kommission für anadrome Fische im Nordpazifik (NPAFC), Organisation für das Verbot von Chemiewaffen (OPCW), Organisation für Sicherheit und Zusammenarbeit in Europa (OSZE), Büro für Flugsicherheit im Pazifik (PASO), Wissenschafts- und Technologiezentrum in der Ukraine (STCU), Welthandelsorganisation (WTO), Südasiatische Vereinigung für regionale Zusammenarbeit (SAARC), Verband der südöstlichen Nationen (ASEAN), Asiatisch-afrikanische beratende Rechtsorganisation, Initiative der Bucht von Bengalen für sektorübergreifende technische und wirtschaftliche Zusammenarbeit (BIMSTEC), Asiatische Infrastruktur-Investitionsbank (AIIB), Neue Entwicklungsbank (BRICS-Entwicklungsbank), Europäische Organisation für Kernforschung (CERN), Europäische Union (EU) und Europarat (COE).

[1024] Approved International Organizations by the US Department of State for International Organization Affairs, abrufbar unter: https://iocareers.state.gov/Main/Content/Page/approved-international-organizations (zuletzt aufgerufen am 28.04.2024).

[1025] Discover the Top 15 International Organizations of the World by Team Leverage Edu, Stand: 24.06.2021, abrufbar unter: https://leverageedu.com/blog/list-of-international-organizations/ (zuletzt aufgerufen am 28.04.2024).

Die Untersuchung zu [I.] zeigt, dass keine der 69 untersuchten Satzungen von IOs eine Bestimmung enthält, welche der IO explizit das Recht auf Ausübung von funktionalem Schutz zugunsten ihrer Bediensteten gegenüber ihren Mitgliedstaaten einräumt.[1026] Da die Frage zum ersten Untersuchungsschritt damit verneint wurde, musste die Untersuchung zu [II.] fortgesetzt werden. Dabei ist das Vorliegen der Voraussetzung für implizite Rechte zu analysieren, um die implizite Zuerkennung des Rechts auf Ausübung von funktionalem Schutz auf Basis der Satzung jeder IO zu begründen. Mit der Formulierung „*to ensure the efficient and independent performance of these missions*",[1027] zieht der IGH in *Reparation for Injuries* die Sicherstellung der Funktionsfähigkeit und der Aufgabenerfüllung der IO als Maßstab für das Bestehen bestimmter impliziter Rechte heran. Für eine implizite Zuerkennung eines Rechts auf Ausübung von funktionalem Schutz auf Basis der Satzung einer IO ist daher relevant, ob die Satzung eine Bestimmung enthält, welche der IO explizit das Recht auf Sicherstellung ihrer Funktionsfähigkeit und Aufgabenerfüllung einräumt.[1028] Dem Prinzip der Funktionalität[1029] zufolge werden IOs mit jenen Fähigkeiten ausgestattet, welche für die Aufrechterhaltung ihrer Funktionsfähigkeit notwendig sind.[1030] Das Prinzip der Funktionalität ist gleichzeitig kompetenzerweiternd und kompetenzbegrenzend.[1031] Die explizit in der Satzung festgeschriebenen Bestimmungen werden durch implizite Rechte und Pflichten der IO erweitert. Diese implizit zuerkannten Rechte und Pflichten einer IO können allerdings nur so weit gehen, als es für das Funktionieren der Organisation tatsächlich erforderlich ist.[1032] Weiters muss für ihre Zuerkennung ein Anhaltspunkt, im Sinne einer expliziten Regelung, in der Satzung vorhanden sein, aus welcher das implizite Recht abgeleitet werden kann. Die explizit in den Satzungen festgelegten Funktionen, verbunden mit den zur Ausübung dieser Funktionen eingerichteten Organen, werden daher als Prüfmaßstab des Bestehens impliziter Rechte herangezogen.[1033] Jeder IO kommen bestimmte, regelmäßig in der Präambel oder den ersten Artikeln einer Satzung festgeschriebene, Funktionen, Kompetenzen bzw. Aufgaben zu.[1034] Zu deren Erfüllung benötigt eine Organisation Organe, welche in ihrem Namen handeln, Entscheidungen treffen und dadurch das Funktionieren der Organisation sicherstellen.[1035]

[1026] Die Ergebnisse dieser Untersuchung können dem Annex ./2 entnommen werden.
[1027] Reparation for injuries Advisory Opinion, 183.
[1028] H.G. Schermers, N.M. Blokker (2018): International Institutional Law, §233.
[1029] Für eine intensive Auseinandersetzung mit dem Prinzip der Funktionalität und dessen Bedeutung für diese Arbeit siehe Kapitel C.II.
[1030] H.G. Schermers, N.M. Blokker (2018): International Institutional Law, §209.
[1031] C. Brölmann (2007): The Institutional Veil in Public International Law, 25.
[1032] Ebd.
[1033] H.G. Schermers, N.M. Blokker (2018): International Institutional Law, §209.
[1034] Siehe dazu etwa Art 1 der VN-Charta „*Purposes and Principles*".
[1035] H.G. Schermers, N.M. Blokker (2018): International Institutional Law, §205.

Alle 69 untersuchten Satzungen[1036] verfügen über Organe, welchen – soweit ersichtlich – durch explizite Bestimmungen Kompetenzen übertragen und Aufgaben im Zusammenhang mit der Funktionserfüllung der Organisation aufgetragen wurden.[1037] Solche Organe sind etwa ein Sekretariat, unter der Leitung des Generalsekretärs bzw. der Generalsekretärin, oder eine Versammlung der Mitglieder.[1038] Die Organe werden im Gründungsdokument der IO festgelegt und dienen grundsätzlich dem Funktionieren der Organisation und ihrer Aufgabenerfüllung.[1039] Dies führt zur Schlussfolgerung, dass die Mitglieder einer IO durch die Einrichtung bestimmter Organe und das Übertragen von Kompetenzen und spezifischen Aufgaben an die Organe das Funktionieren der IO sicherstellen wollen.[1040] Die Einrichtung von Organen einer IO spricht jedenfalls für die Einräumung eines solchen Rechts. Explizite Bestimmungen in den Satzungen der IO über die Einrichtung von Organen stellen die Grundlage für ein darauf basierendes implizites Recht auf Ausübung von funktionalem Schutz durch die IO dar.[1041] Ohne ein solches implizites Recht wäre der Schutz der Bediensteten nicht möglich. Da IOs bei Erfüllung ihrer Funktionen und Erbringung ihrer Aufgaben auf ihre Bediensteten angewiesen sind, würde das Fehlen eines solchen Rechts zur Unmöglichkeit der Funktionserfüllung durch die Organisation führen. Folglich wären die Organe nicht erfolgreich im Sicherstellen des Funktionierens der Organisation, weshalb ihnen ein solches Recht zukommen muss. Im Fall Liviu Bota traf der Generalsekretär der VN, welcher als Leiter des Sekretariats im Namen der VN handelte, die Maßnahmen zur Ausübung von funktionalem Schutz.[1042] Wie dieses und viele weitere Beispiele zeigen, ist an die Organe einer IO anzuknüpfen und auf ihr Handeln im Namen der Organisation abzustellen.[1043] Der Generalsekretär bzw. die Generalsekretärin nimmt eine bedeutende Rolle im Entscheidungsfindungsprozess von IOs ein und übt als administratives Leitungsorgan der IO Führungsaufgaben aus.[1044] In ihrer Position als Leiter des Sekretariats sind Generalsekretäre somit besonders geeignet, um die IO nach außen zu vertreten und

[1036] Mangels gegenteiliger Anhaltspunkte in einer der 69 untersuchten Satzungen wird diese Annahme als für alle Satzungen geltend angenommen.

[1037] Eine Auflistung aller untersuchten Satzungen kann dem Annex ./2 entnommen werden.

[1038] Im Fall der VN werden nach Art 7 VN-Charta als Hauptorgane der VN geschaffen: eine Generalversammlung, ein Sicherheitsrat, ein Wirtschafts- und Sozialrat, ein Treuhandschaftsrat, ein Internationaler Gerichtshof und ein Sekretariat.

[1039] Siehe dazu etwa Art 5 Convention for the Establishment of a European Organization for Nuclear Research, Paris, 1 July 1953 (as amended on 17 January 1971) abrufbar unter: https://council.web.cern.ch/en/content/convention-establishment-european-organization-nuclear-research (zuletzt aufgerufen am 26.04.2024): "*The Council shall, subject to the provisions of this Convention: [...] have such other powers and perform such other functions as may be necessary for the purposes of this Convention*."

[1040] H.G. Schermers, N.M. Blokker (2018): International Institutional Law, §1201.

[1041] Ebd., §233.

[1042] UN document, United Nations Staff Union, 4 March 1986.

[1043] Siehe dazu Annex ./5 zur Praxis des Tätigwerdens einzelner Organe, insbesondere des Generalsekretärs, der IO.

[1044] H.G. Schermers, N.M. Blokker (2018): International Institutional Law, §459.

Handlungen im Schutz ihrer Bediensteten zu setzen. Handlungen in Ausübungen von funktionalem Schutz werden regelmäßig von Generalsekretären gesetzt, wie der Darstellung der Fallpraxis entnommen werden kann.[1045]

Basierend auf der, in Kapitel C.II dargestellten, „*implied powers-Theorie*“ werden die Satzungen der IO dahingehend ausgelegt und argumentiert, dass allen IOs ein Recht auf Ausübung von funktionalem Schutz zugunsten ihrer Bediensteten zukommt. Eine IO kann ihre Aufgaben nur durch das Handeln ihrer Bediensteten erfüllen und benötigt diese somit für die Erfüllung der ihr durch die Satzung zuerkannten Funktionen. Die Organe einer IO sollen das Funktionieren der IO sicherstellen und haben damit die implizite Befugnis zum Schutz der Bediensteten, über ihre explizit zuerkannten Kompetenzen hinaus. Die Tatsache, dass alle Satzungen von IOs explizit Organe vorsehen, durch die sie handeln können, ist als Bestätigung des funktionalistischen Ansatzes anzusehen.[1046] *McNair* sieht den Hauptzweck der Vertragsauslegung in der Erforschung der Absicht der Vertragsparteien und schlussfolgert daraus die Notwendigkeit der Reaktion auf geänderte Umstände, um der Absicht tatsächlich Wirkung zu verleihen.[1047] Die Gründungsstaaten der IO richteten mit ihrer Zustimmung zur Satzung diese Organe ein, um die Funktionserfüllung gemäß ihrer Festlegung in der Satzung sicherzustellen.[1048] Darin zeigt sich der Wille der Gründungsstaaten zur Sicherstellung der Funktionsfähigkeit der errichteten IO, welcher durch die Einrichtung bestimmter Organe nach außen tritt.[1049]

b. Recht auf Basis eines Durchgriffs der organisationsinternen Selbstverpflichtung – Sonderfall der Organisation für Sicherheit und Zusammenarbeit in Europa

Eingangs in Kapitel C.VIII.1 über das Recht auf Ausübung von funktionalem Schutz durch IOs wurde das Spannungsverhältnis zwischen der organisationsinternen Selbstverpflichtung der OSZE und den faktischen Herausforderungen bei Ausübung dieses Rechts gegenüber ihren Teilnehmerstaaten thematisiert. Daran anknüpfend wird im Folgenden untersucht, auf Basis welcher Rechtsgrundlage ein Recht der OSZE auf Ausübung von funktionalem Schutz trotz fehlender Satzung und unklarer rechtlicher Stellung dennoch besteht.

[1045] Siehe dazu Annex ./5.
[1046] Ebd., 7.
[1047] L. McNair (1986): The Law of Treaties, 436.
[1048] H.G. Schermers, N.M. Blokker (2018): International Institutional Law, §205.
[1049] J. Klabbers: Contending approaches to international organizations: Between functionalism and constitutionalism in J. Klabbers, A. Wallendahl (eds.) (2012): Research Handbook on the Law of International Organizations 3-33, 6f.

Der OSZE kommt beim Schutz ihrer Bediensteten eine besondere Rolle zu.[1050] Schließlich ist sie, soweit ersichtlich, die einzige IO, deren interne Dienstvorschriften eine ausdrückliche Bestimmung über die Ausübung von funktionalem Schutz zugunsten ihrer Bediensteten enthalten.[1051]

Obwohl die OSZE ihren Bediensteten die Ausübung von funktionalem Schutz zusichert, steht sie vor der Herausforderung, diese interne Verpflichtung im Außenverhältnis erfüllen zu können. Im *Reparation for Injuries* Gutachten des IGH von 1949, das sich auf die VN konzentrierte, wurde ein Grundprinzip des funktionalen Schutzes entwickelt.[1052] Dieses Grundprinzip kann ohne weiteres auf alle anderen IOs angewandt werden, wenn diese über eine unbestrittene internationale Rechtspersönlichkeit verfügen.[1053] Der IGH verbindet das Recht einer IO auf Ausübung von funktionalem Schutz mit deren Völkerrechtspersönlichkeit und führt das Recht der IO auf Bestimmungen in ihrer Satzung zurück.[1054] Die OSZE ist jedoch ein Sonderfall, da ihr völkerrechtlicher Status aufgrund des Fehlens eines konstituierenden Instruments unklar bleibt.[1055] Aufgrund politischer Differenzen untereinander weigern sich darüber hinaus einige Teilnehmerstaaten, zB Russland, die Völkerrechtspersönlichkeit der OSZE anzuerkennen und sprechen ihr den rechtlichen Status einer IO ab.[1056] In den *OSCE-Insights 2021* bezeichnete *Tanner* das fortwährende Fehlen einer internationalen Rechtspersönlichkeit der OSZE als *„ernsthaftes Hindernis für ihre Feldmissionen“*.[1057] Dieses Hindernis manifestiert sich insbesondere im Spannungsverhältnis zwischen der internen Verpflichtung der OSZE, funktionalen Schutz für ihre Bediensteten auszuüben, und der Frage nach einer entsprechenden Rechtsgrundlage für die externe Umsetzung.

Die Situation der OSZE ist komplex, denn ihre externen Herausforderungen resultieren nicht nur aus dem Verhalten unkooperativer Teilnehmerstaaten, sondern auch aus ihrem umstrittenen internationalen Status. Für die OSZE-Bediensteten schafft dies zusätzliche Unsicherheit, da weder ihre eigene Immunität noch die Immunität der Organisation auf einer dauerhaften Rechtsgrundlage beruht. Mit jedem Staat, auf dessen Territorium eine Mission stattfindet, muss

[1050] Für eine detaillierte Auseinandersetzung mit der internen Selbstverpflichtung der OSZE zur Ausübung von funktionalem Schutz zugunsten ihrer Bediensteten siehe Kapitel C.VII.3.
[1051] Regulation 2.07 OSCE Staff Regulations: *„Functional Protection: OSCE officials shall be entitled to the protection of the OSCE in the performance of their duties within the limits specified in the Staff Rules.“*.
[1052] Reparation for injuries Advisory Opinion, 184.
[1053] Siehe dazu die Ausführungen in Kapitel C.III.
[1054] Reparation for injuries Advisory Opinion, 184.
[1055] F. Tanner: OSZE Friedensmissionen: Bilanz und Zukunftsperspektiven, OSCE Insights 4 (2021) 62f.
[1056] Ebd. Für Ausführungen dazu, wie es zur unklaren rechtlichen Situation der OSZE gekommen ist, siehe Kapitel C.III.4.
[1057] F. Tanner: OSZE Friedensmissionen: Bilanz und Zukunftsperspektiven, OSCE Insights 4 (2021) 6.

die Immunität ad hoc durch Ausverhandlung eines Memorandum of Unterstanding (MOU) festgelegt werden. Darüber hinaus werden OSZE-Beschlüsse über die Entsendung von Missionen mittels Konsensprinzips gefasst, wodurch Russland als ein Teilnehmerstaat der OSZE die Verlängerung der SMM (Special Monitoring Mission der OSZE in der Ukraine) blockieren konnte. Die ernannten Bediensteten wurden dadurch abrupt ihres Immunitätsschutzes beraubt.[1058]

Nach hier vertretener Ansicht kann die umstrittene Völkerrechtspersönlichkeit der OSZE jedoch keinen Einfluss auf das Recht der OSZE-Generalsekretärin haben, als Leiterin der OSZE-Verwaltung funktionalen Schutz für die inhaftierten Bediensteten auszuüben.[1059] Dieses Recht hat seine Rechtsgrundlage in der Zustimmung der Teilnehmerstaaten zu den allgemeinen Aufgaben der OSZE und der Einrichtung der Organe, welche das Funktionieren der OSZE sicherstellen.[1060] Diese Zustimmung verbietet den Teilnehmerstaaten die Ablehnung eines Rechts der Organisation auf Schutzausübung zugunsten der OSZE-Bediensteten, welches durch die Generalsekretärin als Kollektiv aller Teilnehmerstaaten ausgeübt wird. Das klar widersprüchliche Verhalten der Teilnehmerstaaten in der Ablehnung dieses Rechts kann nicht zulasten der Bediensteten gehen. Dem Sekretariat als Organ der OSZE wurde die Kompetenz übertragen, Personal einzustellen und interne Dienstvorschriften zu erlassen, welche die Rechtsbeziehung zwischen der Organisation und allen OSZE-Bediensteten regeln.[1061] Die Kompetenz von IOs, ihre eigenen organisationsinternen Regelungen zu schaffen, entspringt ihrem Wesen als solche und ist damit allgemein anerkannt.[1062] Die OSZE legte sich bei Erlassen der Dienstvorschriften die Selbstverpflichtung gegenüber ihren Bediensteten zur Ausübung von funktionalem Schutz auf. Unter dem Titel "*Functional Protection*" fand mit der Bestimmung „*OSCE officials shall be entitled to the protection of the OSCE in the performance of their duties within the limits specified in the Staff Rules.*" in Regulation 2.07 der OSZE-Dienstvorschriften eine eigenständige Bestimmung zum funktionalen Schutz Eingang in das Recht der OSZE.[1063] Während diese Formulierung allgemeiner ausfiel, konkretisiert die Regel 2.07.1 „*Verfahren im Falle der Festnahme oder Inhaftierung eines OSZE-Beamten*" die OSZE-

---

[1058] OSCE Special Monitoring Mission to Ukraine (closed), abrufbar unter: https://www.osce.org/special-monitoring-mission-to-ukraine-closed (zuletzt aufgerufen am 16.04.2024).

[1059] So auch K. Schmalenbach, M. Rudigier: The OSCE Caught Between a Rock and a Hard Place in Völkerrechtsblog, 3.4.2023, abrufbar unter: https://voelkerrechtsblog.org/the-osce-caught-between-a-rock-and-a-hard-place/ (zuletzt aufgerufen am 16.4.2024).

[1060] H. Vetschera: Zehn Jahre Konfliktverhütungszentrum - Entstehung und Entwicklung in IFSH, OSZE-Jahrbuch 2001, Baden-Baden (2001) 437-455, 440.

[1061] OSCE Staff Regulations.

[1062] H.G. Schermers, N.M. Blokker (2018): International Institutional Law, §1201: "*The power to make its own rules [of procedure] is inherent in every organization.*"

[1063] Regulation 2.07 Staff Regulation and Staff Rules of the OSCE.

interne Verpflichtung der Organisation gegenüber ihren Bediensteten auf Ausübung von funktionalem Schutz.[1064] Diese interne Selbstverpflichtung der OSZE zur Ausübung von funktionalem Schutz gegenüber ihren Bediensteten schlägt auf das Außenverhältnis der Organisation gegenüber ihren Teilnehmerstaaten durch.[1065] Auch ohne internationale Rechtspersönlichkeit agiert das Sekretariat der OSZE für das Kollektiv ihrer Teilnehmerstaaten, zB bei Erlassen des Personalstauts.[1066] Auf Basis des bei der OSZE geltenden Konsensprinzips stimmten alle Teilnehmerstaaten den Inhalten des Personalstatuts und damit auch der Pflicht der Organisation auf Ausübung von funktionalem Schutz zugunsten ihrer Bediensteten zu. Mangels Widerspruchs gegen diese Bestimmungen müssen die Teilnehmerstaaten die Ausübung dieser Schutzpflicht auch gegen sich gelten lassen und entsprechend dulden. Das Personalstatut beinhaltet für die Zulässigkeit der Schutzausübung durch die Generalsekretärin auch kein formales Prozedere, zB in Form einer Abstimmung der Teilnehmerstaaten. Es obliegt der Generalsekretärin als leitendes Administrativorgan der Organisation bei Vorliegen der Voraussetzungen – Gefahrensituation eines Bediensteten – funktionalen Schutz auszuüben.[1067] Die Schutzausübung erfolgt durch die Generalsekretärin wiederrum als Kollektiv aller Teilnehmerstaaten auf Basis des von allen Teilnehmerstaaten erlassenen Personalstatuts. Eine Verweigerung dieses Rechts der IO durch einen Teilnehmerstaat würde damit einen unzulässigen Selbstwiderspruch darstellen (*venire contra factum proprium*). Die Teilnehmerstaaten der OSZE sicherten dieser weiters im Rahmen des vierten Treffens der BDIMR-Menschenrechts-Diskussionsreihe für Vertreter des Forums für Sicherheitskooperation den Schutz des eingesetzen Personals zu.[1068] Diese Zusicherung floss in den organisationsinternen Verhaltenskodex zu politisch-militärischen Aspekten der Sicherheit ein. Zur Sicherstellung dieses Schutzes sind den Bediensteten von den Teilnehmerstaaten angemessene rechtliche und administrative Verfahren zur Verfügung zu stellen.[1069] Damit geht ebenfalls einher, dass die Teilnehmerstaaten auch die Schutzausübung der Organisation zugunsten ihrer Bediensteten dulden müssen.

[1064] Rule 2.07.1 – Procedure Applicable in case of Arrest or Detention of an OSCE Official der Regulation 2.07 Staff Regulation and Staff Rules of the OSCE.

[1065] Siehe dazu auch H.G. Schermers, N.M. Blokker (2018): International Institutional Law, §1208.

[1066] Für nähere Ausführungen zu den Kompetenzen des Sekretariats siehe T. Piiparinen in J. K. Cogan et al. (2016): The Oxford Handbook of International Organizations 1048-1068, 844ff.

[1067] Für die Kompetenz der Generalsekretärin siehe H.G. Schermers, N.M. Blokker (2018): International Institutional Law, §459.

[1068] Report of the Fourth Meeting in the ODIHR Human Rights Discussion Series for Representatives of the Forum for Security Co-operation Civil and Political Rights of Armed Forces Personnel, 23 October 2014, Vienna, p. 2 (5).

[1069] Code of Conduct on Politico-Military Aspects of Security, Organization for Security and Co-operation in Europe (kurz "OSCE Politico-Military Code of Conduct") 3 December 1994, adopted at the 91st Plenary Meeting of the Special Committee of the CSCE Forum for Security Co-operation in Budapest on 3 December 1994, paras 32-33.

Im Ergebnis verfügt die OSZE gegenüber ihren Teilnehmerstaaten somit über dasselbe Recht auf Ausübung von funktionalem Schutz wie andere IOs gegenüber ihren Mitgliedstaaten. Das Fehlen einer Satzung und die unklare rechtliche Stellung der OSZE können dennoch in der Praxis zu erhöhten Schwierigkeiten führen, zB durch das Verhalten unkooperativer Mitgliedstaaten.

3. Die Reichweite des Rechts einer Internationalen Organisation auf Ausübung von funktionalem Schutz gegenüber ihren Mitgliedstaaten

a. Ein Regime der Einzelfälle und die Auslegung der Satzung einer Internationalen Organisation im Lichte ihrer *subsequent practice*[1070]

Für IOs lässt sich grundsätzlich auf Basis der Ausführungen des IGH in *Reparation for Injuries* ein Recht auf Ausübung von funktionalem Schutz gegenüber ihren Mitgliedstaaten implizit aus ihren Satzungen ableiten. Im Hinblick auf die konkrete Reichweite dieses Rechts und der zulässigen Handlungen in Ausübung von funktionalem Schutz gibt das Gutachten allerdings nur wenig Aufschluss. Die allgemeine, sehr weit gehaltene Formulierung „*both to ensure the efficient and independent performance of these missions and to afford effective support to its agents, the Organization must provide them with adequate protection*"[1071] bietet einen relativ weiten Spielraum, um unterschiedlichste Szenarien der Ausübung von funktionalem Schutz darunter zu subsumieren. Dem Gutachten zufolge kann funktionaler Schutz ausgeübt werden, um die Funktionsfähigkeit einer IO sicherzustellen.[1072] Der Zweck einer IO und ihre Funktionen werden in der Satzung festgelegt und bilden somit den Rahmen der zulässigen Handlungen in Ausübung von funktionalem Schutz durch die IO zugunsten ihrer Bediensteten. Jene Handlungen, welche erforderlich sind, um die Erreichung des Zwecks und die Erfüllung der Funktionen der IO sicherzustellen, sind vom Recht dieser IO auf Ausübung von funktionalem Schutz gedeckt.

Welche Handlungen dies sein können, ist somit im Wege der Satzungsauslegung zu ermitteln. Viele IOs verfügen über eine umfassende Praxis bei Schutzausübung zugunsten ihrer Bediensteten. Daher stellt sich die Frage, ob die Praxis der Generalsekretäre bei der Schutzausübung durch sogenannte *subsequent practice* nach Art 31 Abs 3 lit b WVK

[1070] Für die Arbeit wird dieser, in der Literatur anerkannte, Begriff verwendet, welcher als „*anschließende Praxis*" übersetzt werden kann. Es handelt sich dabei um *subsequent practice* bzw. *anschließende Praxis* gemäß Art 31 Abs 3 lit b WVK.

[1071] Reparation for injuries Advisory Opinion, 183.

[1072] Ebd., 183.

interpretativen Einfluss auf das Recht der IO gegenüber ihren Mitgliedstaaten nehmen kann. An dieser Stelle wird daher untersucht, ob die Praxis von Generalsekretären oder diesen unterstellten Personen in Ausübung von funktionalem Schutz zugunsten ihrer Bediensteten die Anforderungen an *subsequent practice* nach Art 31 Abs 3 lit b WVK erfüllt und somit zur Interpretation der Satzungen dieser IO herangezogen werden kann.[1073] Konkret soll einer konstanten Praxis der Generalsekretäre einer IO damit eine rechtlich bindende Wirkung zukommen, womit die Position der Bediensteten dieser IO durch erhöhte Rechtssicherheit gestärkt werde.

Die analysierte Praxis von IOs (siehe Annex ./5) wurde in Kapitel C.VII.6.f bereits zur Determinierung der Reichweite der Pflicht von IOs auf Ausübung von funktionalem Schutz herangezogen und auf die Entstehung von etablierter Praxis als Teil der „Regeln der Organisation" nach Art 5 WVK untersucht. An dieser Stelle wird für die Darstellung der Praxis auf die Ausführungen in Kapitel C.VII.6.f verwiesen und die zusammengefasste Darstellung der in Annex ./5 analysierten Fälle nicht neuerlich wiedergegeben. Die Praxis der IO zeigt einen bemerkenswerten Einsatz für ihre Bediensteten in Ausübung von funktionalem Schutz. Die Handlungen in Ausübung von funktionalem Schutz wurden von den Generalsekretären bzw. den Mitgliedern des Sekretariats gesetzt, welches das Administrativorgan einer IO darstellt. Generalsekretäre und Mitglieder des Sekretariats handeln in Ausübung der ihnen durch die Organisation übertragenen Aufgaben. Als Teil des Sekretariats vertreten sie die Organisation nach außen.[1074]

Während aus etablierter Praxis gänzlich neue „Regeln der Organisation" entstehen können (siehe Kapitel C.VII.6.f), charakterisiert *subsequent practice* ihre vertragsauslegende Funktion.[1075] Zur Auslegung von Verträgen sieht Art 31 Abs 3 WVK vor, "*there shall be taken into account, together with the context, (a) [...] and (b) any subsequent practice in the application of the treaty which establishes the agreement of the parties regarding its interpretation.*" *Subsequent practice* gemäß Art 31 Abs 3 lit b WVK bildet das Verhalten in der Vertragsanwendung nach dessen Abschluss ab. Daraus kann sich somit die Vereinbarung der

[1073] United Nations International Law Commission: Subsequent Agreements and Subsequent Practice in Relation to the Interpretation of Treaties, United Nations Yearbook of the International Law Commission 2, part 2 (2018) 23-88, draft conclusion 6 para 2; O. Dörr: Art 31 in O. Dörr, K. Schmalenbach (Hrsg.) (2018): Vienna Convention on the Law of Treaties: A Commentary, Second Edition, 559-616, Rz 77ff.

[1074] H.G. Schermers, N.M. Blokker (2018): International Institutional Law, §439f.

[1075] C. Peters: Subsequent Practice and Established Practice of International Organizations: Two Sides of the Same Coin?, Goettingen Journal of International Law 3, No. 2 (2011) 617-642, 633; N. Blokker: Legal Facets of the Practice of International Organizations in Recueil des Cours 435 (2024) Brill/Nijhoff, Leiden/Boston, 72-317, 195.

Vertragsparteien über die Auslegung des Vertrages ergeben.[1076] Durch *subsequent practice* wird das Verständnis der Parteien über die Bedeutung des Vertrages zum Ausdruck gebracht, weshalb es sich dabei um ein authentisches Auslegungsmittel bei der Anwendung der allgemeinen Regeln der Vertragsauslegung nach Art 31 WVK handelt.[1077]

Auch bei Auslegung von Gründungsverträgen muss nicht mit der Untersuchung ihrer Ziele und Funktionen ein Auslangen gefunden werden, sondern kann darüber hinaus die Praxis der IO herangezogen werden.[1078] Der Völkerrechtskommission zufolge kann sich „*subsequent practice*“ aus der Praxis einer IO in Anwendung ihrer Satzung ergeben bzw. darin zum Ausdruck kommen.[1079] Die Praxis einer IO in Anwendung ihrer Satzung kann zur Auslegung dieser beitragen.[1080] Durch *subsequent practice* einer IO entstehen keine gänzlich neuen Regeln, vielmehr dient *subsequent practice* der Interpretation einzelner Bestimmungen in der Satzung von IOs im Lichte ihrer darin zugeschriebenen Funktionen.[1081] Aus ihrer Funktion heraus ergibt sich auch bereits, dass sich *subsequent practice* nur auf die Organisation, welche diese Praxis setzt, auswirken und zur Auslegung ihrer Satzung herangezogen werden kann.[1082] Ziel dieser „dynamischen“ Form der Auslegung ist wiederum die Sicherstellung der Funktionsfähigkeit der IO. Die Satzung einer IO ist im Lichte ihr darin zugeschriebenen Funktionen auszulegen, sodass auch noch lange Zeit nach Entstehung einer IO ihr Fortbestehen und Funktionieren gewährleistet werden kann.[1083]

[1076] United Nations International Law Commission: Subsequent Agreements and Subsequent Practice in Relation to the Interpretation of Treaties, United Nations Yearbook of the International Law Commission 2, part 2 (2018) 23-88, draft conclusion 4 para 2.

[1077] United Nations International Law Commission: Subsequent Agreements and Subsequent Practice in Relation to the Interpretation of Treaties, United Nations Yearbook of the International Law Commission 2, part 2 (2018) 23-88, draft conclusion 3.

[1078] T. Winkler (2018): Die Vereinten Nationen im Gefüge der internationalen Organisationen, 567f. Schmalenbach stimmt dieser theoretischen Möglichkeit ebenfalls zu, siehe dazu K. Schmalenbach: Acts of International Organizations as Extraneous Material for Treaty Interpretation, Netherlands International Law Review 69 (2022) 271–293, 291.

[1079] United Nations International Law Commission: Subsequent Agreements and Subsequent Practice in Relation to the Interpretation of Treaties, United Nations Yearbook of the International Law Commission 2, part 2 (2018) 23-88, draft conclusion 12, para 2: *“[…] subsequent practice […] may arise from, or be expressed in, the practice of an international organization in the application of its constituent instrument.*”

[1080] United Nations International Law Commission: Subsequent Agreements and Subsequent Practice in Relation to the Interpretation of Treaties, United Nations Yearbook of the International Law Commission 2, part 2 (2018) 23-88, draft conclusion 12, para 3: “*Practice of an international organization in the application of its constituent instrument may contribute to the interpretation of that instrument when applying articles 31 and 32.*”

[1081] C. Peters (2016): Praxis Internationaler Organisationen – Vertragswandel und völkerrechtlicher Ordnungsrahmen, 176.

[1082] Ebd., 176f.

[1083] T. Kleinlein (2012): Konstitutionalisierung im Völkerrecht, 568; N. Blokker: Legal Facets of the Practice of International Organizations in Recueil des Cours 435 (2024) Brill/Nijhoff, Leiden/Boston, 72-317, 221.

Es bleibt somit zu klären, welche Form der Praxis von IOs als *subsequent practice* zur Auslegung ihrer Satzung herangezogen werden kann. Die Völkerrechtskommission bezieht sich primär auf Handlungen von Mitgliedstaaten und erläutert Verhalten, welches zu *subsequent practice* führen kann, wie folgt:

> *„Subsequent practice under articles 31 and 32 may consist of any conduct of a party in the application of a treaty, whether in the exercise of its executive, legislative, judicial or other functions."*[1084]

Es kommt bei dem für *subsequent practice* relevanten Verhalten weiters nicht darauf an, dass dieses als formaler, offizieller Akt nach außen tritt, sondern ist auch internes Verhalten ohne eine bestimmte Form beachtlich:

> *„Depending on the treaty concerned, this includes not only externally oriented conduct, such as official acts, statements and voting at the international level, but also internal legislative, executive and judicial acts, and may even include conduct by non-State actors on behalf of one or more States parties and that falls within the scope of what the treaty conceives as forms of its application. Thus, the individual conduct that may contribute to a subsequent practice under article 31, paragraph 3 (b), need not meet any particular formal criteria.".*[1085]

Nach Draft Conclusion 12 sind die Art 31, 32 WVK auch bei Auslegung von Satzungen der IOs heranzuziehen. In der Kommentierung zu Draft Conclusion 12 wird weiters klargestellt, dass die Praxis der IO selbst für die Auslegung der Satzung relevant ist.[1086] Dabei wird ausdrücklich auf die organisationseigene Praxis, losgelöst von der Praxis der Mitgliedstaaten einer IO, Bezug genommen.[1087] Die Kommentierung verweist dabei auf das *Nuclear Weapons*[1088] Gutachten des IGH, in welchem dieser ebenfalls auf die Relevanz der eigenen

[1084] United Nations International Law Commission: Subsequent Agreements and Subsequent Practice in Relation to the Interpretation of Treaties, United Nations Yearbook of the International Law Commission 2, part 2 (2018) 23-88, draft conclusion 5 para 1.

[1085] United Nations International Law Commission: Subsequent Agreements and Subsequent Practice in Relation to the Interpretation of Treaties, United Nations Yearbook of the International Law Commission 2, part 2 (2018) 23-88, draft conclusion 6, commentary para 22.

[1086] United Nations International Law Commission: Subsequent Agreements and Subsequent Practice in Relation to the Interpretation of Treaties, United Nations Yearbook of the International Law Commission 2, part 2 (2018) 23-88, draft conclusion 12, commentary para 26.

[1087] Siehe dazu auch N. Blokker: Legal Facets of the Practice of International Organizations in Recueil des Cours 435 (2024) Brill/Nijhoff, Leiden/Boston, 72-317, 221.

[1088] Legality of the Use by a State of Nuclear Weapons in Armed Conflict, Advisory Opinion, I.C.J. Reports 1996, p. 66.

Praxis einer IO bei Auslegung ihrer Satzung hinwies.[1089] Auch in *Certain Expenses* bezieht sich der IGH auf die Praxis von IOs als solche, sowie die Praxis eines bestimmten Organs der IO als relevante Akte für die Auslegung ihrer Satzung.[1090] Die Interpretation der Satzungen von IOs durch die Praxis ihrer Organe wird zwar als allgemein anerkannt angesehen, in der Literatur herrscht allerdings Unstimmigkeit über die Relevanz von organisationseigener Praxis im Lichte der WVK.[1091] Der Wortlaut des Art 31 WVK kann als Hindernis für eine Gewichtigkeit der Handlungen von IOs bei der Auslegung von internationalen Verträgen angesehen werden.[1092] Diese Bestimmung ist schließlich stark auf die Akzeptanz des Auslegungwertes der identifizierten Akte einer IO durch ihre Mitgliedstaaten ausrichtet.[1093]

Der Kommentierung zu Draft Conclusion 12 lässt sich aber dennoch entnehmen, dass die eigene Praxis einer IO bzw. die Praxis durch ein oder mehrere ihrer Organe zur Interpretation der Satzung herangezogen werden kann. Das konkret relevante Verhalten der IO oder ihrer Organe geht daraus allerdings nicht ganz so deutlich hervor. Es wird daher auf die Ausführungen in der Kommentierung zu Draft Conclusion 6 zurückgegriffen, worin auf formloses internes legislatives, exekutives und judikatives Verhalten, als für *subsequent practice* ebenfalls relevant eingegangen wird. Obwohl die Völkerrechtkommission dies wohl ausschließlich auf staatsinternes Verhalten bezog, werden die unterschiedlichen Formen des Verhaltens hier auch auf die Praxis von IOs angewandt. Somit wird die Praxis von IOs auf organisationsinternes legislatives, exekutives und judikatives Verhalten untersucht. In Anlehnung an die Kommentierung zu Draft Conclusion 6 (insb. para 22) wird dieses Verhalten, soweit es in Anwendung der Satzung erfolgte, als für *subsequent practice* relevant erachtet.

Das hier relevante Verhalten wurde von den Generalsekretären als Leitung des Administrativorgans der IO oder diesen unterstellten Personen gesetzt. Das Recht von IOs auf Ausübung von funktionalem Schutz zugunsten ihrer Bediensteten ergibt sich als

---

[1089] United Nations International Law Commission: Subsequent Agreements and Subsequent Practice in Relation to the Interpretation of Treaties, United Nations Yearbook of the International Law Commission 2, part 2 (2018) 23-88, draft conclusion 12, commentary para 26 unter Verweis auf Legality of the Use by a State of Nuclear Weapons in Armed Conflict, Advisory Opinion, I.C.J. Reports 1996, p. 66, at p. 74.

[1090] United Nations International Law Commission: Subsequent Agreements and Subsequent Practice in Relation to the Interpretation of Treaties, United Nations Yearbook of the International Law Commission 2, part 2 (2018) 23-88, draft conclusion 12, commentary para 30f. unter Verweis auf Certain Expenses of the United Nations, Advisory Opinion, I.CJ. Reports 1962, p. 151, at p. 168.

[1091] United Nations International Law Commission: Subsequent Agreements and Subsequent Practice in Relation to the Interpretation of Treaties, United Nations Yearbook of the International Law Commission 2, part 2 (2018) 23-88, draft conclusion 12, commentary para 32.

[1092] K. Schmalenbach: Acts of International Organizations as Extraneous Material for Treaty Interpretation, Netherlands International Law Review 69 (2022) 271–293, 291.

[1093] Ebd., 292.

notwendigerweise beabsichtigt aus den Satzungen von IOs. Exemplarisch wird neuerlich auf die VN eingegangen. Diese setzen in Verhaftungsfällen von Bediensteten regelmäßig Handlungen, wie Kontaktaufnahmen mit inhaftierten Bediensteten, Vertretungsersuchen, Ansuchen um Besuchserlaubnis, Kontaktierung hochrangiger Beamte, Nutzung diplomatischer Kanäle oder Bereitstellung von rechtlicher Vertretung und Ähnlichem.[1094] Diese Handlungen werden aufgrund des impliziten Rechts der VN gemäß ihrer Satzung in Anwendung dieser gesetzt. Das Sekretariat unter der Leitung des Generalsekretärs setzt als Administrativorgan der VN exekutives Verhalten.

Weiters verstärkt wird die Praxis des Generalsekretärs in seinem exekutiven Handeln durch das Erlassen organisationsinterner Regelungen der Generalversammlung, wie der Personalstatuten.[1095] Bestimmungen in den Personalstatuten betreffend die organisationsinterne Fürsorgepflicht, welche Elemente des funktionalen Schutzes mitumfasst, können als interne legislative Akte der IO zu *subsequent practice* beitragen.[1096] *Schermers und Blokker* werfen die Frage auf, ob organisationsinterne Regelungen auch die Mitgliedstaaten dieser Organisation binden.[1097] Die Antwort auf diese Frage ist besonders relevant, wenn Handlungen der Mitgliedstaaten dem Interesse ihrer IO entgegenstehen. Dies kann hier bei Verhaftungsfällen von Bediensteten einer IO durch Behörden ihrer Mitgliedstaaten der Fall sein.[1098] Organisationsinternen Regelungen, das Budget und den durch die Mitgliedstaaten zu tragenden Anteil daran betreffend, wird eine bindende Wirkung gegenüber den Mitgliedstaaten zugesprochen.[1099] Es wird daher vertreten, dass dies auch für Bestimmungen in den Personalstatuten gilt, zu deren Festlegung die Organe der IO befugt sind. Schließlich sind Schutzbestimmungen in den Personalstatuten für die Bediensteten und deren unabhängige Aufgabenerfüllung wesentlich und damit für das effiziente Funktionieren der IO von Bedeutung.[1100] Der Akt der Generalversammlung bei Erlassen der Personalstatuten kann trotz

---

[1094] Siehe Annex ./5 sowie die anfangs in diesem Kapitel genannten Handlungen.

[1095] C. Peters: Subsequent Practice and Established Practice of International Organizations: Two Sides of the Same Coin?, Goettingen Journal of International Law 3, No. 2 (2011) 617-642, 629f.

[1096] Siehe Annex ./4; Beispielhaft können hierfür etwa Art 6 Staff Regulations of the Organization of African Unity (kurz "OAU Staff Regulations") 1990, Addis Abeba; Art 40 der COE Staff Regulations; Art 24 der Staff Regulations der EU und Regulation 2.07 der OSCE Staff Regulations angeführt werden. Die Norm der OSCE ist sogar explizit mit „*Functional Protection*" betitelt. Siehe außerdem Regulation 5bis a) bzw Art 105bis/1 Staff Regulations, Rules and Instructions applicable to officials of the Organisation (kurz "OECD Staff Regulations") Organisation for Economic Co-operation and Development, March 2024.

[1097] H.G. Schermers, N.M. Blokker (2018): International Institutional Law, §1208.

[1098] Siehe dazu Annex ./5 und die darin geschilderten Fälle.

[1099] H.G. Schermers, N.M. Blokker (2018): International Institutional Law, §1208.

[1100] United Nations International Law Commission: Subsequent Agreements and Subsequent Practice in Relation to the Interpretation of Treaties, United Nations Yearbook of the International Law Commission 2, part 2 (2018) 23-88, draft conclusion 6, commentary para 22.

grundsätzlicher organisationsinterner Wirkung dieser, auch auf das Außenverhältnis der IO zu ihren Mitgliedstaaten durchschlagen und somit zumindest als quasi-legislativer Akt angesehen werden und damit zu *subsequent practice* beitragen.

Im Fall der VN ist auch die Generalversammlung aktiv und erlässt Resolutionen zum Schutz der Bediensteten.[1101] Mit den Worten

> „*Appeals to any Member State which has placed under arrest or detention a staff member of the United Nations or of a specialized agency or related organization to enable the Secretary-General or the executive head of the organization concerned, in accordance with the rights inherent under the relevant multilateral conventions and bilateral agreements, to visit and converse with the staff member, to apprise himself of the grounds for the arrest or detention, including the main facts and formal charges, to enable him also to assist the staff member in arranging for legal counsel [...].*"[1102]

in Res. 36/232 betont die Generalversammlung die Pflicht der Mitgliedstaaten der VN, in Verhaftungsfällen von VN-Bediensteten, die Handlungen der Organisation im Schutz ihrer Bediensteten zuzulassen. Konkret muss es den VN durch den Generalsekretär dabei möglich sein, inhaftierte Bedienstete zu besuchen und mit diesen zu sprechen, um sich über die Gründe für die Festnahme oder Inhaftierung, einschließlich der wichtigsten Tatsachen und förmlichen Anschuldigungen, zu informieren. Dadurch soll es dem Generalsekretär auch möglich sein, die Bediensteten bei der Beauftragung eines Rechtsbeistands zu unterstützen. Das Recht der VN gegenüber ihren Mitgliedstaaten wird von dem Sekretariat in ST/SGB/198 ebenfalls betont. Die den VN durch die Mitgliedstaaten zu ermöglichenden Handlungen sind darin gleichlautend mit eben zitierter Festlegung gemäß Res. 36/232 festgehalten.[1103] Das Recht der VN zum Setzen dieser Handlungen bei Festnahme oder Verhaftung eines Bediensteten durch einen

[1101] Siehe dazu etwa General Assembly Resolution 35/212, Respect for the privileges and immunities of officials of the United Nations and the specialized agencies, 99th plenary meeting, 17 December 1980; General Assembly Resolution 36/232, Respect for the privileges and immunities of officials of the United Nations and the specialized agencies and related organizations, 105th plenary meeting, 18 December 1981 und General Assembly Resolution 37/236, Respect for the privileges and immunities of officials of the United Nations and the specialized agencies and related organizations, 114th plenary meeting, 21 December 1982.

[1102] General Assembly Resolution 36/232, Respect for the privileges and immunities of officials of the United Nations and the specialized agencies and related organizations, 105th plenary meeting, 18 December 1981.

[1103] Article 3 Security, Safety and Independence of the International Civil Service, Secretary-General's bulletin, ST/SGB/198, United Nations, New York, 10 December 1982.

Mitgliedstaat werden in Annex I, Section 2 des Dokuments ST/AI/299 neuerlich hervorgehoben.[1104]

Die eben zitierten Resolutionen der Generalversammlung, sowie die darauf basierenden Dokumente des Sekretariats sind völkerrechtlich für die Mitgliedstaaten zwar nicht bindend, als politische Empfehlungen, die von einer breiten Mehrheit der VN-Mitgliedstaaten getragen werden, kommt ihnen dennoch Bedeutung zu.[1105]

Im Fall der VN bestehen zwei internationale Verwaltungsgerichte, das UNDT und das UNAT, welche von der Generalversammlung eingerichtet wurden und für Dienstrechtsstreitigkeiten zwischen der IO und ihren Bediensteten zuständig sind.[1106] In Zusammenhang mit dienstrechtlichen Angelegenheiten sind diese Verwaltungsgerichte somit judikativ innerhalb der VN tätig. In *Mutiso* erkannte das UNDT das Recht des Generalsekretärs gegenüber den Mitgliedstaaten der VN als solches an, wonach es ihm möglich sein soll „*to (i) apprise himself of the grounds for arrest or detention, including the main facts and formal charges; (ii) assist the staff member in arranging for legal counsel; and (iii) intervene with the Government concerned*".[1107] Gleichermaßen wurden von dem UNDT in *Bekele* unter Bezugnahme auf ST/SGB/198 und ST/AI/299 eben genannte Handlungen als Recht der VN (konkret des Generalsekretärs) gegenüber den Mitgliedstaaten und zugleich auch als Pflicht der VN gegenüber ihren Bediensteten festgehalten.[1108] Eine IO funktioniert durch ihre Organe bzw. im weiteren Sinne durch die Bediensteten, welche die ihnen übertragenen Aufgaben erbringen und damit an der Erfüllung der Ziele und Funktionen einer IO mitwirken. Die Mitglieder einer Friedensmission der VN wirken durch ihre Tätigkeit an dem Ziel der VN, Frieden zu schaffen und diesen zu sichern, mit. Die VN funktionieren somit durch das Zusammenwirken ihrer Bediensteten. Einer IO muss gegenüber ihren Mitgliedstaaten das Recht zukommen, bestimmte Maßnahmen zu treffen, um den Schutz ihrer Bediensteten sicherzustellen und dadurch ihre notwendige Unabhängigkeit zu gewährleisten.[1109]

[1104] Administrative Instruction, Reporting of Arrest or Detention of Staff Members, other Agents of the United Nations and Members of their Families, Secretary-General's bulletin, ST/AI/299, United Nations, New York, 10 December 1982, Annex I, Section 2.

[1105] H.G. Schermers, N.M. Blokker (2018): International Institutional Law, §1218; für eine Auseinandersetzung mit der Frage „*legally binding effect of a resolution*" siehe §1219.

[1106] Ebd., §642.

[1107] United Nations Dispute Tribunal (UNDT), Mutiso v. Secretary-General of the United Nations, Judgement No. UNDT/2015/059, 26 June 2015, para 94 unter Verweis auf Art 3 und 6 Security, Safety and Independence of the International Civil Service, Secretary-General's bulletin, ST/SGB/198, United Nations, New York, 10 December 1982.

[1108] United Nations Dispute Tribunal (UNDT), Bekele v. Secretary-General of the United Nations, Judgement No. UNDT/2010/175, 8 October 2010, para 34 und 35.

[1109] Reparation for injuries Advisory Opinion, 183.

Subsequent practice kann somit dann zur Auslegung der Satzung einer IO herangezogen werden, wenn entsprechende Praxis vorhanden ist und es weiters zur Sicherstellung der Funktionsfähigkeit der IO notwendig ist. Im Fall der VN werden beide Erfordernisse als gegeben angesehen. Obwohl hier „nur“ auf organisationseigene Praxis der VN zurückgegriffen wurde, ist diese in stark ausgeprägter Form, durch exekutives Verhalten des Generalsekretärs, quasi-legislatives Verhalten der Generalversammlung und judikatives Verhalten von zumindest den internationalen Verwaltungsgerichten der VN, vorhanden. Der Entstehung von *subsequent practice* durch organisationseigene Praxis wird auch kritisch entgegengestanden, da es der Erfüllung der Voraussetzung des Art 31 WVK – der Akzeptanz durch die Mitgliedstaaten dieser IO – mangelt.[1110] In dem Fall von *subsequent practice* wirkt sich diese Praxis – im Gegensatz zu etablierter Praxis nach Kapitel C.VII.6.f – auch nicht nur auf das Organ, welches die Praxis setzt, selbst aus, sondern hat darüber hinaus Auswirkungen auf das Außenverhältnis der IO. Darin liegt auch die Schwachstelle von *subsequent practice* auf Basis von organisationseigener Praxis.[1111] Das Sekretariat, vertreten durch den Generalsekretär, als Organ der IO wird zum Setzen dieser Handlungen berechtigt und gleichzeitig kommt den Mitgliedstaaten der IO eine Pflicht zur Duldung dieser Handlungen zu. *Subsequent practice* schlägt somit vom Innenverhältnis einer IO auf das Außenverhältnis durch und bewirkt, indem sie der Auslegung der Satzung dient, dass ein bestehendes Recht der IO gegenüber ihren Mitgliedstaaten konkretisiert wird. Konkret wird das Recht von IOs auf Ausübung von funktionalem Schutz zugunsten ihrer Bediensteten, welches sich als notwendig beabsichtigt aus der Satzung ergibt und somit gegenüber allen Mitgliedstaaten der IO besteht, näher bestimmt bzw. durch die *subsequent practice* der VN konkretisiert. Die Konkretisierung ergibt sich aus Heranziehung der Organpraxis des Sekretariats als exekutives Organ bzw. Administrativorgan der VN. Diese Form der Organpraxis wird ergänzt durch die quasi-legislativen Akte der Generalversammlung bei Erlassen der Personalstatuten und diverser (eben genannter) Resolutionen in diesem Zusammenhang. Weiters tragen die judikativen Akte der internationalen Verwaltungsgerichte, welche sich mit konkreten Handlungen im Rahmen des funktionalen Schutzes befassen, als Organpraxis der Konkretisierung bei.

Für die Relevanz der Organpraxis zur Satzungsauslegung kann zwischen „verfassungsmäßigen“ Verpflichtungen der Mitgliedstaaten und einfachen Haushaltsangelegenheiten der IO unterschieden werden. Während dem Auslegungswert der

[1110] K. Schmalenbach: Acts of International Organizations as Extraneous Material for Treaty Interpretation, Netherlands International Law Review 69 (2022) 271–293, 278f. und 291f.

[1111] Zur Kritik siehe etwa K. Schmalenbach: Acts of International Organizations as Extraneous Material for Treaty Interpretation, Netherlands International Law Review 69 (2022) 271–293, 278f. und 291f.

Organpraxis in Bezug auf „verfassungsmäßige" Verpflichtungen der Mitgliedstaaten restriktiv entgegengestanden wird, kann die Organpraxis zur Auslegung von Haushaltsangelegenheiten einer IO, wie organisationsinterne Zuständigkeiten, Kompetenzen und Abläufe, zweifelsohne herangezogen werden.[1112] Anhand dieser Kategorisierung wird die Konkretisierung des Rechts von IOs auf Ausübung von funktionalem Schutz irgendwo dazwischen liegen. Es handelt sich einerseits um eine Kompetenz des Generalsekretärs, andererseits aber auch um eine Verpflichtung der Mitgliedstaaten, die Ausübung zu tolerieren. Das Recht von IOs auf Ausübung von funktionalem Schutz besteht aber bereits und muss nicht erst durch Auslegung der Satzung ermittelt werden, vielmehr wird der Inhalt dieses impliziten Rechts ermittelt. Der IGH fasst das Recht weit. Sofern Handlungen notwendig sind, um das Funktionieren der IO sicherzustellen, sind sie davon umfasst. Die Organpraxis dient hier somit lediglich der Konkretisierung eines bereits bestehenden, weit gefassten Rechts von IOs gegenüber ihren Mitgliedstaaten.

Das implizite Recht der VN auf Ausübung von funktionalem Schutz wird durch *subsequent practice* ausgelegt. Handlungen, wie Kontaktaufnahmen mit inhaftierten Bediensteten, Vertretungsersuchen, Ansuchen um Besuchserlaubnis, Kontaktierung von hochrangigen Beamten, Nutzung diplomatischer Kanäle oder Bereitstellung von rechtlicher Vertretung und Ähnliche[1113] können von den VN damit gesetzt werden, soweit diese zur Sicherstellung der Funktionsfähigkeit der VN notwendig sind. Demnach obliegt es den Mitgliedstaaten der VN im Rahmen ihrer Pflicht, die Ausübung von funktionalem Schutz zuzulassen, Handlungen, wie eben exemplarisch genannte, zu dulden.

b. Der Versuch einer generell gültigen Konkretisierung von zulässigen Handlungen in Ausübung des Rechts von Internationalen Organisationen auf funktionalen Schutz gegenüber Mitgliedstaaten

Die Satzungen von IOs beinhalten kein explizites Recht auf Ausübung von funktionalem Schutz gegenüber den Mitgliedstaaten, vielmehr lässt sich ein solches nur implizit daraus ableiten. Somit bieten die Satzungen auch keine expliziten Festlegungen zur Konkretisierung der zulässigen Handlungen in Ausübung von funktionalem Schutz. Zwar können, durch Auslegung der Satzung der VN basierend auf *subsequent practice* dieser Organisation, gegenüber den Mitgliedstaaten konkret zulässige Handlungen identifiziert werden. Die Geltung dieser

[1112] K. Schmalenbach: Acts of International Organizations as Extraneous Material for Treaty Interpretation, Netherlands International Law Review 69 (2022) 271–293, 278f.
[1113] Siehe Annex ./5 sowie die anfangs in diesem Kapitel genannten Handlungen.

Handlungen beschränkt sich allerdings auf die untersuchte Organisation.[1114] Die Satzungen von IOs als völkerrechtliche Verträge dienen der Beantwortung der grundsätzlichen Frage nach dem Bestehen eines Rechts der IO auf Ausübung von funktionalem Schutz. Das Treffen allgemein gültiger Aussagen über dessen Reichweite lassen die Satzungen von IOs allerdings nicht zu. Andere völkerrechtliche Vereinbarungen, z.B. Memoranden of Unterstanding, können konkrete Handlungen der Ausübung von funktionalem Schutz vorsehen, was allerdings – soweit bekannt – nicht üblich ist.[1115] Den Untersuchungen im Hinblick auf die Praxis und Rechtsüberzeugung von Staaten zur Akzeptanz der Ausübung von funktionalem Schutz durch IOs lässt sich entnehmen, dass Mitgliedstaaten die Ausübung teilweise dulden und teilweise Ansuchen durch IOs zur Ausübung von funktionalem Schutz schlichtweg ignorieren.[1116] Eine weitverbreitete Staatenpraxis hinsichtlich der Akzeptanz konkreter Handlungen in Ausübung von funktionalem Schutz durch IOs, verbunden mit der Überzeugung rechtlich zu dieser Duldung verpflichtet zu sein, lässt sich daher nicht feststellen. Das Ignorieren konkreter Handlungen von IOs in Ausübung von funktionalem Schutz durch die betroffenen Staaten ist keine Seltenheit, weshalb es für die Entstehung von völkergewohnheitsrechtlichen Normen bereits an der erforderlichen, konstanten und einheitlichen Praxis der betroffenen Staaten mangelt.[1117] Soweit bekannt, bestehen – anders als für die Frage nach der Pflicht am Rande angedacht wurde[1118] – auch keine allgemeinen Rechtsgrundsätze, welche für IOs konkrete, zulässige Handlungen in Ausübung von funktionalem Schutz beinhalten.

In einem nächsten Schritt wird daher untersucht, ob eine Konkretisierung der zulässigen Handlungen zur Ausübung von funktionalem Schutz durch Analogie erzielt werden kann. Konkret werden dazu mögliche Analogien zum Schutz nach Art 3 Abs 1 lit b WÜD[1119] und Art 36 WÜK[1120] (kurz „den Wiener Übereinkommen") untersucht. Auf die Frage nach möglichen

---

[1114] C. Peters: Subsequent Practice and Established Practice of International Organizations: Two Sides of the Same Coin?, Goettingen Journal of International Law 3, No. 2 (2011) 617-642, 176f.

[1115] Siehe dazu exemplarisch die in Kapitel C.VIII.4.a genannte Mustervereinbarung über den Status einer Mission der AU, welche lediglich allgemeine Formulierungen beinhaltet und keine konkreten Handlungen festlegt.

[1116] Siehe Annex ./5 unter Spalte „Reaktion des betroffenen Staates".

[1117] Siehe Annex ./5 unter Spalte „Reaktion des betroffenen Staates".

[1118] Siehe dazu Kapitel C.VII.5.

[1119] Art 3 Abs 1 WÜD: "*The functions of a diplomatic mission consist inter alia in: b) protecting in the receiving State the interests of the sending State and of its nationals, within the limits permitted by international law*".

[1120] Art 36 WÜK "Communication and contact with nationals of the sending State":

"*1. With a view to facilitating the exercise of consular functions relating to nationals of the sending States:*

(a) consular officers shall be free to communicate with nationals of the sending State and to have access to them. Nationals of the sending State shall have the same freedom with respect to communication with and access to consular officers of the sending State;

(b) if he so requests, the competent authorities of the receiving State shall, without delay, inform the consular post of the sending State if, within its consular district, a national of that State is arrested or committed to prison or to custody pending trial or is detained in any other manner. Any communication addressed to the consular post by the person arrested, in prison, custody or detention shall also be forwarded by the said

Analogien zum diplomatischen Schutz wird an dieser Stelle nicht eingegangen, da die Relevanz für den funktionalen Schutz eingangs in Kapitel B.II.1.c. bereits verneint wurde. Die Wiener Übereinkommen sehen konkrete Handlungen für den Entsendestaat einer Mission zum Schutz seiner Staatsangehörigen vor.[1121] Bevor diese Handlungen auf das Schutzkonzept des funktionalen Schutzes übertragen werden können, bleibt das Vorliegen der für eine Analogie erforderlichen Voraussetzungen zu untersuchen.

Für die analoge Anwendbarkeit der Schutzbestimmungen nach den Wiener Übereinkommen auf die Frage nach den konkret zulässigen Handlungen unter dem Recht einer IO auf Ausübung von funktionalem Schutz sind folgende Fragen zu klären: (1) Lassen sich rechtliche Regelungen von Staaten auf IOs übertragen?, (2) Können der schutzbedürftige Staatsbürger im Falle der Wiener Übereinkommen und der schutzbedürftige Bedienstete einer IO im Falle des funktionalen Schutzes als vergleichbar im Sinne der Anforderungen an die Analogie angesehen werden? Und schließlich, (3) ist eine analoge Anwendung der relevanten Bestimmungen der Wiener Übereinkommen möglich, ohne die Grenzen der Analogie zu überschreiten?[1122]

„*Rein positivistische Methode erweise sich als unzureichend gegenüber der praktischen Aufgabe des Tages.*“[1123] Dieses Zitat bewahrheitet sich in der Suche nach Anhaltspunkten für konkret zulässige Handlungen einer IO in Ausübung ihres Rechts auf funktionalen Schutz. Einzig bei der Auslegung der Satzung von IOs (am Beispiel der VN) durch *subsequent practice* konnte eine Konkretisierung der zulässigen Handlungen zumindest im Ansatz erreicht werden. Allerdings ist *subsequent practice* auf die entsprechende IO beschränkt und kann somit nur der Auslegung der Satzung dieser IO dienlich sein. Eine generell gültige Konkretisierung von zulässigen Handlungen in Ausübung von funktionalem Schutz konnte somit nicht erzielt werden. Mit den Rechtsquellen des Art 38 IGH-Statut kann kein Auslangen gefunden werden, weshalb eine analoge Heranziehung von Normen der Wiener Übereinkommen erwogen wird.

---

authorities without delay. The said authorities shall inform the person concerned without delay of his rights under this sub-paragraph;

(c) consular officers shall have the right to visit a national of the sending State who is in prison, custody or detention, to converse and correspond with him and to arrange for his legal representation. They shall also have the right to visit any national of the sending State who is in prison, custody or detention in their district in pursuance of a judgment. Nevertheless, consular officers shall refrain from taking action on behalf of a national who is in prison, custody or detention if he expressly opposes such action.

2. The rights referred to in paragraph 1 of this Article shall be exercised in conformity with the laws and regulations of the receiving State, subject to the proviso, however, that the said laws and regulations must enable full effect to be given to the purposes for which the rights accorded under this Article are intended."

[1121] Siehe für eine ausführliche Darstellung dazu Kapitel B.II.2 zum WÜD und Kapitel B.II.3 zum WÜK.

[1122] E. Sauer: Zur Grundlegung der völkerrechtlichen Methodologie, Nordic Journal of International Law. 33 (1963) 121-131, 130.

[1123] Ebd.; unter Verweis auf die Aussage seines Lehrers Professor Walther Schücking.

Die Wiener Übereinkommen bilden zu einem beachtlichen Teil bereits bestehendes Völkergewohnheitsrecht ab.[1124] Bei weiterer Berücksichtigung der Ratifikation des WÜD durch 193 Staaten und des WÜK durch 186 Staaten lässt sich festhalten, dass die Wiener Übereinkommen von einem Großteil der Staatengemeinschaft akzeptiert wurden und für diese Staaten verbindlich sind.[1125] Die Wiener Übereinkommen regeln die Beziehung zwischen Staaten untereinander.[1126] *Bordin* plädiert für eine analoge Heranziehung von Normen für Staaten auf IOs, soweit die erforderliche *„relevant similarity"* zwischen diesen beiden Völkerrechtssubjekten besteht.[1127] Seit *Reparation for Injuries* ist die Völkerrechtspersönlichkeit von IOs allgemein anerkannt, womit IOs nach den Worten des IGH *„capacity to operate upon an internationale plane"* zukommt.[1128] Zwischen Staaten und IOs, soweit Letztere als rechtlich autonome Einheiten internationale Vereinbarungen treffen können,[1129] besteht damit bei externer Betrachtung in der internationalen Sphäre die erforderliche Gleichartigkeit.[1130] Demnach scheint es plausibel, dass Staaten Handlungen gemäß den Wiener Übereinkommen auch zu dulden haben, wenn sie von IOs gesetzt werden. Fraglich ist allerdings, ob diese Form der Gleichartigkeit der beiden Situationen bereits ausreicht, um die Methode der Analogie heranzuziehen.

Jene für den funktionalen Schutz relevanten Bestimmungen, Art 3 Abs 1 lit b WÜD und Art 36 WÜK, stellen für den persönlichen Anwendungsbereich des Schutzes auf Staatsbürger ab. Der persönliche Anwendungsbereich des funktionalen Schutzes bezieht sich hingegen auf Bedienstete einer IO. Somit stellt sich die Frage der Gleichartigkeit (bezogen auf die Intensität der Bindung) der Stellung eines Staatsbürgers, für welchen ein Staat Schutzmaßnahmen nach den Wiener Übereinkommen setzt, und der Stellung als Bediensteter einer IO. Losgelöst von der konkreten Fragestellung würde eine Gleichartigkeit der Staatsbürgerschaft mit der Stellung als Bedienstete einer IO wohl jedenfalls verneint werden müssen. Bei Betrachtung der konkreten Umstände dieses Vergleiches, insbesondere unter Bezugnahme auf die Intensität der Bindung, kann die (rechtliche) Verbindung zwischen einer IO und ihren Bediensteten verglichen mit der (rechtlichen) Verbindung zwischen einem Staat und seinen Staatsbürgern

---

1124 P. Cahier: Vienna Convention on Diplomatic Relations, International Conciliation 37 (1969) 5-40, 8; Abs 1 der Präambel des WÜD sowie des WÜK.

1125 Siehe dazu United Nations Treaty Collection Chapter III Privileges and Immunities, Diplomatic and Consular Relations, Etc., 3. Vienna Convention on Diplomatic Relations und 6. Vienna Convention on Consular Relations.

1126 Siehe Art 2 WÜD und Art 2 WÜK für den Anwendungsbereich der Wiener Übereinkommen.

1127 Siehe dazu im Detail F. L. Bordin (2019): The Analogy between States and International Organizations, 49ff.

1128 Reparation for injuries Advisory Opinion, 179.

1129 Die OSZE entscheidet nach wie vor ausschließlich mittels einstimmigen Beschlusses aller Teilnehmerstaaten, weshalb diese Anforderung nicht erfüllt ist.

1130 F. L. Bordin (2019): The Analogy between States and International Organizations, 79f; für eine Darstellung anderer Ansichten siehe 87ff.

sogar als deutlich stärker angesehen werden. Die Gleichartigkeit dieser Situationen ist damit gegeben, da die Intensität der Verbindung zwischen IOs und ihren Bediensteten als zumindest gleich stark, wenn nicht sogar stärker, anzusehen ist. Immerhin kommt IOs als Dienstgebende eine Fürsorgepflicht gegenüber ihren Bediensteten zu. Bei den Mitgliedern der diplomatischen bzw. konsularischen Mission handelt es sich um Staatsbürger des Entsendestaates, weshalb die genannten Bestimmungen auch auf sie Anwendung finden. Eine Situation, bei welcher ein Staat Missionsmitglieder einer diplomatischen oder konsularischen Mission schützt, und eine Situation, bei welcher eine IO ihre Mitglieder einer Friedensmission schützt, erscheinen durchaus als vergleichbar.

Trotz argumentierter Gleichartigkeit kann allerdings noch nicht von einer perfekten Analogie gesprochen werden.[1131] Die Anforderungen an Analogie, aufgrund der rechtsfortbildenden Wirkung dieser Methode, sind sehr hoch und ihrer Anwendung wird im internationalen Recht mit viel Skepsis entgegengetreten.[1132] Nach *Lando* existiert eine perfekte Analogie nur „*where the unregulated situation to which one wishes to extend an established statement of principle already falls within the scope of that statement*".[1133] Demnach sei es erforderlich, dass sich die beiden Situationen überschneiden, welche Gegenstand einer perfekten Analogie sein sollen.[1134]

Folglich wird daher vertreten, dass Art 3 Abs 1 lit b WÜD und Art 36 WÜK – mangels Vorliegen einer perfekten Analogie – mittels analoger Deduktion auf die Beziehung zwischen IOs und Staaten angewandt werden können. Es handelt sich dabei um völkergewohnheitsrechtlich entstandene, in weiterer Folge kodifizierte Bestimmungen zum Schutz der Staatsbürger des Entsendestaates einer diplomatischen oder konsularischen Mission. Die Bestimmungen stehen weder im Widerspruch zu ius cogens noch zu menschenrechtlichen Regelung. Bei der Determinierung der Reichweite des Rechts von IOs auf Ausübung von funktionalem Schutz wird somit mittels analoger Argumentation vorgegangen. Dadurch sollen zumindest mögliche Indikationen gegeben werden, wie das zuvor identifizierte Recht von IOs auf Ausübung von funktionalem Schutz inhaltlich aussehen kann.[1135] Eine generelle Gültigkeit im normativen Sinne wird dadurch zwar nicht erreicht, nachfolgende Indikation kann aber zumindest für alle IOs gleichermaßen herangezogen werden.

[1131] M. F. Lando: The Limits of Deduction in the Identification of Customary International Law, Asian Journal of International Law (2023) 1-25, 15.
[1132] A. Bleckmann (1982): Grundprobleme und Methoden des Völkerrechts, 229.
[1133] M. F. Lando: The Limits of Deduction in the Identification of Customary International Law, Asian Journal of International Law (2023) 1-25, 15.
[1134] Ebd.
[1135] Ebd.

Mittels analoger Deduktion aus den Art 3 Abs 1 lit b WÜD und Art 36 WÜK können vom Recht einer IO gegenüber dem Staat auf Ausübung von funktionalem Schutz zugunsten ihrer Bediensteten folgende Handlungen umfasst sein:

- IOs dürfen die Betroffenen bei Beschwerden über Misshandlungen unterstützen.[1136]
- IOs dürfen die Betroffenen bei Anträgen auf Begnadigung unterstützen.[1137]
- IOs dürfen die Betroffenen bei Anträgen auf vorzeitige Haftentlassung unterstützen.[1138]
- IOs dürfen Informationen betreffend der konkreten Umstände der Festnahme, Inhaftierung oder sonstigen Freiheitsentziehung der Betroffenen erfragen.[1139]
- IOs dürfen mit den Betroffenen in Kontakt treten, mit ihnen uneingeschränkt kommunizieren, die unverzügliche Weiterleitung von Nachrichten der Betroffenen verlangen und die Betroffenen aufsuchen.[1140]
- IOs dürfen für die rechtliche Vertretung der Betroffenen sorgen, ihnen rechtliche Unterstützung zur Verfügung stellen, mit den Betroffenen gemeinsam Verfahrensstrategien entwickeln und sie im Rahmen eines Prozesses unterstützen. Dies gilt sowohl nach einer Verhaftung als auch weiterhin nach erfolgter Verurteilung.[1141]

c. Gleichklang des Rechts gegenüber den Mitgliedstaaten mit der Pflicht gegenüber den Bediensteten

Grundsätzlich kann von einem materiellen Gleichklang des Rechts gegenüber den Mitgliedstaaten mit der Pflicht gegenüber den Bediensteten gesprochen werden. Die Reichweit der Pflicht basiert auf der Sorgfaltsobliegenheit jeder IO und ist durch Individualvereinbarungen sowie die organisatorische Fürsorgepflicht geprägt. Den Worten des IGH in *Reparation for Injuries* folgt die Notwendigkeit eines Rechts von IOs gegenüber ihren Mitgliedstaaten, welches es IOs ermöglicht ihre Bediensteten in einem solchen Maß zu schützen, dass sich diese auch auf diesen Schutz verlassen und sicher fühlen können.[1142] Auf Basis dieses Grundverständnisses von einem Recht auf Ausübung von funktionalem Schutz

[1136] Diese Handlung ergibt sich aus Art 3 Abs 1 lit b WÜD und den Ausführungen von E. Denza (2008): Diplomatic Law, Commentary on the Vienna Convention on Diplomatic Relations, Oxford University Press, 45.

[1137] Diese Handlung ergibt sich aus Art 3 Abs 1 lit b WÜD und den Ausführungen von E. Denza (2008): Diplomatic Law, Commentary on the Vienna Convention on Diplomatic Relations, Oxford University Press, 45.

[1138] Diese Handlung ergibt sich aus Art 3 Abs 1 lit b WÜD und den Ausführungen von E. Denza (2008): Diplomatic Law, Commentary on the Vienna Convention on Diplomatic Relations, Oxford University Press, 45.

[1139] Diese Handlung ergibt sich aus Art 36 Abs 1 lit b WÜK und dem darin enthaltenen Recht der konsularischen Mission, bei Verlangen des Betroffenen unverzüglich von dessen Festnahme, Inhaftierung oder sonstiger Freiheitsentziehung unterrichtet zu werden.

[1140] Diese Handlung ergibt sich aus Art 36 Abs 1 lit a-c WÜK.

[1141] Diese Handlung ergibt sich aus Art 36 Abs 1 lit c WÜK.

[1142] Reparation for injuries Advisory Opinion, 183.

erscheint die Annahme eines Gleichklangs der Reichweite von Pflicht und Recht einer IO auf Ausübung von funktionalem Schutz plausibel. Bei Vergleich der Handlungsempfehlungen für IOs in Achtung ihrer angemessenen Sorgfalt [C.VII.7] und der für IO in Ausübung ihres Rechts zulässigen Handlungen auf Basis einer analogen Deduktion aus den Art 3 Abs 1 lit b WÜD und Art 36 WÜK [C.VIII.3.b] lässt sich ein weitestgehender Gleichklang der Reichweite von Pflicht und Recht erkennen. Dieser Gleichklang lässt sich auch damit begründen, dass es für die Sicherstellung der unabhängigen Aufgabenerfüllung iS des Funktionierens einer IO erforderlich sein wird, der Sorgfaltspflicht zu entsprechen.[1143] Durch die Ausübung von funktionalem Schutz soll somit primär die Aufgabenerfüllung der Organisation geschützt werden, wozu die effektive Unterstützung der Bediensteten als Mittel dient.[1144]

Allerdings ist die Annahme eines Gleichklangs keine zwingende Notwendigkeit, d.h. im Einzelfall kann es zu Abweichungen kommen, wenn sich ein entsprechender Wille der Organsiation bzw. ihrer Mitgliedstaaten manifestieren lässt. Die organisationsinterne Pflicht kann im Vergleich zum Recht der IO gegenüber ihren Mitgliedstaaten weitreichender sein, wenn z.B. Dienstverträge mit den Bediensteten oder die Personalstatuten entsprechende Bestimmungen vorsehen, welche evident über das hinausgehen, was für die Sicherstellung der Funktionsfähigkeit der Organisation erforderlich ist. So kann ein Personalstatut theoretisch auch Schutz für private Handlungen vorsehen, obwohl der Bedienstete keine persönliche Immunität genießt. Soweit ersichtlich kommt dies jedoch in der Praxis nicht vor: Zur Reichweite der Pflicht auf Ausübung von funktionalem Schutz sind kaum konkrete Bestimmungen vorhanden, weshalb die weitreichendere Pflicht wohl eher eine theoretische ist. Die Folge einer solchen Diskrepanz wäre außerdem jene, dass sich die IO um eine Vereinbarung mit den Mitgliedstaaten bemühen muss, um ihrer organisationsinternen Pflicht nachzukommen, womit wiederrum Gleichklang bestünde. Wie eingangs in Kapitel C.VIII.1 über das Spannungsverhältnis zwischen Pflicht und Recht bereits angesprochen, liegt dieses Spannungsverhältnis vielmehr in faktischen und nicht in rechtlichen Hindernissen begründet. Aus rechtlicher Sicht konnte das Spannungsverhältnis im Rahmen dieser Arbeit gelöst werden, denn die IO verfügt grundsätzlich über ein Recht gegenüber ihren Mitgliedstaaten, um ihrer organisationsinternen Pflicht nachzukommen. Die Mitgliedstaaten dulden die Ausübung dennoch teilweise nicht und erkennen das Recht der IO somit faktisch nicht an, wie der Fall der OSZE besonders verdeutlicht.

1143 Siehe dazu auch Reparation for injuries Advisory Opinion, 183.

1144 M. B. Carabot, M. Ubèda-Saillard: Functional Protection in J. Crawford, A. Pellet, S. Olleson (eds.) (2010): The Law of International Responsibility 1074-1083, 1075.

Für den persönlichen Anwendungsbereich des Rechts von IOs auf Ausübung von funktionalem Schutz wird auf die weite Definition eines „*agent*" der IO abgestellt, weshalb IOs grundsätzlich für alle Bediensteten ein Recht zukommt, unabhängig der (dienst)vertraglichen Beziehung. Bedienstete setzen dienstliche und private Handlungen, worauf auch in Kapitel C.VII.6 zur Reichweite der Pflicht von IOs bereits eingegangen wurde. Soweit es für die Sicherstellung des Funktionierens der IO erforderlich ist, erstreckt sich das Recht der IO auf Ausübung von funktionalem Schutz jedenfalls auch auf Sachverhalte, welche nicht unmittelbar in einem Zusammenhang mit der Aufgabenerfüllung oder dem Tätigwerden für die IO stehen. Dies ist z.B. bei hochrangigen IO-Bediensteten aufgrund ihres Einflusses auf die erfolgreiche Erfüllung der Funktionen und Aufgaben der IO der Fall. Der Unterschied zwischen Pflicht und Recht liegt somit bei privat bedingten Gefahrensituationen von hochrangigen Bediensteten, denn hier ist die IO trotz Bestehen eines Rechts gegenüber ihren Mitgliedstaaten nicht zur Ausübung dieses verpflichtet.[1145]

4. Das Recht einer Internationalen Organisation auf Ausübung von funktionalem Schutz gegenüber Drittstaaten

a. Das Recht einer Internationalen Organisation aufgrund einer Vereinbarung mit dem Drittstaat

i. Gaststaatabkommen[1146] mit Drittstaaten

Gaststaatabkommen bilden die rechtlichen Rahmenbedingungen der Beziehung zwischen einer IO und ihrem Gaststaat ab.[1147] Regelmäßig werden in Gaststaatabkommen Regelungen betreffend die Rechtspersönlichkeit der IO in dem Gaststaat, den Sitz, sowie Privilegien und Immunitäten der IO und ihren Bediensteten getroffen.[1148] Gaststaatabkommen sind aber nicht allein ausschlaggebend für die Ausgestaltung dieser rechtlichen Beziehung. Bei dem Gaststaat einer IO handelt es sich regelmäßig um ihren Mitgliedstaat, weshalb neben dem Gaststaatabkommen auch die Satzung für die rechtlichen Rahmenbedingungen beachtlich ist. Darüber hinaus können weitere bi- oder multilaterale Abkommen, Völkergewohnheitsrecht

---

[1145] Für ausführliche Ausführungen hierzu siehe Kapitel C.VI und für das Zusammenspiel mit der persönlichen Immunität Kapitel C.IV.3.

[1146] Gaststaatabkommen werden in der englischsprachigen Literatur als „host agreements", „headquarter agreements" oder „seat agreements" bezeichnet.

[1147] H.G. Schermers, N.M. Blokker (2018): International Institutional Law, para §1689.

[1148] A. S. Muller (1995): International Organizations and their Host States, Aspects of their Legal Relationship, 121f.

oder allgemeine Rechtsgrundsätze die Rechtsbeziehung zwischen einer IO und ihrem Gaststaat mitgestalten.[1149]

IOs interagieren fast ausschließlich mit ihren Mitgliedstaaten. Eine Ausnahme von diesem Prinzip bildet das externe Handeln mancher IOs, welche auf Basis diverser Handels- und Kooperationsabkommen auch mit Drittstaaten in Verbindung treten, wie z.B. die EU oder der Gemeinsame Südamerikanische Markt (MERCOSUR).[1150] Die Art 207, 217 und 218 des Vertrages über die Arbeitsweise der Europäischen Union[1151] bilden die rechtliche Grundlage der Kompetenz der EU zum Abschluss von Abkommen mit Drittstaaten.[1152] Abgesehen davon wird ein Drittstaat, mit welchem interagiert werden soll, idR zu einem Mitgliedstaat (oder zumindest zu einem Teilmitglied oder assoziiertem Mitglied).[1153] Im Falle eines Drittstaates als Gaststaat der Mission, ist das Gaststaatabkommen, mangels Geltung der Satzung gegenüber Drittstaaten, die primäre Grundlage für die Ausgestaltung der rechtlichen Rahmenbedingungen zwischen der IO und ihrem Gaststaat.[1154] Die VN sind aufgrund ihrer objektiven Völkerrechtspersönlichkeit der Ausnahmefall, denn ihre Satzung entfaltet auch gegenüber Drittstaaten rechtliche Wirkung. Das Recht der VN auf Ausübung von funktionalem Schutz ergibt sich somit hier als notwendigerweise beabsichtigt aus der Satzung der VN. Für alle übrigen IO muss aufgrund ihrer subjektiven Völkerrechtspersönlichkeit aber auf Vereinbarungen wie Gaststaatabkommen zurückgegriffen werden.

Regelmäßig wird ein Mitgliedstaat einer IO als Gaststaat dieser ausgewählt, wobei es Ausnahmen, wie Österreich als Gaststaat der Organisation der erdölexportierenden Länder (OPEC), gibt. Das Abkommen zwischen der Republik Österreich und der OPEC, über den Amtssitz dieser Organisation,[1155] ist somit beispielhaft für ein Gaststaatabkommen mit einem Drittstaat. Die Satzung der OPEC entfaltet gegenüber Österreich als Drittstaat keine Wirkung, weshalb das Abkommen zur Regelung der rechtlichen Rahmenbedingungen zwischen der

[1149] Ebd., 26.
[1150] Ebd., §1687.
[1151] Consolidated Versions of the Treaty on European Union and the Treaty on the Functioning of the European Union, Declarations annexed to the Final Act of the Intergovernmental Conference which adopted the Treaty of Lisbon, signed on 13 December 2007, Official Journal C 326, 26/10/2012 P. 0001 – 0390, 335-360, abrufbar unter: https://eur-lex.europa.eu/legal-content/EN/TXT/?uri=celex%3A12016ME%2FTXT (zuletzt aufgerufen am 28.04.2024).
[1152] H.G. Schermers, N.M. Blokker (2018): International Institutional Law, §1749.
[1153] Ebd., §1687.
[1154] H.G. Schermers, N.M. Blokker (2018): International Institutional Law, para 1689.
[1155] Abkommen zwischen der Republik Österreich und der Organisation der erdölexportierenden Länder über den Amtssitz der Organisation der erdölexportierenden Länder, StF: BGBl. Nr. 382/1974 (idF BGBl. III Nr. 170/2022) abrufbar unter https://www.ris.bka.gv.at/GeltendeFassung.wxe?Abfrage=Bundesnormen&Gesetzesnummer=10000559 (zuletzt aufgerufen am 24.04.2024).

OPEC und Österreich notwendig ist. Eine weitere bekannte Ausnahme von dieser Grundregel stellt die Schweiz dar. Die Neutralität der Schweiz, ihre zentrale Lage im Herzen Europas und ihre Rolle als Konfliktvermittlerin auf neutralem Boden, sind einige der Gründe für ihre Begehrtheit als Gaststaat zahlreicher IOs.[1156] Auch die VN wählten die Schweiz bei ihrer Gründung im Jahr 1945 als einen ihrer Gaststaaten aus. Das Büro der VN in der Schweiz ist in Genf situiert und stellt nach dem Hauptsitz der VN in New York den wichtigsten Treffpunkt der VN dar.[1157] Fast alle Mitgliedstaaten der VN (176 der 193 Mitgliedstaaten) verfügen über eine ständige Mission oder Vertretung in Genf.[1158] Obwohl das Büro der VN bereits seit 1945 im *Palais des Nations* in Genf situiert ist und mit der Schweiz ein Gaststaatabkommen dazu getroffen wurde, trat die Schweiz erst Jahre später (2002) den VN bei.[1159] Über fast 60 Jahre war die Schweiz somit als Drittstaat ein Gaststaat der VN.[1160]

Im Falle eines Gaststaatabkommens zwischen einer IO und einem Drittstaat können entsprechende Bestimmungen den Drittstaat zur Duldung der Ausübung von funktionalem Schutz durch die IO verpflichten. Das Abkommen zwischen der Republik Österreich und der OPEC enthält keine dahingehende Regelung. Auch darüber hinaus beinhaltet – soweit ersichtlich – kein Gaststaatabkommen zwischen einer IO und einem Drittstaat eine entsprechende Bestimmung, welche der IO ein Recht auf Ausübung von funktionalem Schutz explizit einräumt. Dies mag auch daran liegen, dass außer der OPEC mit Österreich und der VN mit der Schweiz (bis 2002) kaum Fälle bekannt sind, in welchen eine IO einen Drittstaat als Gaststaat wählt.[1161] Eine geringe Zahl an Anwendungsfällen spricht aber keinesfalls für eine geringe Relevanz, schließlich können Gaststaaten die für den funktionalen Schutz relevanten Handlungen (z.B. Festnahmen, Inhaftierungen, …) gerade gegenüber Angehörigen der IO mit Sitz in diesem Staat setzen. Daher wird hier trotz Fehlens einer expliziten Bestimmung in den

[1156] Siehe dazu Eidgenössisches Departement für auswärtige Angelegenheiten EDA: Gaststaat Schweiz, Stand: 2017, 2. Überarbeitete Auflage, EDA, Bern, abrufbar unter: https://www.eda.admin.ch/content/dam/eda/de/documents/publications/InternationaleOrganisationen/GaststaatSchweiz/Switzerland-Host-State_de.pdf (zuletzt aufgerufen am 10.8.2024).

[1157] Eidgenössisches Departement für auswärtige Angelegenheiten EDA: UNO, Stand: 6.3.2024, EDA, Bern, abrufbar unter: https://www.eda.admin.ch/eda/de/home/aussenpolitik/internationale-organisationen/vereinte-nationen.html (zuletzt aufgerufen am 10.8.2024).

[1158] Altoo: Die Schweiz als Magnet für internationale Organisationen, Stand: 13.11.2023, abrufbar unter: https://altoo.io/de/die-schweiz-als-magnet-fur-internationale-organisationen/ (zuletzt aufgerufen am 10.8.2024).

[1159] Eidgenössisches Departement für auswärtige Angelegenheiten EDA: Schweiz–UNO: eine lange Geschichte, Stand: 26.6.2020, EDA, Bern, abrufbar unter: https://www.eda.admin.ch/eda/de/home/das-eda/aktuell/newsuebersicht/2020/06/75-jahre-uno-charta.html (zuletzt aufgerufen am 10.8.2024).

[1160] A. S. Muller (1995): International Organizations and their Host States, Aspects of their Legal Relationship, 103.

[1161] H.G. Schermers, N.M. Blokker (2018): International Institutional Law, §1689.

Gaststaatabkommen mit Drittstaaten untersucht, ob diesen eine Regelung zum Schutz der Bediensteten der IO implizit entnommen werden kann.

Im Fall von Gaststaatabkommen hat der Drittstaat durch den Vertragsschluss die Völkerrechtspersönlichkeit der IO implizit anerkannt.[1162] Die innerstaatliche Rechtspersönlichkeit ergibt sich in weiterer Folge regelmäßig sowohl implizit aus der Völkerrechtspersönlichkeit als auch aus einer expliziten Regelung in dem Gaststaatabkommen zwischen der IO und ihrem Gaststaat. Mit der innerstaatlichen Rechtspersönlichkeit werden einer IO jene nationalen Rechtspositionen übertragen, die für ihr effektives Funktionieren erforderlich sind.[1163] Das Gaststaatabkommen räumt der IO die erforderlichen Rechte ein, um als solche in dem Gaststaat zu funktionieren und die ihr in der Satzung zugeschriebenen und durch das Gaststaatabkommen anerkannten Ziele erfüllen zu können. Die Pflicht des Gaststaates zur Achtung der Privilegien und Immunitäten ist allein nicht ausreichend, um die Unabhängigkeit und das effiziente Funktionieren einer IO sicherzustellen. Zum Beispiel ist eine Verpflichtung des Gaststaates zum aktiven Mitwirken durch die Lieferung von öffentlichen Versorgungsleistungen (z.B. Strom, Gas, Müllentsorgung)[1164] und den Schutz des Sitzes der IO durch den Gaststaat[1165] erforderlich für die Funktionsfähigkeit der IO und damit grundsätzlich Inhalt ihres Gaststaatabkommens.

Das Recht einer IO auf Ausübung von funktionalem Schutz zugunsten ihrer Bediensteten lässt sich dem IGH zufolge implizit der Satzung einer IO entnehmen.[1166] Der IGH begründete dieses Recht der VN in *Reparation for Injuries* mit der Notwendigkeit zur Sicherstellung der Funktionsfähigkeit der VN.[1167] Diesem Prinzip der Funktionalität[1168] folgend wird auch hier argumentiert, dass den Gaststaatabkommen zwischen einer IO und ihrem Gaststaat ein solches Recht implizit entnommen werden kann. Dieses implizite Recht ist nur dann praktisch relevant, wenn es sich bei dem Gaststaat um einen Drittstaat handelt, da das Recht der IO andernfalls bereits implizit der Satzung der IO entnommen werden kann. Das Bestehen eines impliziten

---

[1162] Dies ergibt sich auch aus den Ausführungen in Chukwuemeke Okeke, E. (2018): Jurisdictional Immunities of States and International Organizations, 245f.; siehe auch A. S. Muller (1995): International Organizations and their Host States, Aspects of their Legal Relationship, 117.

[1163] A. S. Muller (1995): International Organizations and their Host States, Aspects of their Legal Relationship, 116f.

[1164] Ebd., 142f.

[1165] Ebd., 194f.

[1166] Reparation for injuries Advisory Opinion, 184.

[1167] Ebd.: "*Upon examination of the character of the functions entrusted to the Organization and of the nature of the missions of its agents, it becomes clear that the capacity of the Organization to exercise a measure of functional protection of its agents arises by necessary intendment out of the Charter.*"

[1168] Für Ausführungen zum Prinzip der Funktionalität siehe Kapitel C.II. Auf diese Ausführungen wird auch für die Argumentation verwiesen.

Rechts der IO im Gaststaatabkommen auf Ausübung von funktionalem Schutz gegenüber dem dritten Gaststaat wird wie folgt begründet: IOs verfügen gemäß ihrer Satzung über bestimmte Funktionen und werden zur Erreichung bestimmter Ziel geschaffen. Die Entscheidung einer IO, ihren Sitz (im Fall der OPEC) oder eines ihrer Büros in einen Drittstaat zu legen (im Fall der VN bis 2002), soll der Zielerreichung und der Funktionserfüllung einer IO keinesfalls zuwiderlaufen, sondern diesen vielmehr förderlich sein. Daher enthalten die Abkommen Bestimmungen, welche das effektive Funktionieren der IO sicherstellen sollen.[1169] Aufgrund der engen Verbindung der Funktionsausübung einer IO, durch Handlungen ihrer Bediensteten, und dem Gaststaat der IO, erscheint ein Recht der IO auf Ausübung von funktionalem Schutz hier besonders erforderlich. Andernfalls würde die IO ihre Unabhängigkeit gefährden und ihre Funktionserfüllung beeinträchtigen, sobald sie ihren Sitz außerhalb eines Mitgliedstaates legt. Der Gaststaat erkennt mit Abschluss des Gaststaatabkommens die IO als solche an und akzeptiert damit auch ihre Funktionen. Damit geht auch das Recht einer IO einher, funktionalen Schutz auszuüben, soweit dies für die Sicherstellung ihrer Funktionsfähigkeit notwendig ist. Damit bildet ein Gaststaatabkommen, soweit damit die Funktionen der IO akzeptiert werden, eine der Satzung einer IO ähnlichen Grundlage für ein Recht von IOs auf Ausübung von funktionalem Schutz.

ii. Vereinbarungen über den Status von Streitkräften oder von Missionen[1170] mit einem Drittstaat

In der Praxis bietet sich friedenssichernd tätigwerdenden IOs die Möglichkeit des Abschlusses einer Vereinbarung über den Status von Streitkräften (SOFA) oder von Missionen (SOMA) mit einem Drittstaat, die zur Schaffung der rechtlichen Rahmenbedingungen des Aufenthalts dient.[1171] Welche Art von Vereinbarung eine IO im Rahmen ihrer Kompetenzen schließen kann, ergibt sich regelmäßig explizit aus der Satzung oder implizit aus dem Zweck der Organisation, welcher unter Umständen den Abschluss einer bestimmten Vereinbarung (z.B. über die Immunität einer IO und ihrer Vertreter) rechtfertigt.[1172]

SOFA und SOMA (zusammen „Vereinbarungen über den Status“ genannt) können als bilaterale oder multilaterale Vereinbarungen zwischen einem oder mehreren Staaten oder einer

[1169] Siehe dazu bspw. die Ausführungen betreffend die Schutzpflichten des Gaststaates in A. S. Muller (1995): International Organizations and their Host States, Aspects of their Legal Relationship, 198.
[1170] Vereinbarungen über den Status von Streitkräften oder von Missionen werden in der englischsprachigen Literatur als „SOFA“ (Status of Forces Agreements) oder „SOMA“ (Status of Mission Agreements) bezeichnet.
[1171] H.G. Schermers, N.M. Blokker (2018): International Institutional Law, §1749.
[1172] Ebd. §1751f.

IO ausgestaltet sein.[1173] Für diese Untersuchung relevant sind solche Vereinbarungen über den Status, welche zwischen einer IO und dem Empfangsstaat einer Mission geschlossen werden. Diese Vereinbarungen über den Status regeln die Rechtsposition von Streitkräften und zivilem Personal, welches im Rahmen einer Mission im Empfangsstaat eingesetzt werden soll.[1174] Vereinbarungen über den Status können als verbindliche Verträge oder als unverbindliche Absichtserklärungen („Memorandum of Understanding") abgeschlossen werden.[1175] An dieser Stelle wird auf Vereinbarungen über den Status als verbindliche Verträge zwischen einer IO und dem Empfangsstaat einer Mission weiter eingegangen.

Im Rahmen der friedenssicherenden Tätigkeit einer IO werden oftmals Bedienstete in gefährliche Gebiete gesandt und im Zuge ihrer Aufgabenerfüllung Gefahren ausgesetzt.[1176] Die Vereinbarungen über den Status zwischen einer IO und dem Empfangsstaat der Mission sind von Bedeutung, um diese Situationen entsprechend zu regeln und den Anforderungen an den Schutz der Teilnehmenden an spezifischen Missionen gerecht zu werden. Die VN und die NATO verfügen bspw. über eigene „*Draft Models*" für solche Abkommen.[1177] Um für konkrete Einsätze oder Missionen spezifische Regelungen zu entwerfen, wird auf diesen Mustervereinbarungen aufgebaut.[1178] Auch die Afrikanische Union (AU) verfügt über solche Musterabkommen. Exemplarisch für eine Schutzbestimmung zugunsten der Missionsmitglieder der AU in einem SOMA kann auf „*Annex L – Status of Mission Agreement (Sample)*" des *Aide Memoire of the African Union's Planning and Decision-Making Process* verwiesen werden.[1179] Diese Mustervereinbarung über den Status einer Mission bildet die Grundlage für die Ausverhandlung eines SOMA mit dem Empfangsstaat der Mission. In Anlehnung an Art XXI 52. b). Punkt „*Safety and Security*" könnte eine Regelung zum Schutz der Bediensteten wie folgt lauten: „*If members of AMIx or its associated personnel are*

[1173] A. Sari: Status of Forces and Status of Mission Agreements under the ESDP: The EU's Evolving Practice, European Journal of International Law (2008) Vol. 19, No. 1, 67-100, 68.
[1174] Ebd.
[1175] D. Fleck: Guidebook, Drafting Status-of-Forces Agreements (SOFAs), Geneva Centre for the Democratic Control of Armed Forces (DCAF) a centre for security, development and the rule of law (2009) 9.
[1176] So auch die VN-internen Ausführungen zu diesem Thema in UN document A/C.5/39/17, 15 October 1984, Report of the Secretary General, Personell Questions.
[1177] Siehe etwa Draft Model Status-of-Forces Agreement Between the United Nations and Host Countries, UN Doc A/45/594, 9 October 1990, abrufbar unter: https://digitallibrary.un.org/record/101559?ln=en%5C&v=pdf (zuletzt aufgerufen am 13.8.2024) oder Agreement between the Parties to the North Atlantic Treaty Regarding the Status of Their Forces (NATO SOFA) of 19 June 1951, abrufbar unter: https://www.nato.int/cps/en/natohq/official_texts_17265.htm (zuletzt aufgerufen am 13.8.2024).
[1178] D. Fleck: Guidebook, Drafting Status-of-Forces Agreements (SOFAs), Geneva Centre for the Democratic Control of Armed Forces (DCAF) a centre for security, development and the rule of law (2009) 10.
[1179] African Union Mandating Process for Peace Support Operations: Aid Memoire - The African Union's Planning and Decision-Making Process, Version 3, 30 October 2009, „Annex L – Status of Mission Agreement (Sample)" 44.

captured, detained or taken hostage in the course of the performance of their duties and their identification has been established, they shall not be subject to interrogation and they shall be promptly released and returned to the AU or other appropriate authorities. Pending their release, such personnel shall be treated in accordance with universally recognised standards of human rights and the principles and spirit of the Geneva Convention of 1949."[1180] Demnach kommt der AU zwar nicht ausdrücklich ein Recht auf Ausübung von funktionalem Schutz zugunsten ihrer Bediensteten zu. Die Regierung des Empfangsstaates verpflichtet sich jedoch explizit dazu, die Immunität aller Missionsmitglieder zu wahren und sie im Falle einer Verhaftung im Zusammenhang mit ihrer Tätigkeit für die AU nicht weiter zu vernehmen, sondern unverzüglich freizulassen. Die Aufnahme konkreter Schutzbestimmungen zugunsten der Bediensteten der AU in dem SOMA mit dem Empfangsstaat der Mission kann als Ausübung von funktionalem Schutz angesehen werden.[1181] Im Falle einer Verletzung dieser Pflichten durch den Empfangsstaat der Mission könnte die AU Handlungen in Ausübung von funktionalem Schutz setzen. Unter Berufung auf die verletzte vertragliche Obliegenheit, sowie ihrer Notwendigkeit zur Sicherstellung der Funktionsfähigkeit der Mission könnte von der AU deren Duldung durch den Empfangsstaat eingefordern werden.[1182] Die Aufnahme konkreter Schutzbestimmungen in Vereinbarungen mit dem Empfangsstaat einer Mission schafft eine wichtige rechtliche Grundlage für eine spätere Ausübung von funktionalem Schutz. Dies gilt insbesondere im Verhältnis zwischen IO und einem Drittstaat. Vereinbarungen über den Status mit einem Mitgliedstaat dienen regelmäßig der Festlegung besonders konkreter, einsatz- oder missionsspezifischer Regelungen, welche die Bestimmungen in der Satzung konkretisieren oder darüber hinaus gehen.[1183] Im Fall der Vereinbarung über den Status mit einem Drittstaat ist die Situation aufgrund der pacta tertiis Situation allerdings eine andere.[1184] Hier werden somit umfassendere Regelungen in den Vereinbarungen über den Status zwischen der IO und dem Drittstaat erforderlich. Insbesondere im Zusammenhang mit der Immunität und dem Schutz der Missionsteilnehmenden sollten verbindliche Festlegungen getroffen werden. IOs

[1180] African Union Mandating Process for Peace Support Operations: Aid Memoire - The African Union's Planning and Decision-Making Process, Version 3, 30 October 2009, Art XXI. 52. b).

[1181] L.A.O. Darkwa (2018): Implementation of the duty of Care by the African Union in A. de Guttry et al. (eds.) (2018): The Duty of Care of International Organizations Towards Their Civilian Personnel 337-356, 349.

[1182] Siehe dazu etwa D. Fleck: Guidebook, Drafting Status-of-Forces Agreements (SOFAs), Geneva Centre for the Democratic Control of Armed Forces (DCAF) a centre for security, development and the rule of law (2009) 10.

[1183] Ebd., 14f.

[1184] G. Ullrich (2018): The Law of the International Civil Service, 57.

steht es aber offen, Vereinbarungen mit Mitgliedstaaten sowie mit Drittstaaten abzuschließen.[1185]

Die EU ist bekannt dafür, militärische und zivile Krisenbewältigungsoperationen im Rahmen der Europäischen Sicherheits- und Verteidigungspolitik in Drittstaaten auszurichten. Als integrativer Teil der Gemeinsamen Außen- und Sicherheitspolitik der EU trägt die Europäische Sicherheits- und Verteidigungspolitik zur Erreichung der außenpolitischen Ziele der EU gemäß Art 11 Vertrag über die Europäische Union (EUV) bei.[1186] Zwischen 2003 und 2007 startete die EU 18 Krisenbewältigungsoperationen in 11 Drittstaaten und schloss mit diesen Drittstaaten dazu SOFA bzw. SOMA.[1187] Durch den Abschluss von SOFA oder SOMA werden die rechtlichen Rahmenbedingungen der militärischen oder zivilen Krisenbewältigungsoperationen geschaffen.[1188] Um eine Grundlage für die Verhandlung der Inhalte eines SOFA oder SOMA zwischen der EU und dem Empfangsstaat einer militärischen oder zivilen Krisenbewältigungsoperation zu schaffen, beschloss der Rat die sogenannten „EU Model SOFA“[1189] und „EU Model SOMA“[1190]. Die Vereinbarungen über den Status mit Indonesien zu *AMM*[1191] sowie mit Gabon zu *EUFOR RD Congo*[1192] basierten auf diesen Mustervereinbarungen.[1193] Vereinbarungen wie SOFA und SOMA wird der Zweck zugeschrieben, den Mitgliedern einer Krisenbewältigungsoperation einen schützenden Rechtsstatus zu verleihen. Zwischen diesem Ziel und der notwendigen Achtung der Souveränität des Empfangsstaates der Operation ist ein Ausgleich zu schaffen, weshalb Privilegien und Immunitäten der Operationsteilnehmenden nur so weit reichen können, als dies notwendig ist, um die Unabhängigkeit der Krisenbewältigungsmission zu gewährleisten und die Ausübung ihres Mandates sicherzustellen.[1194] Auch der Anwendungsbereich der EU Musterabkommen wird dahingehend eingeschränkt, als vom Schutzbereich ausschließlich

1185 H.G. Schermers, N.M. Blokker (2018): International Institutional Law, §1749.
1186 A. Sari: Status of Forces and Status of Mission Agreements under the ESDP: The EU's Evolving Practice, European Journal of International Law (2008) Vol. 19, No. 1, 67-100, 70.
1187 Ebd., 68.
1188 H.G. Schermers, N.M. Blokker (2018): International Institutional Law, §1749.
1189 Council Doc 8720/05, Draft Model Agreement on the status of the European Union-led forces between the European Union and a Host State, 18 May 2005.
1190 Council Doc 10564/05, Draft Model Agreement on the status of the European Union Civilian Crisis Management Mission in a Host State (SOMA), 27 June 2005.
1191 Agreement in the form of an exchange of letters between the European Union and the Government of Indonesia on the tasks, status, privileges and immunities of the European Union Monitoring Mission in Aceh (Indonesia) (Aceh Monitoring Mission — AMM) and its personnel, EU-Indonesia, 9 September 2005, OJ L288/60.
1192 Agreement between the European Union and the Gabonese Republic on the status of the European Union-led forces in the Gabonese Republic, EU-Gabon, 16 June 2006, OJ L187/43.
1193 A. Sari: Status of Forces and Status of Mission Agreements under the ESDP: The EU's Evolving Practice, European Journal of International Law (2008) Vol. 19, No. 1, 67-100, 85.
1194 Ebd., 78 und 82.

Personal der EU umfasst ist, welches an einer EU-Krisenbewältigungsoperation teilnimmt. Der Schutzbereich umfasst weiters ausschließlich das Hoheitsgebiet des Empfangsstaates. Bedienstete, welche sich für andere Zwecke als die Ausübung des konkreten Mandates, in diesem Staat aufhalten, sind vom Anwendungsbereich der Abkommen somit nicht umfasst.[1195] Für jene, vom Anwendungsbereich des Abkommens umfassten Bediensteten, finden sich darin umfassende Bestimmungen zur Sicherstellung ihres Schutzes und der Aufrechterhaltung ihrer Sicherheit.

Die EU schloss zuletzt im Jahr 2021 das EUTOM Somalia („*Agreement between the European Union and the Federal Republic of Somalia on the Status of the European Union Military Mission to contribute to the Training of Somali Security Forces*")[1196] ab, welches ebenfalls auf dem Musterabkommen basiert und umfassende Schutzbestimmungen zugunsten der Missionsmitglieder der EU beinhaltet. Art 6 EUTOM Somalia trifft umfassende Festlegungen betreffend die Vorrechte und Immunitäten der Missionsmitglieder von EUTOM Somalia. Demnach sind diese von jeglicher Form der Festnahme oder Haft ausgeschlossen und genießen volle Immunität vor der Strafgerichtsbarkeit des Empfangsstaates.[1197] Im Zusammenhang mit der Ausübung ihrer offiziellen Funktionen unter dem Mandat können auch keine verwaltungs- oder zivilrechtlichen Verfahren gegen die Bediensteten eingeleitet werden.[1198] Weiters wird Somalia als Empfangsstaat mit Art 13 EUTOM Somalia dazu verpflichtet, in Abstimmung mit dem Befehlshaber der Missionseinsatzkräfte, alle angemessenen Maßnahmen zu treffen, um die Sicherheit der Mission und des Personals von EUTOM Somalia zu gewährleisten. Zum Schutz ihrer Einrichtungen ist EUTOM Somalia auch befugt, erforderliche Maßnahmen zu ergreifen, um diese vor Angriffen und Eindringenden zu schützen.[1199] Durch diese oder ähnliche Festlegungen wird dem Empfangsstaat einer Mission Verantwortung für die Sicherheit und den Schutz der Missionsteilnehmenden übertragen.[1200]

Auch bei Statusabkommen mit Drittstaaten stellt sich die Frage, ob in Anlehnung an die Ausführungen in Kapitel C.VIII.4.a.i argumentiert werden kann, dass sich aus der

---

[1195] Ebd., 88.

[1196] Agreement between the European Union and the Federal Republic of Somalia on the Status of the European Union Military Mission to contribute to the Training of Somali Security Forces (EUTM) in the Federal Republic of Somalia (kurz „EUTOM Somalia"), Document 22021A0607(01), ST/13022/2020/INIT, OJ L 200, 7.6.2021, p. 3–10.

[1197] Art 6 Abs 1 und 3 EUTOM Somalia.

[1198] Art 6 Abs 4 EUTOM Somalia; siehe außerdem A. Sari: Status of Forces and Status of Mission Agreements under the ESDP: The EU's Evolving Practice, European Journal of International Law (2008) Vol. 19, No. 1, 67-100, 92.

[1199] Art 13 Abs 1 und 2 EUTOM Somalia.

[1200] A. Sari: Status of Forces and Status of Mission Agreements under the ESDP: The EU's Evolving Practice, European Journal of International Law (2008) Vol. 19, No. 1, 67-100, 91.

Vereinbarung über den Status mit einem Drittstaat ein Recht der IO auf Ausübung von funktionalem Schutz als notwendigerweise beabsichtigt ergeben kann.[1201] Auch bei Abschluss einer Vereinbarung über den Status mit einer IO durch einen Drittstaat gilt, dass dieser Staat damit zumindest implizit das rechtliche Existieren der IO als solche und damit verbunden auch die Völkerrechtspersönlichkeit dieser IO anerkennt.[1202] Weiters stimmt der Drittstaat damit den Funktionen der IO zu, zumindest jenen im Zusammenhang mit einem konkreten Einsatz oder einer konkreten Mission. Klarzustellen bleibt, in welchem Umfang Drittstaaten bei Abschluss einer Vereinbarung über den Status mit einer IO die Funktionen dieser IO anerkennen. Die satzungsgemäßen Ziele und Funktionen einer IO stellen das Wesen dieser dar. Ohne den Zielen und Funktionen der IO, zumindest implizit und auf die konkreten Inhalte des Mandats beschränkt, zuzustimmen, kann eine Vereinbarung über den Status somit wohl nicht geschlossen werden. Die Ausübung des Mandates ist nur möglich, wenn der IO auch die erforderlichen Rechte zukommen, um ihre dazu notwendigen Funktionen sicherzustellen.[1203] Somit gilt auch hier für Vereinbarungen über den Status mit Drittstaaten, dass diese die Funktionen der IO damit anerkennen. Diesen Abkommen kann daher implizit das Recht der IO auf Ausübung von funktionalem Schutz, zugunsten ihrer konkret eingesetzten Missionsmitglieder, entnommen werden. Hier wird nicht, wie im Fall der Satzungen einer IO, auf die Einrichtung der IO und ihrer Organe, sondern auf die ausdrückliche Anerkennung der IO und ihrer Funktionen im Rahmen des Abschlusses der Vereinbarung abgestellt.

Das Recht einer IO auf Ausübung von funktionalem Schutz gegenüber Drittstaaten kann in einer Vereinbarung mit dem Drittstaat als Empfangsstaat eines Einsatzes oder einer Mission explizit festgelegt werden. Beispielhaft für eine Vereinbarung zwischen einer IO und einem Drittstaat kann auf das EUTOM Somalia zwischen der EU und Somalia verwiesen werden. Darin wurden zwar explizit Regelungen betreffend die Sicherstellung des Schutzes der Missionsteilnehmenden getroffen. Ein ausdrücklich festgelegtes Recht der EU auf Ausübung von funktionalem Schutz kann der Vereinbarung allerdings nicht entnommen werden. Auch im Zusammenhang mit SOFA oder SOMA zwischen einer IO und einem Drittstaat wird hier aber die Auffassung vertreten, dass sich das Recht der IO auf Ausübung von funktionalem Schutz als notwendigerweise beabsichtigt aus den Vereinbarungen entnehmen lässt. Dies erfordert aber

[1201] In Anlehnung an Kapitel C.VIII.4.a.i und die darin getroffenen Ausführungen, sowie Reparation for injuries Advisory Opinion, 184: "*Upon examination of the character of the functions entrusted to the Organization and of the nature of the missions of its agents, it becomes clear that the capacity of the Organization to exercise a measure of functional protection of its agents arises by necessary intendment out of the Charter*."

[1202] Dies ergibt sich gleichermaßen wie in Kapitel C.VIII.4.a.i aus den Ausführungen in Chukwuemeke Okeke, E. (2018): Jurisdictional Immunities of States and International Organizations, 245f.

[1203] Für nähere Ausführungen zum Prinzip der Funktionalität und dessen Anwendung auf Vereinbarungen mit einem Drittstaat wird auf Kapitel C.VIII.4.a.i verwiesen.

eine ausdrückliche Anerkennung der Funktionen der IO im Rahmen des Abschlusses der Vereinbarung, was regelmäßig implizit durch den Abschluss geschieht. Die Anerkennung beschränkt sich dabei allerdings auf jene Funktionen, welche für die Ausübung des konkreten Mandates notwendig sind. Das Recht der IO auf Ausübung von funktionalem Schutz besteht somit auch nur dahingehend, als es notwendig ist, um die Mandatserfüllung zu gewährleisten.

b. Das Recht einer Internationalen Organisation aufgrund einer völkergewohnheitsrechtlichen Norm

i. Voraussetzungen für Völkergewohnheitsrecht

Dem Bestehen einer völkergewohnheitsrechtlichen Norm als alternative Rechtsgrundlage für ein Recht von IOs auf Ausübung von funktionalem Schutz gegenüber Drittstaaten kommt in folgendem Szenario Relevanz zu: Die Einzelfallbetrachtung der Beziehung einer IO mit einem Drittstaat ergibt, dass keine Vereinbarung besteht, welche den rechtlichen Rahmen dieser Beziehung bildet.[1204] Es fehlt somit der rechtlichen Grundlage für das Recht einer IO.

Die Entstehung von Völkergewohnheitsrecht setzt nach Art 38 Abs 1 lit b IGH-Statut eine entsprechende Staatenpraxis verbunden mit *opinio juris* voraus. Relevante Staatenpraxis umfasst jegliches Verhalten von Staaten, sei es Akzeptanz, Widerstand gegen oder Toleranz von Handlungen, gegenüber anderen Staaten oder gegenüber IOs.[1205] Das Verhalten muss, um dem Verständnis von Staatenpraxis nach Art 38 IGH-Statut zu entsprechen, von einer Vielzahl von Staaten gesetzt werden.[1206] Dabei kommt es nicht auf die unmittelbare Beteiligung aller Staaten, sondern vielmehr auf eine konsistente Praxis der betroffenen Staaten an.[1207] In internationalen Gerichtsentscheidungen wird von „*constant and uniform practice*" gesprochen.[1208] „Betroffen" sind jene Staaten, welche durch ihre Reaktion in einer bestimmten Situation oder gegen sie gerichtete Handlung eine entsprechende Praxis setzen können.[1209] Im *North Sea Continantal Shelf Case* bezieht sich der IGH ausdrücklich auf die Praxis jener Staaten, deren Interessen besonders betroffen sind. Als erforderliche Voraussetzung für die

[1204] M. Sellers: The Sources of International Law, International Legal Theory 2, No. 2 (1996) 53-57, 54.

[1205] General Assembly, Draft conclusions on identification of customary international law, with commentaries, International Law Commission, Seventieth session, 2018, A/73/10, in Yearbook of the International Law Commission, 2018, Vol. II, Part Two, Conclusion 2.

[1206] Ebd., Conclusion 8.

[1207] H. Thirlway (2019): The Sources of International Law, Second Edition, 74.

[1208] Siehe etwa Case concerning Right of Passage over Indian Territory (Merits), Judgment of 12 April 1960, I.C.J. Reports 1960, p. 6, 40.

[1209] General Assembly, Draft conclusions on identification of customary international law, with commentaries, International Law Commission, Seventieth session, 2018, A/73/10, in Yearbook of the International Law Commission, 2018, Vol. II, Part Two, Conclusion 8 (4).

Bildung von Völkergewohnheitsrecht nennt der Gerichtshof eine umfassende, einheitliche Praxis, welcher allgemeine Anerkennung einer rechtlichen Verpflichtung entnommen werden kann.[1210] Beachtlich sind daher die Handlungen der unmittelbar betroffenen Staaten, welche durch entsprechende Praxis die Entstehung von Völkergewohnheitsrecht verhindern oder durch bewusste (Un-)Tätigkeit begünstigen können.[1211] An die Form dieser Handlungen werden keine besonderen Anforderungen gestellt, es kommen sowohl physische oder verbale Handlungen, wie auch bewusste Untätigkeit als relevante Staatenpraxis in Frage.[1212] Neben der Staatenpraxis ist als zweites kumulatives Element die Überzeugung dieser Staaten, die betreffende Handlung in Erfüllung einer rechtlichen Verpflichtung zu setzen (*opinio juris*), für die Bildung von völkergewohnheitsrechtlichen Normen erforderlich.[1213] Bei Vorhandensein entsprechender Staatenpraxis begleitet von der Überzeugung, die Handlungen seien nach Völkergewohnheitsrecht erlaubt, geboten oder verboten, entsteht Völkergewohnheitsrecht.[1214] Die Absicht oder Akzeptant, ein bestimmtes Verhalten als Regel anzusehen, bildet das subjektive Element der Voraussetzungen für die Bildung von Völkergewohnheitsrecht.[1215] Diesen Anforderungen entsprechend wird Völkergewohnheitsrecht in Art 38 IGH-Statut als „*international custom, as evidence of a general practice accepted as law*“ beschrieben.[1216]

ii. Untersuchung möglicher relevanter Staatenpraxis

Die Entstehung einer völkergewohnheitsrechtlichen Norm scheitert bereits am Fehlen relevanter Staatenpraxis, wie nachfolgend erläutert wird:

[1210] North Sea Continental Shelf, Judgment, I.C.J. Reports 1969, p. 3, para 74: „*the passage of only a short period of time is not necessarily, or of itself, a bar to the formation of a new rule of customary las ... [yet] an indispensable requirement would be that within the period in question, short though it might be, State practice, including that of States whose interests are specially affected, should have been both extensive and virtually uniform ... and should moreover have occurred in such a way as to show a general recognition that a rule of law or legal obligation is involved*“.

[1211] H. Thirlway (2019): The Sources of International Law, Second Edition, 75.

[1212] Ebd., 73.

[1213] General Assembly, Draft conclusions on identification of customary international law, with commentaries, International Law Commission, Seventieth session, 2018, A/73/10, in Yearbook of the International Law Commission, 2018, Vol. II, Part Two, Conclusion 9; H. Thirlway (2019): The Sources of International Law, Second Edition, 84f.

[1214] General Assembly, Draft conclusions on identification of customary international law, with commentaries, International Law Commission, Seventieth session, 2018, A/73/10, in Yearbook of the International Law Commission, 2018, Vol. II, Part Two, Conclusion 9 (2).

[1215] International Law Association (ILA), London Conference (2000) Committee on formation of Customary (General) International Law, Final Report of the Committee, Statement of Principles applicable to the Formation of General Customary International Law, Pt. III, 30, para 3: "*for some, consent or will that something be a rue of customary law and for others a belief that it is a rule*".

[1216] General Assembly, First report on formation and evidence of customary international law by Michael Wood, Special Rapporteur, International Law Commission, Sixty-fifth session, Geneva, 6 May-7 June and 8 July-9 August 2013, A/CN.4/663, para 29.

Für die Bildung von Völkergewohnheitsrecht ist die Toleranz bzw. Akzeptanz der Schutzhandlungen von IOs durch Drittstaaten entscheidend, die in dem Glauben erfolgen muss, in Erfüllung einer Rechtspflicht gegenüber der IO zu handeln.[1217] Im Rahmen dieser Arbeit bleibt daher das Verhalten von Drittstaaten, welche Zugriff auf betroffene Bedienstete haben, sowie der Grund für dieses Verhalten zu untersuchen. Akzeptieren betroffene Drittstaaten die Ausübung von funktionalem Schutz durch die IO, in dem Glauben, dazu verpflichtet zu sein, liegen entsprechende Staatenpraxis sowie die notwendige Rechtsüberzeugung für die Bildung einer völkergewohnheitsrechtlichen Bestimmung auf Ausübung von funktionalem Schutz durch IOs gegenüber Drittstaaten vor.[1218] Die Anforderungen an entsprechende Staatenpraxis sind jedoch nicht zu unterschätzen. Erforderlich ist das Vorhandensein konstanter, einheitlicher Praxis der betroffenen Staaten.[1219]

Bereits die Suche nach möglicher Praxis von Drittstaaten, welche Handlungen einer IO in Ausübung von funktionalem Schutz akzeptieren, gestaltet sich herausfordernd. Entsprechende Staatenpraxis müsste folgendermaßen aussehen: Drittstaaten setzen Handlungen gegen die Bediensteten der IO, welche die Ausübung von funktionalem Schutz durch die IO erforderlich machen. Denkbare Handlungen in diesem Zusammenhang sind (unrechtmäßige) Verhaftungen, Festnahmen, Drohungen oder vergleichbare Handlungen, welche die Bediensteten einer IO in eine tatsächliche oder potenzielle Gefahrenlage versetzen. Die IOs werden entsprechend schützend tätig und die Drittstaaten – in konstanter, einheitlicher Praxis – erlauben der IO Schutz auszuüben. Die Akzeptanz durch die betroffenen Staaten ließe sich dadurch ausdrücken, dass der IO z.B. erlaubt wird, die Inhaftierten zu kontaktieren, zu besuchen, ihnen rechtlichen Beistand zu leisten, eigene Ermittlungen durchzuführen und im Falle unrechtmäßiger Verhaftungen die Bediensteten zu befreien.[1220]

Faktisch ist diese Art von Praxis von Drittstaaten kaum identifizierbar. Die VN zählen 193 Mitgliedstaaten, weshalb es naheliegt, dass diese Organisation wohl kaum über Anwendungsfälle für die Identifikation von konstanter, einheitlicher Praxis betroffener Drittstaaten verfügt. Der untersuchten Praxis der VN konnten fast ausschließlich

[1217] General Assembly, Draft conclusions on identification of customary international law, with commentaries, International Law Commission, Seventieth session, 2018, A/73/10, in Yearbook of the International Law Commission, 2018, Vol. II, Part Two, 124f.

[1218] G. Schwarzenberger: The Inductive Approach to International Law, Harward Law Review 60, No. 4 (1947) 539-570, 562ff.

[1219] H. Thirlway (2019): The Sources of International Law, Second Edition, 74; Siehe etwa Case concerning Right of Passage over Indian Territory (Merits), Judgment of 12 April 1960, I.C.J. Reports 1960, p. 6, 40.

[1220] G. Schwarzenberger: The Inductive Approach to International Law, Harward Law Review 60, No. 4 (1947) 539-570, 562ff.

Anwendungsfälle im Verhältnis der VN und ihrer Mitgliedstaaten entnommen werden. Der Fall *Mahmoud Inbeh* handelte von einer Festnahme durch syrische Behörden (Mitgliedstaat der VN seit 24. Oktober 1945) im Jahr 1984 in Damaskus,[1221] in Libyen (Mitgliedstaat der VN seit 14. Dezember 1955) setzten sich die VN 1987 für die Freilassung ihrer Missionsmitglieder ein[1222] und auch in Afghanistan (Mitgliedstaat der VN seit 19. November 1946) kam es 1985 zur Festnahme von sechs Mitgliedern der VN-Mission[1223]. Die eben genannten Staaten, in welchen es zu Festnahmen von VN-Bediensteten und folglich zur Ausübung von funktionalem Schutz durch die Organisation gegenüber den Behörden dieser Staaten gekommen ist, waren im Zeitpunkt der relevanten Vorfälle bereits Mitgliedstaaten. Es scheint somit im Kontext der VN bereits an der faktischen Möglichkeit entsprechender Praxis von betroffenen Drittstaaten zu mangeln.

Einzig der Fall des Kenneth Marazanye zeigt Handlungen der VN in Ausübung von funktionalem Schutz gegenüber einem Drittstaat. Kenneth Marazanye, Staatsbürger von Simbabwe und Senior Driver with the Regional Office of the United Nations Commissioner for Namibia, wurde am 26. April 1984 in Namibia verhaftet. Namibia trat den VN erst einige Jahre nach diesem Vorfall bei, am 23. April 1990. Die Handlungen der VN im Jahr 1984 waren somit gegen einen Drittstaat gerichtet. Der zuständige Beamte der Dienststelle vor Ort setzte sich mit dem Leiter der Einwanderungsbehörde und dem Außenministerium in Verbindung, um den Sachverhalt der Verhaftung von Herrn Marazanye zu klären. Weiters strebte er die Zusammenarbeit mit der Regierung von Namibia an, um die sofortige Freilassung von Kenneth Marazanye zu erreichen. Mangels Kooperation der Behörden von Namibia wurde die Permanent Mission of Zambia to the United Nations um Unterstützung ersucht.[1224] Namibia reagierte auf die Handlungen der VN allerdings nicht. Eine Praxis der Akzeptanz liegt damit schon in diesem Einzelfall nicht vor.[1225]

Ein weiteres Praxisbeispiel ist der Bedrohungsfall des Chefanklägers des IStGH, Karim Khan, durch eine Gruppe von US-Senatoren der Republikanischen Partei. Im Mai 2024 erhielt Khan

[1221] Schreiben von James O. C. Jonah, Assistant Secretary-General, Office for Field Operational and external Support activities an Mr. Clayton C. Timbrell, Assistant Secretary-General for General Services, 10 May 1984, Mr. Mahmoud Inbeh, locally-recruited staff member of UNDOF in Damascus (Spray Painter (G-4) - Detention by the Syrian authorities).

[1222] Summary of Arrest and Detention Case in Chad, Staff Members: Ahmat ZAKARIA (UNDP), Alkaris ABISSO (WMO), 25 January 1988; Schreiben von Carl-August Fleischhauer, The Legal Counsel an Kofi Annan, Assistant Secretary General, Office for Human Resources and Management, 4 February 1988, Subject: Chad.

[1223] Schreiben von Somendu K. Banerjee, Resident Representative an Alice E. Weil, Assistant Secretary-General for General Services, 10 June 1985, Detained UN Staff Members in Afghanistan, Reference: ADM 250/26 No. 1365.

[1224] UN document Commissioner for Namibia, New York, File No. OCN 3-5, 7 May 1984.

[1225] Ebd.

einen Brief dieser US-Senatoren, worin sie ihm mit Folgen im Falle der Erlassung eines Haftbefehls gegen Netanyahu, den israelischen Premierminister, oder gegen andere Amtsträger Israels drohten. Presseberichten zufolge wurde Khan mit Aussagen wie *„Ziele Israel an und wir werden dich ins Visier nehmen*" davor gewarnt, gegen Mitglieder der israelischen Regierung aufgrund deren Handlungen im Gazastreifen vorzugehen.[1226] Der IStGH hat sofort öffentlich (z.B. auf Twitter) dazu Stellung genommen, die Notwendigkeit des Schutzes seiner Bediensteten betont und die Gruppe der US-Senatoren dazu aufgefordert, jegliche Drohungen gegen Bedienstete des IStGH zu unterlassen.[1227] In diesem Zusammenhang verwies der IStGH auf Art 70 des Römischen Statutes, wonach es sich bei der Behinderung oder Einschüchterung eines Bediensteten des Gerichtshofs oder Beeinflussung desselben durch Vorteilsgewährung mit dem Ziel, ihn zu zwingen oder zu veranlassen, seine Pflichten gar nicht oder nicht ordnungsgemäß wahrzunehmen, um eine Straftat gegen die Rechtspflege des IStGH handelt.[1228] Das Römische Statut wurde 1998 von 120 Gründungsstaaten unterzeichnet und bildet die Grundlage für die Tätigkeit des IStGH. Die Vereinigten Staaten von Amerika haben das Römische Statut allerdings nicht ratifiziert und unterliegen somit auch nicht den darin enthaltenen Bestimmungen.[1229] Daher ist die Ausübung von funktionalem Schutz durch den IStGH zugunsten seiner Bediensteten, hier zugunsten des Chefanklägers Khan, für die Bildung von Völkergewohnheitsrecht sehr relevant. Allerdings wurde von der amerikanischen Regierung auf den Protest des IStGH nicht weiter reagiert. Es gilt als regelmäßige Praxis von Staaten, insbesondere in Fällen wie eben geschildertem, Reaktionen der betroffenen IO zu ignorieren, womit die Akzeptanz einer Handlung durch die IO wohl eine Seltenheit darstellt.

Die Vertretung der EU durch über 140 EU-Delegationen und die Entsendung von EU-Missionen in Drittstaaten zeigt, dass vereinzelt Praxis vorliegen kann. Mehr als 140 EU-Delegationen vertreten die Europäische Kommission gegenüber Behörden und der

[1226] C. Kliver: Anklage gegen Israel: US-Senatoren bedrohen Chefankläger des Strafgerichtshofes, TELEPOLIS, 7.5.2024, abrufbar unter: https://www.telepolis.de/features/Anklage-gegen-Israel-US-Senatoren-bedrohen-Chefanklaeger-des-Strafgerichtshofes-9711271.html (zuletzt aufgerufen am 9.8.2024).

[1227] Int'l Criminal Court, Statement of the #ICC Office of the Prosecutor, 3. Mai 2024, Twitter, abrufbar unter: https://x.com/IntlCrimCourt/status/1786316229688414518 (zuletzt aufgerufen am 9.8.2024).

[1228] Art 70 Abs 1 lit d Rome Statute of the ICC: *„The Court shall have jurisdiction over the following offences against its administration of justice when committed internationally: d) Impeding, intimidating or corruptly influencing an official of the Court for the purpose of forcing or persuading the official not to perform, or to perform improperly, his or her duties*".

[1229] Bundesministerium für wirtschaftliche Zusammenarbeit und Entwicklung: Internationaler Strafgerichtshof (IStGH), Stand: 2024, abrufbar unter: https://www.bmz.de/de/service/lexikon/internationaler-strafgerichtshof-istgh-14550 (zuletzt aufgerufen am 9.8.2024).

Bevölkerung auf der ganzen Welt.[1230] Die EU-Delegationen zielen auf internationale Zusammenarbeit ab und nehmen Kernfunktionen des EAD wahr.[1231] Zudem führt die EU seit dem Jahr 2003 im Rahmen der Gemeinsamen Sicherheits- und Verteidigungspolitik (GSVP) zivile und militärische Missionen und Operationen in europäischen, afrikanischen und asiatischen Staaten durch.[1232] Ziel dieser Missionen und Operationen sind Friedenserhaltung, Konfliktprävention und Förderung internationaler Sicherheit. Aktuell wickelt die EU mehr als 20 aktive Missionen und Operationen zur Schaffung von Frieden und Sicherheit in diversen Empfangsstaaten ab.[1233] Diese Missionen und Operationen führen Missionsmitglieder als Bedienstete der EU in Drittstaaten wie Somalia,[1234] Armenien,[1235] Georgien,[1236] Mali,[1237] die Ukraine,[1238] den Irak[1239] und zahlreiche weitere Staaten.[1240] Im Zusammenhang mit den Missionen der EU in Drittstaaten kann Praxis der Akzeptanz der Ausübung von funktionalem Schutz durch Drittstaaten einer IO identifiziert werden.

Praxis eines Drittstaates in Form von Akzeptanz bestimmter Handlungen der EU in Ausübung von funktionalem Schutz zugunsten ihrer Bediensteten könnte z.B. in dem Fall *Missir Mamachi di Lusignano* identifiziert werden.[1241] *Di Lusignano* wurde im August 2006 als politischer und diplomatischer Berater in die Delegation der Kommission in Rabat entsandt.[1242] Im September

[1230] Directorate-General for Neighbourhood and Enlargement Negotiations: European Neighbourhood Policy and Enlargement Negotiations, abrufbar unter: https://neighbourhood-enlargement.ec.europa.eu/eu-delegations_en (zuletzt aufgerufen am 28.04.2024).

[1231] K. Gadd, V. Engström: EU delegations as intermediaries of perceptions of the EU: A view from the MENA region, Mediterranean Politics (2024) 2.

[1232] J. Borrell (2023): EU Missions and Operations, EU Common Security and Defence Policy (CSDP).

[1233] The Diplomatic Service of the European Union: European Union External Action, What we do: Policies and actions, Missions and Operations, 23.1.2023, abrufbar unter: https://www.eeas.europa.eu/eeas/missions-and-operations_en#9620 (zuletzt aufgerufen am 20.3.2024).

[1234] Weitere Informationen zur European Union Training Mission in Somalia (EUTM) abrufbar unter: https://www.eutm-somalia.eu/ (zuletzt aufgerufen am 16.04.2024) und zur European Union Capacity Building Mission (EUCAP) in Somalia abrufbar unter: https://www.eeas.europa.eu/eucap-som_en (zuletzt aufgerufen am 16.04.2024).

[1235] Weitere Informationen zur European Union Mission in Armenien (EUMA) abrufbar unter: https://www.eeas.europa.eu/euma_en?s=410283 (zuletzt aufgerufen am 16.04.2024).

[1236] Weitere Informationen zur European Union Monitoring Mission in Georgien (EUMM) abrufbar unter: https://www.eumm.eu/ (zuletzt aufgerufen am 16.04.2024).

[1237] Weitere Informationen zur European Union Capacity Building Mission in Mali (EUCAP) abrufbar unter: https://www.eeas.europa.eu/eucap-sahel-mali_en (zuletzt aufgerufen am 16.04.2024) und zur European Union Training Mission in Mali (EUTM) abrufbar unter: https://eutmmali.eu/ (zuletzt aufgerufen am 16.04.2024).

[1238] Weitere Informationen zur European Union Advisory Mission in der Ukraine (EUAM) abrufbar unter: https://www.euam-ukraine.eu/ (zuletzt aufgerufen am 16.04.2024) und zur European Union Military Assistance Mission in der Ukraine (EUMAM) abrufbar unter: https://www.euam-ukraine.eu/ (zuletzt aufgerufen am 16.04.2024).

[1239] Weitere Informationen zur European Union Advisory Mission in Irak (EUAM) abrufbar unter: https://www.euam-iraq.eu/en (zuletzt aufgerufen am 16.04.2024).

[1240] Siehe dazu The Diplomatic Service of the European Union: European Union External Action, What we do: Policies and actions, Missions and Operations, 23.1.2023, abrufbar unter: https://www.eeas.europa.eu/eeas/missions-and-operations_en#9620 (zuletzt aufgerufen am 20.3.2024).

[1241] EU Civil Service Tribunal, Missir Mamachi di Lusignano v. Commission, 12 May 2011, Case F-50/09.

[1242] Ebd., para 18.

2006 wurden er und seine Frau in einem von der EU zur Verfügung gestellten Diensthaus in Marokko ermordet. Der Täter, Karim Zimach, wurde von den marokkanischen Behörden aufgegriffen, verhaftet und später für die Morde verurteilt.[1243] Die Europäische Kommission beteiligte sich als Nebenklägerin an dem Verfahren gegen Zimach und stellte Rechtsanwälte bei, wodurch sie ihr Interesse an der Strafverfolgung von Zimach zum Ausdruck brachte.[1244] Der Definition von funktionalem Schutz dieser Arbeit zufolge, handelt es sich in diesem Fall allerdings nicht um die Ausübung von funktionalem Schutz durch die EU zugunsten ihres Bediensteten. Schließlich wurde funktionaler Schutz eingangs definiert als *der Schutz, den eine IO im Rahmen ihrer Möglichkeiten zugunsten ihrer Bediensteten ausübt, um eine Gefährdungslage der Bediensteten abzuwenden oder sie aus einer Gefahrenlage zu befreien.*[1245] Die EU hätte vielmehr bereits durch das Setzen präventiver Handlungen in Ausübung von funktionalem Schutz, wie der Bereitstellung einer sicheren Unterkunft oder entsprechender Schutzmaßnahmen, den Eintritt der Gefahrensituation verhindern sollen. Der EU war das Setzen von Handlungen in Ausübung von funktionalem Schutz nicht mehr möglich, da *di Lusignano* und seine Frau bereits verstorben waren und eine Befreiung aus einer Gefahrenlage daher ausgeschlossen war. Obwohl Marokko als Drittstaat offenbar die Handlungen der EU in der Beistellung von Rechtsanwälten und der Beteiligung am Strafverfahren gegen Zimach akzeptierte, können diese Handlungen – mangels der Erfüllung der Definition von funktionalem Schutz – nicht als entsprechende Praxis berücksichtigt werden.[1246]

iii. Folgen des Fehlens relevanter Staatenpraxis

Wie die eben dargestellten Fälle zeigen, stellt die Praxis der EU zB zwar einen Bezug zu Drittstaaten her, beinhaltet jedoch keine Handlungen gemäß der Definition von funktionalem Schutz. Aufgrund der hohen inhaltlichen Anforderung an die Identifikation von konsistenter, einheitlicher Praxis als erste Voraussetzung für die Bildung von Völkergewohnheitsrecht,[1247] kann festgehalten werden, dass eine solche Praxis – soweit erkennbar – nicht vorliegt. Auf die zweite Voraussetzung der Bildung von Völkergewohnheitsrecht, die *opinio juris*, wird an dieser

[1243] S. Saluzzo: Implementation of the Duty of Care by the European Union in A. de Guttry et al. (eds.) (2018): The Duty of Care of International Organizations Towards Their Civilian Personnel 209-241, 234f; EU Civil Service Tribunal, Missir Mamachi di Lusignano v. Commission, 12 May 2011, Case F-50/09, para 22.

[1244] S. Saluzzo: Implementation of the Duty of Care by the European Union in A. de Guttry et al. (eds.) (2018): The Duty of Care of International Organizations Towards Their Civilian Personnel 209-241, 234f.

[1245] Für Ausführungen zur Herleitung dieser Definition siehe Kapitel C.I.

[1246] Siehe zur Ausführung, welche Handlungen in der hier verwendeten Definition von funktionalem Schutz enthalten sind, Kapitel A.II.1.

[1247] Siehe etwa Case concerning Right of Passage over Indian Territory (Merits), Judgment of 12 April 1960, I.C.J. Reports 1960, p. 6, 40.

Stelle daher nicht eingegangen. Die Untersuchung muss bereits an dieser Stelle zu einem negativen Ergebnis kommen. Die Entstehung von Völkergewohnheitsrecht erfordert sowohl Staatenpraxis als auch *opinio juris*.[1248] Bereits das Fehlen einer dieser kumulativen Voraussetzungen führt zu dem Ergebnis, dass keine völkergewohnheitsrechtliche Norm identifiziert werden kann.[1249] Folglich kommt IOs gegenüber Drittstaaten kein Recht auf Ausübung von funktionalem Schutz zugunsten ihrer Bediensteten auf Basis einer völkergewohnheitsrechtlichen Norm zu.

c. Ergebnis: Das Schutzrecht einer Internationalen Organisation gegenüber Drittstaaten

Abschließend kann zum Recht einer IO auf Ausübung von funktionalem Schutz gegenüber einem Drittstaat festgehalten werden, dass ein solches nur im Falle einer vertraglichen Vereinbarung zwischen der IO und dem betroffenen Drittstaat besteht.

Die Satzung einer IO entfaltet gegenüber Drittstaaten grundsätzlich keine bindende Wirkung,[1250] weshalb diese als Grundlage für ein Recht der IO auf Ausübung von funktionalem Schutz zugunsten ihrer Bediensteten gegenüber Drittstaaten nicht in Frage kommt.[1251] Die Bildung einer völkergewohnheitsrechtlichen Norm scheitert bereits an dem Fehlen konstanter, einheitlicher Praxis von Drittstaaten, durch welche eine Akzeptanz der Handlungen von IOs in Ausübung von funktionalem Schutz zugunsten ihrer Bediensteten zum Ausdruck kommt.[1252] Darüber hinaus liegen keine Anhaltspunkte für das Bestehen eines allgemeinen Rechtsgrundsatzes vor, welcher das Recht einer IO auf Ausübung von funktionalem Schutz zugunsten ihrer Bediensteten gegenüber Drittstaaten beinhaltet. Allgemeine Rechtsgrundsätze kommen grundsätzlich lückenfüllend und im Rahmen der Auslegung von vertraglichen Bestimmungen zur Anwendung.[1253] Das Bestehen eines Rechts auf Ausübung von funktionalem Schutz einer IO zugunsten ihrer Bediensteten gegenüber einem Drittstaat als allgemeiner Rechtsgrundsatz erscheint daher als äußerst unwahrscheinlich, weshalb es nicht verwundert, dass ein solcher nicht ersichtlich ist.

[1248] Art 38 Abs 1 lit b IGH-Statut.

[1249] General Assembly, Draft conclusions on identification of customary international law, with commentaries, International Law Commission, Seventieth session, 2018, A/73/10, in Yearbook of the International Law Commission, 2018, Vol. II, Part Two, 124f.

[1250] Die VN stellen aufgrund ihrer objektiven Völkerrechtspersönlichkeit den Ausnahmefall dar, siehe dazu Kapitel C.III.2.

[1251] G. Ullrich (2018): The Law of the International Civil Service, 57.

[1252] Siehe dazu Kapitel C.VIII.4.b.

[1253] M. Andenas (2019): General Principles and the Coherence of International Law, 9f; H. Thirlway (2019): The Sources of International Law, Second Edition, 111.

IOs verbleibt somit die Möglichkeit, mit Drittstaaten vertragliche Vereinbarungen über das Bestehen eines Rechts auf Ausübung von funktionalem Schutz zugunsten ihrer Bediensteten zu treffen. Im Falle einer aufrechten vertraglichen Vereinbarung zwischen einer IO und einem Drittstaat wird argumentiert, dass das Recht der IO auf Ausübung von funktionalem Schutz sowohl explizit im Rahmen einer solchen Vereinbarung festgelegt werden kann, oder, mangels einer solchen Festlegung, auch als notwendigerweise beabsichtigt der Vereinbarung implizit entnommen werden kann. Dies gilt sowohl bei Gaststaatabkommen zwischen einer IO und einem Drittstaat als Gaststaat dieser (Kapitel C.VIII.4.a.i), als auch bei Vereinbarungen über den Status von Streitkräften oder den Status von Missionen einer IO mit einem Drittstaat (Kapitel C.VIII.4.a.ii).

Insbesondere im Falle von gefahrengeneigten Tätigkeiten der IO bzw. der IO-Bediensteten erscheint eine solche Regelung jedenfalls empfehlenswert und ist in Anbetracht der organisationsinternen Sorgfaltspflicht gegenüber Bediensteten auch notwendig.[1254]

5. Die Reichweite des Rechts einer Internationalen Organisation auf Ausübung von funktionalem Schutz gegenüber Drittstaaten

Für das Recht einer IO auf Ausübung von funktionalem Schutz gegenüber Drittstaaten kommt es auch für die Reichweite auf die konkrete Vereinbarung an. IOs können in Gaststaatabkommen oder Vereinbarungen über den Status Festlegungen betreffend die zulässigen Handlungen in Ausübung von funktionalem Schutz treffen. Ergibt sich das Recht einer IO auf Ausübung von funktionalem Schutz gegenüber einem Drittstaat, mangels expliziter Bestimmung, als notwendigerweise beabsichtigt aus dieser Vereinbarung, fehlen damit auch Regelungen zu konkret zulässigen Handlungen der IO. Auch bei expliziter Festlegung dieses Rechts können Vorgaben zur Reichweite in der Vereinbarung fehlen.

In diesen Fällen kann für die Reichweite des Rechts von IOs gegenüber Drittstaaten lückenfüllend auf eine analoge Deduktion aus Art 3 Abs 1 lit b WÜD und Art 36 WÜK zurückgegriffen werden. Dazu wird auf die Ausführungen in Kapitel C.VIII.3.b verwiesen, welche hier auch für Drittstaaten zutreffend sind. Soweit eine Vereinbarung zwischen IO und Drittstaat, zB in Form eines Gaststaatabkommens oder einer Vereinbarung über den Status besteht und darin ein Recht der IO auf Ausübung von funktionalem Schutz explizit vorgesehen ist oder sich daraus als notwendigerweise beabsichtigt entnehmen lässt, kann dieses Recht mittels analoger Deduktion aus Art 3 Abs 1 lit b WÜD und Art 36 WÜK konkretisiert werden.

[1254] Für nähere Ausführungen zur Pflicht zur Ausübung von funktionalem Schutz durch IOs siehe Kapitel C.VII.

Somit kann grundsätzlich auch von einem Gleichklang der Reichweite von Pflicht und Recht einer IO gegenüber Drittstaaten gesprochen werden, soweit die IO mit dem Drittstaat eine entsprechende Vereinbarung geschlossen hat. Hierzu wird auf die Ausführungen in Kapitel C.VIII.3.c verwiesen. Um ihrer Sorgfaltspflicht zu entsprechen, müssen IOs bei Tätigwerden ihrer Bediensteten in einem Drittstaat eine Vereinbarung treffen, um entsprechende Schutzrechte zugunsten dieser vorsehen zu können.

D. Folgen der Nicht-Ausübung von Funktionalem Schutz

I. Haftungsrechtliche Aspekte für Internationale Organisationen

Trotz Bestehen des Rechts von IOs auf Ausübung von funktionalem Schutz, machen IOs oftmals keinen oder nur in eingeschränktem Ausmaß Gebrauch davon und verletzen damit die organisationsinterne Pflicht gegenüber ihren Bediensteten auf Ausübung zugunsten dieser. Obwohl das interne Verwaltungsgericht der Internationalen Arbeitsorganisation in dem Fall *JURADO* den Anwendungsbereich von funktionalem Schutz mangels Bezugs des privaten Scheidungsverfahrens von Herrn Jurado zu seiner Tätigkeit für die Organisation nicht als eröffnet erachtete, traf das Verwaltungsgericht eine für die Pflicht von IOs auf Ausübung von funktionalem Schutz wichtige Aussage: „*while by virtue of a general principle concerning the rights of the international civil service (Cf. Reparation for Injuries [...]) it is the duty of the ILO to protect and assist its officials in the performance of their functions or in connection therewith*".[1255]

Eine Nicht-Beachtung dieser Pflicht birgt haftungsrechtliche Folgen für die IO, wie auch die Fallpraxis zeigt.[1256] Der internationalen Rechtspersönlichkeit von IOs folgen Rechte sowie Pflichten,[1257] wodurch IOs für ihre Handlungen eigenständig – losgelöst von ihren Mitgliedstaaten[1258] – verantwortlich sind und für die Verletzung ihrer Pflichten zur Verantwortung gezogen werden können.[1259] IOs obliegt es bei Verstößen gegen internationale Verpflichtungen Wiedergutmachung zu leisten.[1260] Die Pflicht von IOs auf Ausübung von funktionalem Schutz besteht im Innenverhältnis zwischen der IO und ihren Bediensteten. Dabei handelt es sich somit nicht um eine internationale, sondern vielmehr um eine organisationsinterne Verpflichtung.[1261] Individuen stehen dabei oftmals vor prozessualen Herausforderungen in der Durchsetzung ihrer Rechte auf Kompensation des erlittenen Schadens gegenüber der IO als ihre (ehemalige) Dienstgeberin. Ansprüche aus dem

[1255] International Labour Organization Administrative Tribunal (ILOAT), In re JURADO Judgment No. 70, 7 July 2000, 5. Für die nähere Darstellung der Entscheidung siehe Kapitel C.VII.6.c.

[1256] Siehe zur Haftung von IOs gegenüber ihren Bediensteten auch F. Knur (2020): Individuelle Rechtspositionen gegenüber internationalen Organisationen, Schriften zum Völkerrecht 240, 151; Für die weiterführende Darstellung der Fallpraxis siehe Kapitel D.II.3.

[1257] M. Breuer: Die Völkerrechtspersönlichkeit Internationaler Organisationen, Archiv des Völkerrechts 49, No. 1 (2011) 4-33, 6.

[1258] Anders gestaltet sich dies im Falle der OSZE. Aufgrund ihrer unklaren rechtlichen Position ist nicht geklärt, ob die Organisation selbst oder die Mitgliedstaaten für ihre Handlungen zur Haftung zu ziehen sind.

[1259] F. Capone: Victims' Right to Reparation and the Residual Application of Diplomatic and/or Functional Protection in A. de Guttry et al. (eds.) (2018): The Duty of Care of International Organizations Towards Their Civilian Personnel 457-480, 461.

[1260] Ebd. 460f.

[1261] Siehe dazu die Ausführungen in Kapitel C.VII.

Ergänzende Information Die elektronische Version dieses Kapitels enthält Zusatzmaterial, auf das über folgenden Link zugegriffen werden kann https://doi.org/10.1007/978-3-658-49483-4_4.

M. R. Rudigier, *Die Ausübung von funktionalem Schutz durch Internationale Organisationen zugunsten ihrer Bediensteten*,
https://doi.org/10.1007/978-3-658-49483-4_4

Arbeitsverhältnis mit einer IO werden schließlich regelmäßig durch internationale Verwaltungsgerichte entschieden, welche auf Basis der Satzung von IOs eingerichtet werden.[1262]

II. Die Immunität von Internationalen Organisationen

1. Die Immunität von Internationalen Organisationen als Verfahrenshindernis bei der Geltendmachung von Ansprüchen Bediensteter vor nationalen Gerichten

Die Immunität von IOs versperrt ihren Bediensteten den Weg, von ihren Dienstgebenden Kompensation wegen Pflichtverletzungen – wie mangelnder oder mangelhafter Ausübung von funktionalem Schutz – vor nationalen Gerichten zu fordern.[1263] Die Immunität von IOs findet ihren Ursprung in den Anstrengungen, die Funktionsfähigkeit von IOs sicherzustellen, indem ihre Unabhängigkeit gewährleistet und das Eingreifen einzelner Mitgliedstaaten in organisationsinterne Belange unterbunden wird.[1264] Die Sicherstellung des unabhängigen Funktionierens der IO darf allerdings nicht dem Grundrechtsschutz ihrer Bediensteten zuwiderlaufen. IOs obliegt daher die Pflicht, ihren Bediensteten angemessenen Rechtsschutz zu gewähren.[1265] Durch die Schaffung eines Ausgleichs zwischen dem Interesse einer IO auf Aufrechterhaltung ihrer Immunität und dem Interesse ihrer Bediensteten auf angemessenen Rechtsschutz, soll sichergestellt werden, dass die Immunität einer IO das Recht auf Zugang zu Gericht der Bediensteten nicht unverhältnismäßig einschränkt.[1266]

Waite and Kennedy[1267] löste eine Trendwende im Recht der Immunität von IOs aus, da der Gerichtshof erstmals ausdrücklich anerkannte, dass die Immunität von IOs das Recht von Individuen auf Zugang zu Gericht verletzen könne.[1268] *Waite and Kennedy* handelte von zwei Leiharbeitern der ESA, welche die Organisation aufgrund eines arbeitsrechtlichen Konfliktes

---

[1262] C. F. Amerasinghe (1994): The Law of the International Civil Service (as Applied by International Administrative Tribunals), Second Revised Edition, Vol. 1, 42ff.; F. Capone: Victims‘ Right to Reparation and the Residual Application of Diplomatic and/or Functional Protection in A. de Guttry et al. (eds.) (2018): The Duty of Care of International Organizations Towards Their Civilian Personnel 457-480, 460.

[1263] G. Ullrich (2009): Das Dienstrecht der Internationalen Organisationen, 72.

[1264] T. J. O'Toole: Sovereign Immunity Redivivus: Suits against International Organizations, Suffolk Transnational Law Journal 4, No. 1 (1980) 1-16, 9f.

[1265] A. Reinisch, U. A. Weber: In the Shadow of Waite and Kennedy, The Jurisdictional Immunity of International Organizations, the Individual's Right of Access to the Courts and Administrative Tribunals as Alternative Means of Dispute Settlement, International Organizations Law Review 1 (2004) 59-110, 65.

[1266] G. Ullrich: Die Immunität internationaler Organisationen von der einzelstaatlichen Gerichtsbarkeit, Zeitschrift für ausländisches öffentliches Recht und Völkerrecht 71 (2011) 157-167, 163.

[1267] Waite and Kennedy v. Germany, Application No 26083/94, Judgment of 18 February 1999, EGMR 13 (kurz "Waite and Kennedy").

[1268] Waite and Kennedy, para 67: "*there may be implications as to the protection of fundamental rights*". Siehe dazu auch H.G. Schermers, N.M. Blokker (2018): International Institutional Law, §544A.

vor einem deutschen Gericht klagten. Das angerufene, nationale Gericht sah allerdings aufgrund der Immunität dieser IO von einer Entscheidung ab. Daraufhin brachten die Bediensteten der ESA den Fall vor den EGMR, welcher ausführte, es sei zwischen den Interessen des Klägers und den Interessen der IO abzuwägen. In dieser Sache seien somit konkret die Interessen der ehemaligen Bediensteten der ESA auf angemessenen Rechtsschutz den Interessen der IO auf Aufrechterhaltung ihres unabhängigen Funktionierens (durch Achtung ihrer Immunität) gegenüberzustellen. Im Sinne des Funktionierens der Organisation und der Aufrechterhaltung ihrer unabhängigen Aufgabenerfüllung sei ein Ablehnen ihrer Immunität rechtlich nur zulässig, soweit das Verhältnismäßigkeitsgebot dies erfordert. Das Fehlen angemessener Rechtsschutzmöglichkeiten bzw. mangelnde Zurverfügungstellung solcher durch IOs stelle einen solchen Fall dar.[1269] In *Waite and Kennedy* nannte der EGMR das ESA Appeals Board als Möglichkeit einer effektiven und unabhängigen Überprüfung der Entscheidungen dieser IO in dienstlichen Angelegenheiten.[1270] Damit seien alternative Rechtsschutzinstrumente gegeben, weshalb die Immunität der ESA aufrechtzuhalten war.[1271]

Der EGMR traf damit erstmals klare Vorgaben dahingehend, wie weit die Immunität einer IO zu achten sei und wann eine Verhältnismäßigkeitsabwägung dazu führen müsse, dass das Grundrecht auf Zugang zu Gericht Vorrang habe und das nationale Gericht die Immunität der IO aufzuheben habe.[1272] Daraus lässt sich ableiten, dass die Immunität einer IO durch ein nationales Gericht aufzuheben ist, wenn den Bediensteten organisationsinterne Rechtschutzinstrumente nicht oder nicht in der erforderlichen Qualität als alternative Möglichkeiten zur Verfügung stehen. Die Achtung des Rechts von Individuen auf Zugang zu Gericht würde eine Einschränkung der funktionalen Unabhängigkeit der IO erfordern.[1273] Um nicht den nationalen Gerichten aufgrund einer Aberkennung der Immunität ausgeliefert zu sein, versuchten viele Organisationen organisationsinterne Rechtschutzeinrichtungen aufzubauen

[1269] Waite and Kennedy, para 68: "*a material factor in determining whether granting [...] immunity from [...] jurisdiction is permissible is whether the applicants had available to them reasonable alternative means to protect effectively their rights under the Convention.*"

[1270] In Waite and Kennedy, para 69 wird das ESA Appeals Board als "*independent of the Agency*" beschrieben. Damit ist ein wichtiger Punkt erfüllt, um als alternative Möglichkeit zu einem Zugang zum nationalen Gericht angesehen zu werden.

[1271] Die Ausführungen dazu finden sich in Waite and Kennedy, para 73.

[1272] Die wesentliche Ausführung des Gerichts dazu findet sich in Waite and Kennedy, para 72: "*[...] the test of proportionality cannot be applied in such a way as to compel an international organisation to submit itself to national litigation in relation to employment condition prescribed under national labour law. [...] its guarantee of access to court as necessarily requiring the application of national legislation in such matters would, in the Court's view, thwart the proper functioning of international organisations [...]*".

[1273] A. Reinisch, U. A. Weber: In the Shadow of Waite and Kennedy, The Jurisdictional Immunity of International Organizations, the Individual's Right of Access to the Courts and Administrative Tribunals as Alternative Means of Dispute Settlement, International Organizations Law Review 1 (2004) 59-110, 65f.

oder bestehende weiter auszubauen. Die Organisationen verfolgten damit das Ziel, den Ansprüchen der angemessenen Alternativen iSd *Waite and Kennedy* Entscheidung gerecht zu werden und damit die Achtung ihrer Immunität durch nationale Gerichte zu erzielen.[1274]

2. Adäquate alternative Rechtschutzmöglichkeiten für Bedienstete von Internationalen Organisationen bei der Geltendmachung von Ansprüchen

Internationale Verwaltungsgerichte ersetzen durch Gerichtsentscheidungen – als jüngere Entwicklung im organisationsinternen Recht – die zuvor von Exekutivorganen der IO getroffenen Verwaltungsentscheidungen.[1275] Als klare Erkenntnis aus *Waite and Kennedy* ergibt sich eine mögliche Verletzung des Grundrechts auf Zugang zu Gericht aufgrund der Immunität einer IO, soweit organisationsintern keine adäquate Rechtschutzmöglichkeit als Alternative zur Verfügung steht.[1276] Der Immunität von IOs folgt somit deren Pflicht zur Bereitstellung adäquater alternativer Rechtschutzmöglichkeiten.[1277] Daraus ergibt sich weiter, dass ein Vorgehen gegen die IO vor einem nationalen Gericht nur dann möglich sein wird (weil nicht durch die Immunität der IO versperrt), wenn keine oder keine adäquaten alternativen Rechtschutzmöglichkeiten verfügbar sind.[1278] Rein die Verfügbarkeit alternativer Rechtschutzmöglichkeiten genügt den Anforderungen an das Grundrecht auf Zugang zu Gericht nicht, es kommt vielmehr auf die Adäquanz der alternativen Rechtschutzmöglichkeiten an.[1279] Wirksamkeit bzw. Effizienz der alternativen Rechtschutzmöglichkeiten bildet ein wesentliches Kriterium in der Determinierung ihrer Adäquanz. Alternative Rechtschutzmöglichkeiten erfüllen dieses Kriterium durch die Sicherstellung des wirksamen Schutzes der Grundrechte betroffener Individuen und die Gewährleistung der Gleichwertigkeit organisationsinterner und nationaler Standards im Verfahren.[1280] Die betroffenen Individuen

---

[1274] A. Reinisch: To What Extent Can and Should National Courts 'Fill the Accountability Gap'?, International Organizations Law Review 10 (2013) 572-587, 587.

[1275] F. Capone: Victims' Right to Reparation and the Residual Application of Diplomatic and/or Functional Protection in A. de Guttry et al. (eds.) (2018): The Duty of Care of International Organizations Towards Their Civilian Personnel 457-480, 463.

[1276] A. Reinisch: Das Recht auf Zugang zu Gericht und völkerrechtliche Immunität in Österreich, in C. Jabloner, et al. (Hrsg.) (2011): Vom praktischen Wert der Methode, 631-648, 639.

[1277] General Assembly, Fourth Report on Relations between States and International Organizations (Second Part of the Topic) by Leonardo Diaz-Gonzalez, Special Rapporteur, International Law Commission, Forty-first Session, Geneva, 2 May-21 July 1989, A/CN.4/424, para 59: "*obligation imposed on international organizations to institute a judicial system for the settlement of conflicts or disputes in which they may become involved*".

[1278] A. Reinisch, U. A. Weber: In the Shadow of Waite and Kennedy, The Jurisdictional Immunity of International Organizations, the Individual's Right of Access to the Courts and Administrative Tribunals as Alternative Means of Dispute Settlement, International Organizations Law Review 1 (2004) 59-110, 68.

[1279] Waite and Kennedy, para 68: "*reasonable alternative means to protect effectively their rights*".

[1280] A. Reinisch, U. A. Weber: In the Shadow of Waite and Kennedy, The Jurisdictional Immunity of International Organizations, the Individual's Right of Access to the Courts and Administrative Tribunals as Alternative Means of Dispute Settlement, International Organizations Law Review 1 (2004) 59-110, 94f.

dürfen somit vor dem internationalen Verwaltungsgericht nicht schlechter gestellt sein, als sie vor einem nationalen Gericht wären.[1281] Neben der Anforderung an die Wirksamkeit bzw. Effizienz der alternativen Rechtschutzmöglichkeiten ist die Unabhängigkeit der Richter an den Verwaltungsgerichten und die Achtung grundlegender Verfahrensprinzipien notwendig.[1282] Bei Erfüllung der Kriterien für das Vorhandensein adäquater alternativer Rechtschutzmöglichkeiten steht den Bediensteten von IOs bei Konflikten mit ihren Dienstgebenden somit einzig der Weg vor internationale Verwaltungsgerichte offen.[1283] Die Verwaltungsgerichte einzelner IOs sind in ihren Ausgestaltungsformen weitgehend ident, da bei der Errichtung einer internen Rechtsschutzeinrichtung regelmäßig ein bereits bestehendes Verwaltungsgericht zum Vorbild genommen wird.[1284] Nachfolgend werden Entscheidungen organisationsinterner Verwaltungsgerichte im Zusammenhang mit unterlassender Achtung der Pflicht dieser IOs auf Ausübung von funktionalem Schutz dargestellt. Einen Großteil dieser Entscheidungen traf, neben dem Verwaltungsgericht des Europarates in der Sache Renate Zikmund (I and II) v. Secretary General, das Verwaltungsgericht der Internationalen Arbeitsorganisation (ILOAT). Dies liegt an der Zuständigkeit des ILOAT für die Personalstreitigkeiten von 58 IOs, zusätzlich zur ILO selbst.[1285] Die VN hingegen verfügen über ein eigenes Verwaltungsgerichtssystem, bestehend aus dem UNDT und dem UNAT.[1286] Dasselbe gilt für die Weltbank (WB), welche mit dem WBAT ebenfalls über ihr eigenes organisationsinternes Verwaltungsgericht verfügt.[1287]

[1281] Dies kann etwa den Anforderungen an ein faires Verfahren nach Art 14 IPBPR entnommen werden. In Anbetracht unterschiedlicher menschenrechtlicher Vorgaben im nationalen Recht kann die Stellung der Individuen abhängig vom Heimatstaat divergieren.

[1282] Ebd. 102ff.

[1283] G. Ullrich: Die Immunität internationaler Organisationen von der einzelstaatlichen Gerichtsbarkeit, Zeitschrift für ausländisches öffentliches Recht und Völkerrecht 71 (2011) 157-167, 164f; G. Ullrich (2018): The Law of the International Civil Service, 430f.

[1284] G. Ullrich (2009): Das Dienstrecht der Internationalen Organisationen, 392ff.

[1285] F. Capone: Victims‘ Right to Reparation and the Residual Application of Diplomatic and/or Functional Protection in A. de Guttry et al. (eds.) (2018): The Duty of Care of International Organizations Towards Their Civilian Personnel 457-480, 464. Zur Entstehung und Geschichte des UNDT und UNAT siehe H.G. Schermers, N.M. Blokker (2018): International Institutional Law, §643.

[1286] Statute of the United Nations Dispute Tribunal (adopted 24 December 2008) by UNGA Res 63/253 GAOR 63rd Session Supp 49, Vol. 1, 503 und Statute of the United Nations Appeals Tribunal (adopted 24 December 2008) by UNGA Res UNGA Res 63/253 GAOR 63rd Session Supp 49, Vol. 1, 503. Zur Entstehung und Geschichte des UNDT und UNAT siehe H.G. Schermers, N.M. Blokker (2018): International Institutional Law, §642.

[1287] Statute of the Administrative Tribunal of the International Bank for Reconstruction and Development, International Development Association and International Finance Corporation as adopted by the Board of Governors on 30 April 1980, and amended on 31 July 2001 and 18 June 2009 ("Statute of the World Bank Administrative Tribunal"). Zur Entstehung und Geschichte des UNDT und UNAT siehe H.G. Schermers, N.M. Blokker (2018): International Institutional Law, §645.

3. Ein Überblick relevanter Entscheidungen internationaler Verwaltungsgerichte

In dem bereits mehrfach zitierten Fall *A. v. Internationaler Strafgerichtshof* vom 26. Juni 2018[1288] stellte das ILOAT eine Verletzung der Fürsorgepflicht durch den IStGH mangels ordnungsgemäßer Vorbereitung der Mission und unzureichendem Schutz der Missionsbeteiligten vor möglichen Gefahren wie unrechtmäßigen Festnahmen fest.[1289] Aufgrund dieser Verletzung sprach das Gericht dem Beschwerdeführer und Herrn P. L., durch den IStGH zu zahlenden, moralischen Schadenersatz in Höhe von insgesamt EUR 340.000 zu.[1290] Ebenso erkannte das Verwaltungsgericht des Europarates in *Renate Zikmund (I and II) v. Secretary General* vom 30. Oktober 2009 dem Beschwerdeführer aufgrund von mangelndem Schutz vor Mobbing durch die Organisation Schadenersatz in Höhe von EUR 30.000 zu.[1291] Nachdem das Gericht für den öffentlichen Dienst der EU in *Livio Missir Mamachi di Lusignano v. European Commission* vom 12. Mai 2011[1292] den Anspruch abgelehnt hatte,[1293] erklärte das Europäische Gericht (EuG) die europäische Kommission für die Nichterfüllung der Verpflichtung zur Bereitstellung einer sicheren Unterkunft haftbar und setzte einen Schadenersatz in Höhe von EUR 3 MIO fest.[1294] Der Fall *Grasshoff* vom 24. April 1980 handelt von einem ehemaligen Bediensteten der WHO, welcher während eines Einsatzes in Ostpakistan von einer Bombe getroffen und schwer verletzt wurde. Die WHO habe ihn in dieses Gebiet geschickt und damit wissentlich den Gefahren des vorherrschenden Bürgerkrieges ausgesetzt, wodurch die Organisation grob fahrlässig seine körperliche Unversehrtheit gefährdet habe. Das Verwaltungsgericht der Internationalen Arbeitsorganisation folgte der Ansicht des Klägers und verpflichtete die WHO zur Zahlung einer Entschädigung von Dollar 16.000.[1295]

Eben dargestellte Fälle kennzeichnet, dass die IOs das Setzen präventiver Maßnahmen verabsäumt und funktionalen Schutz zugunsten ihrer Bediensteten unzureichend gewährleistet haben, weshalb die Gefährdungslage der Bediensteten nicht abgewandt wurde. In *A. v. Internationaler Strafgerichtshof* wurde mangels ordnungsgemäßer Vorbereitung der Mission

---

1288 International Labour Organization Administrative Tribunal (ILOAT), A. v. ICC, 126th Session, Judgment No. 4003, 26 June 2018, para 16.
1289 Für eine ausführliche Darstellung siehe Kapitel C.I.3.
1290 International Labour Organization Administrative Tribunal (ILOAT), A. v. ICC, 126th Session, Judgment No. 4003, 26 June 2018, 11.
1291 Council of Europe Administrative Tribunal, Renate Zikmung (I and II) v. Secretary General, 20 February 2009, Appeals Nos. 414/2008 and 459/2009, para 56.
1292 Für eine ausführliche Darstellung siehe Kapitel C.VIII.4.b.
1293 EU Civil Service Tribunal, Missir Mamachi di Lusignano v. Commission, 12 May 2011, Case F-50/09, paras 173f.
1294 General Court of the European Union, Missir Mamachi di Lusignano and Others v. Commission, 7 December 2017, Case T-401/11 P RENV-RX, para 171.
1295 International Labour Organization Administrative Tribunal (ILOAT), In re Grasshoff (Nos 1 and 2), 24 April 1980, Judgment No. 402, para 1.

die Gefahrenlage der Festnahme des Bediensteten nicht verhindert. In *Renate Zikmund (I and II) v. Secretary General* wurde das Mobbing des Bediensteten mangels ausreichender Vorkehrungen durch die IO nicht abgewandt. Im Fall *Livio Missir Mamachi di Lusignano v. European Commission* führte die Unterlassung der Bereitstellung einer sicheren Unterkunft zur Tötung des Bediensteten und im Fall *Grasshoff* wurde der Bedienstete wissentlich den Gefahren des vorherrschenden Bürgerkrieges ausgesetzt, wodurch die Gefahrensituation der Bombenexplosion hervorgerufen wurde, welche zu einer schweren Verletzung des Bediensteten führte.

Abhängig von der konkreten Gefahrenlage ist eine Befreiung des Bediensteten teilweise noch möglich. Im Fall der Tötung von Livio Missir Mamachi di Lusignano und der schweren Verletzungen von Grasshoff bestand diese Möglichkeit nicht mehr, da keiner dieser Eingriffe beendet werden konnte. Hingegen im Mobbingfall von Renate Zikmund sowie im Fall der Verhaftung von A. ist eine Beendigung dieser Situation bzw. eine Befreiung daraus möglich. Hier kommt reaktiven Handlungen der IO im Rahmen des funktionalen Schutzes Bedeutung zu. In dem Fall *A. v. Internationaler Strafgerichtshof* wurden reaktive Handlungen als Element des funktionalen Schutzes von dem Verwaltungsgericht thematisiert, indem dieses in seiner Entscheidung feststellte, dass die Beschwerdeführerin und ihre Kollegen „*after intense diplomatic efforts*" aus der Haft entlassen wurden.[1296] Daraus geht hervor, dass der IStGH im Rahmen seiner Pflicht zur Ausübung von funktionalem Schutz Anstrengungen unternommen hatte, um die Missionsmitglieder aus der Gefahrenlage – der Haft in Lybien – zu befreien. Reaktive Handlungen von IOs in Ausübung von funktionalem Schutz wurden von dem ILOAT weiters im Fall *JURADO* behandelt. Mangels Konnexes des Scheidungsprozesses von Herrn Jurado zur Tätigkeit für die Organisation war dem Verwaltungsgericht zufolge der sachliche Anwendungsbereich für die Pflicht der ILO auf Ausübung von funktionalem Schutz nicht eröffnet. Die IO setzte dennoch freiwillige Unterstützungshandlungen zugunsten ihres Bediensteten. Demnach seien von den zuständigen Behörden der Organisation Maßnahmen ergriffen worden, um Herrn Jurado zu beraten und ihm sein Vorgehen zu erleichtern. Die IO sei somit, ohne rechtlich dazu verpflichtet zu sein, für ihren Bediensteten tätig geworden.[1297] Der Fall *STULZ* handelt von einem Staatsbürger der ehemaligen Deutschen Demokratischen Republik, welcher seit Jänner 1975 für die UNESCO mit Hauptsitz in Paris tätig war, zuerst als Direktor der Abteilung für Kulturstudien und später als Direktor der Abteilung für Kulturerbe.

[1296] International Labour Organization Administrative Tribunal (ILOAT), A. v. ICC, 126th Session, Judgment No. 4003, 26 June 2018, 2.

[1297] International Labour Organization Administrative Tribunal (ILOAT), In re JURADO Judgment No. 70, 11 September 1964, 5.

Während einer privaten Reise nach Ost-Berlin im März 1980 wurde er von den ostdeutschen Behörden verhaftet, wegen Bedrohung der Staatssicherheit angeklagt und zu drei Jahren Haft verurteilt.[1298] Im Zusammenhang mit der Pflicht zur Ausübung von funktionalem Schutz durch UNESCO führte das Gericht aus *„despite efforts by the Director-General and UNESCO's Executive Board to secure his release he was held in custody until 17 November 1981.*"[1299]. Da von Seiten UNESCO offenbar Handlungen in Ausübung von funktionalem Schutz zugunsten des Herrn Stulz gesetzt wurden, befasste sich das Gericht mit diesem Aspekt nicht weiter. Die Beschwerde vor dem Verwaltungsgericht betraf den Umstand, dass UNESCO die befristete Ernennung von Stulz während seiner Gefangenschaft sowie nach seiner Freilassung, als er das Land nicht verlassen durfte, weiter hätte verlängern müssen.[1300] Auch hierbei handelt es sich nach der hier vertretenen Ansicht um einen Teilaspekt des funktionalen Schutzes. Im Fall *Bota*[1301] trug die Verlängerung der Dienststellung des inhaftierten Bediensteten dazu bei, ihm weiterhin bestmöglichen Schutz bieten zu können.[1302] Auch im Fall *STULZ* hätte die Verlängerung des Dienstverhältnisses von Herrn Stulz durch die UNESCO sinnvoll sein können, um ihn aus seiner Gefahrensituation zu befreien. Diese Handlung wurde von UNESCO allerdings unterlassen. Das Verwaltungsgericht folgte dem Vorbringen des Beschwerdeführers, wonach die befristete Ernennung hätte verlängert werden müssen, und verpflichtete UNESCO zur Zahlung von EUR 50.000 Schadenersatz.[1303]

Der Überblick relevanter organisationsinterner Verwaltungsgerichtsentscheidungen zeigt eine starke Tendenz der Gerichte zur Zuerkennung relativ hoher Kompensationszahlungen in Fällen von Pflichtverletzungen durch IOs gegenüber ihren Bediensteten. Dies betrifft insbesondere Fälle im Zusammenhang mit der Achtung der Fürsorgepflicht als Schutzkonzept, welches auch die Pflicht zur Ausübung von funktionalem Schutz umfasst.

In Gefahrensituationen oder in diesen vorgehenden Situationen kommt es für die betroffenen Personen weniger auf eine im Nachgang bestehende Möglichkeit der Forderung von Kompensationszahlungen, sondern vielmehr auf unmittelbare Unterstützungsleistungen der IO an. IOs kommen ihrer Pflicht zur Ausübung von funktionalem Schutz durch Setzung gefahrenpräventiver Handlungen sowie reaktiver Handlungen bei bereits eingetretenen

[1298] International Labour Organization Administrative Tribunal (ILOAT), In re STULZ Judgment No. 1232, 10 February 1993, 1.
[1299] Ebd.
[1300] Ebd., 6.
[1301] Siehe für die Darstellung dieses Falles Kapitel A.I und Annex ./5.
[1302] Siehe Annex ./5 für die Auflistung der durch die IOs getroffenen Handlungen.
[1303] International Labour Organization Administrative Tribunal (ILOAT), In re STULZ Judgment No. 1232, 10 February 1993, 6.

Gefahren zum Teil nicht bzw. nicht in einem ihrer Sorgfaltspflicht entsprechenden Ausmaß nach.[1304] Den betroffenen Bediensteten verbleibt in solchen Situationen lediglich die Unterstützung ihres Heimatstaates als *last resort*.[1305]

III. Im Konflikt zwischen der Unabhängigkeit der Bediensteten einer Internationalen Organisation und ihrem Schutz durch den Heimatstaat als last-resort

Die Kapitel A.I und C.VII.6.f sowie der Annex ./5 zeigen eine Fülle an Fällen von VN-Bediensteten in Situationen, welche die Ausübung von funktionalem Schutz durch die VN erforderlich machten. Die VN nehmen ihre Pflicht zur Ausübung von funktionalem Schutz sehr ernst, was allerdings nicht auf alle IOs zutrifft.[1306] Für Bedienstete einer IO, welche dieser Pflicht nicht nachgekommen ist, besteht die Möglichkeit Kompensation für die erlittenen Schäden zu fordern.[1307] Problematisch gestaltet sich in diesem Zusammenhang allerdings die Dringlichkeit der Situation, in welcher bspw. ein gefangen gehaltener Bediensteter die Unterstützung der IO benötigt. Die Gewissheit, im Nachgang Schadenersatz zu erhalten, wird in Gefahrensituationen, aus welchen eine Befreiung ohne Unterstützung meist unmöglich erscheint, kaum ausreichen, um den Bediensteten die für die Ausübung ihrer Tätigkeit erforderliche Sicherheit zu bieten. Der IGH setzte mit "*In order that the agent may perform his duties satisfactorily, he must feel that this protection is assured to him by the Organisation, and that he may count on it.*"[1308] den Maßstab für die erforderliche Sicherheit der Bediensteten einer IO. Demnach müssen sich Bedienstete einer IO auf den Schutz durch die IO verlassen können.

In Ermangeln einer Unterstützung durch die IO sind die Bediensteten in Gefahrensituationen als *last-resort* auf die Unterstützung ihres Heimatstaates angewiesen. Es versteht sich, dass diese Unterstützung dann nicht als *last-resort* zur Verfügung steht, wenn der Heimatstaat für die Gefahrensituation des Schutzbedürftigen ursächlich ist. In den bereits mehrfach zitierten Fällen *Bota*[1309] oder *Weslowska*[1310] ist eine Unterstützung des Heimatstaates allein schon aus dem Grund undenkbar, dass der Heimatstaat die Betroffenen festhält und somit die Ursache der Gefahrensituation darstellt. Auch über dieses Szenario hinaus ist eine Unterstützung des

1304 Siehe dazu jene in Annex ./5 dargestellten Fälle.

1305 F. Capone: Victims' Right to Reparation and the Residual Application of Diplomatic and/or Functional Protection in A. de Guttry et al. (eds.) (2018): The Duty of Care of International Organizations Towards Their Civilian Personnel 457-480, 469.

1306 Siehe etwa T. Jones: Interpol faces PCA claim from wife of detained former president, Global Arbitration Review, 8 July 2019 abrufbar unter https://globalarbitrationreview.com/article/interpol-faces-pca-claim-wife-of-detained-former-president (zuletzt eingesehen am 1.7.2024).

1307 Siehe dazu die Ausführungen in Kapitel D.II.3.

1308 Reparation for injuries Advisory Opinion, 183.

1309 Für nähere Ausführungen siehe Kapitel A.I und C.VII.6.f.

1310 Für nähere Ausführungen siehe Kapitel A.I und C.VII.6.f.

Heimatstaates problematisch, da diese mit der erforderlichen Unabhängigkeit der Bediensteten der IO unvereinbar ist.[1311] Bereits der IGH in *Reparation for Injuries* sprach diese Unvereinbarkeit an und führte dazu aus: „*To ensure the independence of the agent, and, consequently, the independent action of the Organisation itself, it is essential that in performing his duties he need not have to rely on any other protection than that of the Organisation (save of course for the more direct and immediate protection due from the State in whose territory he may be). In particular, he should not have to rely on the protection of his own State. If he had to rely on that State, his independence might well be compromised, contrary to the principle applied by Article 100 of the Charter.*"[1312]

Die Unvereinbarkeit der Unterstützung der Bediensteten einer IO durch ihren Heimatstaat ergibt sich auch aus der Immunität von Bediensteten einer IO im Rahmen ihrer Tätigkeit für die IO. Hintergrund für die Ausweitung der Immunität von IOs auf ihre Bediensteten in Ausübung ihrer offiziellen Tätigkeiten ist die Sicherstellung der Unabhängigkeit dieser in ihrer Aufgabenerfüllung.[1313] Bedienstete einer IO können ihre Handlungen nur dann unabhängig und im ausschließlichen Interesse des Funktionierens der IO setzen, wenn sie vor willkürlichen Verhaftungen geschützt und von der Gerichtsbarkeit betroffener Staaten ausgenommen sind.[1314] Bei Betrachtung der Immunität von Bediensteten einer IO aus der Perspektive der funktionalen Notwendigkeit,[1315] lässt sich diese als Mechanismus zur Förderung der Unabhängigkeit einer IO gegenüber ihren Mitgliedstaaten einordnen. Hintergrund der Immunität von Bediensteten einer IO ist gleichermaßen die Sicherstellung der Unabhängigkeit der IO durch den Schutz ihrer Bediensteten.[1316] Von IO-Bediensteten wird aufgrund ihrer faktischen bzw. dienstvertragsrechtlichen Verbindung zur IO volle Loyalität erwartet. IO-Bedienstete unterliegen ausschließlich den Weisungen (des Generalsekretärs bzw. der Generalsekretärin) ihrer IO. Weisungen anderer Autoritäten, insbesondere ihres Heimatstaates, dürfen IO-Bedienstete nicht nachkommen.[1317] Diese strenge Loyalitätsverpflichtung gegenüber

[1311] Zur Unabhängigkeit Bediensteter von IOs siehe H.G. Schermers, N.M. Blokker (2018): International Institutional Law, §524.

[1312] Reparation for injuries Advisory Opinion, 183.

[1313] H.G. Schermers, N.M. Blokker (2018): International Institutional Law, §524.

[1314] Ebd., §534. Das Erfordernis der Unabhängigkeit der Bediensteten einer IO ergibt sich insbesondere für die VN auch aus General Assembly Resolution 35/212, Respect for the privileges and immunities of officials of the United Nations and the specialized agencies, 99th plenary meeting, 17 December 1980.

[1315] Für Ausführungen zur funktionalen Notwendigkeit siehe Kapitel C.II.

[1316] L. L. Koble, C. M. Iordache: Evolution of the International Civil Servant Institution, Academic Journal of Law and Governance, No. 1 (2013) 44-55, 46.

[1317] K. Moloney: International Civil Servant Management: A Personnel-Influenced Research Agenda in D. Stone, K. Moloney (eds.) (2019): The Oxford Handbook of Global Policy and Transnational Administration 671-690, 673.

der IO bringt IO-Bedienstete in ein Abhängigkeitsverhältnis.[1318] Können sich IO-Bedienstete trotz bestehender Loyalitätsverpflichtung gegenüber der IO nicht auf die Unterstützung dieser verlassen, wird sich das fehlende Vertrauen in den eigenen Dienstgebenden negativ auf die Loyalität auswirken. Die Loyalität der IO-Bediensteten gegenüber ihrer IO steht in unmittelbarem Zusammenhang mit der Unbeeinflussbarkeit ihrer Tätigkeit durch Dritte (wie die eigenen Heimatstaaten) und beeinflusst damit die Unabhängigkeit der IO von ihren Mitgliedstaaten.[1319]

Trotz Unvereinbarkeit der Unterstützung des Heimatstaates mit der Unabhängigkeit von Bediensteten der IO ist eine Unterstützung durch den Heimatstaat möglich. Dem IGH in *Reparation for Injuries* zufolge bestehe für den Fall, dass die durch Bedienstete erlittene Verletzungen die Interessen ihrer IO sowie ihrer Heimatstaaten berührt, keine Norm, welche der IO oder den Heimatstaaten Vorrang einräume. Auch sei weder die IO noch der Heimatstaat des Betroffenen gezwungen, von der Erhebung einer internationalen Klage abzusehen.[1320] Die IO und die Heimatstaaten seien angehalten, eine Lösung nach gutem Willen und gesundem Menschenverstand zu finden, wobei vorab getroffene Vereinbarungen behilflich sein könnten. Jedenfalls wäre es Aufgabe der internationalen Gerichte, zu verhindern, dass der schädigende Staat mehrfach zur Kompensationszahlung verurteilt werde.[1321] Damit steht fest, dass die Heimatstaaten der Bediensteten im Falle ihrer Verletzung ihr Recht auf diplomatischen Schutz ausüben können, soweit die notwendigen Voraussetzungen dafür gegeben sind.[1322]

Diplomatischen Schutz charakterisiert das Vorgehen eines Staates durch diplomatisches Handeln oder andere Mittel der friedlichen Beilegung gegen einen anderen Staat aufgrund der Schädigung des Staatsangehörigen infolge der Verletzung des Völkerrechts durch diesen Staat.[1323] Der Inhalt dieses Schutzkonzeptes ist stark kompensativ ausgerichtet, da die Handlungen des Heimatstaates infolge einer Völkerrechtsverletzung gesetzt werden und eben nicht darauf abzielen, eine solche zu verhindern oder abzustellen.[1324] Für den Schutz der Bediensteten von IOs in Ausübung ihrer Tätigkeit für diese IO sind präventive und reaktive

[1318] Ebd., 675.
[1319] Siehe dazu die Ausführungen in L. L. Koble, C. M. Iordache: Evolution of the International Civil Servant Institution, Academic Journal of Law and Governance, No. 1 (2013) 44-55, 45f. und K. Moloney: International Civil Servant Management: A Personnel-Influenced Research Agenda in D. Stone, K. Moloney (eds.) (2019): The Oxford Handbook of Global Policy and Transnational Administration 671-690, 675f.
[1320] Reparation for injuries Advisory Opinion, 185.
[1321] Ebd., 186.
[1322] Siehe für nähere Ausführungen und insbesondere zu den Voraussetzungen für diplomatischen Schutz Kapitel B.II.1.
[1323] Siehe dazu die Definition von diplomatischem Schutz in Art 1 Draft articles on Diplomatic Protection with commentaries.
[1324] Art 1 (9) Draft articles on Diplomatic Protection with commentaries.

Ansätze wesentlich bedeutender. Funktionaler Schutz zielt definitionsgemäß darauf ab, durch präventive Handlungen eine Gefährdungslage der Bediensteten abzuwenden oder sie durch reaktive Handlungen aus einer Gefahrenlage zu befreien.[1325] Für Bedienstete einer IO, welchen von dieser kein entsprechender Schutz entgegengebracht wird, ist die Ausübung von diplomatischem Schutz durch den Heimatstaat als Alternative daher nur begrenzt relevant. Diplomatischer Schutz kommt schließlich erst zur Anwendung, wenn eine Völkerrechtsverletzung bereits stattgefunden hat. Wesentlich bedeutender sind präventive oder reaktive Handlungen durch den Heimatstaat, wie sie die Wiener Übereinkommen über diplomatische und konsularische Beziehungen beinhalten.[1326] Aufgrund ihrer Ähnlichkeit mit dem Schutzkonzept des funktionalen Schutzes wurden in Kapitel C.VIII.3.b die Art 3 Abs 1 lit b WÜD[1327] und Art 36 WÜK[1328] bereits auf die Möglichkeit ihrer analoger Anwendung zur Konkretisierung von Handlungen im Rahmen der Ausübung von funktionalem Schutz untersucht. Die Handlungen des Heimatstaates von Betroffenen unter den Wiener Übereinkommen durch diplomatische Missionen und konsularische Vertretungen im Ausland sind hier als Alternativen zur Ausübung von funktionalem Schutz durch IOs relevant. Für eine vertiefte Darstellung der Inhalte von Art 3 Abs 1 lit b WÜD und Art 36 WÜK wird auf die Kapitel B.II.2.b und B.II.3.b verwiesen. Um eine Gefahrensituation des Betroffenen abzuwenden oder ihn aus einer solche zu befreien, stehen dem Heimatstaat, vertreten durch diplomatische Missionen und konsularische Vertretungen, Schutzmaßnahmen offen. Art 3 Abs

[1325] Für die Defintion zu funktionalem Schutz und deren Herleitung siehe Kapitel A.II.1 und C.I.3.

[1326] F. Capone: Victims‘ Right to Reparation and the Residual Application of Diplomatic and/or Functional Protection in A. de Guttry et al. (eds.) (2018): The Duty of Care of International Organizations Towards Their Civilian Personnel 457-480, 461.

[1327] Art 3 Abs 1 WÜD: “*The functions of a diplomatic mission consist inter alia in: b) protecting in the receiving State the interests of the sending State and of its nationals, within the limits permitted by international law*”.

[1328] Art 36 WÜK “Communication and contact with nationals of the sending State”: “*1. With a view to facilitating the exercise of consular functions relating to nationals of the sending States:*

(a) consular officers shall be free to communicate with nationals of the sending State and to have access to them. Nationals of the sending State shall have the same freedom with respect to communication with and access to consular officers of the sending State;

(b) if he so requests, the competent authorities of the receiving State shall, without delay, inform the consular post of the sending State if, within its consular district, a national of that State is arrested or committed to prison or to custody pending trial or is detained in any other manner. Any communication addressed to the consular post by the person arrested, in prison, custody or detention shall also be forwarded by the said authorities without delay. The said authorities shall inform the person concerned without delay of his rights under this sub-paragraph;

(c) consular officers shall have the right to visit a national of the sending State who is in prison, custody or detention, to converse and correspond with him and to arrange for his legal representation. They shall also have the right to visit any national of the sending State who is in prison, custody or detention in their district in pursuance of a judgment. Nevertheless, consular officers shall refrain from taking action on behalf of a national who is in prison, custody or detention if he expressly opposes such action.

2. The rights referred to in paragraph 1 of this Article shall be exercised in conformity with the laws and regulations of the receiving State, subject to the proviso, however, that the said laws and regulations must enable full effect to be given to the purposes for which the rights accorded under this Article are intended.”

1 lit b WÜD erlaubt diplomatischen Missionen Handlungen wie die Unterstützung bei Beschwerden über Misshandlungen, bei Anträgen auf Begnadigung und bei Anträgen auf vorzeitige Entlassung aus der Haft.[1329] Nach Art 36 WÜK kommt der konsularischen Vertretung eines Staates das Recht zu, mit Angehörigen des Entsendestaats (zB im Falle ihrer Verhaftung) zu verkehren, sie aufzusuchen und für eine Vertretung in rechtlicher Hinsicht zu sorgen.[1330] Der Heimatstaat von IO-Bediensteten verfügt damit über Möglichkeiten, seine Staatsangehörigen in Gefahrenlagen – unabhängig vom Tätigwerden der IO als Dienstgeberin – zu unterstützen.

Mangels Vergleichbarkeit der Situationen, welche die Ausübung von diplomatischem oder funktionalem Schutz erfordern, ist diplomatischer Schutz für diese Arbeit nicht unmittelbar relevant. Nach Eintritt einer Gefahrensituation, welche in weiterer Folge zu einer Schädigung von Bediensteten einer IO führt, und Verpflichtung der untätigen IO zu entsprechenden Kompensationszahlungen durch ein Verwaltungsgericht ist die Situation eine andere. Weigert sich die IO die Entscheidung der Verwaltungsgerichte zu akzeptieren und umzusetzen, stellt die Ausübung von diplomatischem Schutz durch den Heimatstaat der Bediensteten eine sinnvolle Alternative dar.[1331]

Für IOs lässt sich aus eben Gesagtem schließen, dass sie durch die Beachtung ihrer organisationsinternen Pflicht zur Ausübung von funktionalem Schutz nicht Gefahr laufen, gegenüber ihren Bediensteten schadenersatzpflichtig zu werden. Durch die aktive Ausübung dieses Schutzes können sie zudem die Unabhängigkeit ihrer Bediensteten von ihren Heimatstaaten sicherstellen, was wiederum der unabhängigen Aufgabenerfüllung der Organisation zugutekommt.

[1329] E. Denza (2008): Diplomatic Law, Commentary on the Vienna Convention on Diplomatic Relations, Oxford University Press, 45.

[1330] Art 36 Abs 1 WÜK.

[1331] F. Capone: Victims‘ Right to Reparation and the Residual Application of Diplomatic and/or Functional Protection in A. de Guttry et al. (eds.) (2018): The Duty of Care of International Organizations Towards Their Civilian Personnel 457-480, 469.

E. Conclusio

Diese Arbeit verdeutlicht das Gefahrenpotential, welchem sich Bedienstete einer IO aussetzen, um z.B. als Missionsmitglieder an der Erreichung der Ziele einer IO mitzuwirken. Ein Kernziel der VN ist die Schaffung und Sicherung von Frieden, wozu Friedensmissionen durchgeführt werden. Die Bediensteten der VN tragen als Missionsmitglieder im Rahmen dieser Friedensmissionen, durch die Erfüllung ihrer Aufgaben, wesentlich zur Erreichung dieses Zieles der VN bei. Die analysierte Praxis zeigt allerdings eine Vielzahl an Fällen, in welchen Bedienstete der VN im Rahmen ihrer Aufgabenerfüllung, als Teil einer Friedensmission, Opfer von unrechtmäßigen Festnahmen, Verhaftungen oder Entführungen wurden.

Aufgrund oftmals großer Unterschiede in den wirtschaftlichen und politischen Interessen der Mitgliedstaaten einer IO erfordert ihr effizientes Funktionieren die Unabhängigkeit der IO von ihren Mitgliedstaaten. Eine bedeutende Bedingung für die Sicherstellung dieser Unabhängigkeit ist die Loyalität ihrer Bediensteten. Ein Grundpfeiler dieser Loyalität ist die Unbeeinflussbarkeit der Bediensteten durch den Heimatstaat. Hierauf ist auch die Ausweitung der Immunität von IOs auf ihre Bediensteten zurückzuführen. Im Falle der Verletzung der Immunität von Bediensteten müssen sich diese aber auf den Schutz der IO, für welche sie tätig werden, verlassen können. Andernfalls wird die Loyalität der Bediensteten und in weiterer Folge das effiziente Funktionieren der IO gefährdet. Diese Arbeit hat es sich daher zur Aufgabe gemacht, das Bestehen einer Pflicht und eines Rechts von IOs, funktionalen Schutz zugunsten ihrer Bediensteten auszuüben, sowie deren konkrete Ausgestaltung näher zu untersuchen. Die Beantwortung der eingangs in Kapitel A.III. gestellten Forschungsfragen wird nachfolgend zusammengefasst dargestellt.

Alle IOs sind verpflichtet, ein gewisses Maß an funktionalem Schutz zugunsten ihrer Bediensteten auszuüben. [*Forschungsfrage I.*] Diese Pflicht gilt gegenüber jeder Person, welche für die IO tätig wird und ist von der IO zu beachten, sobald sich Bedienstete in einer Gefahrensituation befinden oder ihnen eine solche droht. Die Reichweite der Pflicht und die damit einhergehenden Handlungen durch die IO in Ausübung von funktionalem Schutz können bei IO-Bediensteten weiter gehen als bei Nicht-IO-Bediensteten. Aufgrund der dienstvertraglichen Beziehung zwischen einer IO und ihren IO-Bediensteten sind die organisationsinternen Personalstatuten auf sie anwendbar, wodurch die IO zur Achtung eines höheren Maßes an Fürsorge verpflichten sein kann. Dienstverträge mit IO-Bediensteten und sonstige vertragliche Vereinbarungen über das Tätigwerden von Nicht-IO-Bediensteten für die IO können gleichermaßen Regelungen betreffend verpflichtender Handlungen in Ausübung

M. R. Rudigier, *Die Ausübung von funktionalem Schutz durch Internationale Organisationen zugunsten ihrer Bediensteten*,
https://doi.org/10.1007/978-3-658-49483-4_5

von funktionalem Schutz beinhalten. Im Ansatz konnten verpflichtende Handlungen in Ausübung von funktionalem Schutz auf Basis eines in *foro domestico* gebildeten allgemeinen Rechtsgrundsatzes, der Pflicht einer IO zur Ausübung von funktionalem Schutz als allgemeiner Rechtsgrundsatz des öffentlichen Dienstrechts, expliziter Festlegungen sowie der Fürsorgepflicht in den Personalstatuten von IOs und etablierter Praxis identifiziert werden. Deren konkrete Anwendbarkeit hängt allerdings von den Umständen eines jeden Einzelfalles ab und ist zudem auf die konkret untersuchten IOs beschränkt. Konkret verpflichtende Handlungen als organisationsübergreifende Regeln konnten im Rahmen dieser Arbeit somit nicht identifiziert werden. [*Forschungsfrage I.1.*] Ein organisationsübergreifender Mindeststandard zur Erfüllung dieser Pflicht besteht aber dennoch. Dieser Mindeststandard liegt in der Sorgfaltspflicht jeder IO. Demnach muss jede IO ein Mindestmaß an Bemühung setzen und ein solches Maß an Vorsicht, Aktivität oder Sorgfalt anlegen, wie es unter den gegebenen Umständen vernünftigerweise erwartet werden kann und üblich ist. Von den IOs wird somit zumindest ein Tätigwerden und ein entsprechendes Bemühen erwartet. Für Verhaftungsfälle von Bediensteten einer IO im privaten Kontext etwa bedeutet dies zB, dass zumindest Nachforschungen anzustellen sind, um Zusammenhänge der Verhaftung mit der Tätigkeit für die IO ausschließen zu können. [*Forschungsfrage I.2.*] Bei Missachtung der Sorgfaltspflicht verletzt die IO ihre Pflicht auf Ausübung von funktionalem Schutz. Bedienstete können die IO sodann zur Haftung ziehen, wobei ihnen der Weg vor ein nationales Gericht aufgrund der Immunität von IOs grundsätzlich versperrt bleibt. Als alternative Rechtsschutzmöglichkeiten stehen den Bediensteten von IOs daher internationale Verwaltungsgerichte zur Verfügung, welche Entscheidungen über dienstrechtliche Streitigkeiten zwischen der IO und ihren Bediensteten treffen. Im Zusammenhang mit der Verletzung der Pflicht von IOs, funktionalen Schutz zugunsten ihrer Bediensteten in einem ihrer Sorgfaltspflicht angemessenen Ausmaß auszuüben, erkannten die internationalen Verwaltungsgerichte den betroffenen Bediensteten in der Vergangenheit bereits mehrfach Schadenersatzforderungen zu. [*Forschungsfrage I.3.*]

Zur Erfüllung ihrer organisationsinternen Pflichten sind IOs auf ein entsprechendes Recht im Außenverhältnis angewiesen. Ein solches besteht hier auch. Alle IOs verfügen über ein Recht, funktionalen Schutz zugunsten ihrer Bediensteten auszuüben. [*Forschungsfrage II.*] Gegenüber ihren Mitgliedstaaten ergibt sich dieses Recht als notwendigerweise beabsichtigt aus den Satzungen der IO. Es handelt sich dabei um ein implizites Recht, welches den IOs auf Basis ihrer Satzungen zukommt, soweit es für die Sicherstellung des effizienten Funktionierens der IO notwendig ist. Dieses Grundprinzip von funktionalem Schutz basiert auf dem *Reparation for Injuries* Gutachten des IGH aus dem Jahr 1949. Die OSZE verfügt hingegen über keine Satzung, weshalb sich das Recht dieser IO gegenüber ihren Teilnehmerstaaten auch nicht implizit aus solcher ergeben kann. Bei Erlassen des Personalstatus und dem darin festgeschriebenen Recht der Organisation auf Ausübung von funktionalem Schutz zugunsten ihrer Bediensteten agiert das Sekretariat der OSZE als Kollektiv ihrer Teilnehmerstaaten. Mangels Widerspruchs zu den Inhalten des Personalstatuts ergibt sich aus dem Konsensprinzip der Organisation die Zustimmung aller Teilnehmerstaaten. Das Recht der OSZE auf Ausübung von funktionalem Schutz gegenüber ihren Teilnehmerstaaten besteht somit auf Basis eines Durchgriffs der organisationsinternen Selbstverpflichtung. Gegenüber Drittstaaten besteht dieses Recht nur im Falle einer vertraglichen Vereinbarung zwischen der IO und diesen Drittstaaten. Eine Ausnahme hiervon stellen die VN dar, denn aufgrund ihrer objektiven Völkerrechtspersönlichkeit entfaltet ihre Satzung sowohl gegenüber Mitgliedstaaten als auch gegenüber Drittstaaten Wirkung, weshalb das Recht der VN auf Ausübung von funktionalem Schutz jedenfalls auf Basis ihrer Satzung besteht. [*Forschungsfrage II.1*] Für das Recht von IOs gegenüber Drittstaaten spielen im Übrigen Gaststaaten von IOs und Empfangsstaaten von Missionen einer IO eine bedeutende Rolle, schließlich wird mit diesen Staaten in aller Regel eine vertragliche Vereinbarung getroffen (z.B. ein Gaststaatabkommen, ein SOFA oder ein SOMA). Soweit es sich bei diesen Staaten um Drittstaaten handelt, kann die vertragliche Vereinbarung daher als Grundlage für ein Recht der IO auf Ausübung von funktionalem Schutz herangezogen werden. Ein solches Recht kann in der Vereinbarung explizit festgelegt sein. Ist dies nicht der Fall, anerkennt der Drittstaat im Rahmen der Vereinbarung aber die Funktionen der IO und kennt ihr damit das Recht zur Sicherstellung ihres Funktionierens zu. Ein Recht auf Ausübung von funktionalem Schutz kann sich somit auch als notwendigerweise beabsichtigt aus der Vereinbarung ergeben. [*Forschungsfrage II.2*] Dem IGH in *Reparation for Injuries* zufolge kommt IOs das Recht auf Ausübung von funktionalem Schutz zu, soweit dies für die Sicherstellung ihrer Funktionsfähigkeit notwendig ist. Damit wird auch die Reichweite dieses Rechts determiniert, wobei sich daraus aber keine konkreten Handlungen für die IO ergeben. Die Praxis einer IO kann als *subsequent practice* bei der Auslegung ihrer Satzung herangezogen werden. Im Rahmen dieser Arbeit wurde das implizite Recht der VN auf Ausübung von funktionalem Schutz, als ungeschriebene Bestimmung der Satzung der VN, mithilfe von *subsequent practice* ausgelegt. Dadurch konnten konkrete, für die VN in der Ausübung von funktionalem Schutz zulässige, Handlungen identifiziert werden. Organisationsübergreifend ließen sich allerdings keine konkret zulässigen Handlungen anerkennen. Im Wege der analogen Deduktion konnte auf Basis von Art 3 Abs 1 lit b WÜD und Art 36 WÜK eine Indikation für konkret zulässige Handlungen gegeben werden, dies jedoch ohne normativen Gehalt. [*Forschungsfrage II.3*]

Zu guter Letzt bleibt noch auf das eingangs angesprochene Spannungsverhältnis zwischen der organisationsinternen Pflicht gegenüber ihren Bediensteten und dem Recht der IO im Außenverhältnis einzugehen. Ein solches Spannungsverhältnis entsteht, wenn die organisationsinterne Pflicht und das Recht der IO im Außenverhältnis nicht über dieselbe Reichweite verfügen. Im Falle eines weitreichenderen Rechts der IO lässt sich das Spannungsverhältnis problemlos lösen. Diesfalls kommt der IO dahingehend ein Ermessensspielraum zu, als es ihr obliegt, über die organisationsinterne Pflicht gegenüber ihren Bediensteten hinaus zu gehen und im Rahmen ihres Rechts für die Bediensteten weiter tätig zu werden. Problematisch sind jene Situationen, in welchen der IO eine Pflicht zum Tätigwerden obliegt, ihr das zur Erfüllung dieser Pflicht notwendige Recht aber nur beschränkt oder gar nicht zukommt. Aus rechtlicher Sicht besteht zwar grundsätzlich ein Gleichklang des Rechts gegenüber den Staaten mit der Pflicht gegenüber den Bediensteten, faktisch versperren betroffene Staaten den IOs aber regelmäßig die Ausübung dieses Rechts durch eine Nicht-Duldung der gesetzten Maßnahmen. Der Grundsatz *„ultra posse nemo obligatur“* besagt, dass niemand verpflichtet ist, über das eigene Können hinauszugehen. Dies gilt auch hier, wonach IOs lediglich die Erfüllung ihrer Sorgfaltspflicht obliegt. Eine IO kann somit von ihren Bediensteten nicht zur Verantwortung gezogen werden, wenn sie ein entsprechendes Bemühen erbracht hat, die gesetzten Handlungen allerdings zu keinem Erfolg führten (z.B. mangels Kooperation der Behörden des betreffenden Staates). Die organisationsinterne Pflicht endet somit bei den der IO zur Verfügung stehenden Möglichkeiten. Für die Bediensteten von IOs birgt sich darin eine enorme Rechtsunsicherheit, welche durch die transparente Darlegung ihrer Rechte im Rahmen dieser Arbeit zwar reduziert, aber nicht beseitigt werden konnte.

Um weiterhin erfolgreich Missionen durchführen zu können, müssen IOs die Durchsetzbarkeit des Schutzes ihrer Bediensteten gegenüber den betreffenden Staaten vorantreiben. Dazu sind einerseits organisationsinterne Selbstverpflichtungen sowie andererseits die Einräumung der dafür notwendigen Rechte gegenüber den eigenen Mitgliedstaaten (und ggf. auch gegenüber Gaststaaten oder Empfangsstaaten einer Mission, sollte es sich dabei um Drittstaaten handelt), sowie deren Durchsetzbarkeit erforderlich. Die VN gehen durch umfassende Regelungen und eine bemerkenswerte Praxis den richtigen Weg vor. Auch alle übrigen IOs sollten diesem Weg folgen und eine entgegenstehende Haltung ihrer Mitgliedstaaten nicht dulden. Die damit verbundenen Herausforderungen für viele IOs wurden im Rahmen dieser Arbeit aber besonders deutlich. Für einige IOs wird es bis zum vollumfänglichen Schutz ihrer Bediensteten daher wohl noch ein langer Weg werden.

QUELLENVERZEICHNIS

1. Literatur

Amerasinghe, C. F. (1994): The Law of the International Civil Service (as Applied by International Administrative Tribunals), Second Revised Edition, Vol. 1, Clarendon Press, Oxford.

Amerasinghe, C. F. (2005): Principles of the Institutional Law of International Organizations, Second Edition, Cambridge Studies in International and Comparative Law, Series No. 36, Cambridge University Press.

Amerasinghe, C. F. (2008): Diplomatic Protection, Oxford University Press.

Andenas, M. (2019): General Principles and the Coherence of International Law, Queen Mary Studies in International Law 37, Brill/Nijhoff, Leiden.

Barnidge, R. P.: The Due Diligence Principle Under International Law, International Community Law Review 8, No. 1 (2006) 81-122.

Behrens, P. (eds.) (2017): Diplomatic Law in a New Millenium, Oxford University Press.

Betemps, E. A.: The Employment Law Review: Argentina, The Employment Law Review, Perez Alati Grondona Benites & Arntsen (2022).

Bleckmann, A. (1982): Grundprobleme und Methoden des Völkerrechts, Karl Alber, Freiburg/München.

Blokker, N.: Legal Facets of the Practice of International Organizations in Recueil des Cours 435 (2024) Brill/Nijhoff, Leiden/Boston, 72-317.

Borchard, E. M. (1915): The Diplomatic Protection of Citizens abroad, The Banks Law Publishing Co., New York.

Bordin, F. L. (2019): The Analogy between States and International Organizations, Cambridge University Press.

Borrell, J. (2023): EU Missions and Operations, EU Common Security and Defence Policy (CSDP).

Brander, S.: Glaubwürdige Argumentation zugunsten einer Rechtspersönlichkeit für die OSZE, OSZE Magazin (2009) 18-21.

Breuer, M.: Die Völkerrechtspersönlichkeit Internationaler Organisationen, Archiv des Völkerrechts 49, No. 1 (2011) 4-33.

Brölmann, C. (2007): The Institutional Veil in Public International Law, Bloomsbury Publishing.

Brunner, N. (1983): Die Frage nach dem Anspruch des Bürgers auf diplomatischen Schutz, Peter Lang.

Cahier, P.: Vienna Convention on Diplomatic Relations, International Conciliation 37 (1969) 5-40.

M. R. Rudigier, *Die Ausübung von funktionalem Schutz durch Internationale Organisationen zugunsten ihrer Bediensteten*,
https://doi.org/10.1007/978-3-658-49483-4

Campbell, E., et al.: Due Diligence Obligations of International Organizations under International Law, International Law and Politics 50 (2017) 541-604.

Cardenas, E. und Blume Moore, I.: The Employment Law Review: Peru, The Employment Law Review, Rodrigo Elias und Medrano Abogados (2022).

Cassel, D.: Outlining the Case for a Common Law Duty of Care of Business to Exercise Human Rights Due Diligence, Business and Human Rights Journal 1 (2016) 179-202.

Chadha, R., et al.: The Employment Law Review: India, The Employment Law Review, Chadha & Co (2022).

Chukwuemeke Okeke, E. (2018): Jurisdictional Immunities of States and International Organizations, Oxford University Press.

Claus, L. (2009): Duty of Care of Employers for Protecting International Assignees, their Dependents and International Business Travelers, International SOS, Salem/Oregon.

Coeten, O., Klein, P. (eds.) (2011): Vienna Conventions on the Law of Treaties – A Commentary, Oxford University Press.

Cogan, J. K., et al. (2016): The Oxford Handbook of International Organizations, Oxford University Press.

Crawford, J. (2013): State Responsibility: The General Part, Cambridge Studies in International and Comparative Law, Cambridge University Press.

Crawford, J., Pellet, A., Olleson, S. (eds.) (2010): The Law of International Responsibility, Oxford University Press.

Crawford, J.: The ILC's Articles on Diplomatic Protection, The South African Yearbook of International Law 31 (2006) 19-51.

Cruz I., Huerta-Mercado, R.: Occupational Safety and Health in Peru, Annals of Global Health 81 No. 4 (2015) 568-575.

Denza, E.: Nationality and Diplomatic Protection, Netherlands International Law Review 65 (2018) 463-480.

Deplano, R., Tsagourias, N. (eds.) (2021): Research Methods in International Law: A Handbook, Edward Elgar Publishing.

Dordeska, M. (2020): General Principles of Law Recognized by Civilized Nations (1922-2018), Brill/Nijhoff, Leiden.

Dörr, O., Schmalenbach, K. (Hrsg.) (2018): Vienna Convention on the Law of Treaties: A Commentary, Second Edition, Springer Berlin, Heidelberg.

Fleck, D.: Guidebook, Drafting Status-of-Forces Agreements (SOFAs), Geneva Centre for the Democratic Control of Armed Forces (DCAF) a centre for security, development and the rule of law (2009).

Fastenrath, U., et al. (eds.) (2011): From Bilateralism to Community Interest: Essays in Honour of Bruno Simma, Oxford University Press.

Gadd, K., Engström, V.: EU delegations as intermediaries of perceptions of the EU: A view from the MENA region, Mediterranean Politics (2024).

Garner, B. A. (2001): Black's Law Dictionary, Seventh Edition, West Group.

Gautier, P.: The Reparation for Injuries Case Revisited: The Personality of the European Union, Max Planck Yearbook of UN Law 4 (2000) 331-361.

Grant, J. P., Barker, J. C. (2009): Parry and Grant Encyclopaedic Dictionary of International Law Third Edition, Oxford University Press.

Guttry A. de, et al. (eds.) (2018): The Duty of Care of International Organizations Towards Their Civilian Personnel, T.M.C. Asser Press, The Hague.

Hahn, H.: EURATOM: The Conception of an International Personality, Harvard Law Review 71 No. 6 (1958) 1001-1056.

Hessbruegge, J. A.: The Historical Development of the Doctrines of Attribution and Due Diligence in International Law, New York University Journal of International Law and Politics 36, No. 4 (2004) 265-306.

Holness V.: The Employment Law Review: Panama, The Employment Law Review, Arias, Fabrega & Fabrega (2022).

Jabloner, C., et al. (Hrsg.) (2011): Vom praktischen Wert der Methode, Manzsche Verlags- und Universitätsbuchhandlung, Wien.

Klabbers, J. (2002): An Introduction to International Institutional Law, Cambridge University Press.

Klabbers, J., Wallendahl, A. (eds.) (2012): Research Handbook on the Law of International Organizations, Edward Elgar Publishing.

Klabbers, J.: The EJIL Foreword: The Transformation of International Organizations Law, European Journal of International Law 26, Issue 1 (2015) 9-82.

Kleinlein, T. (2012): Konstitutionalisierung im Völkerrecht, Beiträge zum ausländischen öffentlichen Recht und Völkerrecht 231, Springer, Heidelberg.

Kleinlein, T., Rabenschlag, D.: Auslandsschutz und Staatsangehörigkeit, Zeitschrift für ausländisches öffentliches Recht und Völkerrecht 67 (2007) 1277-1337.

Knur, F. (2020): Individuelle Rechtspositionen gegenüber internationalen Organisationen, Schriften zum Völkerrecht 240, Duncker & Humblot, Berlin.

Koble, L. L., Iordache, C. M.: Evolution of the International Civil Servant Institution, Academic Journal of Law and Governance, No. 1 (2013) 44-55.

Krieger, H., Peters, A., Kreuzer, L. (eds.) (2020): Due Diligence in the International Legal Order, Oxford University Press.

Kulesza, J. (2017): Due Diligence in International Law, Queen Mary Studies in International Law 26, Brill Nijhoff, Leiden/Boston.

Kunz-Hallstein, H. P.: Menschenrechtsverletzungen durch Internationale Organisationen – Zuständigkeit nationaler Gerichte? Zu einem Urteil gegen die Europäische Patentorganisation, Zeitschrift für ausländisches und internationales Arbeits- und Sozialrecht 2 (2016) 406-424.

Lando, M. F.: The Limits of Deduction in the Identification of Customary International Law, Asian Journal of International Law (2023) 1-25.

Leifer, J.: The Employment Law Review: Hong Kong, The Employment Law Review, Proskauer Rose LLP (2022).

Lemoine, J. (1995): The International Civil Servant: an endangered species, Dordrecht by Kluwer.

Mackenzie-Gray Scott, R.: Due diligence as a secondary rule of general international law, Leiden Journal of International Law 34, No. 2 (2021) 343-372.

Majeed, S.: The Employment Law Review: Pakistan, The Employment Law Review, Majeed & Partners (2022).

McDonald, N.: The Role of Due Diligence in International Law, Cambridge University Press 68, No. 4 (2019) 1041-1054.

McNair, L. (1986): The Law of Treaties, Oxford University Press.

Moreno Rodríguez, J. A.: Private (And Public) International Law in Investment Arbitration, Collected Courses of the Hague Academy of International Law, Vol. 429 (2023) 9-702.

Mosler, H.: Die Erweiterung des Kreises der Völkerrechtssubjekte, Zeitschrift für ausländisches öffentliches Recht und Völkerrecht 22, No. 1 (1962) 1-32.

Muller, A. S. (1995): International Organizations and their Host States, Aspects of their Legal Relationship, Vol. 21, Kluwer Law International, The Hague.

Norodom, A.-T.: Protection Des Donnees Personnelles Et Contrats Des Organisations Internationales: Une Question De Choix Et D'Equilibre, Revue Gènèrale de Droit International Public, A. Pedone, Paris (2024) 295-311.

Novakovic, M., Kostic, J. (eds.) (2019): The Position of the Individual in Modern Legal Systems, Institute of Comparative Law, Belgrade.

Orakhelashvili, A. (2015): Research Handbook on Jurisdiction and Immunities in International Law, Edward Elgar Publishing.

O'Toole, T. J.: Sovereign Immunity Redivivus: Suits against International Organizations, Suffolk Transnational Law Journal 4, No. 1 (1980) 1-16.

Patel, B. N. (2013): Responsibility of International Organisations towards other International Organisations, Eastern Book Company.

Pernice, I.: Völkerrechtliche Verträge internationaler Organisationen, Max-Planck-Institut für ausländisches öffentliches Recht und Völkerrecht (1998) 229-250.

Peters, C. (2016): Praxis Internationaler Organisationen – Vertragswandel und völkerrechtlicher Ordnungsrahmen, Springer Berlin, Heidelberg.

Peters, C.: Subsequent Practice and Established Practice of International Organizations: Two Sides of the Same Coin?, Goettingen Journal of International Law 3, No. 2 (2011) 617-642.

Pro-Risquez, J. C.: The Employment Law Review: Venezuela, The Employment Law Review, Dentons (2022).

Redmond, T.: Recent Developments regarding the Right to Consular Protection – Avena and Other Mexican Nationals, Hibernian Law Journal 5 (2004-2005) 177-194.

Reinisch A., (2000): International Organizations before National Courts, Cambridge University Press.

Reinisch A., (2006): Contracts between International Organizations and Private Law Persons, Max Planck Encyclopedias of International Law [MPIL].

Reinisch, A. (eds.) (2016): The Conventions on the Privileges and Immunities of the United Nations and its Specialized Agencies – A Commentary, Oxford University Press.

Reinisch A., Weber, U. A.: In the Shadow of Waite and Kennedy, The Jurisdictional Immunity of International Organizations, the Individual's Right of Access to the Courts and Administrative Tribunals as Alternative Means of Dispute Settlement, International Organizations Law Review 1 (2004) 59-110.

Reinisch, A.: To What Extent Can and Should National Courts 'Fill the Accountability Gap'?, International Organizations Law Review 10 (2013) 572-587.

Rensmann, T.: Internationale Organisationen im Privatrechtsverkehr, Archiv des Völkerrechts 36, No. 3 (1998) 305-344.

Reuter, P. (1972): Institutions Internationales, Presses Universitaires de France, Paris.

Richtsteig, M. (2010): Wiener Übereinkommen über diplomatische und konsularische Beziehungen – Entstehungsgeschichte, Kommentierung, Praxis, Zweite Auflage, Nomos, Baden-Baden.

Ruffert, M.: Diplomatischer und konsularischer Schutz zwischen Völker- und Europarecht, Archiv des Völkerrechts 35, No. 4 (1997) 459-477.

Sands, P., Klein, P. (eds.) (2001): Bowett's Law of International Institutions Fifth Edition, Sweet & Maxwell, London.

Sari, A.: Status of Forces and Status of Mission Agreements under the ESDP: The EU's Evolving Practice, European Journal of International Law (2008) Vol. 19, No. 1, 67-100.

Sauer, E.: Zur Grundlegung der völkerrechtlichen Methodologie, Nordic Journal of International Law 33 (1963) 121-131.

Sayapin, S., et al. (eds.) (2022): International Conflict and Security Law, A Research Handbook, Springer.

Schermers, H. G., Blokker, N. M. (2018): International Institutional Law, Brill Nijhoff, Leiden/Boston.

Schmalenbach, K. (2004): Die Haftung Internationaler Organisationen im Rahmen von Militäreinsätzen und Territorialverwaltungen, Peter Lang.

Schmalenbach, K. (2020): International Organizations or Institutions, General aspects, Max Planck Encyclopedias of International Law [MPIL].

Schmalenbach, K.: Acts of International Organizations as Extraneous Material for Treaty Interpretation, Netherlands International Law Review 69 (2022) 271–293.

Schmalenbach, K.: Can International Organizations Turn 'Rogue'? The Many Facets of Institutional Capture, International Organization Law Review 21 (2024) 446-453.

Schmalenbach, K.: The Great Unknown: General Principles Governing the Law of International Organizations, Liber Amicorum, Brill BV, Leiden (2025) 438-450.

Schüle, A.: Methoden der Völkerrechtswissenschaft, Archiv des Völkerrechts 8, No. 2 (1959) 129-150.

Schwarzenberger, G.: The Inductive Approach to International Law, Harvard Law Review 60, No. 4 (1947) 539-570.

Seidl-Hohenveldern, I.: Rechtsbeziehungen zwischen Internationalen Organisationen und den einzelnen Staaten, Archiv des Völkerrechts 4, No. 1 (März 1953) 30-58.

Sellers, M.: The Sources of International Law, International Legal Theory 2, No. 2 (1996) 53-57.

Sending, O. J.: The International Civil Servant, International Political Sociology (2014) 338-340.

Sethi, S., et al.: The Employment Law Review: United Arab Emirates, The Employment Law Review, Dentons (2022).

Seyersted, F.: International Personality of Intergovernmental Organizations: Its Scope and Its Validity Vis-à-vis Non-members: Do their Capacities really depend upon their Constitutions? Indian Journal of International Law 4 (1964) 1 et seq.

Simonet, L., Lüber, H. G.: Der Rechtsstatus der OSZE: Der Mythos des Sisyphus lebt, OSZE Jahrbuch 22 (2016), Institut für Friedensforschung & Sicherheitspolitik an der Universität Hamburg / IFSH, Nomos, Baden-Baden 313-355.

Singer, M.: Jurisdictional Immunity of International Organizations: Human Rights and Functional Necessity Concerns, Virginia Journal of International Law 36, No. 1 (1995) 53-166.

Staubach, P. G. (2018): The Rule of unwritten International Law – Customary Law, General Principles, and World Order, Routledge, New York.

Stone, D., Moloney, K. (eds.) (2019): The Oxford Handbook of Global Policy and Transnational Administration, Oxford University Press.

Tanner, F.: OSZE Friedensmissionen: Bilanz und Zukunftsperspektiven, OSCE Insights 4 (2021) Nomos, Baden-Baden.

Tesfagabir, K.: The State of Functional Immunity of International Organizations and their Officials and Why it Should be Streamlined, Chinese Journal of International Law 10, No. 1 (2011) 97-128.

Thèvenot-Werner, A.-M.: Le Droit Applicable Aux Agents Non Prequalifies De Membres Du Personnel, Revue Gènèrale de Droit International Public, A. Pedone, Paris (2024) 243-257.

Thirlway, H. (2019): The Sources of International Law, Second Edition, Oxford University Press, New York.

Troy, J.: The United Nations Secretary-General as an International Civil Servant, The International History Review 43, No. 4 (2021) 906-927.

Ullrich, G. (2009): Das Dienstrecht der Internationalen Organisationen, Duncker & Humblot, Berlin.

Ullrich, G. (2018): The Law of the International Civil Service, Duncker & Humblot, Berlin.

Ullrich, G.: Die Immunität internationaler Organisationen von der einzelstaatlichen Gerichtsbarkeit, Zeitschrift für ausländisches öffentliches Recht und Völkerrecht 71 (2011) 157-167.

Vetschera, H.: Zehn Jahre Konfliktverhütungszentrum - Entstehung und Entwicklung in IFSH, OSZE-Jahrbuch 2001, Baden-Baden (2001) 437-455.

Villiger, M. E. (2009): Commentary on the 1969 Vienna Convention on the Law of Treaties, Brill/Nijhoff, Leiden.

Warbrick, C.: Diplomatic Representations and Diplomatic Protection, International and Comparative Law Quarterly 51, No. 3 (2002) 723-733.

Wenig, M.: Der völkerrechtliche Status der OSZE – Gegenwertiger Stand und Perspektiven in OSZE Jahrbuch (1997), Institut für Friedensforschung & Sicherheitspolitik an der Universität Hamburg / IFSH, Nomos, Baden-Baden 393-411.

Werkmans Attorneys (South Africa): Duty of Care in South Africa, A legal perspective, International SOS Foundation (2015).

Winkler, T. (2018): Die Vereinten Nationen im Gefüge der internationalen Organisationen, Nomos, Baden-Baden.

Zieck, M.: Codification of the Law on Diplomatic Protection: the First Eight Draft Articles, Leiden Journal of International Law 14, No. 1 (2001) 209-232.

Zimmermann, A., et al. (eds.) (2019): The Statute of the International Court of justice, Third Edition, A commentary, Oxford University Press.

2. *Judikatur:*

Ahmadou Sadio Diallo (Republic of Guinea v. Democratic Republic of the Congo), Compensation, Judgment, I.C.J. Reports 2012, p. 324.

Avena and Other Mexican Nationals (Mexico v. United States of America), Judgment, I.C.J. Reports 2004, p. 12.

Bundesverfassungsgericht, Eurocontrol II, Beschluss vom 10. November 1987, BVerfGE 59, 63.

Case concerning Right of Passage over Indian Territory (Merits), Judgment of 12 April 1960, I.C.J. Reports 1960, p. 6.

Case of the monetary gold removed from Rome in 1943 (Preliminary Question), Judgment of 15 June 1954, I.C.J. Reports 1954, p.19.

Certain Expenses of the United Nations, Advisory Opinion, I.CJ. Reports 1962, p. 151.

Corfu Channel case, Judgment of 9 April 1949, I.C.J. Reports 1949, p. 4.

Council of Europe Administrative Tribunal, Renate ZIKMUND (I and II) v. Secretary General, 20 February 2009, Appeals Nos. 414/2008 and 459/2009.

De Merode, WBAT Reports (1981), Decision No. 1 at p. 12.

Difference Relating to Immunity from Legal Process of a Special Rapporteur of the Commission on Human Rights (Cumaraswamy), Advisory Opinion, I.C.J. Reports 1999, p. 62.

EU Civil Service Tribunal, Missir Mamachi di Lusignano v. Commission, 12 May 2011, Case F-50/09.

EuG Jutta Johannes v. Hartmund Johannes, 10 June 1999, C-430/97.

EuG, Livio Missir Mamachi di Lusignano v. European Commission, 10 September 2015, C-417/14 RX-II.

EuG, Santo Tallarico gegen Europäisches Parlament, 21 April 1993, T-5/92.

EuG, Sommerlatte v. Commission, 12 June 1986, C-229/84.

General Court of the European Union, Missir Mamachi di Lusignano and Others v. Commission, 7 December 2017, Case T-401/11 P RENV-RX.

Hetzel v. EUROCONTROL, Federal Constitutional Court, Second Chamber, 10 November 1981, 2 BvR 1058/79, B VerfG 59.

International Labour Organization Administrative Tribunal (ILOAT), A. v. ICC, 126th Session, Judgment No. 4003, 26 June 2018.

International Labour Organization Administrative Tribunal (ILOAT), C.-W. (No. 4) v. WIPO, 129th Session, Judgment No. 4246, 10 February 2020.

International Labour Organization Administrative Tribunal (ILOAT), In re Grasshoff (Nos 1 and 2), 24 April 1980, Judgment No. 402.

International Labour Organization Administrative Tribunal (ILOAT), In re JURADO Judgment No. 70, 7 July 2000.

International Labour Organization Administrative Tribunal (ILOAT), In re STULZ Judgment No. 1232, 10 February 1993.

International Labour Organization Administrative Tribunal (ILOAT), Judgment No. 2636, 11 July 2007.

International Labour Organization Administrative Tribunal (ILOAT), Judgment No. 2768, 4 February 2009.

International Labour Organization Administrative Tribunal (ILOAT), Judgment No. 2232, 16 July 2003.

International Labour Organization Administrative Tribunal (ILOAT), In re LEGER, Judgment No. 486, 3 June 1982.

International Labour Organization Administrative Tribunal (ILOAT), In re DESGRANGES, Judgment No. 11, 12 August 1953.

International Labour Organization Administrative Tribunal (ILOAT), In re SADEGHIAN, Judgment No. 577, 20 December 1983.

Interpretation of Peace Treaties, Advisory Opinion, I.C.J. Reports 1950, p. 65.

Interpretation of the Agreement of 25 March 1951 between the WHO and Egypt, Advisory Opinion, I.C.J. Reports 1980, p. 73.

Iran-United States Claims Tribunal, United States of America et al. v. Islamic Republic of Iran et al., Award No. 108-A-16/582/591-FT, Iran-United States Claims Tribunal Reports, Vol. 5 (1984), p. 57.

Judgement Case No. 2017/1106 AM appellant v. NATO international staff respondent.

Judgements of the Administrative Tribunal of the I.L.O. upon complaints made against the U.N.E.S.C.O., Advisory Opinion of 23 October 1956, I.C. J. Reports 1956, p. 77.

Kolk and Kislyiy v. Estonia (dec.), Application Nos. 23052/04 and 24018/04, Decision on Admissibility, 17 January 2006, Fourth Section, European Court of Human Rights, Reports of Judgments and Decisions (ECHR), 2006-I.

L. F. H. Neer and Pauline Neer (U.S.A.) v. United Mexican States, October 15, 1926, Reports of International Arbitral Award, Vol. IV, pp. 60-66.

LaGrand (Germany v. United States of America), Judgment, I.C.J. Reports 2001, p. 466.

Legality of the Use by a State of Nuclear Weapons in Armed Conflict, Advisory Opinion, I.C.J. Reports 1996, p. 66.

North Sea Continental Shelf, Judgment, I.C.J. Reports 1969, p. 3.

Nottebohm Case (second phase), Judgment of 6 April 1955, I.C.J. Reports 1955, p. 4.

Permanent Court of International Justice: Collection of Advisory Opinions, Competence of the International Labour Organisation to regulate, incidentally, the Personal Work of the Employer, Series B, No. 13, 23 July 1926.

Permanent Court of International Justice: Collection of Judgments, The Mavrommatis Palestine Concessions, Series A, No. 2, 30 August 1924.

Prosecutor v. Anto Furundzija (Trial Judgement), IT-95-17/1-T, International Criminal Tribunal for the former Yugoslavia (ICTY), 10 December 1998.

Reparation for injuries suffered in the service of the United Nations, Advisory Opinion, I.C.J. Reports 1949, p. 174.

United Nations Administrative Tribunal (UNAT), Belchamber, Judgment No. 236, 20 October 1978.

United Nations Administrative Tribunal (UNAT), Mwangi v. Secretary-General of the United Nations, Judgement No. 1125, 30 September 2003.

United Nations Administrative Tribunal (UNAT), Tarjouman v. Secretary-General of the United Nations, Judgement No. 579, 18 November 1992.

United Nations Dispute Tribunal (UNDT), Bekele v. Secretary-General of the United Nations, Judgement No. UNDT/2010/175, 8 October 2010.

United Nations Dispute Tribunal (UNDT), Mutiso v. Secretary-General of the United Nations, Judgement No. UNDT/2015/059, 26 June 2015.

Waite and Kennedy v. Germany, Application No 26083/94, Judgment of 18 February 1999, EGMR 13.

3. *Verträge und Regularien:*

Abkommen zwischen der Republik Österreich und der Organisation der erdölexportierenden Länder über den Amtssitz der Organisation der erdölexportierenden Länder, StF: BGBl. Nr. 382/1974 (idF BGBl. III Nr. 170/2022) abrufbar unter https://www.ris.bka.gv.at/GeltendeFassung.wxe?Abfrage=Bundesnormen&Gesetzesnummer=10000559.

Abkommen zwischen der Republik Österreich und der Organisation für Sicherheit und Zusammenarbeit in Europa (OSZE) über den Amtssitz der Organisation für Sicherheit und Zusammenarbeit in Europa, BGBl. III Nr. 84/2018, abrufbar unter: https://www.ris.bka.gv.at/eli/bgbl/III/2018/84.

African Union Mandating Process for Peace Support Operations: Aid Memoire - The African Union's Planning and Decision-Making Process, Version 3, 30 October 2009.

Agreement between the European Union and the Federal Republic of Somalia on the Status of the European Union Military Mission to contribute to the Training of Somali Security Forces (EUTM) in the Federal Republic of Somalia, Document 22021A0607(01), ST/13022/2020/INIT, OJ L 200, 7.6.2021, p. 3–10.

Agreement between the Government of Denmark and the Parliamentary Assembly of the CSCE relating to the Headquarters in Copenhagen of the Secretariat of the Parliamentary Assembly of the CSCE, signed on 15 January 1993 and entered into force on the same date.

Agreement between the Government of the Republic of Honduras and the General Secretariat of the Organization of American States for the establishment of the Mission to support the fight against Corruption and Impunity in Honduras, 2016, Washington DC.

Agreement between the Swiss Federal Council and States Parties to the Convention on Conciliation and Arbitration within the OSCE of 17 November 1997 establishing the legal status in Switzerland of the Court of Conciliation and Arbitration within the OSCE, entered into force on 17 November 1997.

Agreement between the Parties to the North Atlantic Treaty Regarding the Status of Their Forces (NATO SOFA) of 19 June 1951, abrufbar unter: https://www.nato.int/cps/en/natohq/official_texts_17265.htm.

Agreement in the form of an exchange of letters between the European Union and the Government of Indonesia on the tasks, status, privileges and immunities of the European Union Monitoring Mission in Aceh (Indonesia) (Aceh Monitoring Mission — AMM) and its personnel, EU-Indonesia, 9 September 2005, OJ L288/60.

Agreement between the European Union and the Gabonese Republic on the status of the European Union-led forces in the Gabonese Republic, EU-Gabon, 16 June 2006, OJ L187/43.

Agreement by the Government of the United Kingdom of Great Britain and Northern Ireland, the Government of the United States of America, the provisional Government of the French Republic and the Government of the Union of Soviet Socialist Republics for the Prosecution and Punishment of the Major War Criminals of the European Axis, Signed at London, on 8 August 1945, UNTS No. 251 (1951) 280-300.

Belgisch nationaal profiel voor veiligheid en gezondheid op het werk, Nr. 197, 15 March 2015, abrufbar unter: https://www.ilo.org/safework/areasofwork/national-occupational-safety-and-health-systems-and-programmes/WCMS_376659/lang--en/index.htm.

Beschluss Nr. 383 Bericht an den Ministerrat über die Rechtsfähigkeit der OSZE und über Vorrechte und Immunitäten, Ständiger Rat der OSZE, 312. Plenarsitzung PC-Journal Nr. 312, Punkt 1 der Tagesordnung, PC.DEC/383 26. November 2000.

Budapester Dokument 1994, Der Weg zu echter Partnerschaft in einem neuen Zeitalter, Gipfelerklärung von Budapest, Budapest, 6. Dezember 1994 (korr. Fassung vom 21. Dezember 1994).

Bundesgesetz über die Rechtsstellung der OSZE-Institutionen in Österreich, StF: BGBl. Nr. 511/1993 (idF BGBl. III Nr. 84/2018) abrufbar unter: https://www.ris.bka.gv.at/GeltendeFassung.wxe?Abfrage=Bundesnormen&Gesetzesnummer=10001402&FassungVom=2018-05-31.

Bundesgesetz über Sicherheit und Gesundheitsschutz bei der Arbeit (ArbeitnehmerInnenschutzgesetz – ASchG), StF: BGBl. Nr. 450/1994 (idF BGBl. I Nr. 115/2022) abrufbar unter: https://www.ris.bka.gv.at/GeltendeFassung.wxe?Abfrage=Bundesnormen&Gesetzesnummer=10008910.

Bürgerliches Gesetzbuch in der Fassung der Bekanntmachung vom 2. Januar 2002, BGBl. I S. 42, 2909; 2003 I S. 738, abrufbar unter: https://www.gesetze-im-internet.de/bgb/BJNR001950896.html.

Burgerlijk Wetboek Boek 7, BWBR0005290, gültig ab 1.8.2020, abrufbar unter: https://wetten.overheid.nl/BWBR0005290/2020-01-01.

C155 - Occupational Safety and Health Convention, 1981 (No. 155) International Labour Organization, abrufbar unter: https://webapps.ilo.org/dyn/normlex/en/f?p=NORMLEXPUB:12100:0::NO::p12100_instrument_id:312300.

Canadian Labor Code (R.S.C., 1985, c. L-2) abrufbar unter: https://laws-lois.justice.gc.ca/eng/ACTS/L-2/index.html.

Civilian Personnel Regulations of the North Atlantic Treaty Organization (kurz "NATO Staff Regulations") April 2005 (amdt. 18 October 2014).

Code of Conduct on Politico-Military Aspects of Security, Organization for Security and Co-operation in Europe (kurz "OSCE Politico-Military Code of Conduct") 3 December 1994, adopted at the 91st Plenary Meeting of the Special Committee of the CSCE Forum for Security Co-operation in Budapest on 3 December 1994.

Codex over het welzijn op het werk, Federale Overheidsdienst Werkgelegenheid, Arbeid en Sociaal Overleg Algemene Directie Humanisering van de Arbeid, 4 August 1996, abrufbar unter: https://werk.belgie.be/nl/themas/welzijn-op-het-werk/algemene-beginselen/codex-over-het-welzijn-op-het-werk.

Código de Trabajo ("Labour Code of Panama"), Decreto de Gabinete No. 252 de 30 de diciembre de 1971 (contiene las modificaciones de la Ley No. 44 de 12 agosto de 1995) abrufbar unter: https://www.mitradel.gob.pa/trabajadores/codigo-detrabajo/.

Collective Labour Relations Law Peru, Supreme Decree No. 010-2003-TR, 5 October 2003, abrufbar unter: https://normlex.ilo.org/dyn/normlex/es/f?p=NORMLEXPUB:50002:0::NO::P50002_COMPLAINT_TEXT_ID,P50002_LANG_CODE:2911772,en.

Consolidated Versions of the Treaty on European Union and the Treaty on the Functioning of the European Union, Declarations annexed to the Final Act of the Intergovernmental Conference which adopted the Treaty of Lisbon, signed on 13 December 2007, Official Journal C 326, 26/10/2012 P. 0001 – 0390, 335-360, abrufbar unter: https://eur-lex.europa.eu/legal-content/EN/TXT/?uri=celex%3A12016ME%2FTXT.

Constitución Política de la República de Panamá, Ministerio Público, Procuraduría General de la Nación, Oficina de Implementación del Sistema Penal Acusatorio (2016) abrufbar unter: https://panama.justia.com/federales/constitucion-politica-de-la-republica-de-panama/titulo-i/.

Constitution and General Regulations Manual, Rules of procedure Legal status of the UPU, Universal Postal Union, Berne 2018.

Constitution of Ghana 1992 (rev. 1996) (kurz "Ghana's Constitution") abrufbar unter: https://www.constituteproject.org/constitution/Ghana_1996.

Constitution of the Islamic Republic of Pakistan, 1973 (as modified upto the 7th January 2015) National Assembly of Pakistan, abrufbar unter: https://www.pakistani.org/pakistan/constitution/.

Constitution of Venezuela (Bolivarian Republic of) 1999 (rev. 2009) published (with its Amendment No. 1) in Special Official Gazette No. 5, 908 of 19 February 2009, abrufbar unter: https://www.constituteproject.org/constitution/Venezuela_2009.

Convenio para el Acompanamiento al Proceso de Paz en Colombia (2004) Bogotà, Colombia, abrufbar unter https://international.vlex.com/vid/convenio-proceso-paz-colombiano-427500238.

Convention for the Establishment of a European Organization for Nuclear Research, Paris, 1 July 1953 (as amended on 17 January 1971) abrufbar unter: https://council.web.cern.ch/en/content/convention-establishment-european-organization-nuclear-research.

Convention on the Privileges and Immunities of the United Nations, adopted by the General Assembly of the United Nations on 13 February 1946, New York, UNTS Vol. 1, p. 15, and Vol. 90, p. 327 (corrigendum to Vol. 1).

Council Doc 8720/05, Draft Model Agreement on the status of the European Union-led forces between the European Union and a Host State, 18 May 2005.

Council Doc 10564/05, Draft Model Agreement on the status of the European Union Civilian Crisis Management Mission in a Host State (SOMA), 27 June 2005.

Department of Labour. Ley de Seguridad y Salud en el Trabajo (Law on Safety and Health at Work) (2011) abrufbar unter: http://www.trabajo.gob.pe/archivos/file/SNIL/normas/2011-08-20_29783_1669.pdf.

Draft Articles on Diplomatic Protection with commentaries (kurz "Draft articles on Diplomatic Protection with commentaries") (2006) text adopted by the International Law Commission at its fifty-eighth session and submitted to the General Assembly (A/61/10), in Yearbook of the International Law Commission, 2006, Vol. II, Part Two.

Draft Articles on Responsibility of International Organizations (kurz "DARIO") (2001) adopted by the International Law Commission at its sixty-third session and submitted to the General Assembly (A/66/10, para. 87) in Yearbook of the International Law Commission, 2011, Vol. II, Part Two.

Draft Model Status-of-Forces Agreement Between the United Nations and Host Countries, UN Doc A/45/594, 9 October 1990, abrufbar unter: https://digitallibrary.un.org/record/101559?ln=en%5C&v=pdf.

Europäisches Patentübereinkommen (kurz „EPÜ") 17. Auflage, November 2020, Europäisches Patentamt, abrufbar unter: https://www.epo.org/de/legal/epc.

Federal Decree Law No. 33 of 2021 regarding the Regulation of Employment Relationship (kurz "Federal Decree Law No. 33") Khalifa bin Zayed Al Nahyan, President of the United Arab Emirates State, abrufbar unter: https://u.ae/-/media/Mohre-2024/Federal-DecreeLaw-No-33-of-2021-Regarding-the-Regulation-of-Employment-Relationship-and-its-amendmen.pdf.

Federal Labour Law No. 8 of 1980 (as amended by Federal Law No. 12 of 1986) the Regulation of Labour Relations (kurz "Federal Labour Law No. 8") United Arab Emirates, abrufbar unter: https://www.dubaihires.com/uae-labour-law-federal-law-no-8-1980/.

French Labor Code, 1910 (rev. 1 May 2008) abrufbar unter: https://webapps.ilo.org/dyn/irlex/en/f?p=14100:1100:0::NO::P1100_ISO_CODE3,P1100_SUBCODE_CODE,P1100_YEAR:FRA,,2015.

Health and Safety at Work Act 1974, UK Public General Acts 1974 c. 37 (kurz "Health and Safety at Work Act") abrufbar unter: https://www.legislation.gov.uk/ukpga/1974/37/contents.

Hong Kong Employment Ordinance, 27 September 1968 (Amended 5 of 1970 s. 2) abrufbar unter: https://www.elegislation.gov.hk/hk/cap57?xpid=ID_1438403461869_001.

ILO Declaration on Fundamental Principles and Rights at Work and its Follow-up, adopted at the 86th Session of the International Labour Conference (1998) and amended at the 110th Session (2002) abrufbar unter: https://www.ilo.org/ilo-declaration-fundamental-principles-and-rights-work.

Industrial Employment (Standing Orders) Act of India (kurz "ISOA)", 1946, Notification No. L.R. 11 (37), date the 18 December 1946, abrufbar unter: https://clc.gov.in/clc/acts-rules/industrial-employment-standing-orders-act-1946#:~:text=This%20Act%20is%20to%20require,certifying%20Authority%20for%20its%20Certification.

International Coffee Agreement 2007, London, England, adopted by Resolution 431, the International Coffee Council approved on 28 September 2007 the text of the International Coffee Agreement 2007 (kurz "ICO Statute") contained in document ICC-98-6.

International Tropical Timber Agreement, 2006, United Nations Conference for the Negotiation of a Successor Agreement to the International Tropical Timber Agreement, 1994 (kurz "ITTO Statute") TD/TIMBER.3/12, 1 February 2006.

Labour Act, Act 11 of 2007, The Law Society of Namibia (kurz "Namibian Labor Law") abrufbar unter: https://webapps.ilo.org/dyn/irlex/en/f?p=LEGPOL:1100::::1100:P1100_ISO_CODE3,P1100_SUBCODE_CODE,P1100_YEAR:NAM,,2019.

Labour Law of the People's Republic of China, adopted at the Eighth Meeting of the Standing Committee of the Eighth National People's Congress on July 5 1994, abrufbar unter: https://www.lawinfochina.com/Display.aspx?LookType=3&Lib=law&Cgid=9587&Id=705&SearchKeyword=&SearchCKeyword=&paycode=.

Ley 31/1995, de 8 de noviembre, de prevención de Riesgos Laborales, BOE-A-1995-24292, abrufbar unter: https://www.boe.es/buscar/act.php?id=BOE-A-1995-24292.

Marrakesh Agreement Establishing the World Trade Organization (kurz "WTO Statute") 1994, abrufbar unter: https://www.wto.org/english/docs_e/legal_e/04-wto_e.htm.

Memorandum of Understanding between the Government of Ukraine and the OSCE, Organization for Security and Co-operation in Europe, 13 July 1999, ratified on 10 February 2000 by the Law of Ukraine.

Memorandum of Understanding between the Government of Ukraine and the OSCE, Organization for Security and Co-operation in Europe, 14 April 2014, ratified on 29 May 2014 by the Law of Ukraine.

Memorandum of Understanding between the Organization for Security and Co-operation in Europe and the Government of the Kyrgyz Republic on the establishment of the OSCE Centre in Bishkek as of 3 December 1998, ratified on 22 September 1999 by the Law of the Kyrgyz Republic.

Moscow Mechanism invoked by 45 OSCE participating States following consultation with Ukraine, 14 July 2022.

Moscow mechanism, MOSCOW 1991 (Par. 1 to 16) as amended by ROME 1993 (Chapter IV, par. 5).

Nationaal actieplan ter verbetering van het welzijn van de werknemers bij de uitvoering van hun werk 2022 – 2027, abrufbar unter: https://werk.belgie.be/nl/nieuws/nationaal-actieplan-ter-verbetering-van-het-welzijn-van-de-werknemers-bij-de-uitvoering-van.

Occupation Safety and Health Administration Act of 1970 (kurz "OSH Act of 1970") US Department of Labor, Public Law 91-596 84 STAT. 1590 91st Congress, S.2193, 29 December 1970, as amended through 1 January 2004, abrufbar unter: https://www.osha.gov/laws-regs/oshact/completeoshact.

Occupational Health and Safety Act, 85 of 1993, Republic of South Africa, Government Gazette (kurz "OHSA Republic of South Africa") Vol. 337, No. 14918, Cape Town, 2 July 1993, abrufbar unter: https://www.gov.za/sites/default/files/gcis_document/201409/act85of1993.pdf.

Occupational Health and Safety Act, R.S.O. 1990, c. O.1, Ontorio, abrufbar unter: https://www.ontario.ca/laws/statute/90o01.

Occupational Safety and Health Ordinance, Cap. 509 of the Laws of Hong Kong, 23 May 1997, L.N. 281 of 1997, abrufbar unter: https://www.elegislation.gov.hk/hk/cap509.

Occupational Safety, Health and Working Condition Code 2020 of India, No. 37 of 2020, New Delhi, 28 September 2020, abrufbar unter: https://labour.gov.in/whatsnew/occupational-safety-health-and-working-conditions-code-2020-no-37-2020.

Organic Labour Law for Male and Female Workers in Venezuela published in Special Official Gazette No. 6, 076 of 7 May 2012, abrufbar unter: https://webapps.ilo.org/dyn/legosh/en/f?p=14100:1100:0::NO::P1100_ISO_CODE3,P1100_SUBCODE_CODE,P1100_YEAR:VEN,,2013.

Pakistan Factories Act, 1934, abrufbar unter: https://www.ma-law.org.pk/pdflaw/FACTORIES%20ACT%201934.pdf.

Pakistan Occupational Health and Safety Act 2018, developed by: Pakistan Chapter of the American Society of Safety, abrufbar unter: https://www.pec.org.pk/wp-content/uploads/2022/05/pakistan-occupational-health-and-safety-act-2018.pdf.

Parliamentary Act of 31 October 2002 containing provisions concerning the legal personality, privileges and immunities of the High Commissioner on National Minorities (HCNM) (applicable to HCNM, OSCE officials and OSCE experts).

Régimen de contrato de trabajo, Ley 20744, Decreto 390/1976, Honorable Congreso de la Nacion Argentina, abrufbar unter: https://www.argentina.gob.ar/normativa/nacional/ley-20744-25552/normas-modifican.

Regulations Governing the Status, Basic Rights and Duties of Officials other than Secretariat Officials, and Experts on Mission, ST/SGB/2002/9, United Nations New York, 2002.

Resolution 2659 (XXV) adopted by the General Assembly of the United Nations on 7 December 1970, United Nations Volunteers.

Resolution 3 XII 48 adopted by the General Assembly of the United Nations on 3 December 1948, A/RES/258(III), Reparation for injuries incurred in the service of the United Nations.

Resolution 63/253 adopted by the General Assembly of the United Nations on 24 December 2008, A/RES/63/642, Administration of justice at the United Nations.

Resolution on the inclusion of a safe and healthy working environment in the ILO's framework of fundamental principles and rights at work, ILC.110/Resolution I, International Labour Organization, 16 June 2022, abrufbar unter: https://www.ilo.org/resource/ilc/110/resolution-inclusion-safe-and-healthy-working-environment-ilos-framework.

Rome Statute of the International Criminal Court, adopted 17 July 1998, by The United Nations Diplomatic Conference of Plenipotentiaries on the Establishment of an International Criminal Court, entry into force: 1 July 2002.

Rules of Procedure of the Organization for Security and Co-operation in Europe (kurz "OSCE Rules of Procedure") MC.DOC/1/06, 1 November 2006.

Satzung des Gerichtshofes der Europäischen Union, StF: BGBl. III Nr. 4/2003 (Vertrag von Nizza), idF BGBl. III Nr. 171/2013 (Beitrittsvertrag), abrufbar unter: https://www.ris.bka.gv.at/GeltendeFassung.wxe?Abfrage=Bundesnormen&Gesetzesnummer=20009117.

Service Code of the International Civil Aviation Organisation – The ICAO Service Code (kurz "ICAO Staff Regulations") Doc 7350/9, Ninth Edition 2011.

Spanisches Strafgesetzbuch (Código Penal) 1995, abrufbar unter: https://www.gascon-nasarre.com/el-sistema-juridico-espanol/spanische-strafgesetzbuch/?lang=de.

Staff Manual of the International Criminal Police Organization (kurz "INTERPOL Staff Regulations") II.C/SREG/GA/1987(2006)] [II.C/SRUL/EC/1988(2021).

Staff Regulations and Interim Staff Rules of the Technical Secretariat of the Organisation for the Prohibition of Chemical Weapons (kurz "OPCW Staff Regulations") as published in the Director-General's Bulletins OPCW-S/DGB/26, dated 12 December 2017 and as amended by OPCW-S/DGB/28, dated 21 December 2018.

Staff Regulations and Rules including provisional Staff Rules, of the United Nations (kurz "UN Staff Regulations") Secretary-General's bulletin, ST/SGB/2023/1, United Nations, New York, 2023.

Staff Regulations and Rules of the Council of Europe (kurz "COE Staff Regulations") 1 January 2023, adopted by Resolution CM/Res (2021) of the Committee of Ministers on 22 September 2021.

Staff Regulations and Rules of the European Organization for Nuclear Research (kurz "CERN Staff Regulations") CERN/412, 7 November 1961.

Staff Regulations and Rules of the International Bureau of the World Intellectual Property Organisation (kurz "WIPO Staff Regulations") Edition of 1 October 2022.

Staff Regulations and Rules of the International Labour Organisation (kurz "ILO Staff Regulations") July 2023.

Staff Regulations and Rules of the International Maritime Organization (kurz "IMO Staff Regulations") September 2022.

Staff Regulations and Rules of the International Telecomunication Union (kurz "ITU Staff Regulations") Edition of 2014.

Staff Regulations and Rules of the International Tropical Timber Organisation (kurz "ITTO Staff Regulations") Third Edition, Revised in November 2018.

Staff Regulations and Rules of the World Health Organisation (kurz "WHO Staff Regulations") 1 January 2022.

Staff Regulations and Staff Rules of the Organization for Security and Co-operation in Europe (kurz "OSCE Staff Regulations") DOC.SEC/3/03, September 2003 (updated: January 2017).

Staff Regulations of Officials and the Conditions of Employment of Other Servants of the European Economic Community and the European Atomic Energy Community (kurz "EU Staff Regulations") Regulation No. 31 (EEC), 11 (EAEC), (OJ P 045 14.6.1962, p. 1385).

Staff Regulations of the International Atomic Energy Agency (kurz "IAEA Staff Regulations") INFCIRC/612, 30 August 2002.

Staff Regulations of the International Hydrographic Organisation (kurz "IHO Staff Regulations") Edition of 8 January 2017, IHO Publication M-7.

Staff Regulations of the International Organisation for Migration (kurz "IOM Staff Regulations") C/108/INF/2, 14 February 2018.

Staff Regulations of the Organization of African Unity (kurz "OAU Staff Regulations")1990, Addis Abeba.

Staff Regulations of the World Trade Organization (kurz "WTO Staff Regulations") WT/BFA/9 L/7636, 25 September 1995.

Staff Regulations, Rules and Instructions applicable to officials of the Organisation (kurz "OECD Staff Regulations") Organisation for Economic Co-operation and Development, March 2024.

Staff Regulations, Rules and Instructions applicable to Officials of the Organization for Economic Cooperation and Development (kurz "OECD Staff Regulations") September 2022.

Staff Rules and Staff Regulations of the Pan American Health Organisation (kurz "PAHO Staff Regulations") July 2015.

Statut des Gerichtes der Vereinten Nationen für dienstrechtliche Streitigkeiten, in der von der Generalversammlung in Resolution 63/253 vom 24. Dezember 2008 verabschiedeten und mit den Resolutionen 69/203 vom 18. Dezember 2014, 70/112 vom 14. Dezember 2015 und 71/266 vom 23. Dezember 2016 geänderten Fassung.

Statut des Internationalen Gerichtshofes (kurz: IGH-Statut), StF: BGBl. Nr. 120/1956 (idF BGBl. Nr. 70/1960) abrufbar unter: https://www.ris.bka.gv.at/GeltendeFassung.wxe?Abfrage=Bundesnormen&Gesetzesnummer=10000273.

Statute of the Administrative Tribunal of the International Bank for Reconstruction and Development, International Development Association and International Finance Corporation as adopted by the Board of Governors on 30 April 1980, and amended on 31 July 2001 and 18 June 2009 ("Statute of the World Bank Administrative Tribunal").

Statute of the Administrative Tribunal of the Organization of American States, established by Resolution AG/RES. 35 (I-O/71), adopted by the General Assembly on 22 April 1971 (kurz "OAS Administrative Tribunal Statute").

Statute of the United Nations Appeals Tribunal (adopted 24 December 2008) by UNGA Res UNGA Res 63/253 GAOR 63rd Session Supp 49, Vol. 1, 503.

Statute of the United Nations Dispute Tribunal (adopted 24 December 2008) by UNGA Res 63/253 GAOR 63rd Session Supp 49, Vol. 1, 503.

United Nations Charter (kurz "VN-Charta") opened for signature 26 June 1945, XV UNCIO 335, amendments in 557 UNTS 143, 638 UNTS 308 and 892 UNTS 119 (entered into force 24 October 1945).

Verfassung des Königreiches Spanien vom 29. Dezember 1978 (geändert durch Gesetz vom 27. August 1992) abrufbar unter: https://www.verfassungen.eu/es/verf78-index.htm#:~:text=Die%20Verfassung%20gr%C3%BCndet%20sich%20auf,auf%20die%20Solidarit%C3%A4t%20zwischen%20ihnen.

Vertrag über die Arbeitsweise der Europäischen Union (kurz „AEUV") Amtsblatt Nr. C 326/47 vom 26/10/2012.

Vertrag über die Europäische Union (kurz „EUV") Amtsblatt Nr. C 191 vom 29/07/1992.

Vertrag von Amsterdam, Amtsblatt Nr. C 340 vom 10/11/1997.

Vertrag von Lissabon, Amtsblatt Nr. C 306/01 vom 17/12/2007.

Vertrag von Nizza, Amtsblatt Nr. C 080 vom 10/03/2001.

Viertes Treffen des Rats der Außenminister der KSZE-Teilnehmerstaaten am 30. November und 1. Dezember 1993 in Rom, Bulletin 112-193, 15. Dezember 1993.

Werkmans Attorneys (South Africa): Duty of Care in South Africa, A legal perspective, International SOS Foundation, abrufbar unter: https://www.internationalsos.co.id/-/media/international-sos-foundation/files/resources/europe/south-africa/docsouth_africa.pdf?la=en.

Wet van 4 augustus 1996 betreffende het welzijn van de werknemers bij de uitvoering van hun werk (B.S. 18.9.1996) abrufbar unter: https://werk.belgie.be/sites/default/files/content/documents/Welzijn%20op%20het%20werk/Regelgeving/Wet%20van%204%20augustus%201996%20betreffende%20het%20 welzijn%20van%20de%20werknemers%20bij%20de%20uitvoering%20van%20hun%20werk.pdf.

Wiener Übereinkommen über das Recht der Verträge (kurz „WVK“) StF: BGBl. Nr. 40/1980, ausgegeben am 25. Jänner 1980.

Wiener Übereinkommen über das Recht der Verträge zwischen Staaten und internationalen Organisation oder zwischen internationalen Organisationen („WVK-IO“) 115 der Beilagen XVII. GP – Regierungsvorlage, noch nicht in Kraft getreten (siehe Official Records of the United Nations Conference on the Law of Treaties between States and International Organizations or between International Organizations, Vienna, 18 February – 21 March 1986, Official Records, Vol. II Documents of the Conference (A/C0NF.129/16/Add.1) New York 1995.

Wiener Übereinkommen über diplomatische Beziehungen vom 18.04.1961, BGBl. Nr. 66/1966.

Wiener Übereinkommen über konsularische Beziehungen vom 24.04.1963, BGBl. 1969 II, 1585.

Workplace Safety and Insurance Act, 1997, S.O. 1997, c. 16, Sched. A (last amendment: 2024, c. 3, Sched. 4) abrufbar unter: https://www.ontario.ca/laws/statute/97w16.

World Bank Statute as adopted by the Board of Governors on 30 April 1980, and amended on 31 July 2001 and on 18 June 2009.

4. *UN-Dokumente:*

Administrative Instruction, Reporting of Arrest or Detention of Staff Members, other Agents of the United Nations and Members of their Families, Secretary-General's bulletin, ST/AI/299, United Nations, New York, 10 December 1982.

Convention on the Safety of United Nations and Associated Personnel (New York, 9 December 1994).

Fifth report on diplomatic protection by Mr. John Dugard, Special Rapporteur, International Law Commission, Fifty-Sixth session, Geneva 3 May-4 June and 5 July-6 August 2004, A/CN.4/538.

General Assembly Resolution 2625 (XXV), Declaration on Principles of International Law concerning Friendly Relations and Co-operation among States in accordance with the Charter of the United Nations, 24 October 1970.

General Assembly Resolution 35/212, Respect for the privileges and immunities of officials of the United Nations and the specialized agencies, 99th plenary meeting, 17 December 1980.

General Assembly Resolution 36/232, Respect for the privileges and immunities of officials of the United Nations and the specialized agencies and related organizations, 105th plenary meeting, 18 December 1981.

General Assembly Resolution 36/232, Respect for the privileges and immunities of officials of the United Nations and the specialized agencies and related organizations: resolution /

adopted by the general assembly, Meeting record A/36/PV.105, 18 December 1981 (voting date).

General Assembly Resolution 37/236, Respect for the privileges and immunities of officials of the United Nations and the specialized agencies and related organizations, 114th plenary meeting, 21 December 1982.

General Assembly Resolution 95 (I), Affirmation of the Principles of International Law recognized by the Charter of the Nurnberg Tribunal, 11 December 1946, A/Res/1/95.

General Assembly, Draft conclusions on identification of customary international law, with commentaries, International Law Commission, Seventieth session, 2018, A/73/10, in Yearbook of the International Law Commission, 2018, Vol. II, Part Two.

General Assembly, First report on formation and evidence of customary international law by Michael Wood, Special Rapporteur, International Law Commission, Sixty-fifth session, Geneva, 6 May-7 June and 8 July-9 August 2013, A/CN.4/663.

General Assembly, First report on general principles of law by Marcelo Vázquez-Bermúdez, Special Rapporteur, International Law Commission, Seventy-first Session, Geneva, 29 April–7 June and 8 July–9 August 2019, A/CN.4/732.

General Assembly, First report on subsidiary means for the determination of rules of international law by Charles Chernor Jalloh, Special Rapporteur, International Law Commission, Seventy-fourth session, Geneva, 24 April–2 June and 3 July–4 August 2023, A/CN.4/760.

General Assembly, Fourth Report on Relations between States and International Organizations (Second Part of the Topic) by Leonardo Diaz-Gonzalez, Special Rapporteur, International Law Commission, Forty-first Session, Geneva, 2 May-21 July 1989, A/CN.4/424.

General Assembly, Report of the International Law Commission, Seventy-fourth Session, 24 April–2 June and 3 July–4 August 2023, A/78/10.

General Assembly, Report of the International Law Commission, Sixty-first session, 4 May-5 June and 6 July-7 August 2009, A/64/10.

General Assembly, Second report on general principles of law by Marcelo Vázquez-Bermúdez, Special Rapporteur, International Law Commission, Seventy-second session, Geneva, 27 April–5 June and 6 July–7 August 2020, A/CN.4/741.

International Law Association (ILA), London Conference (2000) Committee on formation of Customary (General) International Law, Final Report of the Committee, Statement of Principles applicable to the Formation of General Customary International Law.

International Law Association (ILA), Study Group on Due Diligence in International Law, Second Report by T. Stephens (Rapporteur) and D. French (Chair), 12 July 2016.

International UN Volunteer Handbook, Conditions of Service, United Nations Volunteers programme, 1 October 2021.

Security, Safety and Independence of the International Civil Service, Secretary-General's bulletin, ST/SGB/198, United Nations, New York, 10 December 1982.

UN System Chief Executives Board for Coordination: Personnel by Organization, Stand 2022, abrufbar unter https://unsceb.org/hr-organization.

United Nations Conference on the Law of Treaties, First session, Vienna, 26 March-24 May 1968, Official Records, Summary records of the plenary meetings and the meetings of the Committee of the Whole, A/CONF.39/11, United Nations, New York, 1969.

United Nations Conference on the Law of Treaties, Second session, Vienna, 9 April-22 May 1969, Official Records, Summary records of the plenary meetings and the meetings of the Committee of the Whole, A/CONF.39/11/Add.1, United Nations, New York, 1970.

United Nations International Law Commission: Subsequent Agreements and Subsequent Practice in Relation to the Interpretation of Treaties, United Nations Yearbook of the International Law Commission 2, part 2 (2018) 23-88.

United Nations, Yearbook of the International Law Commission, 1982, Vol. II, Part Two, Report of the Commission to the General Assembly on the work of the thirty-fourth session, A/CN.4/SER.A/1982/Add.l (Part 2).

5. *IO-interne Dokumente:*

ACC Meeting on 30 March 1983: Detained Staff - Lebanon (Background Notes for the Commissioner-General), 28 March 1983, PER/GEN/1 (IDF), PER/GEN/1 (L).

Agreement between the NATO and the Islamic Republic of Afghanistan on the status of NATO forces and NATO personnel conducting mutually agreed NATO-led activities in Afghanistan.

Cable von Charles-Eduard Bourbonniere, OIC/OGS an UNDEVPRO 18 May 1984, Immediate.

Carl-August Fleischhauer: Note for the Record, 22 June 1984, CAF/CF.

Document from the United Nations Development Programme, UNDEVPRO, Reference: ADM/250/26 No. 1352, P.O. Box 5 Kabul, Afghanistan, June 1985.

Executive Summary of the Report of the Independent Forensic Investigation in relation to the Incident affecting an OSCE Special Monitoring Mission to Ukraine (SMM) Patrol on 23 April 2017, PC.DEL/519/17.

Mary Anne Weaver: UN diplomat mission for six months, 27 June 1986, The Christian Science Monitor International.

NATO Security Committee, Security of personnel of NATO International Agencies, Memorandum prepared by the Working Group, AC/35-D/73, 25 May 1954.

Neue Züricher Zeitung vom 14.5.1986: Sorge um einen hohen Uno-Beamten, Genf 12. Mai.

Organisation für Sicherheit und Zusammenarbeit in Europa, Ständiger Rat: 1143 Plenarsitzung des Ständigen Rates, No. PC.DOC/1/17, 27 April 2017.

Organization for Security and Co-operation in Europe, Permanent Council: Decision No. 1117 Deployment of an OSCE Special Monitoring Mission to Ukraine, 991st Plenary Meeting, PC Journal No. 991, Agenda item 1, No. PC.DEC/1117, 21 March 2014.

OSCE Press Release: OSCE Chairman-in-Office and Secretary General announce upcoming closure of Special Monitoring Mission to Ukraine, 28 April 2022.

OSCE Press Release: OSCE Chairman-in-Office and Secretary General call for immediate release of detained OSCE officials in areas of Donetsk and Luhansk, 24 April 2022.

OSCE Press Release: OSCE Chairman-in-Office and Secretary General condemn intimidation and detention of OSCE staff in Donetsk and Luhansk, 25 May 2022.

OSCE Press Release: OSCE Chairman-in-Office and Secretary General call for immediate release of detained OSCE staff in Donetsk and Luhansk, 19 July 2022.

OSCE Press Release: OSCE SMM Acting Head of Mission refutes claims and denounces persecution of national Mission members, demands immediate and unconditional release of those deprived of their liberty, 25 July 2022.

OSCE: Individual Human Rights complaints – A handbook of OSCE field personnel, 2003, Chapter 10 OSCE Interventions.

OSCE: Operations Guidelines for Working in a Potentially Hazardous Environment, 2010.

Patricio Ruedas: Note for the Secretary-General, Subject: Your meeting with Foreign Minister Totu of Romania - points concerning Mr. Liviu Bota, 30 September 1986.

PO/55/872, NATO Confidential, Supreme Headquarters allied powers europe, Grand Quartier General Des Puissances Alliees en Europe, 15 October 1955.

Prvoslav Davinic: Note to Mr. V. Daydal, Re Liviu Bota, 12 June 1986.

Prvoslav Davinic: Note to Mr. V. Daydal, 2 April 1986.

Report of the Fourth Meeting in the ODIHR Human Rights Discussion Series for Representatives of the Forum for Security Co-operation Civil and Political Rights of Armed Forces Personnel, 23 October 2014, Vienna.

SACEUR Paris France, USNMR Paris France, LOSTAN 1359, NATO Secret, 8 September 1955.

Schreiben von Alice E. Weil, Assistant Secretary-General for General Services an Mr. Qais G. Noaman, Chairman UNDP Staff Council, 26 April 1985, Security of UN Staff in Iraq.

Schreiben von Alice E. Weil, Assistant Secretary-General for General Services an Emilio de Olivares, Executive Assistant to the Secretary-General, 21 June 1985, Detained UN staff members in Afghanistan.

Schreiben von Anna Frangipani Campino an den Generalsekretär, 4 March 1988, United Nations Staff Union.

Schreiben von Anna Frangipani Campino an Javier Perez de Cuellar, Secretary-General UN, 31 March 1989, United Nations Staff Union.

Schreiben von Carl-August Fleischhauer, The Legal Counsel an Kofi Annan, Assistant Secretary General, Office for Human Resources and Management, 4 February 1988, Subject: Chad.

Schreiben von Carl-August Fleischhauer, The Legal Counsel an Virendra Dayal, Chef de Cabine, 15 January 1988, Subject: Gaza.

Schreiben von Carl-August Fleischhauer, The Legal Counsel an den Generalsekretär, 8 December 1986, Subject: Mr. Liviu Bota.

Schreiben von Chairman Advisory Board on Disarmament Studies and Board of Trustees of UNIDIR and den UN Generalsekretär, 26 September 1986.

Schreiben von Clayton C. Timbrell, Assistant Secretary-General for General Services an Ali B. Tall, Chief Administration & Conference Services Division, Economic Commission for Africa, 9 March 1984.

Schreiben von Clayton C. Timbrell, Assistant Secretary-General for General Services an Emilio de Olivare, Executive Assistant to the Secretary-General, 4 June 1984, Subject: Staff members under arrest or detention.

Schreiben von Commissioner-General an All Field Office Directors, 18 January 1983, Detention of Staff in the Host Countries and Occupied Territories, PER/GEN/1 (A) or 160/9.

Schreiben von Derek Boothby, DDA, Secretary to Board of Trustees of UNIDIR an Alvaro de Sote, 19 September 1986, The Bota situation and UNIDIR.

Schreiben von George Irving, President Staff Committee an Javier Perez de Cuellar, Secretary-General UN, 7 March 1985, United Nations Staff Union.

Schreiben von H.E. Dr. Yehuda Z. Blum, Ambassador Extraordinary and Plenipotentiary, Permanent Representative to the United Nations, Permanent Mission of Israel to the United Nations, 800 Second Avenue, New York, N.Y. 10017 an den Generalsekretär,10 May 1983, UNRWA Staff Understood to be Arrested and Detained in Lebanon by the Israeli Armed Forces as at 27 April 1983.

Schreiben von James C. Connolly, Chief Administrative Officer an Mr. Ola Husa, Director Office for Field Operational and External Support Activities, 2 May 1984, LS Mahmoud Inbeh - Imprisonment, DOF.84/257.

Schreiben von James O.C. Jonah, Assistant Secretary-General, Office for Field Operational and external Support activities an Mr. Clayton C. Timbrell, Assistant Secretary-General for General Services, 10 May 1984, Mr. Mahmoud Inbeh, locally-recruited staff member of UNDOF in Damascus (Spray Painter (G-4) - Detention by the Syrian authorities).

Schreiben von Jan Martenson, Under-Secretary-General for Disarmament Affairs and den Generalsekretär, 29 September 1986, Mr. Liviu Bota, the Director of UNIDIR.

Schreiben von Javier Perez de Cuellar an Omran El-Shafel, Chairman Board of Trustees of the UN Institute for Disarmament Research, 23 September 1986, File: Bota, XRef: UNIDIR.

Schreiben von John F. Scott, Director and Deputy to the Under-Secretary-General in charge of the Office of Legal Affairs an G. Picco, Senior Officer, Executive Office of the Secretary-General, 23 August 1985, Detained UN Staff Members in Afghanistan.

Schreiben von Lirong WANG an den Generalsekretär der VN, Peres de Cuellar, 5 July 1989.

Schreiben von Liviu Bota, Director UNIDIR an die UN, 23 September 1986, Bucharest.

Schreiben von Lowell Flanders, President Staff Committee an Javier Perez de Cuellar, Secretary-General UN, 5 December 1989, United Nations Staff Union.

Schreiben von M. Zejjari, Director OP/WFP Rome an Ciss, UN Security Coord., Painter/Ellis/Ulin, WTOE, Zacklin, Office of the Legal Counsel, Tomlinson, WFP Liaison Officer, 4 June 1991, Facsimile Transmission.

Schreiben von Michael H. K. Irwin, M.D., Medical Director, Medical Service an A. Adedeji, Executive Secretary, Economic Commission for Africa, 8 February 1985.

Schreiben von P M Maxey, Charge d'Affaires and Javier Parez de Cuellar, Secretary General, UN, 25 July 1986, No. 081/10.

Schreiben von Raymonde Martineau, Association for the Security and Independence of International Civil Servants an den Generalsekretär der VN, 25 May1988, Telegram, No. GVA-2955.

Schreiben von Sandro Calvani an Prof. Adebayo ADEDEJI, Executive Secretary, Economic Commission for Africa, 13 November 1989, No. EPR/ADD/ECA/1195/89.

Schreiben von Somendu K. Banerjee, Resident Representative an Alice E. Weil, Assistant Secretary-General for General Services, 10 June 1985, Detained UN Staff Members in Afghanistan, Reference: ADM 250/26 No. 1365.

Schreiben von Somendu K. Banerjee, Resident Representative an Alice E. Weil, Assistant Secretary-General for General Services, 23 July 1985, Detained UN Staff Members in Afghanistan, Reference: ADM 250/26 No. 1725.

Schreiben von Xiao-Xin HAN an den Generalsekretär der VN, Peres de Cuellar, 16 July 1989.

ST/AI/299 – Reporting of Arrest or Detention of Staff Members, other Agents of the United Nations and Members of their Families.

Summary of Arrest and Detention Case in Chad, Staff Members: Ahmat ZAKARIA (UNDP), Alkaris ABISSO (WMO), 25 January 1988.

The OSCE Secretariat, Food-for-Thought Paper: The OSCE's Lack of an Agreed Legal Status – Challenges in Crisis Situations, April 2015.

UN document A/C.5/38/18, 25 October 1983 UNRWA staff detained in Lebanon by the Israeli authorities, Report of the Secretary General, Personnel Questions.

UN document A/C.5/39/17, 15 October 1984, Report of the Secretary General, Personnel Questions.

UN document Commissioner for Namibia, New York, File No. OCN 3-5, 7 May 1984.

UN Document DOF.84/257, UNDOF Headquarters Damascus 2 May 1984, LS Mahmoud Inbeh – Imprisonment.

UN Document, Alicja Wesolowska, chronology of events, actions taken.

UN document, Cable Nr. ZCZC DAL 1216 NCL 3227 PCMO159 RR NYK. Geneva (disarm) 091552 GVA 1304. Davinic department for disarmament affairs from komatina. 9 April 1986.

UN document, Mr. Liviu Bota/Post of Director of UNIDIR, Questions that may be asked by the Board of Trustees of UNIDIR 5-9 May, and draft answers, 7 May 1986.

UN document, Ref ADM 250/26 No. 1365, 10 June 1985, Detained UN Staff Members in Afghanistan.

UN document, United Nations Staff Union, 4 March 1986.

UN Guiding Principles on Business and Human Rights, UN Human Rights Council by Resolution 17/4 on 16 June 2011.

UN internal documentation on the Case of Alicja Wesolowska, 1979.

UN: HR Network, September 2011, CEB/2011/HLCM/HR/23.

UN-internal document (handwritten): Interview at ARESET SLEDCZY UIISA RAKONIECKA, Maria ZACHARSKI, Director Poland, US Trade Co "POIANCO", detained Playa del Rey 1981, Grand Jury sentence, December 1981: Life.

United Nations Press Release: Senior UNRWA Official kidnapped in Lebanon, 15 May 1985, PAL/1577, Department of Public Information Press Section, United Nations, New York.

United Nations Secretariat: Administrative instruction, Consultants and individual contractors, 19 December 2013, No. ST/AI/2013/4.

UNSMS Security Policy Manual: Chapter IV – Security Management, Section C – Security of Locally-Recruited Personnel, 28 September 2018.

Virendra Dayal: Note for the File, 8 May 1986, SG files VD Chron/Bota file.

Virendra Dayal: Note for the Secretary-General, Developments regarding Mr. Liviu Bota, 29 December 1986, No. UNA-281111-441.

6. *Online-Quellen:*

Altoo: Die Schweiz als Magnet für internationale Organisationen, Stand: 13.11.2023, abrufbar unter: https://altoo.io/de/die-schweiz-als-magnet-fur-internationale-organisationen/.

A Peaceful Presence – The First Five Years of the OSCE Special Monitoring Mission to Ukraine, 29 June 2021, abrufbar unter: https://www.osce.org/secretariat/491220.

Approved International Organizations by the US Department of State for International Organization Affairs, abrufbar unter: https://iocareers.state.gov/Main/Content/Page/approved-international-organizations.

Berwanger, J.: Sorgfaltspflicht, Gabler Wirtschaftslexikon, Springer Fachmedien Wiesbaden GmbH, abrufbar unter: https://wirtschaftslexikon.gabler.de/definition/sorgfaltspflicht-46401.

Billings, T.: The Employer's Duty of Care, Employer's Corner Articles, Jobberman, abrufbar unter: https://www.jobberman.com.gh/discover/employers-duty-of-care.

Bundesministerium für wirtschaftliche Zusammenarbeit und Entwicklung: Internationaler Strafgerichtshof (IStGH), Stand: 2024, abrufbar unter: https://www.bmz.de/de/service/lexikon/internationaler-strafgerichtshof-istgh-14550.

Directorate-General for Neighbourhood and Enlargement Negotiations: European Neighbourhood Policy and Enlargement Negotiations, abrufbar unter https://neighbourhood-enlargement.ec.europa.eu/eu-delegations_en.

Discover the Top 15 International Organizations of the World by Team Leverage Edu, Stand: 24.06.2021, abrufbar unter: https://leverageedu.com/blog/list-of-international-organizations/.

Eidgenössisches Departement für auswärtige Angelegenheiten EDA: Gaststaat Schweiz, 2017, 2. Überarbeitete Auflage, EDA, Bern, abrufbar unter: https://www.eda.admin.ch/content/dam/eda/de/documents/publications/InternationaleOrganisationen/GaststaatSchweiz/Switzerland-Host-State_de.pdf.

Eidgenössisches Departement für auswärtige Angelegenheiten EDA: UNO, Stand: 6.3.2024, EDA, Bern, abrufbar unter: https://www.eda.admin.ch/eda/de/home/aussenpolitik/internationale-organisationen/vereinte-nationen.html.

Eidgenössisches Departement für auswärtige Angelegenheiten EDA: Schweiz–UNO: eine lange Geschichte, Stand: 26.6.2020, EDA, Bern, abrufbar unter: https://www.eda.admin.ch/eda/de/home/das-eda/aktuell/newsuebersicht/2020/06/75-jahre-uno-charta.html.

Filippov, A.: OSZE-Mitarbeiter in Ostukraine vermisst, ZEIT ONLINE, 8.6.2016, abrufbar unter: https://www.zeit.de/politik/2016-06/luhansk-ostukraine-osze-beobachter-vermisst.

ICC Press Release: Four ICC staff members detained in Libya; Immediate release requested, 9. Juni 2012, abrufbar unter: https://www.icc-cpi.int/news/four-icc-staff-members-detained-libya-immediate-release-requested.

Int'l Criminal Court, Statement of the #ICC Office of the Prosecutor, 3. Mai 2024, Twitter, abrufbar unter: https://x.com/IntlCrimCourt/status/1786316229688414518.

Isaacs, J. und Lu, Z.: China Employment Law Update, Baker McKenzie, June 2015, abrufbar unter: https://www.bakermckenzie.com/-/media/files/insight/publications/2015/06/china-employment-law-update-june-2015/al_china_employmentupdate_jun15.pdf?la=en.

Kliver C.: Anklage gegen Israel: US-Senatoren bedrohen Chefankläger des Strafgerichtshofes, TELEPOLIS, 7.5.2024, abrufbar unter: https://www.telepolis.de/features/Anklage-gegen-Israel-US-Senatoren-bedrohen-Chefanklaeger-des-Strafgerichtshofes-9711271.html.

Law, J., Martin, E. A. (2014): A Dictionary of Law, Seventh Edition, "international legal personality", Oxford University Press, abrufbar unter: https://www.oxfordreference.com/view/10.1093/acref/9780199551248.001.0001/acref-9780199551248-e-2035.

Liechtenstein, S.: Four national OSCE mission members detained in eastern Ukraine, Security and Human Rights Monitor, 23.4.2022, abrufbar unter: https://www.shrmonitor.org/four-national-osce-mission-members-detained-in-eastern-ukraine/.

Manchester, K., Schmid, F.: Gestohlene Fahrzeuge, entführte Mitarbeiter: Die OSZE hadert mit Russland, Der Standard, 13.2.2023 abrufbar unter: https://www.derstandard.at/story/2000143461680/gestohlene-fahrzeuge-entfuehrte-mitarbeiter-die-osze-hadert-mit-russland.

OSCE Special Monitoring Mission to Ukraine (closed), abrufbar unter: https://www.osce.org/special-monitoring-mission-to-ukraine-closed.

Reiters, V. F.: OSZE verhandelt weiter um Ukraine-Beobachter, Die Presse, 3.6.2014, abrufbar unter: https://www.diepresse.com/3814806/osze-verhandelt-weiter-um-ukraine-beobachter.

Schmalenbach, K., Rudigier, M.: The OSCE Caught Between a Rock and a Hard Place in Völkerrechtsblog, 3.4.2023, abrufbar unter: https://voelkerrechtsblog.org/the-osce-caught-between-a-rock-and-a-hard-place/.

The Diplomatic Service of the European Union: European Union External Action, What we do: Policies and actions, Missions and Operations, 23.1.2023, abrufbar unter: https://www.eeas.europa.eu/eeas/missions-and-operations_en.

The Law Dictionary, Second Edition, Powered by Black's Law Dictionary, "due diligence", abrufbar unter: https://thelawdictionary.org/due-diligence/.

Vindobona: Russia Hides Its Operations in Ukraine from the OSCE, Vindobona Vienna International News, 2.05.2022, abrufbar unter: https://www.vindobona.org/article/russia-hides-its-operations-in-ukraine-from-the-osce.